王淑敏 等著

地缘政治视阈下中国海外投资法律保护理论研究

——以"一带一路"为契机

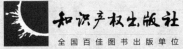

知识产权出版社

全国百佳图书出版单位

图书在版编目（CIP）数据

地缘政治视阈下中国海外投资法律保护理论研究——以"一带一路"为契机 / 王淑敏等著 . —北京：知识产权出版社，2016.6

ISBN 978-7-5130-3843-0

Ⅰ.①地… Ⅱ.①王… Ⅲ.①海外投资—法律—研究—中国 Ⅳ.① F832.6

中国版本图书馆 CIP 数据核字（2015）第 219015 号

内容提要

本书论述了传统的地缘政治理论在"一带一路"战略下面临的挑战，考察地缘政治与中国海外投资对立统一关系，反思与重塑地缘政治视阈下中国海外投资法律保护理论，寻求中国海外投资规避地缘政治风险的理论路径，探讨扩大中国在双边和多边投资谈判中的话语权，全面渗透中国在敏感地缘政治地区的国际影响力的战略与方法；进一步推动多层次的区域一体化和"一带一路"战略，以及积极推动多边投资规则的制定，实现"全超越地缘政治"的投资战略，确保中国投资者跨越地缘政治的壁垒。

本书可供政府、企事业单位对外投资法律保护研究和管理人员阅读使用。

责任编辑：陆彩云　彭喜英　　　　　　**责任出版：**卢运霞

地缘政治视阈下中国海外投资法律保护理论研究
——以"一带一路"为契机

DIYUAN ZHENGZHI SHIYUXIA ZHONGGUO HAIWAI TOUZI FALÜ BAOHU LILUN YANJIU
——YI "YI DAI YI LU" WEI QIJI

王淑敏　等著

出版发行：知识产权出版社 有限责任公司	**网　址：**http://www.ipph.cn
电　话：010-82004826	http://www.laichushu.com
社　址：北京市海淀区西外太平庄 55 号	**邮　编：**100081
责编电话：010-82000860 转 8539	**责编邮箱：**pengxyjane@163.com
发行电话：010-82000860 转 8101 / 8029	**发行传真：**010-82000893 / 82003279
印　刷：北京嘉恒彩色印刷有限责任公司	**经　销：**各大网上书店、新华书店及相关专业书店
开　本：720mm×1000mm　1/16	**印　张：**21.5
版　次：2016 年 6 月第 1 版	**印　次：**2016 年 6 月第 1 次印刷
字　数：368 千字	**定　价：**49.80 元

ISBN　978-7-5130-3843-0

辽宁省教育厅哲学社会科学重大基础理论成果

辽宁省教育厅哲学社会科学重大基础理论
课题项目（ZW2013007）

自冷战结束后，地缘政治学的调整对象突破了传统的军事、国防等范畴，越来越触及国际经济的敏感地带。在全球资源日益匮乏的背景下，地缘政治日益成为中国海外投资受阻的一种新型风险。地缘政治视阈下中国海外投资法律保护理论研究成为政府和学界十分关注的焦点问题。2013年度辽宁省教育厅哲学社会科学重大基础理论课题对《地缘政治视阈下中国海外投资法律保护理论研究》选题予以立项，本书系课题研究的最终成果。

本书主要针对以下领域的问题展开研究：第一，回溯中国传统地缘政治理论的沉浮与枯荣。通过论证传统的地缘政治理论面临的扩张，强调地理因素对于地缘政治学的影响，分析了中国地缘政治面临的风险和理论演进。第二，阐述地缘政治因素对于中国海外投资的影响。考察了地缘政治与中国海外投资的对立统一关系。地缘政治与中国海外投资双方相互排斥、相互否定的结果，是相互转化和相互过渡，显现出矛盾的统一性。以此为基础，推导出丝绸之路经济带和21世纪海上丝绸之路的现实和未来均依赖于地缘政治的稳定的结论。第三，进行中国投资遭遇的源自发达国家的地缘政治风险的实证研究。包括"国家安全审查""外国政府直接控制的交易""次级制裁"、双边投资条约中的环境条款、知识产权领域的反垄断，以及北极极地区域的地缘政治风险案例分析。第四，进行中国投资遭遇的源自发展中国家的地缘政治风险的实证分析。通过对比在发达国家与在非洲等地区的发展中国家所遭遇的地缘风险，说明两者在本质上有所差异。第五，评析地缘政治视阈下中国海外投资保护的国内法体系。追踪中国海外投资法体系的历史轨迹，提出完善国内法律体系，保护中国海外投资的建议。第六，考察地缘政治视阈下中国海外投资保护的国际法体系。分析中国与加拿大和美国签订双边投资协定面临的瓶颈，解读中国签订双边投资协定的成功范例，分析《解决国家与他国国民之间投资争端公约》的局限性。第七，针对中国海外投资面临的地缘政治风险，提出中国海外投资法律保护理论与制度完善的建议。包括应对"国家安全"和"外国政府控制的交易"审查措施，推动投资准入阶段的国民待遇和负面清单立法，海外投资反制裁的博弈对策，制定平衡利益的环境规则，恶债的法律适用对策，以及推进上海合作组织的贸易投资便利化进程，发挥争端解决机制拾遗补阙的作用等对策。

　　本书欲达到的目标是：地缘政治学与国际投资法理论相互依存、相互渗透，将二者兼收并蓄，为我国参加并签署双边和多边投资保护协定谈判实践提供理论依据。本书预期学术影响是：既可作为国际经济法专业的硕士、博士参考书，也可以作为更高层次的学者之间的交流成果，以及为国家商务部和各级地方政府的决策提供科学的依据。

　　本书的第一、第二、第三、第四、第七章由王淑敏撰写。第五章由安健飞撰写。第六章由杨欣撰写。其中，第四章第二节中"三、导致环境风险的根源"和第七章第四节"制定平衡利益的环境规则的可行性"由周沐雨撰写。第三章第一节"BIT 中根本安全例外条款"、第七章第一节中的"一、中国参加BIT 谈判并订立'根本安全例外条款'的对策"由王雪妍撰写。感谢辽宁省教育厅和大连海事大学给予的支持与厚爱。研究过程中亦得到了各方专家和同仁的帮助，在此一并深表谢意。如有浅薄之处，敬请各位赐教。

著　者

2016 年 2 月

目录

引　言

　　传统的地缘政治学是政治学衍生的理论，关注那些国土面积、人口、民族、海洋、资源等地理因素的相互结合，强调这些因素对于政治的影响，借此分析、预测世界或者地区范围内的战略形势及有关国家的政治行为。冷战结束后，随着地缘政治学与地缘经济学的日趋融合，广义的地缘政治学应运而生，突破传统理论的局限，更加注重对于经济利益和经济主权的影响。对于海外投资而言，地缘政治的价值从来都是一把"双刃剑"。考察地缘政治与海外投资准入的对立统一关系，对于反思与重塑具有前瞻性与开放性的国际投资法理论，促进地缘政治学与国际投资法学两大学科的交叉、渗透、融合与创新，无疑具有特别重要的意义。地缘政治对于国际投资的影响是毋庸置疑的。环境、能源等地缘政治要素在国际投资中的核心作用日趋引起足够的关注。通过分析国家对外投资的政策和法律演变，揭示其既根源于当今世界变化着的地缘政治格局，亦反过来会塑造或制约地缘政治的格局，从而证明外资并购不仅是一种投资关系，更是一种政治关系，为中国海外投资有效地规避地缘政治风险提供理论依据。

　　近年来，中国的海外投资遍布全球，对区域和全球的地缘政治格局产生愈加重要的影响。2013 年年末，根据联合国贸易和发展会议对全球 FDI 流出存量前 20 位国家（地区）排名，美、英、德、法等国家位居前列，中国位居全球第 11 位。由于起步较晚，中国对外直接投资存量与美、英、德、法等相比仍然存在较大的差距。截至 2013 年年末，中国对外直接投资存量（6604.8 亿美元）仅相当于美国同期对外直接投资存量（63495 亿美元）的 10.4%，相当于同期英国的 35%，德国的 38.6%，法国的 40.3%，日本的 66.5%。❶

---

❶ 商务部，国家统计局，国家外汇管理局.2013 年度中国对外直接投资统计公报，联合国贸易和发展会议.2014 年世界投资报告.

2013 年，中国对外直接投资（OFDI）流向发展中经济体的份额处于领先地位，比全球外商直接投资（FDI）流向发展中经济体的比重更高。当年中国流向发展中经济体的直接投资 917.3 亿美元，占当年中国对外直接投资的 85.1%，同比增长 31%；流向发达经济体的对外直接投资为 138.3 亿美元，同比增长 2.4%，占 12.8%；流向转轨经济体的 FDI 为 22.8 亿美元，同比下降 46.8%。❶

2013 年全球 FDI 对不同类型经济体的流入量构成❷

经济体	金额（10 亿美元）	同比（%）	比重（%）
发达经济体	566	9	39
发展中经济体	778	10.7	53.6
转轨经济体	108	28	7.4
合计	1452	9	100

2013 年，中国对外直接投资流量流向前 20 位的国家和地区（不包括开曼群岛和英属维尔京群岛）共 854.91 亿美元，占当年中国对外直接投资流量的比重为 79.3%。在前 20 位的国家（地区）中，美国、俄罗斯、中国香港、澳大利亚、加拿大、印度尼西亚、英国、德国、卢森堡等经济体，既是全球 FDI 的主要流入地，也是中国内地对外直接投资的主要流入地，这一点和全球 FDI 流入的方向基本一致。所不同的是，中国香港由于其特殊地位成为中国内地对外投资最大的目的地，所占比重高达 58.3%。相应地，同全球 FDI 流入量的国别（地区）分布相比，中国对美国、英国、德国、西班牙和荷兰等发达国家的直接投资金额和所占比重仍然偏低。❸

《中国对外投资合作发展报告 2014》反馈的另一信息是中国企业的跨国指数偏低。2014 年全球排名前 100 位的非金融类跨国公司平均国际化指数为 64.6%，而入围该名单的 3 家中国内地企业的平均国际化指数仅为 28.2%，没有一家中国内地企业的国际化指数达到该平均水平；2014 年发展中国家和转轨经济体排名前 100 位的非金融类跨国公司的平均国际化指数为 54.2%，而入选该榜单的 12 家中国内地企业的平均国际化指数仅为 19.9%，只有中国远洋集团

---

❶ 商务部. 中国对外投资合作发展报告 [R]. 北京：中国商务部，2014：5.
❷ 经济体划分标准：2014 年世界投资报告. 数据来源：商务部. 中国对外投资合作发展报告 [R]. 北京：中国商务部，2014：5.
❸ 商务部. 中国对外投资合作发展报告 [R]. 北京：中国商务部，2014：6.

和联想集团接近上述平均水平。通过上述对比发现，中国跨国公司的国际化指数整体而言仍较低。实际上，对比中国远洋运输（集团）总公司、中信集团在2013年的数据可以发现，2014年这两家企业的国际化指数还有下降。❶

入选2014年发展中和转轨国家排名前100位非金融类
跨国公司的中国内地企业国际化指数❷

排名	公司名称	国家（地区）	行业	国有股份（%）	国外资产（10亿美元）	跨国化指数
1	法国燃气苏伊士集团	法国	电力、燃气、水资源	36	175	0.75
2	大众汽车	德国	汽车	20	158	0.58
3	埃尼公司	意大利	石油和天然气	26	133	0.63
4	意大利国家电力公司	意大利	电力、燃气、水资源	31	132	0.57
5	法国电力公司	法国	电力、燃气、水资源	84	103	0.31
6	德国电信	德国	电信	32	96	0.58
7	中国中信集团公司	中国	多元化	100	72	0.18
8	挪威国家石油公司	挪威	石油和天然气	67	71	0.29
9	通用汽车公司	美国	汽车	16	70	0.47
10	瑞典大瀑布电力公司	瑞典	电力、燃气、水资源	100	54	0.72
11	法国 Orange 公司	法国	电信	27	54	0.42
12	空中客车	法国	飞机	12	46	0.64
13	淡水河谷	巴西	金属矿	3	46	0.45
14	中国远洋运输（集团）总公司	中国	运输仓储	100	40	0.50
15	马来西亚国家石油公司	马来西亚	石油和天然气	100	39	0.35

❶ 商务部. 中国对外投资合作发展报告［R］. 北京：中国商务部，2014：9.
❷ 商务部. 中国对外投资合作发展报告［R］. 北京：中国商务部，2014：9.

2015年1—4月，中国境内投资者共对全球146个国家/地区的2884家境外企业进行了直接投资，累计实现非金融类对外直接投资2143.7亿元人民币（折合349.7亿美元），同比增长36.1%。其中股权和债务工具投资1800.4亿元人民币（折合293.7亿美元），占84%，收益再投资343.3亿元人民币（折合56亿美元），占16%。截至2015年4月底，我国累计非金融类对外直接投资41763.7亿元人民币（折合6813亿美元）。❶

2013年，中国对外直接投资分布在全球的184个国家（地区），覆盖全球79%的国家和地区。对外直接投资主要集中在亚洲，占流量总额的70.1%，其中对中国香港的投资占对亚洲投资流量的83.1%。对拉丁美洲、欧洲、北美洲、大洋洲、非洲的投资分别占13.3%、5.5%、4.5%、3.4%、3.2%。与上年同期相比，对各地区投资增速分别为：对拉丁美洲投资增长132.7%，对大洋洲增长51.6%，对非洲增长33.9%，对亚洲增长16.7%，对北美洲增长0.4%，对欧洲下降15.4%。❷

尽管中国企业积极实施海外并购（M&A），并有中国政府的政策支持，但鲜有成功案例。据美国咨询公司调查，2014年中国企业的海外并购总额已由2008年的约100亿美元增至570亿美元。大型并购案接连不断。2015年3月，中国化工集团以71亿欧元收购了意大利轮胎企业倍耐力。不过多数收购并未达到预期效果。2010年，浙江吉利控股集团收购瑞典沃尔沃。但吉利2014年的新车销量同比减少24%，仅为41万辆，沃尔沃的技术实力和品牌影响力似乎并未被充分发挥。三一重工在2012年收购了德国机械企业普茨迈斯特公司，但2014年的海外销售额却同比减少近10%。熟知中国商业运作的西村朝日法律事务所律师野村高志指出"中国企业在海外获得市场份额和技术实力不是靠提高自身实力，大多数都是通过直接收购来迅速抢占市场"。由于中国政府大力支持企业进军海外，据称很多中国企业对收购对象的资产审查不严。❸ 世界经济论坛于2015年1月16日发布的《2015年全球风险报告》显示：❹ 国际冲突成为未来十年威胁全球稳定的最大风险。该年度报告综合各方专家评估，对未来十年全球

---

❶ 数据来源：商务部合作司. 2015年1—4月我国非金融类对外直接投资简明统计［EB/OL］［2015 – 05 – 20］. http://fec. mofcom. gov. cn/article/tjzl/jwtz/201505/1869920_1. html.

❷ 数据来源：商务部. 中国对外投资合作发展报告［R］. 北京：中国商务部，2014：56.

❸ 中国企业海外并购鲜有成功案例［EB/OL］［2014 – 07 – 17］. http：//cn. nikkei. com/china/ccompany/15064 – 20150714. html.

❹ 地缘政治风险超过经济社会问题［N］. 经济日报，2015 – 01 – 20.

28 项主要风险发生的可能性和潜在影响力进行预测。报告将这些风险划分为五大类：经济风险、环境风险、地缘政治风险、社会风险及技术风险。报告显示，"国家间冲突所造成的区域影响"一项被列为最有可能发生的全球风险，以及影响力第 4 位的风险。在发生可能性方面，该项风险超过了极端天气事件（第 2 位）、国家治理失败（第 3 位）、国家解体或危机（第 4 位）与结构性失业率高或不充分就业（第 5 位）。值得注意的是，在过去五年中，远离榜单的地缘政治风险在 2015 年的排名中跃居榜首。随着地缘政治对全球经济的影响日益增大，与此相关的三项风险成为全球最可能发生的风险，其中两项还列入了潜在影响力最大的风险。同时在地缘政治方面，自 2014 年以来，有三项风险在可能性和影响力方面都尤为突出，分别是国家间冲突所造成的区域影响、大规模杀伤性武器和恐怖袭击。

与中国海外投资强劲的态势相比，肇始于地缘政治化的准入壁垒亦愈趋繁多、愈演愈烈。时任中国副总理王岐山在第 23 届中美商贸联委会会议上指出：中国投资者经常被美国政府审查同中国政府的政治关联，这毫无理由；希望美国政府停止对中国公司的政治审查。● 地缘政治不仅威胁到中国投资者的公平合理权利，更成为阻挠国际投资自由化浪潮的逆流。对敢于赴汤蹈火"走出去"的中国投资者而言，今后不得不严加提防。

随着《中共中央关于全面深化改革若干重大问题的决定》出台，丝绸之路经济带和 21 世纪海上丝绸之路的建设被上升到"一带一路"国家战略。《中国对外投资合作发展报告 2014》指出："一带一路"战略契合沿线国家的共同需求，将为沿线国家实现优势互补、开放发展提供新平台，在满足沿途国家发展利益诉求的同时，也将为中国企业开展国际投资合作带来历史性的新契机。例如，中亚国家大多没有形成完善的产业结构，制造业竞争力较弱，对外贸易产品主要是能源类产品、初级产品，中国与中亚国家投资合作互补性较强。同时，中国对东盟国家、阿盟成员国等的投资明显增长。近年来，中国对东盟国家的直接投资流量持续保持增加态势。2014 年前 11 个月，中国非金融类企业赴东盟投资流量 43.5 亿美元。不仅如此，中国还改善了对东盟的投资结构，对东盟的制造业投资有所增加，2013 年对东盟投资比重达到 16.4%，比 2008 年提高了 6.7 个百分点。此外，中国与蒙古国及中东欧国家在资源、技术、市场等方

● 吴成良，王晓雄，柳玉鹏. 王岐山要求美国停止对中国企业政治背景审查 [N]. 环球时报，2012 - 12 - 21.

面的互补性也在增强。未来，中国围绕"一带一路"沿线国家的投资合作还将不断深化。❶

上海合作组织（The Shanghai Cooperation Organization，SCO，以下简称"上合组织"）借助其天时地利人和的优势担当了建设丝绸之路经济带的先锋使命。其贸易与投资便利化的多边法制更是加固松散的丝绸之路经济带的法律保障。同时，丝绸之路经济带为上合组织发展提供了前所未有的契机。为了抓住这一机遇，需要克服上合组织过于依赖软法的弊端，敦促启动自由贸易区协定谈判，最终摒除各国繁杂的贸易和投资壁垒。除此之外，通过加强中俄在上合组织内部的协作，推动签署丝绸之路经济带协议的法制进程，有效地应对源自美国丝绸之路战略法案和俄罗斯欧亚共同体的挑战。

"一带一路"项目的实施与亚洲基础设施投资银行（Asian Infrastructure Investment Bank，以下简称"亚投行"）的融资机制紧密配合。亚投行的创建为"一路一带"下的资金融通、扩大沿路沿线国家的基础设施建设提供了难得的机遇，亦面临着诸多困厄。如何奉行公平、透明、廉洁、高效的基本法律原则，审批投资项目时如何援引环境条款、劳工标准条款、人权保护条款、知识产权条款等均需深入研究，此外，如何防范海外投资政治风险以及改善争端解决机制等问题亦是当前必须面对的挑战。

地缘政治与执政党的建设关系始终瓜葛相连。解读中国共产党的地缘政治理论的发展历程与基本经验，从抗日战争时期反法西斯统一战线的结盟与巩固，到解放战争时期为新中国在平等、互利和互相尊重领土主权的基础上与世界各国建立外交关系做准备，解放区通过友好合作，恢复和发展国际通商事业，直至中国政府恢复在联合国的合法席位，新政权建立后，在安理会履行着日趋重要的大国责任，以及创立和平共处五项原则，全面实施改革开放政策与提出和谐世界的构想，所有这些事实深刻影响和改变着世界地缘政治的格局乃至国际法的进程。中国共产党的政策与国际法在形式与性质等方面大相径庭，这一点表露无遗。依据《国际法院规约》第38条，国际法的造法方式归结为三项：条约、国际习惯法和为各国承认的一般法律原则。尽管如此，中国共产党的政策与国际法之间并非相互排斥，而是彼此促进的关系。通过中国共产党的外交政策的贯彻与实施，《联合国宪章》的尊严始终得到维护与捍卫，国际法的原则

---

❶ 商务部．中国对外投资合作发展报告［R］．北京：中国商务部，2014：19.

得以延伸。此外，营造民主化、法制化的国际关系与党的政策价值取向保持一致，党的政策指引着中国政府在联合国安理会、国际法院和国际仲裁院等机构的改革进程中发挥着愈加积极的作用。一言以蔽之，中国共产党在推进国际关系民主化、法制化的进程方面所作出的伟大历史功绩是举世公认的。

针对中国当前双边投资协定（BIT）的缔结情况，以及正在进行的中美双边投资协定谈判和中欧双边投资协定谈判，我国应当对 BIT 中的根本安全例外条款高度重视。必须充分考虑作为东道国同时兼海外投资者母国身份的变化，如何在 BIT 谈判中引入根本安全例外条款，逐渐成为关注和讨论的问题。针对当前国内外的投资发展情况，结合我国的缔约实践，对于完善我国的根本安全例外条款提出完善建议。

归咎于我国在利比亚、叙利亚和缅甸等国政权更迭之后的投资项目接连遭遇诸如"恶债不予继承"之类的池鱼之灾，俄国国际法学家萨克（Sack）所创立的"恶债"的评判、继承和法律适用理论，迄今仍有重大的现实意义。而解决此类纠纷的当务之急在于抉择正确的冲突规范。

"三一集团"关联公司起诉奥巴马和美国国家安全委员会（The Committee on Foreign Investment in the United States，CFIUS）一案的首次开庭，预示中国企业已经开始在利用游戏规则而不是被规则所游戏。直面问题、瞭望未来，从法理上破解"外国政府控制的交易"与中国海外并购牵连的悖论，对于消除歧视性的立法和双边、多边投资协定的影响，以及中国企业的海外维权意义非凡。临渴掘井不是出路，只有积极参与、主导针对国有企业的全球性谈判，方可避免陷入诸如泛太平洋战略经济伙伴关系协议（Trans-Pacific Strategic Economic Partnership Agreement，TPP）之类的被动局面，全面提升中国国有企业问题的话语权。

当今关于包含东道国环境保护权利和义务的条款如雨后春笋般出现在国际投资协定中。从目前纳入环境条款的国际投资协定的形式上看，由于受到（North American Free Trade Agreement，NAFTA）的影响，涉及环境保护内容的双边投资条约在总量仍要比自由贸易协定少很多。在我国目前签订的双边投资协定中，涉及环境保护内容的协定为数不多。虽然从绝对值看，仍有许多国家的双边投资条约内没有环境规则的内容，越来越多的国家正在或倾向于在自己的双边投资范本中写入与环境有关的内容。在气候问题及可持续发展成为全球关注的重要命题这一时代背景下，国家之间关于投资条约的制定与解释应该能为人类达成保护环境的共识产生一定的促进作用。加强对环境保护问题的关注不仅只是对东道国有意义。无论是站在保护投资者的投资母国的立场上，还是站在生存在同一个地球上的人类的角度，关注双边投资条约范本中环境保护规则的内容，把握好投资者利益和环境发展之间的利益共赢平衡点，具有极强的现实意义。

2015 年又是个全球政治动荡的时代，尽管乌克兰危机有所缓和，但沙特、伊朗、美国、俄罗斯在也门开始政治博弈和军事对抗，大幅度提高中东地缘政治风险，再加上希腊大选结果加大了欧元区分裂的可能性，致使全球政治风险有所上升。乌克兰危机导致西方对俄罗斯经济制裁的负面效应就是"次级制裁"。"次级制裁"因处罚目标国和与之有交易的第三国、严重妨碍国际投资的便利化而恶名昭彰。其中不乏禁止、限制和撤离任何与目标国有关联的投资措施，以美国的单边立法最具代表性。欧盟立法则经历了由抵制到拥趸的演变时期，其变化与自身利益休戚与共。与《联合国宪章》互为策应，WTO 和双（多）边投资协定构筑了根本安全例外条款，上升为发起国的国际法依据。美国的域外法权遗患无穷，WTO 如何抑止这种后患，取决于自裁决条款的审查机制。"克里米亚公投"后，中国投资再次面临"次级制裁"的风险表明：借鉴他国的经验，制定反"次级制裁"立法已迫在眉睫。而汲取双边投资协定范本的自裁决和利益否定条款精华，以及中国主动向 WTO 申诉则可实现国际法救济的突破。

在强敌环伺的北极地区，美国、加拿大、俄罗斯和冰岛等各种地缘政治集团的利益激烈冲突，对于敢于赴汤蹈火"走出去"的中国投资者，今后不得不如履薄冰、严加提防。如何扩大中国在北极多边法制中的话语权，在双边投资条约或自由贸易协定的法律框架中确保投资者在投资准入的国民待遇，以及完善争端解决机制等仍须深入、细致地思考。

中国投资者在海外经历此种磨难究竟有何背景？如何摆脱地缘政治的影响，保障投资者获得公平的外资准入国民待遇？这一切都值得我们深思。同时，今日的中国既作为第二引资大国，又是冉冉升起的投资大国，这种"身份的混同"需要换位思考，重新构建中国的外资法理论势在必行。

第 一 章
中国传统地缘政治理论的沉浮与枯荣

　　根据地缘政治从基于军事导向转为基于国家经济战略导向的转换，从而解析中国地缘政治面临的风险，结合中国地缘政治的特点，反思传统地缘政治本体论的局限，以此创新中国地缘政治的理论。

第一节　从地缘政治到地缘经济的转换

　　通过传统地缘政治概念的演进历程，借此证明全球经济一体化时代的新地缘政治观，其外延与地缘经济学似乎不谋而合。

一、地缘政治的演绎

　　在历史的维度中探寻地缘政治学理论的发端，美国海军军官、历史学家马汉的"海权论"和英国地理学家麦金德的"陆权论"，以及意大利军事家杜黑的"空权论"既彼此牵连，又相互独立，呈鼎足之势。或许前美国国家安全顾问布热津斯基的观点比较经典："地缘政治（Geopolitics）是指那些决定一个国家或地区情况的地理因素的相互结合，强调地理对政治的影响。"❶ 观察和评估依据地理环境所产生的政治影响，传统的地缘政治需要国家完成三方面的使命：战略要地的绝对安全、维持缓冲区的控制和保护海陆空边界不受外敌入侵。其实质涵射的是国家空间安全观。自冷战结束以来，不断有人指责此种狭义的安

---

❶　兹比格涅夫·布热津斯基. 竞赛方案——进行美苏竞争的地缘战略纲领［M］. 刘晓明，等译. 北京：中国对外翻译公司，1998.

009

全观早已过时，来自中国学者的观点更是恶评如潮。❶ 毋庸置疑，随着现代科学技术的突飞猛进，传统的地缘政治学所定义的空间日益缩小，直至世界浓缩成一个"地球村"。曾经难以克服的距离和天然屏障失去了原有的保护，而跨国经济交往、文化意识渗透和网络攻击等行为成为新的危及国家安全的不稳定因素。国际社会依旧波谲云诡，地缘政治不仅没有偃旗息鼓，其调整对象早已超越了传统的政治学，越来越触及国际经济的敏感地带，在空间效力方面亦突破了区域性的地理环境封锁，从基于军事导向转为基于国家经济战略导向。诚如某些学者所言："内涵上，地缘政治学已经不再仅仅把军事、安全等问题作为研究议题，而是把经济、文化等问题纳入研究议程，分别形成了地缘经济理论和地缘文化理论。外延上，地缘政治学的研究范围不再局限于国家及其周边，而是延伸到国家所在的整个地区乃至全球。"❷

二、地缘经济的应运而生

美国国防部高级顾问、华盛顿战略与国际关系研究中心地缘经济学项目主任爱德华·卢特沃克被誉为地缘经济理论的创始人。根据卢特沃克的观点，自冷战结束后，世界迈入了地缘经济（Geoeconomics）时代，国际关系从地缘政治学转向地缘经济学发展。这一时代的显著特征在于：各国意识形态的差异明显缩小，曾以地缘政治视角下判定的敌人，在地缘经济时代可能携手成为贸易伙伴；全球的最大威胁已从核战争危险转向经济危机和生态环境的破坏。❸ 具体而言，威风一时的苏美两大军事阵营对抗由三大经济集团的竞争取而代之，其中日本主导环太平洋经济区，美国领衔西半球经济区，德国则是欧洲经济区的核心。如上所述，地缘经济的实质反映了国家的经济主权的生态安全观。与地缘政治相比，地缘经济这一术语脱胎于地缘政治，但其外延更加广泛。主体不仅有国家，跨国公司亦加入其中。尽管如此，地缘经济学尚难构成独立学科，仍属于广义的地缘政治学的范畴。众所周知，经济基础决定上层建筑，上层建

---

❶ 葛汉文. 反思与重塑：批判视角下的地缘政治理论［J］. 南京财经大学学报，2010（6）.
　吴江. 地缘政治批判：一种生存哲学的视角［J］. 新东方，2011（2）.
❷ 胡宝琴. 地缘政治学的理论综述［J］. 商情，2011（18）：112.
❸ Edward N. Luttwak. From Geopolitics to Geoeconomics：Logic of Conflict，Grammar of Commerce. The National Interest. Vol. 20（1990），p17－23. Murphy，Craig N. & Douglas R. Nelson，International Political Economy A Tale of Two Heterodoxies，British Journal of Politics and International Relations. Vol. 3－3，（2001）p393－412.

筑亦反作用于经济基础。既然地缘经济要求国家运用公共权力推行战略经济政策，在世界经济博弈中取得优势，显然经济战略在很大程度上受制于政治战略。

第二节　中国地缘政治面临的风险

一方面，中国通过领陆、领海、领空、海峡、能源等因素，将政治、经济与法律活动更多地融入国际社会，与各国的地缘政治力量相互策应、彼此制约，同时亦将古老的中华文明传递至地球的每一角落。另一方面，中国的地理位置决定了自身亦面临四大地缘政治风险：领土争端、岛链封锁、区域竞争和能源危机。

一、领土争端

中国领土的中心位于陕西省泾阳县永乐镇石际寺村，黄河流域、长江流域孕育着古老的中华文明，这里是中国地缘政治的心脏地带，亦是中国的农业区。众所周知，中国以全世界七分之一的土地养活着全球四分之一的人口。人多地少的沉重包袱决定了中国对国际贸易和国际投资高度的依赖性。领土最南端在南海南沙群岛中的立地暗沙，南海是中国通往外界重要的海上通道，从马六甲海峡到日本、从新加坡到中国香港、从中国广东到菲律宾马尼拉，甚至从东亚到西亚、非洲和欧洲的多数海上通道，构筑了太平洋和印度洋之间的海上走廊。加之南海岛礁附近海域拥有丰富的自然资源，加剧了与越南、菲律宾、马来西亚、文莱等国在这一地区激烈的利益纷争。领土最东端位于黑龙江省黑瞎子岛，黑瞎子岛扼守着黑龙江—乌苏里江通航咽喉，隔江与俄罗斯的哈巴罗夫斯克（伯力城）相望。中国领土的最西端在帕米尔高原上的新疆乌恰县，在中国、塔吉克斯坦、吉尔吉斯斯坦三国边界交点西南方约 25 千米处，有一座海拔 5000 米以上的雪峰。这里曾是中国古代丝绸之路的必经之地，今日依旧作为中国与欧亚大陆的主要通道。领土最北端在黑龙江省漠河乌苏里浅滩黑龙江主航道中心线上，漠河距离北极圈大约 1492 千米，距离北极约 4070 千米，素有"中国的北极村"之称。毋庸赘述，中国在地理上仍属于近北极的国家。

史海钩沉。自古以来，中国的地缘政治环境险象环生，与周边国家的领土纠纷从未偃旗息鼓。中国与陆地接壤的越南、朝鲜、俄罗斯、印度、蒙古、巴基斯坦、阿富汗、尼泊尔等国都曾有过疆界纠纷。脆弱的海岸线引发的海疆纷争以南海诸岛主权和钓鱼岛之争最具典型。菲律宾、越南、马来西亚、文莱、印度尼西亚均声称拥有中国南海诸岛的主权。丰厚的石油利益，重要的地理咽喉，借助南沙、台湾、钓鱼岛第一岛链的天然屏障，从而扼制中国，是美国干预南海的真实缘由。冷战结束以后，领土问题曾一度被搁置或缓解，随着中国不断崛起，从欧亚大陆地缘战略区的核心地带脱颖而出，极大地改变了这一地区的地缘政治格局，与邻国的关系变得更加错综复杂。从越南抗议南海钻井平台，打砸抢中资企业，在黄岩岛与菲律宾对峙、仁爱礁冲突，到愈演愈烈的钓鱼岛争端，中国近年来似乎与邻国摩擦不断。菲律宾政府在指控中国持续在南海岛屿进行大规模工事之际，于 2014 年 10 月 4 日宣布暂停南沙群岛所占岛屿上的一切维修工事，以免影响"南海仲裁案"裁决结果。菲律宾在 2013 年 1 月单方面将争议提交国际仲裁，指控中国在至少 5 座南海岛屿进行填海造陆工程。2014 年 3 月，又向仲裁庭呈交多达 4000 页的陈情书，挑战中国南海九段线效力，中国则多次重申，不接受也不参与仲裁。❶ 美国皮尤研究中心便在这多事之秋展开了亚洲国家对中、美好感度的调查。皮尤调查称，亚洲大多数国家都担心中国因领土问题与其发生武装冲突，《华尔街日报》报道该调查更是站在了菲律宾、越南等与中国有领土争端国家那边，指责中国对弱国欺凌，认为美国在亚洲受到普遍欢迎（图 1 – 1）。❷

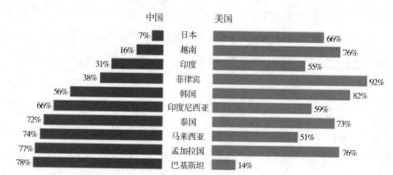

数据：2014年3月17日至6月5日在44个国家调查48643人

图 1 – 1　亚洲国家对中美的好感度比例

❶ 菲律宾宣布暂停一切南沙岛屿工事等待国际仲裁［EB/OL］［2014 – 12 – 30］. http：//news. ifeng. com/a/20141004/42138955_0. shtml.

❷ 夏雪妮译. 美国皮尤调查称亚洲国家对中国印象是领土纷争不断［EB/OL］［2014 – 12 – 30］. http：// www. guancha. cn/Neighbors/2014_07_15_246870. shtml.

二、岛链封锁

中日甲午战争以北洋水师全军覆没而告终，留下中国人民无法磨灭的切肤之痛——丧权辱国的《马关条约》和钓鱼岛纷争。百年之后海上的硝烟仍旧弥漫，中国最大的军事威胁来自美国岛链的封锁。所谓"岛链"是"岛屿锁链"的简称，具有深厚的地缘政治色彩。"最初是冷战时期以美国为首的西方国家根据西太平洋海域中具有重要战略意义的岛群的地理位置而提出的，其目的在于围堵亚洲大陆，封锁和扼杀苏联、中国等社会主义国家的基地圈。"[1] 1951 年 1 月美国国务院顾问杜勒斯提出："美国在太平洋地区防务范围应是日本—琉球群岛—台湾—菲律宾—澳大利亚这条近海岛屿链。" 1955 年 2月，杜勒斯在参议院外委会的证词中又特别强调："（台湾岛）构成了太平洋西边缘上所谓'岛屿锁链'中的重要的环节"。[2] 经过数十年苦心经营，美国完成包围中国的三大岛链。第一岛链：北起靠近北极的阿留申群岛，中接日本列岛、台湾岛，南至菲律宾的链形岛屿带。台湾位于极其特殊的战略地位，掌握了台湾岛就能有效地扼控东海与南海间的咽喉战略通道，也有了通往"第二岛链"内海域的有利航道及走向远洋的便捷之路。第二岛链：以关岛为中心，由包括澳大利亚、新西兰在内的一系列岛屿和大陆组成。第三岛链：以夏威夷群岛为中心，涵盖广阔的西太平洋区域。它既是支援亚太美军的战略后方，又是美国本土的防御前哨。[3] 有学者早就一针见血地指出："美国建立岛链封锁的目的就是要将中国的影响力限制在自身领土范围内，甚至不允许中国崛起为地区性主导国家。"[4] 进而言之，我国需要畅通、安全的出海口，不仅是基于国防战略的高度，更源于出口导向性经济的可持续发展，突破三大岛链的防线迫在眉睫。

三、区域竞争

世界经济论坛发布的《2013—2014 年全球竞争力报告》显示，在金砖国家中，中国的竞争力最强（第 29 位），领先于南非（第 53 位）、巴西（第 56

---

❶ 史春林，李秀英．美国岛链封锁及其对我国海上安全的影响［J］．世界地理研究，2013（2）：1．
❷ 李杰．捆绑中国的"岛链"［J］．现代舰船，2001（7）：35．
　 史春林，李秀英．美国岛链封锁及其对我国海上安全的影响［J］．世界地理研究，2013（2）：1-2．
❸ 王羽纶．冲破太平洋三大岛链［J］．大科技，2007（6）：42．
❹ 上官青云．航母让中国突破"紧箍咒"［N］．世界报，2011-08-17．

位)、印度(第 60 位)和俄罗斯(第 64 位)。其中,中国和印度之间的竞争力差距从 2006 年的 8 位扩大到了目前的 31 位。●

（一）全球区域集团化对我国竞争力的挑战

世界地缘政治最主要演变的规律就是区域主义。从欧盟、北美自由贸易区到东盟,在具有共同地缘性特征的区域实现区域一体化,区域经济一体化的明显标志基于建立在相邻或相近的地理关系基础之上的区域集团。早在 20 世纪 90 年代,世界区域集团化就在全球每一角落暗流涌动、层出不穷,逐渐取代国家成为世界经济的主体。从初期的贸易实体——欧洲共同体市场(European Communities),过渡到更加紧密的政治联盟——欧洲联盟(European Union,EU),从相对松散的亚太经济合作组织(Asia-Pacific Economic Cooperation,APEC),到多边贸易组织——泛太平洋战略经济伙伴关系协议(Trans-Pacific Strategic Economic Partnership Agreement,TPP)的酝酿,无不彰显着地缘政治力量的博弈。尽管中国与东盟曾经是友好亲密的近邻,地缘政治关系根深蒂固,但亚洲幅员辽阔,国家众多,在经济发展、社会制度、意识形态和宗教信仰等方面无法与欧盟的地缘政治环境媲美,加之南沙群岛等领土恩怨的历史隔阂,东亚的政治经济一体化进程长期滞后于北美和欧洲。1997 年东南亚金融危机"多米诺骨牌效应"促使各国深刻地醒悟到建立东亚区域一体化、同舟共济对抗金融风险的紧迫性。近几十年来,中国更与东盟开展了广泛、密切的经济贸易合作关系,2009 年 8 月 15 日,中国与东盟 10 国共同签署了《中华人民共和国政府与东南亚国家联盟成员国政府全面经济合作框架协议投资协议》(以下简称《中国—东盟投资协议》)是借鉴 NAFT 区域一体化的一大进步。该协议致力于在中国—东盟自由贸易区下建立一个自由、便利、透明及公平的投资体制,通过双方相互给予投资者国民待遇、最惠国待遇和投资公平公正待遇,提高投资相关法律法规的透明度,为双方创造更为有利的投资条件和良好的投资环境,并为双方的投资者提供充分的法律保护,从而进一步促进双方投资便利化和逐步自由化,双方开始开放投资市场。2015 年由美国主导的 TPP 谈判已经尘埃落定,TPP 协议达成。TPP 达成协议之前就被认为将是美国的重大得分,而且一些较为激进且乐观的美国分析人士认为,该协定将成为美国主导世界贸易规则的新里程碑,中

● 李彤. 全球竞争力报告:中国排名第 29 位 居金砖国家之首 [EB/OL] [2013 - 09 - 04]. http://finance. eastday. com/m/20130904/u1a7639735. html.

国将被重新逼入困境。尽管奥巴马说过，"如果我们不书写世界贸易规则，中国将会为我们书写"。● 任何事物自身就是一个矛盾体，其发展具有两面性，TPP 亦如此。对于中国经济发展来说，TPP 谈判的推进一方面会阻碍中国发展进程，造成不利影响；另一方面会激发中国发展潜力，突破现有发展领域。❷

（二）我国主导的区域竞争的问题——以丝绸之路经济带为视角

作为仅次于美国的第二大经济体，中国始终不渝地支持和推动区域一体化的进程。签署的区域贸易协定（Regional Trade Agreements，RTA）与日俱增。目前，中国在建自贸区 18 个，涉及 31 个国家和地区。其中，已签署自贸协定12 个，涉及 20 个国家和地区，分别是中国与东盟、新加坡、巴基斯坦、新西兰、智利、秘鲁、哥斯达黎加、冰岛和瑞士的自贸协定，中国内地与中国香港、中国澳门的更紧密经贸关系安排（CEPA），以及中国大陆与中国台湾的海峡两岸经济合作框架协议（ECFA），除了与冰岛和瑞士的自贸协定还未生效外，其余均已实施；正在谈判的自贸协定 6 个，涉及 22 个国家，分别是中国与韩国、海湾合作委员会（GCC）、澳大利亚和挪威的自贸谈判，以及中日韩自贸区和《区域全面经济合作伙伴关系》（RCEP）协定谈判。此外，中国完成了与印度的区域贸易安排（RTA）联合研究；正与哥伦比亚等开展自贸区联合可行性研究；还加入了《亚太贸易协定》。

值得一提的是，中国倡导的上海合作组织在推动中亚区域一体化的积极作用。上海合作组织是第一个以中国城市命名的新型区域合作组织。自 2001 年 6月 15 日，中国、俄罗斯、哈萨克斯坦、吉尔吉斯斯坦、塔吉克斯坦和乌兹别克斯坦在上海签署了《上海合作组织成立宣言》，正式成立以来，一直致力于非传统安全视角下开展反恐、贸易和投资等方面的区域合作。❸ 同年 9 月 14 日，六国总理在阿拉木图签署《上海合作组织成员国政府间关于区域经济合作的基本目标和方向及启动贸易和投资便利化进程的备忘录》，确立成员国经贸部长会

● 美分析人士断言：TPP 一举将中国重新逼入困境 [N]. 环球时报，2015 – 07 – 29.
❷ 陈华，张敏. TPP 对中国的影响及应对策略 [J]. 新金融，2015（12）：26.
❸ 上海合作组织，前身是"上海五国"会晤机制。1996 年 4 月 26 日，中国、俄罗斯、哈萨克斯坦、吉尔吉斯斯坦、塔吉克斯坦五国元首在上海举行会晤。自此，"上海五国"会晤机制正式建立。成员国：中国、俄罗斯、哈萨克斯坦、吉尔吉斯斯坦、塔吉克斯坦和乌兹别克斯坦；观察员：伊朗、巴基斯坦、阿富汗、蒙古和印度；对话伙伴：斯里兰卡、白俄罗斯和土耳其；参会客人：土库曼斯坦、独联体和东盟。

晤机制，以便实施区域经济合作和启动贸易投资便利化的谈判。次年 5 月 29
日，六国部长签署了《〈上海合作组织成员国政府间关于区域经济合作的基本
目标和方向及启动贸易和投资便利化进程的备忘录〉的议定书》和《上海合作
组织成员国经贸部长首次会晤联合声明》两份文件。据此，成员国共同制定区
域经济合作研究报告，交流法律法规信息和逐步开展投资合作。2003 年 9 月，
政府首脑（总理）理事会在北京通过《上海合作组织成员国多边经贸合作纲
要》，就 2020 年前成员国开展经贸合作的方向、目的、任务、途径和方式形成
原则框架。预计 2020 年组建新型的经济一体化区域，为贸易和投资创造良好的
条件，逐步实现区域内商品、资本、服务和技术的自由流通，最终在区内建立
自由贸易区。❶ 归功于不懈的努力，上合组织于 2004 年 9 月结出了硕果。我国
与哈萨克斯坦国正式签订协议，在中哈边境霍尔果斯口岸共同建设 5.28 平方公
里的全世界唯一跨国界的、由两个国家的国土构成的边境合作中心。该中心沿
中哈界河横跨中国与哈萨克斯坦两个国家，经由专门通道连为一体，其主要功
能是贸易洽谈、商品展示和销售、仓储运输、宾馆饭店、商业服务设施、金融
服务、举办各类区域性国际经贸洽谈会等。霍尔果斯的地缘优势毋庸置疑，位
于亚欧经济板块的中心位置，是中国向西开放，连接中国与中亚五国，并通往
西亚、南亚、欧洲的西大门。霍尔果斯经济特区距离伊犁哈萨克自治州的首府
伊宁市仅 90 公里，距离新疆维吾尔自治区的首府乌鲁木齐 670 公里，向西与哈
萨克斯坦最大的城市阿拉木图市仅相距 378 公里。从霍尔果斯经济特区出境，
途经阿拉木图、比什凯克、塔什干，这几个地区正好是中亚国家最为繁华的
地区，是中亚五国的经济与政治中心，该区域也是我国轻工业产品消费、集
散的最主要区域。❷

习近平主席在 2013 年出访中亚国家期间就提出了共同建设"丝绸之路经济
带"的战略构想。此前，李克强总理在出席第十届中国—东盟博览会和中国—
东盟商务与投资峰会期间，提出续写"海上丝绸之路"的历史辉煌。在新时
期，沿着陆上和海上"古丝绸之路"构建经济走廊，将给中国及沿线国家和地
区带来更加紧密的经济联系和更加广阔的发展空间。21 世纪海上丝绸之路将中

---

❶ 李立凡. 论上海合作组织经济与贸易合作——兼论中国对推动上合组织经贸一体化的设想 [J]. 世界
地理研究，2007（4）：80 – 81.
❷ 龚新蜀，程伟. 基于 SWOT 法和层次分析法的西北边境地区经济——以新疆霍尔果斯为例 [J]. 科技
管理研究，2014（7）：32 – 3.

国和东南亚国家临海港口城市串联起来，通过海上互联互通、港口城市合作机制及海洋经济合作等途径，最终形成海上"丝绸之路经济带"，不仅造福中国与东盟，而且能够辐射南亚、中东和全球。❶ 上合组织其他成员国一致支持中国倡导的新丝绸之路，打通一条从波罗的海到太平洋、从中亚到印度洋和波斯湾的交通运输走廊，缩短货物运送期限，签署《上海合作组织成员国政府间国际道路运输便利化协定》，各成员国境内的有关公路将对成员国开放，在此基础上消除贸易障碍，以此推动贸易和投资便利化协定和区域经济合作，加强金融领域合作，成立上合组织开发银行和上海合作组织专门账户，增加用各国货币相互结算账目，成立能源俱乐部等。由此引发以下问题：丝绸之路经济带与上合组织贸易和投资便利化的多边法制之间存在何种关联；上合组织的多边合作规则是否实质有效，足以抗衡欧亚经济共同体和上合组织成员国及观察员国存在的诸多关税、非关税的贸易和投资壁垒；此外面临哪些缘于美国新丝绸之路战略的挑战，将在第二章"地缘政治因素对于中国海外投资的影响"详细论述之。

四、能源危机

毋庸置疑，能源与地缘政治的关系休戚与共，其中以工业的血液——石油最具说服力。美国剑桥能源研究协会（Cambridge Energy Research Associates，CERA）主席丹尼尔·耶金（Daniel Yergin）曾指出："石油，10% 是经济，90% 是政治。"❷ 美国前国务卿亨利·基辛格（Henry Kissinger）提出："如果你控制了石油，你就控制了所有国家。"❸ 一语道破石油是地缘政治博弈的重要载体。有学者更加精辟地阐示油权是石油地缘政治的核心问题："石油的地缘、商品、金融和政治四大属性决定了各国围绕争夺石油资源、通道和市场的权力形成了敌对、结盟、控制、反控制等一系列政治经济关系，并充分反映着国际秩序中的大国意志。特别是其政治属性，使石油有了作为地缘政治权力之源的意义。石油成为一种权力，我们称为'油权'。油权的内涵包括石油资源控制权、石油通道控制权和石油市场控制权。"❹ 还有学者指出："当今国际石油地缘政治存在三大突出问题：一是叙利亚内战、伊朗核问题及巴以冲突威胁着中东石油

---

❶ 华益文. 丝绸之路经济带和海上丝绸之路一样精彩 [N]. 人民日报海外版，2013 - 09 - 13.
❷ 菲利普·赛比耶·洛佩兹. 石油地缘政治 [M]. 潘革平，译. 北京：社会科学文献出版社，2008.
❸ 威廉·恩道尔. 石油战争 [M]. 赵刚，等译. 北京：知识产权出版社，2008.
❹ 徐建山. 论油权——初探石油地缘政治的核心问题 [J]. 世界经济与政治，2012（12）：21.

地缘政治的稳定;二是美国重返亚太及中日关系紧张使亚太石油地缘政治冲突加剧;三是石油主要生产国较强的价格操控能力严重影响着世界石油价格的合理调整。"● 除此之外,乌克兰危机引发的对俄制裁不可小觑。引爆乌克兰危机的导火索是亲俄的总统亚努科维奇暂缓与欧盟签署政治和自由贸易协议,亲欧派趁机蛊惑大规模的反政府示威,导致亚努科维奇被迫下台。俄罗斯被指控操纵克里米亚举行公投、脱乌入俄,甚至乌克兰东南部顿涅茨克州和卢甘斯克州相继宣告独立,以及马来西亚航空公司 MH17 航班被导弹击落,冲突地区战火此起彼伏,均摆脱不了干系。这场危机的背后折射出美欧与俄罗斯在乌克兰的地缘政治博弈,俄罗斯因而遭遇了以美欧日等国涉及贸易、金融和投资多种制裁。投资制裁包括冻结克里米亚天然气公司在美国管辖区的所有资产,禁止任何美国公民与该公司进行交易,阻止对俄罗斯能源行业相关的技术转让和融资等。●

我国属于资源匮乏型国家。工业和信息化部于 2011 年 8 月 2 日公布的数据显示,中国石油对外依存度达 55.2%,已超越美国。中国的石油来源大多是一些政治上不稳定的地区,中国对这些地区缺乏控制能力。中东、北非产油区发生的动荡,已对中国产生了一定的影响。如果这些地区的石油供需基础遭到破坏,发生石油供应渠道受阻,中国的石油危机就会发生。●

事实上,中国对石油等能源的需求持续上升。2014 年 8 月的原油进口量环比有所上升。海关总署数据显示,8 月,我国原油进口 2519 万吨,同比增长17.5%,环比增长 6.0%。1—8 月,原油累计进口量 20092 万吨,同比增长8.4%,增速比 1—7 月上升 1.2 个百分点(表 1 - 1)。

表 1 - 1　2013 年 8 月—2014 年 8 月中国原油单月及累计进出口数量●

时间	进口				出口			
	单月		累计		单月		累计	
	万吨	同比(%)	万吨	同比(%)	万吨	同比(%)	万吨	同比(%)
2013 年 8 月	2143	16.5	18561	2.9	21	75.0	125	- 25.3
2013 年 9 月	2568	28.0	21129	5.4	7	- 63.2	132	- 29.8

● 刘劲松. 国际石油地缘政治的现状及我国的对策 [J]. 江西社会科学, 2014(1): 194.
● 白朝阳. 美欧日联手制裁俄罗斯 [N]. 中国经济周刊, 2014 - 08 - 11.
● 中国有可能发生石油危机吗? [N]. 中华工商时报, 2011 - 08 - 08.
● 数据来源: 国务院发展研究中心信息网 [EB/OL] [2014 - 12 - 12]. http://www.drcnet.com.cn/eDRCnet. common. web/docview. aspx.

（续表）

时间	进口				出口			
	单月		累计		单月		累计	
	万吨	同比（%）	万吨	同比（%）	万吨	同比（%）	万吨	同比（%）
2013 年 10 月	2041	−13.8	23162	3.4	11	−68.6	143	−35.9
2013 年 11 月	2356	0.8	25518	3.2	10	−16.7	153	−35.1
2013 年 12 月	2678	13.1	28195	4.0	9	12.5	162	−33.5
2014 年 1 月	2816	11.9	2816	11.9	8	−71.8	8	−71.8
2014 年 2 月	2305	10.9	5121	11.5	18	94.4	25	−31.9
2014 年 3 月	2352	2.0	7472	8.3	—	−100.0	25	−60.6
2014 年 4 月	2788	20.8	10261	11.5	—	—	25	−65.2
2014 年 5 月	2608	8.9	12869	11.1	—	—	25	−69.6
2014 年 6 月	2328	5.0	15197	10.2	—	—	25	−70.8
2014 年 7 月	2376	−9.0	17573	7.2	—	—	25	−75.7
2014 年 8 月	2519	17.5	20092	8.4	11	−48.6	36	−71.2

2013 年，中国企业境外矿业投资中，并购金额 24.1 亿美元，勘查金额 4.8 亿美元，矿山开发金额 18.5 亿美元，其他金额 4.4 亿美元。投资涉及中国企业 128 家，资金流向全球 46 个国家。中国企业境外矿业投资中并购金额同比减少 59.4%，矿山开发金额同比减少 43.8%，并购金额下降幅度大于开发金额下降幅度，显示资金倾向于投入已并购成功的项目，境外投资正从并购阶段向后续开发阶段发展。事实上，中国企业通过境外投资已获得大量的权益资源储量，截至 2013 年，中国企业已在境外获得的权益资源储量达 260 亿吨，投资铜矿境外矿产权益资源储量约为 6890 万吨，铁矿全部建成后，权益矿年产能将达到 2.8 亿吨，铜矿境外设计权益产能为 255 万吨/年。但其中仅非常小部分已形成产能，后续开发需要大量的投入。2013 年全球矿业领域并购总金额 360 亿美元，比上年减少 35%，而中国的境外投资中并购金额同比减少 59.4%，降幅明显高于全球并购降幅，显示中国企业在国际并购中的避险意识增强。[1] 2013 年，中国企业境外矿业投资的主要目的地依次为澳大利亚（13.1 亿美元）、南部非洲（10.9 亿美元）、加拿大（6.1 亿美元）、拉美（5.5 亿美元）、西非（5 亿美元）、东盟（3.7 亿美元）、东北亚（2.8 亿美元）等（图 1-2）。与上年相比，

---

❶ 商务部. 中国对外投资合作发展报告 [R]. 北京：中国商务部，2014：100.

对南部非洲投资降幅较小，而对澳大利亚、西非、加拿大、东盟的投资减少幅度较大。东道国政策调整和国际矿产市场价格下行是影响投资变化的主要因素。❶

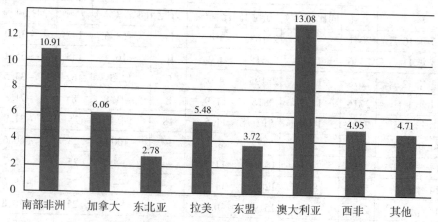

图1-2 2013年境外矿业投资目的地分布（单位：亿美元）❷

第三节 中国地缘政治理论辨析

一、对传统地缘政治本体论的反思

传统的地缘政治本体论强调"一种从地理中心论的观点对国际局势背景进行的研究及整体认识"❸。此学说反映了地理与政治孰重孰轻的问题，其狭隘性在于以海洋、天空、海峡、能源等地理因素为地缘政治学的基本特征。已有学者予以校正：地缘政治的研究对象在于地理环境与人类政治行为之间的互动关系，而非单纯的地理现象。在历史发展中，存在于一定地理空间中的自然景观与文化、民族性等精神景观早已结合成为一个整体，因此地缘政治的研究对象既是物质性的，也是表述性的，或者主要是表述性的。批判学者强调，地缘政

❶ 商务部. 中国对外投资合作发展报告［R］. 北京：中国商务部，2014：101-102.
❷ 数据来源：中国矿业联合会境外投资统计系统.
❸ 杰弗里·帕克. 二十世纪的西方地理政治思想［M］. 李亦鸣，徐小杰，张荣忠，译. 北京：解放军出版社，1992.
葛汉文. 反思与重塑：批判视角下的地缘政治理论［J］. 南京财经大学学报，2010（6）：88.

治研究不应再简单地局限于物质领土、空间地域状况和世界政治地图的狭隘范围，相反更应集中关注人的主观因素（如文化差异、政治认同、民族性等）在地缘政治思想塑造和实践中的突出作用。❶ 在这样一种批判主义视阈下，地缘政治的本体论由物质因素扩展到精神领域，政治、信仰和民族文化的迥异日趋影响其理论发展和变迁。诚如某些学者剖析的那样："地缘政治上的远近决不能仅仅理解成客观距离上的远近，而是与地理因素的价值、国家投射影响力的能力有关，更与国家发展战略的取向有关。当一个具有战略价值的地理要素能被行动者所控制时，它就是切近的，即使在客观距离上很远。"❷

二、对传统地缘政治认识论的评判

地缘政治认识论探讨地缘政治的本质、结构，认识与客观实在的关系，认识的前提和基础，认识发生、发展的过程及其规律等问题。有学者认为传统地缘政治认识论同样不堪一击：作为本体论的必然延伸，传统地缘政治认识论认定，基于地缘政治的"自然科学"（即地理研究）基础，学者通过超然中立的客观观察与描述，可以作出"科学"的理论诠释。安格纽就尖锐地指出："（在地缘政治研究中）并没有纯洁的、无意向的、非时间性、非地点性的研究者存在，没有纯粹的理性，也没有绝对的知识或绝对的信息，人的所有认知都是人基于其预设的观念对世界的一种反映。"❸ 既然国家利益是地缘政治的起点和终点，那么中国现代地缘政治认识论就应聚焦地缘政治的国家利益本质、结构，认识与地缘政治的关系，认识的前提和基础，认识发生、发展的过程及其规律等问题。

首先，中国国家利益是决定地缘政治走向的基本动因，影响中国对外交往的核心因素，其重要性、独特性和不可替代性毋庸讳言。包括中国的国际经济利益、中国的安全利益、中国的政治利益和中国的文化利益。中国的国际经济利益涵盖国际贸易、国际投资和国际技术转让领域的重大利益。中国的安全利益既有战略安全，如避免军事冲突、建立集体安全保障机制、维护周边地区稳定、保持核力量与防止核扩散、走有中国特色的精兵之路等；又有维护国家统

---

❶ 杰弗里·帕克. 二十世纪的西方地理政治思想 [M]. 李亦鸣，徐小杰，张荣忠，译. 北京：解放军出版社，1992. 引自：葛汉文. 反思与重塑：批判视角下的地缘政治理论 [J]. 南京财经大学学报，2010（6）：88.

❷ 吴江. 地缘政治批判 一种生存哲学的视角 [J]. 新东方，2011（2）：3.

❸ 葛汉文. 反思与重塑：批判视角下的地缘政治理论 [J]. 南京财经大学学报，2010（6）：88.

一的安全。至于经济安全方面，分为反垄断、反倾销和反补贴、打击国际经济犯罪和保护知识产权中的重大利益。中国的政治利益维护主权完整、维护中国的人权利益和建立合理的世界秩序。

其次，再造新地缘政治的结构。有学者指出："传统地缘政治坚信的海陆两极对峙及毗邻国家为敌的理论结构不符合全球化的时代特征，所以新的地缘政治体系结构应该是海陆联合的全球结构与合作性区域结构。而这样的结构需要新的更积极的功能定位，这种新结构所赋予的功能既不能是霍布斯主义的冲突与竞争，也不能是世界主义的超国家合作，而是力求实现以主权国家为主体的格劳秀斯主义的国际合作。"❶ 也就是说，新的地缘政治说宣扬的是和平与合作。

再次，人类对地缘政治的认识是动态的、循序递进的。被誉为"地缘政治学之父"的弗里德里希·拉采尔（Friedfich Ratze1）是德国慕尼黑工业学校教授和莱比锡大学地理学教授，他于 1897 年出版的《政治地理学》一书奠定了地缘政治学的基石，受社会达尔文主义和英国学者斯宾塞关于人类社会与生物有机体间在三个方面具有相似性主张的启迪，拉采尔提出的最有影响力的观点是关于国家在某种程度上是一个有机体的论述。❷ 他的第二个重要观点是关于不同的社会政治集团所占据的"空间"的理论。❸ 在拉采尔的影响下，1916 年，瑞典政治科学家鲁道夫·哲伦出版了专著《国家是有机体》。他采用拉采尔的类比方法，把国家看成个有机体。哲伦不仅给地缘政治学命名，而且还极力鼓吹后来被纳粹采纳的生存空间理论。❹ 1918—1945 年是地缘政治学的辉煌时期，思想更加璀璨，呈现旷世深远的经典理论，包括海权论、陆权论、空权论等。以保罗·维达尔·德拉·布拉什（Pau l V ida l de La B lache）、阿尔伯特·德芒戎（A lbert Demangeon）、雅克·昂赛尔（Jacques Ancel）为主要代表的法国学者，通过对德国地缘政治传统（特别是它的一些主要假定，如"国家有机体""生存空间"理论等）的剖析，反驳了后者蕴涵的物质决定论倾向、宿命论色

❶ 张微微. 新地缘政治结构的功能定位: 国际主义的跨国性合作［J］. 北方论丛，2012（5）: 127.
❷ 冀伯祥. 简析德国地缘政治学的发展与军国主义［J］. 重庆师院学报（哲学社会科学版），1998（4）: 101.
❸ 冀伯祥. 简析德国地缘政治学的发展与军国主义［J］. 重庆师院学报（哲学社会科学版），1998（4）: 101.
❹ 冀伯祥. 简析德国地缘政治学的发展与军国主义［J］. 重庆师院学报（哲学社会科学版），1998（4）: 102.

彩及沙文主义的倾向，强调人类精神力量、能动性对全球地缘政治进程的影响，鼓吹以"国际合作"取代"权势争夺"、以"边界开放"取代"领土对抗"，为地缘政治思想的发展作出了独特的贡献。[1] 1945—1976 年是地缘政治学的低迷期，在慕尼黑大学讲授地理学和军事学的德国教授 K. 豪斯霍弗（Karl Haushofer）创办《地缘政治学杂志》，将地缘政治学发展为一种从地理学到政治学、军事战略学、心理学的大杂烩，是一种理论的混合物、行动的纲领和宣传手腕。豪斯霍弗地缘政治学"空间"理论主要有五个内容：自给自足、生存空间、大区说、海权与陆权、关于边界的理论。边界问题被看作惯常的、随手拈来的战争借口，与欧洲历史上为领土争端而进行的一系战争不谋而合。实际上就是鼓吹侵略。[2] 导致在"二战"后长达 30 年时间地缘政治学受到正直反战人士的鄙夷。特别是在蒙受深重战争灾难的法国，地缘政治研究连同原先一度兴盛的政治地理学很快便销声匿迹，成了一种知识上的禁忌。[3] 1976 年《希罗多德杂志》（Hrodote）在法国巴黎出版，该杂志的编辑——法国地理学教授Y. 拉考斯特（Yves Lacoste）将杂志的副标题定为"战略、地理与意识形态（stratgies，gographies，idologies），暗示战后法国地缘政治研究的目的不在于传统的、从地理视角考察国家权力的增减，而在于揭露地理知识在国家战略与意识形态中的应用与后果"[4]。随着冷战时期终结，国际关系变得更加相互依存，世界已经形成一个地缘政治、地缘经济和地缘文化相互交融的文明体系。全球经济一体化取代了苏美两极对峙的格局。

最后，中国的地缘政治学起步较晚。自近代以来，中国学界开始零星接触和引进地缘政治学，但并未给予足够的重视。1900 年的《亚东时报》刊载了从日文版海权论转译的《海上权力要素论》的个别章节。抗日战争爆发后，学界日渐关注地缘政治学。1938 年，李长傅等人翻译了阿部市五郎的《地理政治

[1] 安德烈·梅尼埃. 法国地理学思想史 [M]. 蔡宗夏，译. 北京：商务印书馆，1999：20 - 21. 引自：葛汉文. 批判与继承：二战后法国的地缘政治思想 [J]. 世界经济与政治，2011（2）：41.

[2] 冀伯祥. 简析德国地缘政治学的发展与军国主义 [J]. 重庆师院学报（哲学社会科学版），1998（4）：103.

[3] Jacques Lvy, Beyond Geopolitics: A French Connection, 0 in Jacques Lvy, ed., From Geopolitics to Global Politics: A French Connection, London: Frank Cass Publishers, 2001, p2. 引自：葛汉文. 批判与继承：二战后法国的地缘政治思想 [J]. 世界经济与政治，2011（2）：41.

[4] 葛汉文. 批判与继承：二战后法国的地缘政治思想 [J]. 世界经济与政治，2011（2）：46.

学》，该书详尽地介绍了法西斯地缘政治理论。❶ 冷战时期中国对世界影响力最大的地缘政治理论，莫过于毛泽东的三个世界思想。西方学者沿着麦金德开创的"地理对抗"思路，逐渐形成了"分裂带理论"。1946 年，凯南率先提出了世界政治地图中的分裂带。他认为东方与西方之间存在多条分裂带。1950 年，尼兹将分裂带归于一条，即自由世界与社会主义国家之间存在的分裂带；对此，1974 年毛泽东提出了三个世界划分的思想——第一世界是超级大国、第二世界是发达国家、第三世界是发展中国家与之抗衡。虽然上述理论中并不含地缘政治的概念，但是它们为认识冷战时期的地缘政治现象提供了理论支撑。❷ 进入后冷战时期以来，中国地缘政治学仍未摆脱分布主义地理学的窠臼，亦鲜有创新。我国学者对于世界地缘政治总过程的认识并没有超出中国政府对外政策的框架体系，学者在事实上充当了国家对外政策解说者的角色，具有前瞻性的政策建议并不多见。❸

三、地缘政治学研究领域的拓展

在传统地缘政治学研究中，国家利益被视为至高无上的地缘政治精髓。在批判学者眼中，"地缘政治"已经被扩大成为对地理知识、政治权力、社会机构和普通大众之间相互关系和反馈过程的描述与评价。❹ 在当今全球经济一体化的奔涌大潮迭起的时代，如果继续追随这种狭窄视野的理论，必然阻碍世界各国彼此相互开放、相互联系、相互依赖，消除国别之间阻碍经济贸易发展的障碍，实现区域内互利互惠、协调发展和资源优化配置，最终形成政治经济高度协调统一的有机体的历史进程。

四、中国共产党推进国际关系民主化、法制化的进程及其地缘政治学研究领域的拓展

第一，中国共产党推进国际关系民主化、法制化的进程首先表现在推动反

---

❶ 周骁男. 中国地缘政治学的过去、现在和未来 [J]. 东北师大学报（哲学社会科学版），2010（4）：23.

❷ 周骁男. 中国地缘政治学的过去、现在和未来 [J]. 东北师大学报（哲学社会科学版），2010（4）：23–24.

❸ 周骁男. 中国地缘政治学的过去、现在和未来 [J]. 东北师大学报（哲学社会科学版），2010（4）：24.

❹ 葛汉文. 批判与继承：二战后法国的地缘政治思想 [J]. 世界经济与政治，2011（2）：88.

法西斯联盟的建立与巩固。被各国学者推崇为"国际法之父"与"自然法之父"的荷兰法学家格劳秀斯在其经典名著——《战争与和平的权利》（1625年）中主张，国际法存在的前提是国家主权。国家主权这项原则历经两次世界大战战火蹂躏，如今得到各国人民公认，并且具有普遍意义，构成国际法的基础，具有强行法的性质。中国共产党与国际法的密切关系可谓由来已久。早在1919年7月25日建党萌芽时期，苏俄政府发布了第一次对华宣言，宣布废除沙俄政府强加给中国的不平等条约，放弃一切在华掠夺取得的权利；1920年9月27日，苏俄再次发表对华宣言，宣布以前俄国历届政府同中国订立的一切条约无效，放弃以前夺取的中国一切领土和中国境内的一切俄国租界，并将沙皇政府和俄国资本主义从中国掠夺的一切权利无偿、永久地归还中国。尽管苏俄的上述举动发生在中国共产党诞生之前，但对马列主义在中国的广泛传播，加速中国共产党建党进程，无疑具有深刻而又深远的意义。1922年7月，中国共产党第二次全国代表大会决定参加共产国际，成为其旗下的一个支部，接受其实际领导并获取援助。共产国际作为国际共产主义运动同盟，主要的使命是捍卫马克思主义，推动国际工人运动和亚非拉民族解放运动，在很长一段时间里，为反对法西斯主义和帝国主义战争作出了重要贡献。1935年6月14日，在共产国际七大筹备委员会第一次会议上，共产国际执委会书记库西宁明确指出，国际形势正在进入一个新的发展阶段，它向各国党提出了新的任务，现在是各国党对本党策略作重大修订的时候了。在上述精神指导下，7月，中国共产党驻共产国际代表团在借鉴欧洲国家联合阵线和总结参与领导东北抗日斗争经验的基础上，起草了著名的《为抗日救国告全国同胞书》，即八一宣言。❶ 这一宣言为中国共产党抗日民族统一战线的方针政策的形成奠定了基础。众所周知，在全民族抗日武装斗争中，中国共产党直接创建和领导的抗日民族统一战线为民族解放事业与世界反法西斯战争抒写了光辉的历史篇章。毛泽东同志于1941年6月23日曾发表对党内的指示，强调中国共产党在全中国的任务之一是"在外交上，同英美及其他国家一切反对德意日法西斯统治者的人们联合起来，反对共同的敌人"。❷

第二，致力于联合国的基本大法——《联合国宪章》的制定。毋庸讳言，《联合国宪章》对于现代国际法基本原则的形成和发展具有举足轻重的影响，

---

❶ 黄一兵. 中国共产党驻共产国际代表团与中国人民的抗战 [N]. 光明日报，2005 – 09 – 19.
❷ 毛泽东. 毛泽东选集 [M]. 北京：解放军出版社，1991：806.

作为多边性质的国际条约，其确立的联合国的宗旨、原则和组织机构设置，成员国的责任、权利与义务，以及处理国际关系、维护世界和平与安全的基本原则和方法，全面夯实了现代国际法的基石。1944 年至 1945 年春，欧洲反法西斯战争初步告捷，德国法西斯宣布投降，日本帝国主义陷入更加孤立和被动的局面。由中、苏、美、英四国提议在美国旧金山召开创立联合国及《联合国宪章》的制宪会议，中国应邀参加了旧金山会议，亲临并见证了联合国成立的历史时刻。令人瞩目的是，中国共产党挫败了蒋介石企图排挤中国共产党人选的阴谋，选派了中国共产党的创始人之一、伟大的马克思主义者、杰出的无产阶级革命家和中华人民共和国开国元勋，以及党和国家的卓越领导人与中国社会主义法制的奠基者——董必武同志，代表中国共产党和中国解放区人民参加了中国政府代表团，提出了许多中肯而又宝贵的意见和建议，为旧金山会议的圆满结束和《联合国宪章》的制定建立了杰出的功勋。1945 年 6 月 26 日，来自 50 个国家的代表在美国旧金山签署了《联合国宪章》。"大会指导委员会以中国抵抗侵略最先，特准为签署《联合国宪章》的第一签字国。董必武同志以中国代表之五的身份，在宪章上签字。董老的毛笔字潇洒飘逸，别具一格，这一珍贵历史记录至今还保存在纽约联合国总部。当晚，董必武同志和中国代表团其他代表一起出席了旧金山会议的闭幕式。"❶

第三，积极倡导平等互利的国际法准则。早在陕北苏区时期，以毛泽东为首的中国共产党的第一代集体领导人就英明地预见到新中国建立政权后加强国际合作的重要性，必须借助外国的先进技术开展国际合作与引进外资，并首先在解放区付诸实施，为未来的新中国遵守国际合作国际法准则进行了最初的探索。

1936 年 5 月，美国记者埃德加·斯诺请求采访红色中国的一份问题清单，摆在了中共中央负责人张闻天的案头。这份清单涉及 11 个问题，包括苏维埃政府对资本主义国家的总方针，对不平等条约、外债、外资、外国牧师财产的政策，对日本、英美、苏联的估计和政策。3 月 15 日会议在瓦窑堡张闻天的住处召开，张闻天同志主持会议，博古、王稼祥、凯丰，以及罗迈、林伯渠、杨尚昆、吴亮平、陆定一等党中央领导同志出席。张闻天同志强调建立国际反日统一战线的关键是要使美、英各国认清它们与中国有共同的利益关系，中国要处

---

❶ 吴跃农. 董必武出席首届联大始末［J］. 党史文苑，2001（6）：34.

理好同美、英各国的利益关系，顾及这些国家及其人民的在华利益。张闻天还对斯诺的其他问题作了回答。关于是否欢迎外国资本在中国的投资表示："外国人投资我们欢迎，只要是不侵略中国的。"❶ 毛泽东同志与美国作家斯诺的谈话中则明确指出，"当中国真正获得了独立时，那末，外国正当贸易利益就可享有比从前更多的机会。四亿五千万人民生产和消费的力量，不是一件能完全由中国人来管的事情，而必须要许多国家来参加""苏维埃政府欢迎外国资本的投资"❷。1941 年 5 月 1 日，经毛泽东修改的《陕甘宁边区施政纲领》中规定："在尊重中国主权与遵守政府法令的原则下，允许任何外国人到边区游历、参加抗日工作或在边区进行实业等。"1944 年 7 月，毛泽东同志在会见福尔曼时指出："在互利的协议下，我们要准许并且欢迎在我们控制区域中的一些外国投资。"❸ 显而易见，发展平等互利的国际合作是中国共产党尊崇的国际法准则。在维护国家主权和领土完整、互不干涉内政原则的基础上，发展睦邻友好、平等互利的合作关系，保障世界与地区和平和促进经济发展。另外，毛泽东思想更加强调在吸引外资的同时提升独立创新的能力。鉴于党中央对于当时国际局势及香港问题作出正确估计，毛泽东同志和苏共中央的代表米高扬于 1949 年 2 月会谈时强调"利用这两地的原来的地位，特别是香港，对我们发展海外关系、进出口贸易更为有利些"❹。"暂时不动香港"这一政策对于突破西方阵营的封锁和香港日后成为中国对外开放的"桥头堡"发挥了十分重要的作用。

第四，创立了和平共处五项原则。新中国成立后，国际国内政治环境发生了巨大的变化，以美国为首的西方世界对新政权采取政治上敌视、军事上包围、政治上孤立和经济上封锁的策略，而国内更是百废待兴，急于医治战争创伤。中国共产党顺应历史潮流，推进国际关系民主化、法制化思想有了新的发展，在实践中亦实施了新的探索。由毛泽东亲自主持的中国人民政治协商会议第一届全体会议通过实际上起着临时宪法作用的《中国人民政治协商会议共同纲领》，将"内外交流"列为新中国的一项基本国策。由于两大阵营的对立，我国的对外交往关系被迫局限于社会主义阵营。毛泽东同志于 1949 年 12 月赴苏联访问。1950 年 2 月，中苏两国政府签订了《中苏友好同盟互助条约》。这是

---

❶ 杨延虎. 1936 年 5 月 15 日中共中央政治局会议与斯诺采访苏区之行 [J]. 延安大学学报（社会科学版），2007（5）：11.

❷ 中共中央文献研究室. 毛泽东文集：第一卷 [M]. 北京：人民出版社，1993：393.

❸ 王占阳，王小英. 中外记者笔下的毛泽东 [M]. 沈阳：沈阳出版社，1993：263.

❹ 师哲. 在历史巨人身边 [M]. 北京：中央文献出版社，1999：380.

新中国最初缔结的双边条约。一方面，中国共产党和红色政权奉行独立自主的和平外交政策，坚决反对帝国主义、殖民主义、霸权主义和强权政治，捍卫国家的独立、主权和尊严；另一方面，中国共产党一直将对外援助当作中国一项应尽的国际主义义务，尽己所能支持被压迫民族独立与发展事业，促进了南南合作，为人类社会共同发展作出了积极贡献。

1953 年 12 月，中国政府代表团和印度政府代表团就中印两国在中国西藏地区的关系问题在北京举行谈判，由周恩来总理首次提出了互相尊重主权和领土完整、互不侵犯、互不干涉内政、平等互惠和和平共处的五项原则。五项原则虽然由周总理阐述，事实上，是中国共产党长期积累的外交理论的集体智慧。1955 年 4 月 18 日至 24 日，在印度尼西亚万隆举行的有 29 个国家和地区参加的亚非会议（又称万隆会议）发表了著名的《关于促进世界和平与合作的宣言》，宣言提出的十项国际关系原则包括了五项原则的全部内容。1957 年 11 月 6 日，毛泽东同志出席了苏联最高苏维埃庆祝十月革命 40 周年大会，并发表了讲话，向全世界庄严宣告，中国坚决主张一切国家实行和平共处五项原则。1963 年年底至 1964 年年初，周恩来总理出访亚洲、非洲和欧洲的 14 个国家，提出了我国经济援助的八项原则，将五项原则扩展到经济领域。1974 年 4 月邓小平同志参加联合国大会第 6 届特别会议，主要议题是为发展中国家争取公平合理的国际经济新秩序。邓小平同志再次强调国家之间的政治和经济关系均应建立在和平共处五项原则的基础之上。1988 年 12 月 21 日，邓小平同志会见印度总理拉吉夫·甘地时，重申了以和平共处五项原则为准则，建立国际政治经济新秩序的主张。尽管国际政治风云始终变幻莫测，和平共处五项原则已逐步为世界大多数国家所接受，不仅在各国大量的双边条约中得到体现，而且被许多国际多边条约和国际文献所援引。1970 年第 25 届联合国大会通过的《关于各国依联合国宪章建立友好关系及合作的国际法原则宣言》和 1974 年联合国大会第 6 届特别会议《关于建立新的国际经济秩序宣言》，均明确将和平共处五项原则纳入国际法的基本原则。

第五，重视联合国的作用与改革。中国在联合国的合法席位一直被蒋介石政权占据，联合国在美国的操纵下，极力阻挠恢复中华人民共和国的合法席位。在以毛泽东同志为首的党中央英明领导下，依靠广大发展中国、特别是非洲国家的大力支持，联合国否决了美国的"双重代表权"提案，以压倒多数通过了恢复中国合法席位的第 2758 号决议。这一胜利为新中国全面融入国际社会，以及 1972 年 2 月美国总统尼克松应邀访华，中美两国关系实现正常化铺平了道路。

安理会是联合国中唯一有权针对国际和平与安全采取行动的机构，中国共产党一贯重视并支持联合国以《联合国宪章》为宗旨和国际法的基本原则，以及中国政府作为联合国安理会常任理事国在维护国际和平与安全方面所发挥的重要作用。中国共产党弘扬尊重法制、民主等与时俱进的精神，积极而稳妥地推进联合国安理会实现公平、公正和提高效率这一政治目标的改革。中国第一位国际法院大法官的当选，不仅打破了中国同国际司法体系脱节的局面，也标志着中国全面投身联合国各领域的事务。归咎于国际仲裁与国际法院自身缺陷，以邓小平为首的党中央第三代领导人创造性地提出了"搁置争议，共同开发"的战略思想，反对将涉及国家主权和领土等方面的争端提交上述机构，避免争议的国际化、多边化和扩大化，为和平解决领土争端提供了新的理论依据。

第六，构建和谐世界理念下的国际法制。随着中苏关系的破裂，毛泽东同志和党中央谋求新的国际社会增信释疑的途径，为中国 20 世纪 80 年代的改革开放开启了门户。中国共产党的十一届三中全会以来，我国改革开放的总设计师邓小平同志领导的党中央继承和发展了毛泽东的对外开放的思想，将对外开放作为一项不可动摇的基本国策。党的十四大又将对外开放、吸收和利用世界各国包括资本主义国家所创造的一切先进文明成果来发展社会主义，作为建设有中国特色社会主义理论的一个重要内容。在祖国和平统一问题上，邓小平同志提出的"一国两制"思想，指导了香港和澳门的回归实践。以江泽民同志为核心的中央领导集体提出了新安全观、"与邻为善，以邻为伴"的周边外交方针和"睦邻、安邻、富邻"的外交政策。

进入 21 世纪以来，党中央领导集体提出了更加明确的人本外交、新发展观、新文明观及和谐世界的地缘政治思想。2005 年 9 月 15 日，联合国成立 60 周年首脑会议举行第二次全体会议，胡锦涛同志发表题为《努力建设持久和平、共同繁荣的和谐世界》的重要演讲，首次提出了"和谐世界"的理念。2006 年 6 月 15 日，上海合作组织成员国元首理事会第六次会议在上海举行，胡锦涛同志发表题为《共创上海合作组织更加美好的明天》的重要演讲，提出建立"和谐地区"的主张。此后胡锦涛同志在十七大报告中宣告："各国人民携手努力，推动建设持久和平、共同繁荣的和谐世界。为此，应该遵循联合国宪章宗旨和原则，恪守国际法和公认的国际关系准则，在国际关系中弘扬民主、和睦、协作、共赢精神。"和谐世界,已经成为中国对外政策的最新发展和全球战略的核心内涵,对于加速国际关系民主化法制化的进程具有特别重要的意义。《论语·子路》曰:"君子和而不同,小人同而不和。"和谐世界的智慧萌芽于古老东方的儒家思想,这一追求与人类和谐相处的理想目标不谋而合。从国际法的角度认识所谓"不同",既要尊重各国自主选择的社会制度和适合本国国情的发展道路,以及各国的不同法律差异这一现实,又要阐明分歧,构建和平、稳定的国际社会;反对霸权主义和强权政治,提倡通过对话、协商和谈判的方式解决争端和冲突,不使用武力或以武力相威胁;倡导互利、互信,促进共赢和实现共同安全;倡导开放包容,呼吁对话合作,努力消除不同文化理念与法系之间的猜疑与隔阂;不同社会制度、发展模式与法律体系相互借鉴,取长补短,实现共同进步。所谓"和",则秉承优秀的一切立法传统,改革各国的法律冲突体系以及加剧统一化进程。国家无论大小强弱,均应互相尊重主权和领土完整、互不侵犯、互不干涉内政,各国可以不受歧视、平等地参与国际事务;以《联合国宪章》为指导,改革和创新国际法律体系、国际和地区机制,促使平等、公正的国际关系获得强有力的司法保障。自和谐世界的理念问世五年以来,已经取得了令世人瞩目的成果,改变了全球政治力量的对比,催生了"金砖国家"崛起的世界经济新秩序,各国在政治互信、经济互利、文化交流、科技协作以及建立全球灾难应急机制和太空开发规则,以及节能减排等方面形成了很大程度的共识。第22届世界法律大会的主题即"法治与国际和谐社会"。综上所述,和谐世界理念是实现民主化与法制化的国际关系的理论基石,与中国共产党追求和谐社会构想的价值与逻辑相似,两者相辅相成、相得益彰。

2014年10月23日,中国共产党第十八届中央委员会第四次全体会议通过《中共中央关于全面推进依法治国若干重大问题的决定》。其中"(七)加强涉外法律工作"是中国共产党关于国际法理论的淬炼与阐释。基于此,当务之急在于完善国内涉外立法和扩大国际规则的话语权。此种话语权的正当性能否得到国际社会普遍认可,中国是否应当拥有自身的话语权体系,以及这种话语权体系如何形成,是学者们最为关心的焦点。不仅关系到国际地缘政治格局的稳定,运用国际法维护我国主权、安全、发展利益,还涉及维护我国海外投资者的正当权益。"深化司法领域国际合作,完善我国司法协助体制,扩大国际司法协助覆盖面"的论述更是解决国际投资争端的有效路径。2015年7月1日,第十二届全国人民代表大会常务委员会第十五次会议通过新的国家安全法。国家主席习近平签署第 29 号主席令予以公布。政治安全、国土安全、军事安全、文化安全、科技安全等 11 个领域的国家安全被列为法律保障的客体，自 2015 年 7 月 1 日起施行。该部法律首次从法律的层面肯定了国家安全审查制度的效力——"第四节 审查监管"第 59 条规定："国家建立国家安全审查和监管的制度和机制，对影响或者可能影响国家安全的外商投资、特定物项和关键技术、网络信息技术产品和服务、涉及国家安全事项的建设项目，以及其他重大事项和活动，进行国家安全审查，有效预防和化解国家安全风险。"同时，该部法律第 33 条又明确"国家依法采取必要措施，保护海外中国公民、组织和机构的安全和正当权益，保护国家的海外利益不受威胁和侵害"，通过扩展式的解读，我们可以径自领悟其既扩大外商投资，又便于海外投资的深远目标。

第二章

地缘政治因素对于中国海外投资的影响

地缘政治与海外投资之间的关系十分微妙。既然地理、能源等要素的地缘政治自冷战结束后更加掣肘国际经济领域，特别是国际投资法的演绎规律，那么对于国际投资的首要环节——投资准入的影响最为重要。在全球资源日益匮乏的背景下，地缘政治日益成为中国海外投资准入受阻的一种新型风险。

第一节　地缘政治与海外投资国民待遇准入：
对立统一关系的考察

海外投资准入是指在企业设立、取得、扩大等阶段给予外国投资者及其投资的待遇。海外投资涉及外国投资者待遇的标准问题，与外交保护权、国家豁免、国有化征收和国家责任等国际法问题交织融合，是国际投资活动的必要前提，也是东道国外资立法及双边投资条约均无法回避的现实和难题。东道国赋予外国投资者公平与公正待遇、国民待遇、最惠国待遇等，缘于 GATT 到 WTO 的全球多边贸易体制。国民待遇可谓发展中国家与发达国家之间签订投资条约时最为纠结的条款，特别是准入前国民待遇最引人争议。

一、两者对立统一关系的表现

投资领域的国民待遇是指东道国给予外国投资者及其投资不低于给予本国投资者及其投资的民事权利待遇。依据投资的不同阶段可以分为准入前国民待遇和准入后国民待遇。准入前国民待遇是指将国民待遇延伸至投资准入阶段，即在企业设立、取得、扩大等阶段给予外国投资者及其投资不低于给予本国投资者及其投资的待遇。如同任何矛盾的事物所固有的两种属性，地缘政治与海外投资准入之间存在既统一又对立的关系。首先，双方相互依存、相互渗透、相互贯通，这种矛盾的统一性是相对的。其次，表现为双方之间具有相互排斥，相互否定的性质，这种矛盾的对立性则是绝对的。对立的结果可导致双方的相互转化、相互过渡。

二、两者对立统一关系的根由

作为一个国家及其居民赖以生存的物质基础的国土资源，是由自然资源和社会经济资源组成的物质实体，国家的经济主权决定了是否将其平等地分配给外国投资者使用。无可厚非，东道国享有的经济主权决定着外资准入前国民待遇和准入后国民待遇是否存在"冰火两重天"般的迥异。其原因在于，彼此竞争实力的悬殊，难以实现真正的平等互惠，所以，发达国家与发展中国家对此态度泾渭分明——发展中国家多持否定态度，而发达国家则多持肯定态度，强调还要符合国际最低标准。出于长期笼罩在发展中国家天空驱之不散的强权政治阴霾，很多发展中国家否定外资准入阶段适用国民待遇亦无可厚非。退而求其次，如果赋予外国人在本国境内，或在相邻、相向或其他特殊地理关系的国家之间协定以国民待遇或最惠国待遇，无异于国家主权的让渡，而国家并非负有此项义务。尽管地缘政治与外资准入前国民待遇的对立是绝对的，不仅存在于每一起外资并购的前奏，而且存在于并购所有活动的过程中，但两者依旧遵循唯物辩证法的根本规律，双方的力量对比和相互关系呈现动态的变化，顺应投资自由化的螺旋状上升趋势。

第二节 "一路一带"下地缘政治的实然表现

早在 2000 多年前，张骞两次出使西域，开辟了一条连接欧亚的陆上"丝绸之路"，而海上丝绸之路的开辟比陆路丝绸之路略晚几十年。陆上丝绸之路有史以来只通行了 400 多年；海上丝绸之路几乎没有中断过，所以影响力更大。❶"丝绸之路"这个称谓最早是在 1877 年由普鲁斯地理学家李希托芬

---

❶ 刘明金. 中国陆海两条丝绸之路比较 [J]. 湛江海洋大学学报，2003（2）：8.

（Ferdinmnand Von Richtofen，1833—1905 年）在其撰写的《中国》一书中首次提及。[1] 时过境迁，两条丝绸之路的理念不仅没有陈旧，反而在发扬光大。习近平主席在 2013 年出访中亚国家期间就提出了共同建设"丝绸之路经济带"的战略构想。此前，李克强总理在出席第十届中国—东盟博览会和中国—东盟商务与投资峰会期间提出续写"海上丝绸之路"的历史辉煌。在新时期，沿着陆上和海上"古丝绸之路"构建经济走廊，将给中国及沿线国家和地区带来更加紧密的经济联系和更加广阔的发展空间。21 世纪海上丝绸之路将中国和东南亚国家临海港口城市串联起来，通过海上互联互通、港口城市合作机制及海洋经济合作等途径，最终形成海上"丝绸之路经济带"，不仅造福中国与东盟，而且能够辐射南亚、中东和全球。[2] 毋庸置疑，丝绸之路经济带和 21 世纪海上丝绸之路的现实和未来依赖于过境运输的自由与畅通。

一、丝绸之路经济带视角下，上合组织面临的地缘政治危机

上合组织凭借其与生俱来的地缘优势顺理成章地成为丝绸之路经济带的载体。由此引发以下问题：丝绸之路经济带与上合组织贸易和投资便利化的多边法制之间存在何种关联；上合组织的多边合作规则是否实质有效，足以抗衡欧亚经济共同体和上合组织成员国及观察员国存在诸多的关税、非关税的贸易和投资壁垒；此外面临哪些缘于美国新丝绸之路战略的挑战，兹分别论述之。

（一）上合组织多边法制与丝绸之路经济带的互动

上合组织是第一个以中国城市命名的新型区域合作组织。自 2001 年 6 月 15 日，中国、俄罗斯、哈萨克斯坦、吉尔吉斯斯坦、塔吉克斯坦和乌兹别克斯坦在上海签署了《上海合作组织成立宣言》，正式成立以来，一直致力于非传统安全视角下开展反恐、贸易和投资等方面的区域合作。根据习近平主席于 2013 年 9 月 7 日在哈萨克斯坦、9 月 13 日在上合组织两次演讲，丝绸之路经济带核心区域大体包括上海合作组织 6 个成员国、5 个观察员国和欧亚经济共同体国

---

[1] 陆芸. 近 30 年来中国海上丝绸之路研究述评［J］. 丝绸之路，2013（2）：13.
[2] 华益文. 丝绸之路经济带和海上丝绸之路一样精彩［N］. 人民日报海外版，2013 – 09 – 13.

家，实现包括贸易畅通、货币流通在内的"五通"战略目标。❶ 上合组织其他成员国一致支持中国倡导的新丝绸之路，打通一条从波罗的海到太平洋、从中亚到印度洋和波斯湾的交通运输走廊，缩短货物运送期限，签署《上海合作组织成员国政府间国际道路运输便利化协定》，各成员国境内的有关公路将对成员国开放，在此基础上消除贸易障碍，以此推动贸易和投资便利化协定及区域经济合作，加强金融领域合作，成立上合组织开发银行和上海合作组织专门账户，增加用各国货币相互结算账目，成立能源俱乐部等。

一方面，上合组织多边法制是丝绸之路经济带的法律保障。2014 年 9 月 13 日，上合组织成员国元首理事会第十三次会议在吉尔吉斯斯坦首都比什凯克举行，丝绸之路经济带在此次元首峰会上达成共识。习近平主席提出四项主张。其中第三项是"着力发展务实合作，把丝绸之路精神传承下去，发扬光大。尽快实施《国际道路运输便利化协定》，开辟从波罗的海到太平洋、从中亚到印度洋和波斯湾的交通运输走廊；商谈贸易和投资便利化协定；推动区域经济合作；加强金融领域合作，成立上海合作组织开发银行和上海合作组织专门账户；成立能源俱乐部，建立稳定供求关系，确保能源安全；建立粮食安全合作机制，在农业生产、农产品贸易、食品安全等领域加强合作"❷。习近平主席之所以选择上合组织作为依托传承丝绸之路精神，究其原因，上合组织是丝绸之路经济带的天然合作平台，其成员国、观察员国和对话伙伴国几乎覆盖"丝绸之路经济带"。以上合组织作为建设"丝绸之路经济带"的基本依托，意味着多数项目可通过上合组织有关机制提出倡议、进行沟通。❸ 尽管如此，丝绸之路经济带

---

❶ 丝绸之路经济带是个开放的概念，它的基本范围可从两个事实进行判断。一个事实是丝绸之路经济带以欧亚经济共同体和上合组织成员国及观察员国为基本参与国。上合组织有 6 个成员：中国、俄罗斯、哈萨克斯坦、吉尔吉斯斯坦、塔吉克斯坦、乌兹别克斯坦。它的观察员国有 5 个，即蒙古、印度、巴基斯坦、伊朗、阿富汗。欧亚经济共同体有 5 个成员，它们是俄罗斯、白俄罗斯、哈萨克斯坦、吉尔吉斯斯坦、塔吉克斯坦。在欧亚经济共同体中，除了白俄罗斯外都是上合组织成员。因此，可以说上合组织的成员国和观察员国是丝绸之路经济带的基本参与国。另一个事实是，丝绸之路经济带被认为涉及 30 亿人口。粗略估算，上合组织的成员国和观察员国的总人口也约为 30 亿，其中中国约 13 亿，俄罗斯 1.4 亿多，中亚约 6000 万，印度 12 亿多，巴基斯坦近 2 亿，伊朗 7500 多万，阿富汗约 3000 万。参见：赵华胜. 浅评中俄美三大战略在中亚的共处 [J]. 国际观察，2014（1）：98 - 99.

❷ 习近平在上合组织峰会发表讲话 提出 4 点主张 [EB/OL]. [2013 - 09 - 13]. http：//news. xinhuanet. com/2013 - 09/13/c_117365319. html.

❸ 李雪. 建设"丝绸之路经济带"的战略重点与实施路径——中国国际问题研究所汪巍先生访谈录 [J]. 经济师，2014（5）：6 - 7.

缺乏法律的保障，需要上合组织的组织法和有关贸易和投资便利化的软法加以指引，如切实履行《国际道路运输便利化协定》，以奠定欧亚运输走廊的法律基础。

另一方面，丝绸之路经济带有利于上合组织扩员。上合组织的扩员一直是比较纠葛的问题。以是否接纳对话伙伴国白俄罗斯和斯里兰卡两国加入而言，"虽完全符合上合组织对扩员对象的八条硬性标准，却基本没有正式加入上合组织的可能。白俄罗斯和斯里兰卡皆为小国，虽然接收二者并不会给上合组织引入难以解决的内外矛盾，但两国的加入也几乎无法为上合组织宗旨的实现作出有意义的贡献，反而会增加成员国在协商基础上达成一致的困难，降低决策效率"❶。五个观察员国仅有巴基斯坦和伊朗正式提出了加入上合组织的申请。鉴于俄罗斯对印度加入上合组织的积极态度，"巴基斯坦加入上合组织的最大障碍便是印巴关系。无论印巴是否同时加入上合组织，都很有可能使上合组织面对复杂的内外矛盾，严重影响组织效能，这将是上合组织难以承受的……《上合组织接收新成员条例》已明确规定，申请加入上合组织的国家必须未受联合国安理会制裁，这表明，至少在以下问题上各成员国已达成共识：在安理会未解除对伊朗的制裁前，伊朗不可能加入上合组织……此外，蒙古与中亚国家并不接壤，上合组织的能源管线工程和交通合作项目都无法直接给蒙古带来现实的经济利益。而蒙古也担心，如果上合组织向'反美同盟'发展，加入上合组织会损害其与美国的关系，恶化外交环境……对于接收阿富汗，上合组织成员国最大的担忧在于：一旦接纳阿富汗，上合组织将深陷阿富汗问题，甚至存在卷入阿富汗内战的风险"❷。上述忧虑不无道理，但如果以丝绸之路经济带为契机考虑扩员的问题，蒙古的问题便迎刃而解了。

（二）以软法为主的法律渊源痼疾

梳理上合组织的法律渊源，不难发现，其以国际软法为主调整内部法律关系，缺乏有效的多边合作条约和机制借以约束成员国内部的法律关系，更遑论

---

❶ 陈小鼎，王亚琪. 东盟扩员对上海合作组织的启示与借鉴——兼论上海合作组织扩员的前景 [J]. 当代亚太，2013（2）：122.
❷ 陈小鼎，王亚琪. 东盟扩员对上海合作组织的启示与借鉴——兼论上海合作组织扩员的前景 [J]. 当代亚太，2013（2）：123 - 124.

成员国与观察国、欧亚经济共同体之间的多边贸易和投资协议。

除《上海合作组织宪章》具有组织法效力外，《上海合作组织成员国政府间关于开展区域经济合作的基本目标和方向及启动贸易和投资便利化进程的备忘录》及其议定书、《上海合作组织成员国多边经贸合作纲要》及其落实措施计划、《上海合作组织银行间合作（联合体）协议》《上海合作组织实业家委员会理事会首次会议纪要》《上海合作组织成员国政府海关合作和互助协定》多以宣言、备忘录、纲要和会议纪要等软法为表现形式，规定得较为原则、笼统。《上海合作组织成立宣言》第9条即为一例："上海合作组织将利用各成员国之间在经贸领域互利合作的巨大潜力和广泛机遇，努力促进各成员国之间双边和多边合作的进一步发展以及合作的多元化。为此，将在上海合作组织框架内启动贸易和投资便利化谈判进程，制定长期多边经贸合作纲要，并签署有关文件。"再如《上海合作组织宪章》的第3条，诸如"支持和鼓励各种形式的区域经济合作，推动贸易和投资便利化，以逐步实现商品、资本、服务和技术的自由流通；有效使用交通运输领域内的现有基础设施，完善成员国的过境潜力，发展能源体系；保障合理利用自然资源，包括利用地区水资源，实施共同保护自然的专门计划和方案；为发展本组织框架内的合作，相互交换司法信息；本组织成员国可通过相互协商扩大合作领域"之类的内容尚无具体的权利义务可以援引。

（三）难以克服贸易和投资壁垒

有学者指出软法具有示范、解释、中转、补充和重构功能；❶ 还有学者认为软法本身没有法律约束力，但可以通过一定的程序，使之转化为具有法律约束力的规范性文件，这一观点不仅指出了国际软法的存在状态，还预示了国际软法的发展方向。❷ 尽管如此，笔者不能苟同此种观点："……国际软法的效力不断被实践验证，学者甚至由此得出有法律约束力的条约与无法律约束力的声明在执行效果上差异不大的结论"❸，事实上，上合组织成员国、观察员国广泛存在的关税、非关税壁垒积重难返，包括通关口岸、检验检疫、统一标准、交通运输等环节的壁垒，已成为其贸易投资便利化进程的最大阻碍，不能不说与国

❶ 朱文龙，鲍禄. 国际软法的理论探析 [J]. 天津大学学报（社会科学版），2013（3）：360－361.
❷ 段婷. 国际软法的概念及作用分析 [J]. 现代商贸工业，2011（7）：76.
❸ 夏春利. 论建构主义维度的国际软法研究及其方法论建构 [J]. 东南学术，2014（2）：166.

际硬法的匮乏息息相关。即使有兼具司法管辖和外交磋商特质的争端解决机制作为后盾，WTO 违反方仍有恃无恐便是实证。早有学者指出："SCO 成员国国内法律制度存在局限性。俄罗斯、哈萨克斯坦、吉尔吉斯斯坦、乌兹别克斯坦、塔吉克斯坦尽管吸引了中国的一部分投资额，引进外资的发展势头较好，但是其法律环境存在明显不足。"❶ 即使是上合组织观察员国蒙古亦不例外地保留诸多投资壁垒。"中国黑龙江国际技术合作公司、秦皇岛国际工业公司、北京首钢矿业投资有限责任公司三原告起诉蒙古国案"至今仍未解决。2009 年，三家中国公司的矿业开采许可证被蒙古国政府吊销，根据 1976 年《联合国贸易法委员会仲裁规则》于 2010 年提交常设仲裁法院（PCA）仲裁。在这起案件中，原告指责蒙古国政府违反关于外资保护法以及中蒙两国于 1991 年订立的《中华人民共和国政府和蒙古人民共和国政府关于鼓励和相互保护投资协定》的规定。❷

（四）美国"新丝绸之路"战略法案和俄罗斯欧亚共同体的干扰

美国法案隐含深刻的地缘政治和地缘经济含义，将俄罗斯、伊朗和中国排斥于其体系之外。从官方到学者均认为美国应该成为上合组织观察员国，用组织的内部矛盾，扩大美国在中亚的影响。

美国"新丝绸之路"战略、俄罗斯欧亚共同体与丝绸之路经济带三者在地理上既有重叠、又有区别：美国的"新丝绸之路"计划是南北走向，以阿富汗为中心，将中亚与南亚连接起来；俄罗斯的欧亚共同体设想是一个弧形，涵盖中亚、东欧的独立国家，是要维护原来受传统的苏联影响的一方，进一步密切俄罗斯和独联体国家之间的联系。中国的"丝绸之路经济带"战略是东西走向，要把传统的丝绸之路从一条线拓宽成一个经济发展的区域，令亚洲与欧洲之间的交通更加便利；❸ 三者有着共同的核心目标区域——中亚。在三个战略中，中亚都是它们的目标终点或视角。从理论上说，丝绸之路经济带最为开阔，

---

❶ 胡晓红. 中外双边投资协定争端解决机制模式选择——以中国与上合组织成员国间 BITs 为视角 [J]. 甘肃政法学院学报，2009（2）：78.

❷ Luke E. Peterson, Chinese Interests Sue over Iron Ore License Termination, 3 (10) INVESTMENT ARBITRATION REPORTER, 27 June 2010, at 17 - 18. Manjiao Chi, From Ownership-Orientation to Governance-Orientation An International Economic Law Perspective of China's Shifting Attitudes towards Resource Sovereignty, Working Paper 2013/02 www.uni-siegen.de/fokos.

❸ 刘薇. "新丝绸之路"战略下的中亚地缘政治 [J]. 中共伊犁州委党校学报，2014（1）：86.

它既包含了欧亚联盟国家，也覆盖了新丝绸之路战略的区域。❶

1997 年 10 月，美国参议员布朗巴克与美国约翰·霍普金斯大学中亚和高加索研究所负责人弗雷德·斯塔尔教授合作设计了所谓“新丝绸之路”（The New Silk Road）的提案，这是一条从南亚经中亚通往欧洲横贯欧亚大陆的贸易网络，覆盖欧亚空间，有助于美国在欧亚大陆实现更大的战略目标。斯塔尔认为，东方与西方之间的陆上贸易路线近年来逐步恢复，这是“新丝绸之路”计划的基础。在新的条件下复兴经阿富汗的古老丝绸之路，可以解决当前美国在阿富汗的战略困境，并成为美国利用其领导能力取得区域政策成功的有效途径。❷上述构想不仅是学者的臆想，美国国会于 1999 年出台、2006 年修订的《丝绸之路战略法案》（Silk Road Strategy Act）将其付诸实施。新丝绸之路战略有明显的地缘政治和地缘经济含义。它排斥俄罗斯、伊朗和中国。这种排斥不是指参与上的拒绝，它可能不会拒绝中国和俄罗斯参与其项目，甚至可能欢迎中俄的投资。这种排斥是指它把俄罗斯、伊朗及中国排斥在美国欲构建的中南亚地区体系之外。❸总而言之，新丝绸之路战略的目标是实现中亚—阿富汗—南亚的经济连接，使之成为一个相互密切联系的经济市场，并建成从中亚到南亚的油气管道和电力网。而丝绸之路经济带的设想是形成密切区域内的联系，实现“五通”，但目前还没有提出建立某种有形的机制，也未设定具体的目标。❹

丝绸之路经济带在某种程度上与美国、俄罗斯积极推动的中亚南向和中亚一体化的战略意图相悖，遭到这些国家的排斥在所难免。此外，丝绸之路经济带的推进有可能削弱以中俄为主导的上海合作组织的凝聚力。2005 年 4 月 25 日，俄罗斯总统普京在克里姆林宫发表了第二个任期的第二次国情咨文。在咨文中，普京称苏联于 1991 年的解体是 20 世纪发生的“最大的地缘政治灾难”；而“苏联的消亡就像一出真正的悲剧，导致数千万俄罗斯人滞留在了俄联邦境外”❺。苏联解体后，俄罗斯忍辱负重、试图重振“北极熊”威风，一直将中国视为其中亚经济一体化计划的最有力竞争者，试图在中国于中亚地区取得绝对经济优势之前，以欧亚经济共同体及未来欧亚经济共同体为依托，主导中亚经

❶ 赵华胜. 浅评中俄美三大战略在中亚的共处 [J]. 国际观察，2014（1）：99.
❷ 杨雷. 美国“新丝绸之路”计划的实施目标及其国际影响 [J]. 新疆社会科学，2012（5）：70 - 71.
❸ 赵华胜. 美国新丝绸之路战略探析 [J]. 新疆师范大学学报（哲学社会科学版），2012（6）：23.
❹ 赵华胜. 浅评中俄美三大战略在中亚的共处 [J]. 国际观察，2014（1）：100 - 101.
❺ 文鸣. 普京称前苏联解体是 20 世纪政治上最大灾难 [N]. 东方早报，2005 - 04 - 26.

济秩序。2011 年 10 月 3 日，时任俄罗斯总理普京在《消息报》发表文章，正式提出在俄罗斯、白俄罗斯和哈萨克斯坦关税同盟基础上创建欧亚联盟的设想。同年 11 月 8 日，俄罗斯、白俄罗斯、哈萨克斯坦三国总统签署协议，确定欧亚联盟将在 2015 年建成。这个正在建设中的经济一体化组织希望将苏联各加盟共和国都纳入进来，甚至在可能的情况下扩展到更大范围。❶ 2014 年 5 月 29 日，负责俄罗斯、白俄罗斯、哈萨克斯坦三国一体化进程的欧亚经济委员会最高理事会会议在哈萨克斯坦首都阿斯塔纳举行，俄罗斯总统普京、白俄罗斯总统卢卡申科、哈萨克斯坦总统纳扎尔巴耶夫签署了《欧亚经济联盟条约》。据此，欧亚经济联盟（Eurasian Economic Union）将于 2015 年 1 月 1 日正式启动，到 2025 年联盟将实现商品、服务、资金和劳动力的自由流动，终极目标是建立类似于欧盟的经济联盟，形成一个拥有 1.7 亿人口的统一市场。欧亚经济联盟可以上溯到 1996 年独立国家联合体（CIS）的成员国俄罗斯、白俄罗斯、哈萨克斯坦与吉尔吉斯斯坦所签订的关税同盟。1999 年 2 月，塔吉克斯坦加入这一联盟。2000 年 10 月，俄罗斯、白俄罗斯、哈萨克斯坦、吉尔吉斯斯坦、塔吉克斯坦五国签署条约，决定将关税联盟改组为欧亚经济共同体，其成员国公民可无须签证进出其他成员国。亚美尼亚、乌克兰、摩尔多瓦三国是观察员。乌兹别克斯坦于 2005 年 10 月申请加入欧亚经济共同体，2006 年加入，但随后又于 2008 年退出。随着独联体的形同虚设，欧亚经济共同体成了俄罗斯、白俄罗斯和中亚统一的组织。❷ 经常有学者批评普京推欧亚联盟抗衡中国：俄罗斯政府考虑修建连接太平洋与大西洋的高速公路，全长将达到约 1.9955 万公里。俄罗斯称这一计划为"跨欧亚带开发"（TEPR）。俄方还考虑沿石油与天然气输送管道修一条高铁线路；铁路网可能延伸到俄罗斯远东的楚科塔地区，跨白令海峡直至阿拉斯加。俄的这一宏大计划与中国的"一带一路"战略有很大的相似之处。而中国先前也提出了一个横跨中、俄、加、美的高铁意向性概念。中国积极建立"亚投行朋友圈"，预示着"一带一路"建设计划即将展开。而此时，作为重要战略伙伴的俄罗斯不但不加入"亚投行朋友圈"，反而在这个时候提出这样一个与中国类似的计划，大有唱对台戏的感觉。有学者更是直截了当地

---

❶ 文鸣. 普京称前苏联解体是 20 世纪政治上最大灾难［N］. 东方早报，2005 - 04 - 26.
❷ 俄罗斯、白俄罗斯、哈萨克斯坦组建欧亚经济联盟 西方担心"重建苏联"［EB/OL］［2014 - 05 - 30］. http://www.guancha.cn/europe/shtml.

认为欧亚联盟是普京地缘政治谋划的核心。❶ 即使是俄罗斯的专家亦承认："俄罗斯将越来越难以遏制中国在上合组织不断上升的影响力。何况北京可以在双边基础上向其成员国提供贷款，对俄罗斯利益来说，这比北京通过上海合作组织联合机制慷慨解囊还要危险。莫斯科似乎已经意识到这一点。"长期以来，俄罗斯一直试图控制上合组织经济合作的节奏，使其发展速度不超过欧亚经济共同体。中国积极推动的上合组织开发银行、上合组织自贸区等大手笔经济合作项目的进展，目前并不很理想。❷ 俄罗斯政府一方面看重上合组织推动中亚南亚地区合作的各项职能，另一方面又对中国利用上合组织扩大地区影响保持着警惕。俄罗斯已经并将继续把更多的资源投向独联体集体安全条约组织和关税同盟的建设，推动以它们为中心的地区一体化进程，以巩固自己对中亚地区的控制力，同时也不忽视利用上合组织协调与地区性大国的关系，共同抵御美国、欧盟等外部势力的渗透。❸

美国"新丝绸之路"战略法案的负面影响在于，其推动欧亚腹地南北向物流的发展，特别是限制东西向能源、铁路项目的建设，对丝绸之路经济带连贯中亚和中东交通网络构成竞争。上合组织成员国的矿产开采量在世界所占份额巨大，石油占20%左右，天然气占40%左右，铀占50%以上。近年来能源燃料领域的合作在上合组织内越来越受到重视，具体的项目正在实施当中。❹ 2011年开始全面输气的西气东输二线管道，每年从土库曼斯坦引进300亿立方米天然气。❺ 此外中国在中亚投资建设的多条公路、输变电线路项目及油气管道，正在规划中国—伊朗跨国铁路和能源管道项目，这些运输网络都与美国"新丝绸之路"计划中的运输线路均存在竞争关系。❻

二、"21世纪海上丝绸之路"面临的地缘政治挑战

迄今学者们主要对古老的海上丝绸之路的界定、历史分期、始发港与航线及21世纪海上丝绸之路战略和功能定位等方面的探索，法学成果相对匮乏。

---

❶ 左凤荣. 欧亚联盟：普京地缘政治谋划的核心 [J]. 当代世界，2015（4）.
❷ 王晓泉. 建设"丝绸之路经济带"的战略思考 [J]. 经济导刊，2014（3）.
❸ 杨雷. 俄学者关于上海合作组织发展方向的观点评析 [J]. 俄罗斯东欧中亚研究，2013（4）：89.
❹ A 拉希德，赵玲. 成就巨大，前景灿烂 [J]. 俄罗斯研究，2011（3）：10.
❺ 车玉明，崔清新，王希. 放飞新丝路梦想 上海合作组织进入发展新时期 [J]. 中亚信息，2012（2）：11.
❻ 杨雷. 美国"新丝绸之路"计划的实施目标及其国际影响 [J]. 新疆社会科学，2012（5）：75.

（一）"21世纪海上丝绸之路"对于古老的海上丝绸之路的传承

大多数学者认为海上丝绸之路从来就不是一条固定的有形道路，代表的更多是一种精神和文化，即以丝绸贸易为象征的、在中国古代曾长期存在的、中外之间的海上交通线及与之相伴随的经济贸易关系。[1] 据学者们考证，法国著名东方学家沙畹（Edouard Chavannes，1865—1918年）在其撰写的《西突厥史料》（1913年）中，首次提出丝绸之路分为陆上和海上两条线路；[2] 日本学者三杉隆敏于1967年在其出版的《探索海上的丝绸之路》一书中正式使用了"海上丝绸之路"这一名称。[3] 历代海上丝绸之路分三大航线：一是东洋航线，由中国沿海港至朝鲜、韩国和日本的航线；二是南洋航线，由中国沿海港至东南亚诸国的航线；三是西洋航线，由中国沿海港至南亚、西亚和东非沿海及美洲诸国的航线。从西方学者视角看，海上丝绸之路还包括欧洲、非洲、西亚、南亚各国古代向东航行到达中国和东南亚的航线及其经济文化交流。[4] 习近平主席倡导的21世纪海上丝绸之路是基于中国沿海始发，途经东南亚、南亚、波斯湾、红海湾及印度洋西岸各国的航线，通过沿线港口及其城市合作机制建立起来的经贸合作机制。显而易见，21世纪海上丝绸之路是对古老的丝绸之路的传承与发展，对于我国扩大和深化对外开放，全面融入世界经济，实现可持续发展具有重大的现实意义。

（二）航道安全的问题

东南亚某些海域海盗抢劫、宗教冲突、国家或民族战争屡见不鲜，对于海上丝绸之路的安全构成隐患。国际海事局发布2014年上半年全球海盗活动报告。报告指出，东南亚海域小型油轮劫持事件呈上升趋势，其中，印度尼西亚、马来西亚和新加坡海峡成为全球发生海盗袭击和抢劫事件最多的海域。国际海事局提供的数据显示，2014年上半年共发生116起海盗袭击和抢劫事件，较去年同期的138起有所减少。其中，东南亚海域遭海盗袭击的事件居高不下，占总数的56%。在116起海盗事件中，10艘货船遭劫持，7艘被枪击，78艘被

[1] 赵春晨. 关于"海上丝绸之路"概念及其历史下限的思考 [J]. 学术研究，2002（7）. 陈万灵，何传添. 海上丝绸之路的各方博弈及其经贸定位 [J]. 区域经济，2014（3）.

[2] 沙畹. 西突厥史料 [M]. 冯承钧，译. 北京：中华书局，1958.

[3] 三杉隆敏. 探索海上的丝绸之路 [M]. 东京：日本创文社，1967.

[4] 陈万灵，何传添. 海上丝绸之路的各方博弈及其经贸定位 [J]. 区域经济，2014（3）：76-77.

登船，21 艘被袭击，200 名船员被劫持，其中 2 人死亡。近几年各国成功压制索马里海盗活动后，东南亚海域海盗情况却大为恶化，成为全球海盗和抢匪最猖獗的地区。在东南亚，2014 年上半年至少 6 艘油轮和货船遭到劫持，引起了联合国和国际海事局的高度关注。2014 年上半年，发生在印尼海域的海盗袭击事件达 40 起，占东南亚海域海盗袭击案件的 85%，大多是低水平的偷盗事件。其中，印尼民丹岛 2014 年上半年共发生 18 起，印尼海事部门已将该处海域列为十大海盗袭击多发地区之一。据国际海事局介绍，由于燃油价格居高不下，市场对燃油的高需求将一直持续，转售后可赚取的暴利是不法之徒劫船窃取燃油的最大诱惑。一般来说，海盗摧毁通信设备后，将燃油抽至大型驳船或小型油轮，进行船对船作业，然后释放船舶和船员，但并不会伤害船员。❶

三、"一带一路"与欧洲"容克投资计划"的对接与冲撞

国家发展改革委、外交部、商务部于 2015 年 3 月 28 日联合发布的《推动共建丝绸之路经济带和 21 世纪海上丝绸之路的愿景与行动》指出："一带一路"贯穿亚欧非大陆，一头是活跃的东亚经济圈，一头是发达的欧洲经济圈，中间广大腹地国家经济发展潜力巨大。丝绸之路经济带重点畅通中国经中亚、俄罗斯至欧洲（波罗的海）；中国经中亚、西亚至波斯湾、地中海；中国至东南亚、南亚、印度洋。21 世纪海上丝绸之路重点方向是从中国沿海港口过南海到印度洋，延伸至欧洲；从中国沿海港口过南海到南太平洋。由此可见，欧洲与"一带一路"的关联性是如此密切。欧洲经济圈是其中的一端，而且是航线的终点，作为承载欧洲经济的巨轮——欧盟，其提出的"容克投资计划"已经吸引了世界的高度关注：❷ 该计划于 2014 年 11 月由欧盟委员会欧盟委员会新任主席容克（Jean-Claude Juncker）提出，旨在振兴欧盟境内投资、促进经济增长、加快产业转型和提升欧洲整体竞争力。计划于 2015—2017 年间，调动公共和私人资本，实现投资总规模高达 3150 亿欧元。投资重点包括基础设施、新兴战略性产业（新能源、信息技术、航空航天、高端装备制造业）等领域。投资

---

❶ 伊民. 国际海事局发布 2014 年上半年海盗活动报告东南亚海盗活动日渐猖獗［N］. 中国海洋报，2014 – 09 – 02.

❷ 帅蓉. 欧洲议会通过容克投资计划相关规则［M/OL］［2015 – 07 – 25］. http：//news. xinhuanet. com/fortune/2015 – 06/25/c_1115727093. html.

计划包括三个内容：一是设立一个新的欧洲战略投资基金（EFSI）；二是建立一套可靠的项目路径系统，确保资金的合理分配和有效使用，保证资金的项目收益；三是确定消除投资壁垒的路线图，努力消除基建领域和服务行业的行政性和非行政性壁垒，确保投资计划尽快顺利落实到位。欧洲战略投资基金是该投资计划的核心内容和金融基础。该基金由欧洲投资银行（EIB）管理，欧盟委员会和欧洲投资银行共同组建并注资。其中，欧盟委员会将从欧盟预算中出资160亿欧元，主要用于长期投资项目；欧洲投资银行则将出资50亿欧元，主要用于中小企业融资等。欧盟和EIB的出资作为种子基金，计划以15倍的杠杆率撬动来自私营和公共领域约3150亿欧元的投资。自提出以来，容克投资计划仅半年时间便取得了实质性的进展，进入实施前准备阶段。目前，该计划已经得到了德国、西班牙、法国、意大利、卢森堡、波兰及斯洛伐克等欧洲七国的积极响应。德国、法国、波兰和意大利各宣布向欧洲战略投资基金出资80亿欧元，西班牙、卢森堡和斯洛伐克分别宣布出资15亿欧元、8000万欧元和4亿欧元；再加上欧盟和欧洲投资银行出资的210亿欧元，基金的到位资金约达550亿欧元。在2015年6月底，欧洲战略投资基金的管理规则已获得欧洲议会和欧洲理事会通过，获得欧盟各成员国的批准。慎重权衡，中国加入这一计划显然有助于"一带一路"战略的实施。首先，"一带一路"的框架思路是依托其走向，陆上依托国际大通道，以沿线中心城市为支撑，以重点经贸产业园区为合作平台，共同打造新亚欧大陆桥，这一框架利于亚欧道路、桥梁、管道等设施的对接；其次，投桃报李，欧盟在亚投行的股份将得以增持；再次，提升欧盟在支持人民币跨境运费支付系统和全球清算体系建设方面的作用，扭转IMF对人民币加入SDR的审核裹足不前的局面；最后，突破美国的围剿，重构世界地缘政治的新格局。

合作与竞争同在。"容克投资计划"与"一带一路"的竞争无法小觑。前已所述，欧洲是我国"一带一路"战略重点实施的地域，基于天时地利人和因素，这一区域基础设施的投资比重自然倾向"容克投资计划"，"一带一路"在某种程度上起到的是拾遗补阙的作用。中国并非欧盟的成员国，无法通过本国银行注资，采取何种安全、高效的投资方式亦值得研究。

四、亚投行的地缘政治角逐

亚投行成立前后一直招致来自美国、日本等国的政治攻讦和责难。日本不仅拒绝亚投行，而且蔑称亚投行放高利贷，简直荒谬至极。❶美国"强烈敦促亚投行满足有关治理和透明度的国际标准"，实质暗指亚投行在治理和透明度方面不符合国际标准，但这恐怕不是美国反对亚投行的真正原因，其真正顾虑是亚投行会动了美国的"奶酪"，冲击由美国主导的亚洲地区秩序，包括世行和亚行的地位。❷还有学者指出美国阻挠所谓"友国"或"盟国"入行的所作所为不仅有损自身形象，暴露了其重返亚洲帮助振兴经济承诺的虚伪性。美国政治人物和决策者必须摒弃零和游戏逻辑及博弈论思维，真正看到亚投行和世界银行、亚洲开发银行相互补充、相互协作的真实关系和美好的合作前景，彻底抛弃亚投行的建立和发展威胁其在亚洲"领导"地位的多余顾虑。❸综上所述，针对西方媒体指责我国创立亚投行之举意在平衡日本和美国主导的亚洲开发银行（Asian Development Bank，以下简称"亚行"）的影响力的质疑，中国的立场一向坚定、明朗：筹建亚投行是为了建设"一路一带"下的资金融通和经贸合作，为基础设施落后、缺乏资金发展的沿路沿带国家提供支持。

2015 年 6 月 29 日，《亚洲基础设施投资银行协定》签署仪式在北京举行，亚投行 57 个意向创始成员国财长或授权代表出席了签署仪式，其中已通过国内审批程序的 50 个国家正式签署协定（表 2 - 1）。各方商定将于 2015 年年底之前，经合法数量的国家批准后，协定即告生效，亚投行正式成立。

表 2 - 1　亚投行主要成员国的出资额❶

（资本金为 1000 亿美元，共 57 个成员国）

区域内成员			区域外成员		
中国	29780	①	德国	4484	④
印度	8367	②	法国	3375	⑦
俄罗斯	6536	③	巴西	3181	⑨
韩国	3738	⑤	英国	3054	⑩

❶ 风生. 安倍声称亚投行放高利贷 被批发言不负责任［EB/OL］［2015 - 07 - 17］. http：//finance. qq. com/a/20150424/032234. html.

❷ 贾秀东. 亚投行折射出美国战略心病［N］. 人民日报海外版，2014 - 11 - 3.

❸ 吴祖荣. 美国该为搅局亚投行脸红［N］. 北京日报，2014 - 10 - 29.

❶ ［日］大越匡洋. 从亚投行各国出资额看中国影响力［EB/OL］［2015 - 07 - 17］. http：//cn. nikkei. com/politicsaeconomy/economic-policy/14852 - 20150617. html.

（续表）

区域内成员			区域外成员		
澳大利亚	3691	⑥	意大利	2571	
印度尼西亚	3360	⑧	西班牙	1761	
土耳其	2609		荷兰	1031	
沙特阿拉伯	2544		波兰	831	
伊朗	1580		瑞士	706	
泰国	1427	埃及	650		

注：金额单位为100万美元。排名为出资额前十的国家。

毋庸置疑，中国已成为亚投行的第一大股东，理应享有一票否决权。但事实上，中国作为设立亚投行的发起国，更看重的是打造沿路沿带各国的利益共同体、命运共同体和责任共同体，如果建立类似美国对世行拥有事实上的否决权，既不明智，亦不符合亚投行建立的初衷。首先，不利于亚投行的区域外成员之间的精诚合作。在亚投行设计的 15～20 个董事会席位中，仅有3席预留给区域外成员国，这将导致德国、法国、巴西、英国、意大利、西班牙、荷兰、波兰、瑞士、埃及 10 个国家为争夺董事会的这三个席位进行第一轮厮杀。孰重孰轻，需要谨慎从事。其次，尽管亚投行的治理模式需要"摸着石头过河"，但肯定有别于世界银行与 IMF 现有的投票制度和贷款附加条件模式。亚投行有别于世行、IMF 的特色在于，其未来提供的贷款斥逐了许多附加条件——贷款人私有化和对外开放的程度、货币自由兑换、财政紧缩和降低赤字率、甚至打包人权条款等让渡主权的条款，更多的发展中国家乐意接受。

《中国对外投资合作发展报告2014》指出[1]：首先，亚洲国家有着较大的基础设施投资需求和吸引投资的意愿，包括公路、铁路、港口、电站、洁净水、能源与可再生能源、健康与教育等方面。泰国政府计划加强港口、轨道系统建设，以及公路网建设，改善本国物流基础设施落后的状况。菲律宾政府 2013 年投入基础设施的预算增加了 37%，共计 4043 亿菲律宾比索；印度尼西亚政府也将公共开支提高到 GDP 的 15%。其次，强化亚洲次区域经济联系的行动将增强区域内的基础设施投资，地区内的互联互通正在紧锣密鼓进行。为加强区域内

---

[1] 商务部. 中国对外投资合作发展报告 [R]. 北京：中国商务部，2014：61.

经贸联系和促进商业发展，亚洲各国正在建立连接南亚和东南亚的经济走廊，即孟加拉国—中国—印度—缅甸经济走廊和中国—巴基斯坦经济走廊。东盟国家力争在 2015 年年底建成东盟经济共同体，正在加大基础设施项目建设，包括区域内电力互联互通的建设，这是中国与东盟合作的基础产业。中国亚洲国家基础设施和互联互通建设的巨大缺口为中国加强对该区域投资、扩大合作提供了长期机遇。据亚洲开发银行估计，2010—2020 年 10 年间，亚洲地区需要投入 8 万亿美元基础设施资金才能支撑目前经济增长的水平，基础设施开发有着巨大的融资缺口，而既有融资渠道尚不能满足巨额投资需求。在中国的倡导下，亚洲国家正在积极筹建亚洲基础设施投资银行，主要用于亚洲基础设施建设。同时，金砖国家开发银行也于 2014 年 7 月 16 日成立，将"为金砖国家及其他新兴市场和发展中国家的基础设施建设、可持续发展项目筹措资金"。金砖国家开发银行和亚洲基础设施投资银行的设立能够弥补现有国际金融机构功能的缺失，缓解亚洲国家资金缺口问题，为促进区域的互联互通提供支持，促进深化区域一体化。

但也必须注意到，对外援助并非对外投资，以援助促进投资的模式并不可取。至于所谓"一带一路"沿线国家大多信用不佳、中国与亚投行如何才能保证投资收益的狐疑并非完全空穴来风。值得关注的是，中国在这些国家的投资大都还未进入投资回收期。在这些国家当中，亚洲国家有印度、哈萨克斯坦、阿塞拜疆、土库曼斯坦、乌兹别克斯坦、吉尔吉斯斯坦、越南、伊朗、斯里兰卡、孟加拉、印度尼西亚、柬埔寨等，在标准普尔颁布的国家主权信用评级名单中，大多数信誉评级在 B 级以下，伊朗甚至未能进入评级，见表 2 - 2。

表 2 - 2　标准普尔的国家主权信用等级[1]

国家或地区	等级	评级展望	日期	可能性
The United Arab Emirates，UAE 阿拉伯联合酋长国	AA	稳定	2012 - 02 - 20	
Albania 阿尔巴尼亚	B +	稳定	2012 - 02 - 20	

---

[1]　"Sovereigns Ratings List；Standard & Poor's". Standardandpoors. com. Retrieved 2015 - 06 - 06. Note：this source is continually updated.

（续表）

国家或地区	等级	评级展望	日期	可能性
Andorra 安道尔共和国	A -	负面	2012 - 02 - 20	可能下调
Angola 安哥拉	BB -	稳定	2012 - 02 - 20	
Argentina 阿根廷	SD	负面	2014 - 06 - 17	可能下调
Aruba 阿鲁巴	BBB +	稳定	2014 - 07 - 20	
Australia 澳大利亚	AAA	稳定	2012 - 02 - 20	
Austria 奥地利	AA +	负面	2012 - 02 - 20	可能下调
Azerbaijan 阿塞拜疆	BBB -	正面	2012 - 02 - 20	可能上调
Bahamas 巴哈马	BBB	稳定	2012 - 02 - 20	
Bahrain 巴林	BBB	负面	2012 - 02 - 20	可能下调
Bangladesh 孟加拉	BB -	稳定	2012 - 02 - 20	
Barbados 巴巴多斯	BB +	负面	2012 - 02 - 20	可能下调
Belarus 白俄罗斯	B -	稳定	2013 - 04 - 17	
Belgium 比利时	AA	负面	2012 - 02 - 20	可能下调
Belize 伯利兹	B -	负面	2012 - 02 - 20	可能下调

（续表）

国家或地区	等级	评级展望	日期	可能性
Benin 贝宁	B	稳定	2012 – 02 – 20	
Bermuda 百慕大群岛	AA –	稳定	2012 – 02 – 20	
Bolivia 玻利维亚	BB –	稳定	2012 – 02 – 20	
Bosnia and Herzegovina 波斯尼亚和黑塞哥维那	B	负面	2012 – 02 – 20	可能下调
Botswana 博兹瓦纳	A –	稳定	2012 – 02 – 20	
Brazil 巴西	BBB –	稳定	2014 – 03 – 24	
Bulgaria 保加利亚	BB +	稳定	2014 – 12 – 12	
Burkina Faso 布基纳法索	B	稳定	2012 – 02 – 20	
Cambodia 柬埔寨	B	稳定	2012 – 02 – 20	
Cameroon 喀麦隆	B	稳定	2012 – 02 – 20	
Canada 加拿大	AAA	稳定	2012 – 02 – 20	
Cape Verde 佛得角	B +	稳定	2012 – 02 – 20	
Chile 智利	AA –	正面	2012 – 12 – 26	可能上调
China 中国	AA –	稳定	2012 – 02 – 20	

（续表）

国家或地区	等级	评级展望	日期	可能性
Colombia 哥伦比亚	BBB	稳定	2013－04－24	
Cook Islands 库克群岛	B＋	负面	2012－02－20	可能下调
Costa Rica 哥斯达黎加	BB	稳定	2012－02－20	
Croatia 克罗地亚	BB＋	稳定	2012－12－14	
Curacao 库腊索岛	A－	稳定	2012－02－20	
Cyprus 塞浦路斯	B＋	正面	2014－04－24	可能上调
Czech Republic 捷克	AA－	稳定	2012－02－20	
Denmark 丹麦	AAA	稳定	2012－02－20	
Dominican Republic 多米尼加	B＋	稳定	2012－02－20	
Ecuador 厄瓜多尔	B＋	正面	2014－08－20	可能上调
Egypt 埃及	B－	正面	2013－11－15	可能上调
El Salvador 萨尔瓦多	BB－	稳定	2012－02－20	
European Union 欧盟	AA＋	稳定	2013－12－20	
Estonia 爱沙尼亚	AA－	稳定	2012－10－19	

（续表）

国家或地区	等级	评级展望	日期	可能性
Fiji 斐济	B	稳定	2012 – 02 – 20	
Finland 芬兰	AA +	稳定	2014 – 10 – 10	
France 法国	AA	稳定	2015 – 03 – 12	
Gabon 加蓬	BB –	稳定	2012 – 02 – 20	
Georgia 格鲁吉亚	BB –	稳定	2012 – 02 – 20	
Germany 德国	AAA	稳定	2013 – 03 – 27	
Ghana 加纳	B	稳定	2011 – 11 – 29	
Greece 希腊	CCC –	负面	2015 – 06 – 29	可能下调
Grenada 格林纳达	SD	负面	2013 – 03 – 13	可能下调
Guatemala 危地马拉	BB	负面	2011 – 11 – 29	可能下调
Guernsey 格恩西岛	AA +	稳定	2011 – 11 – 29	
Honduras 洪都拉斯	B +	正面	2012 – 06 – 08	可能上调
Hungary 匈牙利	BB +	稳定	2015 – 03 – 20	
Iceland 冰岛	BBB –	稳定	2011 – 11 – 29	

（续表）

国家或地区	等级	评级展望	日期	可能性
India 印度	BBB –	正面	2015 – 04 – 09	可能上调
Indonesia 印度尼西亚	BB +	正面	2011 – 11 – 29	可能上调
Ireland 爱尔兰	A +	稳定	2015 – 06 – 05	
Isle of Man 马恩岛	AA +	稳定	2011 – 11 – 29	
Israel 以色列	A +	稳定	2011 – 11 – 29	
Italy 意大利	BBB –	稳定	2014 – 12 – 05	
Jamaica 牙买加	CCC +	负面	2013 – 03 – 07	可能下调
Japan 日本	AA –	负面	2011 – 11 – 29	可能下调
Jordan 约旦	BB	负面	2011 – 11 – 29	可能下调
Kazakhstan 哈萨克斯坦	BBB +	负面	2014 – 05 – 13	可能下调
Kenya 肯尼亚	B +	稳定	2011 – 11 – 29	
Kuwait 科威特	AA	稳定	2011 – 11 – 29	
Latvia 拉脱维亚	A –	稳定	2014 – 05 – 30	
Lebanon 黎巴嫩	B	稳定	2011 – 11 – 29	

（续表）

国家或地区	等级	评级展望	日期	可能性
Liechtenstein 列支敦士登	AAA	稳定	2011 – 11 – 29	
Lithuania 立陶宛	A –	稳定	2014 – 04 – 11	
Luxembourg 卢森堡	AAA	稳定	2013 – 08 – 12	
Macedonia 马其顿	BB	稳定	2011 – 11 – 29	
Malaysia 马来西亚	A –	稳定	2011 – 11 – 29	
Malta 马耳他	BBB +	稳定	2013 – 01 – 16	
Mexico 墨西哥	BBB +	稳定	2014 – 07 – 30	
Mongolia 蒙古	BB –	稳定	2011 – 11 – 29	
Montenegro 黑山	BB –	负面	2011 – 11 – 29	可能下调
Montserrat 蒙特塞拉特	BBB –	稳定	2011 – 11 – 29	
Morocco 摩洛哥	BBB –	稳定	2011 – 11 – 29	
Mozambique 莫桑比克	B +	稳定	2011 – 11 – 29	
Netherlands 荷兰	AA +	正面	2015 – 05 – 22	可能上调
New Zealand 新西兰	AA	稳定	2011 – 11 – 29	

（续表）

国家或地区	等级	评级展望	日期	可能性
Nigeria 尼日利亚	BB −	稳定	2011 − 11 − 29	
Norway 挪威	AAA	稳定	2011 − 11 − 29	
Oman 阿曼	A	负面	2011 − 11 − 29	可能下调
Pakistan 巴基斯坦	B −	正面	2011 − 11 − 29	可能上调
Panama 巴拿马	BBB	稳定	2012 − 07 − 02	
Papua New Guinea 巴布亚新几内亚	B +	稳定	2011 − 11 − 29	
Paraguay 巴拉圭	BB −	稳定	2011 − 11 − 29	
Peru 秘鲁	BBB +	稳定	2013 − 08 − 19	
Philippines 菲律宾	BBB	稳定	2014 − 05 − 08	
Poland 波兰	A −	正面	2013 − 03 − 07	可能上调
Portugal 葡萄牙	BB	正面	2015 − 03 − 20	可能上调
Qatar 卡塔尔	AA	稳定	2011 − 11 − 29	
Ras Al Khaimah，UAE 阿联酋	A	稳定	2011 − 11 − 29	
Romania 罗马尼亚	BBB −	稳定	2014 − 05 − 16	

（续表）

国家或地区	等级	评级展望	日期	可能性
Russia 俄罗斯	BB +	负面	2015 - 01 - 26	可能下调
Rwanda 科威特	B	稳定	2012 - 09 - 29	
Saudi Arabia 沙特阿拉伯	AA -	稳定	2011 - 11 - 29	
Senegal 塞内加尔	B +	负面	2011 - 11 - 29	可能下调
Serbia 塞尔维亚	BB -	负面	2012 - 08 - 07	可能下调
Singapore 新加坡	AAA	稳定	2011 - 11 - 29	
Slovakia 斯洛伐克	A	正面	2014 - 08 - 01	可能上调
Slovenia 斯洛文尼亚	A -	稳定	2013 - 02 - 13	
South Africa 南非	BBB -	稳定	2014 - 05 - 13	
South Korea 韩国	AA +	稳定	2012 - 09 - 14	
Spain 西班牙	BBB	稳定	2014 - 05 - 23	
Sri Lanka 斯里兰卡	B +	正面	2011 - 11 - 29	
Suriname 苏里南	BB -	稳定	2011 - 11 - 29	
Sweden 瑞典	AAA	稳定	2012 - 10 - 24	

(续表)

国家或地区	等级	评级展望	日期	可能性
Switzerland 瑞士	AAA	稳定	2011 – 11 – 29	
Thailand 泰国	BBB +	稳定	2011 – 11 – 29	
Trinidad and Tobago 特立尼达和多巴哥	A	稳定	2011 – 11 – 29	
Tunisia 突尼斯	BB –	负面	2013 – 02 – 20	可能下调
Turkey 土耳其	BB +	负面	2013 – 03 – 27	可能下调
Uganda 乌干达	B +	稳定	2011 – 11 – 29	
Ukraine 乌克兰	CCC	稳定	2014 – 10 – 11	
United Kingdom 英国	AAA	稳定	2012 – 04 – 13	
United States 美国	AA +	稳定	2013 – 06 – 10	
Uruguay 乌拉圭	BBB –	稳定	2012 – 04 – 03	
Venezuela 委内瑞拉	CCC	负面	2015 – 02 – 09	可能下调
Vietnam 越南	BB –	负面	2014 – 05 – 20	可能下调
Zambia 赞比亚	B +	稳定	2011 – 11 – 29	

第 三 章
中国投资遭遇的源自发达国家的
地缘政治风险

当金融危机以摧枯拉朽之势横扫欧美之时，中国海外投资抓住有利时机大举进军欧美市场，投资规模如火如荼。与此同时，亦遭遇了国家安全审查、"外国政府直接控制的交易""次级制裁"、双边投资条约中的环境条款、知识产权领域的反垄断，以及北极极地区域的地缘政治风险。

第一节 BIT 中根本安全例外条款

根本安全例外条款（Essential Security Exception Clause）也称为重大安全例外条款、根本安全利益条款等，一般是指缔约国在一定条件下以保护本国国家利益为目的而采取的必要性措施，从而排除其行为违法性的一种免责条款。BIT 中的根本安全例外条款，通常也称为"免责条款"，是在一定条件下排除缔约国行为违法性的条款。BIT 中的根本安全例外条款在国际投资活动中并非一直受到重视，而是因为在国际仲裁实践中被多次应用并引起争议而备受关注。根本安全例外条款发挥着保护缔约国国家安全利益的作用，同时对国际投资活动的进行至关重要。对根本安全例外条款进行分析与探究，务须了解该条款的历史发展过程，进而分析根本安全例外条款的含义，以及 BIT 中根本安全例外条款的文本解释。

一、BIT 中根本安全例外条款的历史发展

BIT 中的根本安全例外条款是 BIT 中的一种例外条款，近几十年来在国际

仲裁中频繁应用而备受争议，进而在投资条约中该条款本身也得到极大关注。根本安全例外条款最早出现于"二战"之后美国的友好通商和航海条约（Friendship Commerce Navigation Treaty，FCN）中，并作为美国与其他国家签订FCN中的常规条款存在。美国—尼加拉瓜 FCN 中的根本安全例外条款在 1984年美国对尼加拉瓜进行军事和准军事行动案件中被提交到国际法院。在国际法院对此案是否有管辖权的焦点问题上，尼加拉瓜以 1956 年两国的《友好通商航海条约》为依据提交给国际法院，表明国际法院对该案争端具有管辖权。该条约 21（1）（c）和（d）规定：本条约不得阻止缔约一方采取必要的措施履行职责以维持和恢复国际和平与安全，或保护本国的根本安全利益。❶ 在伊朗诉美国石油平台案中，国际法院依据根本安全例外条款审查美国是否违反 1955 年美国—伊朗 FCN 关于通商航海自由的规定。1955 年美国—伊朗 FCN 第 20 条规定："本条约并不排除以下措施的适用：缔约方为维持或恢复国际和平和安全，或保护其基本的安全利益是必需的。"❷ 20 世纪 50 年代后，"根本安全例外"条款从早期以美国为主的友好通商航海条约中逐渐转移出现在德国的双边条约中。1959 年，在德国与巴基斯坦签订的双边条约中，第一次出现了"根本安全例外"条款的完整表述。此后德国与他国签订的双边条约，"根本安全例外"条款成为 BIT 中的常规条款。1982 年，美国与巴拿马签订的投资条约中也首次将"根本安全例外"条款用于国际投资中。此后，其他国家和自由贸易区的投资协定中也经常出现"根本安全例外"条款。

根据联合国贸易暨发展会议公布的数据显示，截止到 2014 年年底，国际社会共有双边投资条约 2923 个。❸ 其中设有"根本安全例外"条款的 BITs 有 200多个。除此之外，各国为了保护本国的利益，方便签订双边投资协议，在自己国家的双边条约范本中都规定了根本安全例外条款，如美国 2012 年 BIT 范本、加拿大 2004 年 BIT 范本、德国 2005 年 BIT 范本等。

二、BIT 中"根本安全例外"条款的含义

根据经济合作组织（Organization for Economic Co-operation and Develop-

---

❶ Case Concerning Military and Paramilitary Activities in and Against Nicaragua（Nicaragua v. United States of America）（merits），I. C. J.，1986：221 – 222，282.

❷ 赵劲松. 国际法院伊朗诉美国石油平台案简析. 黑龙江省政法管理干部学院学报. 2006（3）：108.

❸ UNCTAD. Recent Trends in International Investment Agreements and ISDS. NO. 1，2015：2. http：//unctad. org/en/PublicationsLibrary/webdiaepcb2015d1_en. pdf，last visited March 31，2015.

ment，OECD）的统计，"根本安全例外"条款在国际多边条约和国际双边投资条约中广泛存在。国际多边条约中主要有：《关税与贸易总协定》（GATT）第 21 条，《服务贸易总协定》（GATS）第 24 条，《与贸易有关的知识产权协定》（TRIPS）第 73 条，《北美自由贸易协定》（NAFTA）第 2102 条，1998年《能源宪章条约》第 24 条。国际双边投资条约范本主要有：2003 年印度 BIT 范本，2004 年加拿大 BIT 范本，2004 年美国 BIT 范本及后修订的 2012 年 BIT 范本，2005 年德国 BIT 范本及后修订的 2008 年 BIT 范本。超过 200 个双边条约中规定了"根本安全例外"这一条款。每一条约中对于"根本安全例外"这一条款的关键词描述不同，含义也略有差别。

缔约国双方通常协议"东道国在出现国家紧急状况时，采取临时措施缓解危机，排除国家行为的违法性，同时免除一国应当承担的国际责任"❶。一般包含两种情况：一是在协议正常实施过程中，当协议中约定的特定情形出现时，缔约国一方暂停履行其应承担的义务，在此期间，协议并不因不履行义务而无效，一旦特定情形消失或约定的暂停履行义务期间届满，该协议将继续履行；二是在极端情况下，发生了签订条约时缔约双方无法预料的重大情形，并且该种情况构成缔约国同意履行条约义务，承受条约约束的必要条件，这种情况的发生还会使缔约国一方依据条约应当履行义务的范围发生改变，情况发生变化的一方可以善意援引该种情况作为终止或退出条约的理由，并无须赔偿。

"根本安全例外"条款通常又被称为"逃避"条款或者"不排除措施（Non-Precluded Measures）"条款。援引根本安全例外条款，东道国可以在国家安全利益受到威胁时采取措施，即使该种措施违背条约义务，在一定程度上损害了外国投资者的利益，东道国也可免责。因此，"根本安全例外"条款对于风险转移起到一定作用，即将本应由东道国所承担的风险转移到外国投资者身上，甚至转移到缔约另一方，从而维护了东道国本国的利益，发挥"安全阀"的作用。

BIT 中的"根本安全例外"条款区别于国际习惯法上的紧急情况或危急状态。"根本安全例外"条款和国际习惯法上的紧急情况都是在特定情况下排除国家行为违法性的条款，同作为免责事由的存在，两者在条款表述上和具体适

---

❶ 曾华群. 国际经济新秩序与国际经济法新发展［M］. 北京：法律出版社，2009：414.

用上存在差别。"根本安全例外"条款存在于双边条约中，而紧急情况是国际习惯法的主要部分。"根本安全例外"条款包含在条约的具体条文中，是对缔约双方都产生法律效力的构成部分。《国家对国际不法行为的责任条款草案》第 25 条对紧急情况作出规定："1. 一国不得援引紧急情况作为理由解除该国不遵守某项国际义务的行为的违法性，除非：（a）该行为是该国保护其基本利益，对抗某个严重迫切危险的唯一措施；而且（b）该行为并不严重损害缔约对方一国或数国的，或整个国际社会的基本利益。2. 一国绝不得在以下情况下援引紧急情况作为解除其行为违法性的理由：（a）有关国际义务排除援引紧急情况的可能性；（b）该国促成了该紧急情况。"根本安全例外条款是以肯定方式规定了排除国家不法性行为的条件，紧急情况是以否定方式排除了触发国家危急状态的情形。在适用条件上，当条约中规定的根本安全例外条款的条件全部满足时，缔约国一方应该承担的责任被免除。而紧急情况，则是在缔约国的行为违反了国际义务的情况下予以适用。由于"根本安全例外"条款是在双边投资条约中缔约双方经过协商达成一致之后订立的条款，因此不同的双边投资条约的该条款可能有不同的术语表述，也因此有不同的含义，在适用时需要根据具体条款进行特定分析与解释。而紧急情况则是国际法上的一种习惯规定，具有普遍适用性。

BIT 中的根本安全例外条款与公共目的的关系。公共目的（Public Purpose），又称为公共福利目标（Public Welfare Objective）或公共利益。❶ 这里所指公共目的，是为全社会而非为特定个人或部分人的安全和利益。以美国 2012 年 BIT 范本为例，公共目的是作为征收的合法条件之一。其第 6 条规定：除非为了公共目的，以非歧视的方式实施，并伴有及时、充分、有效的补偿，并根据法的正当程序和第 5 条（最低待遇标准），任何一方不可对投资进行直接征收或国有化或采取与征收或国有化相当的措施间接征收或国有化。❷ 而之后发展的 BIT 中，对于公共目的含义的界定又扩大到环境、健康、安全及其他方面。从广义上来看，根本安全例外也是一种公共目的。但是两者相比较，在外延上，公共目的要比根本安全例外条款大得多。

---

❶ Bryan A. Gamer Editor in Chief, An action by or at the direction of a government for the benefit of the community as a whole. Black's Law Dictionary（seventh edition）, West Group, ST. PAUL, MNN. 1999：1245.

❷ 美国 2012 年 BIT 范本第 6 条第 1 款。

三、BIT 中根本安全例外条款的文本解释问题

根本安全例外条款在双边投资协定中广泛存在，但因不同缔约国的具体情况而不同，在世界范围内并没有一个固定的范本可参考。美国、加拿大、德国、印度等国家有自己的 BIT 范本，在对外签订 BIT 时以本国范本中规定的条款为基础进行谈判协商。因此各国 BIT 中对根本安全例外条款的条文规定也有所不同。

（一）根本安全例外条款在美、加、印 BIT 范本中的规定

BIT 中的根本安全例外条款主要目的在于平衡东道国与投资者之间的利益，在有些国家的 BIT 中，对于投资者保护提供了很高的标准，有自己标准的 BIT 范本，如美国。而在有些国家中，BIT 中的根本安全例外条款并非常规条款，如中国。从国际法的角度来看，BIT 范本并没有法律效力，只是指导缔约方进行谈判的文件，使最终达成的条约条文与范本的条款大体相同。美国、加拿大、印度等国家都有自己的 BIT 范本，因此在探究根本安全例外条款在不同 BIT 中的规定时，可以以 BIT 范本为参考进行研究。

美国在 2012 年完善了 BIT 范本，第 18 条对安全例外作出具体规定，该条款全面适用于条约，而非具体条款的例外。对于"安全例外"的判断由东道国自行决定，只要是其认为"所必需"就可以援用根本安全例外条款，并不需要其他方式加以确定。对比 1986 年美国 BIT 范本，第 10 条第 1 款规定："本协定不应阻止任何缔约方为维护公共秩序，履行其在维护和恢复国际和平或安全方面承担的义务，或保护本国的基本安全利益而在其管辖范围内采取必要的措施。"可以看出，旧范本中没有对"必要性"判断做具体规定，未明确东道国有自行判断的权利。对比新、旧两个 BIT 范本可以看出，细微的变化却赋予了东道国自行判断的权利，从而限制了仲裁庭的自由裁量权。

加拿大 2004 年 BIT 范本中，第 10 条第 4 款对根本安全例外以列举的方式进行规定："与武装交通、军火和实施战争、核扩散和核武器相关的方面属于基本安全利益。"采用列举方式对"基本安全利益"的范围进行界定，可以避免在仲裁实践中由仲裁庭作出任意解释。但并不能穷尽所有涉及国家安全利益的情况，会导致对某些安全利益不能提供足够的保护。

印度的 2003 年 BIT 范本第 12 条第 2 款对根本安全利益作出规定："本协定

内容不得排除东道国为保护其重大安全利益或在特定危急情况下根据其法律在非歧视基础上正常、合理地采取行动。"在印度的范本中，对"重大安全利益"和"危急情况"在何种情况下可以采取措施进行规定，但并没有明确具体条件和范围限定。

（二）我国 BITs 中的根本安全例外条款

我国虽然没有标准的 BIT 范本，但是在一些 BIT 中，也有零星的根本安全例外条款的内容。

在中国—新加坡 BIT 中，第 11 条以"禁止和限制"对根本安全例外作出规定："本协定的规定不应以任何方式约束缔约任何一方为保护其根本的安全利益，或为保障公共健康，或为预防动、植物的病虫害，而使用任何种类的禁止或限制的权利或采取其他任何行动的权利。"❶ 在中国—斯里兰卡 BIT、中国—新西兰 BIT、中国—毛里求斯 BIT 中，都以"禁止和限制"单独条款对根本安全例外作出规定，与中国—新加坡 BIT 相似，但在细节上有所区别，对于目的的规定有使用"根本安全利益"，也有用"国家利益""基本安全利益"或者包含了其他如公共安全的目标。

在中国—印度 BIT 中，第 14 条规定："本协定不妨碍东道国缔约方根据其正常、合理和非歧视地适用的法律，采取保护其基本安全利益的措施或极端紧急状况下的措施。"该条款是完全采纳印度的 BIT 范本。

在中国—日本、中国—韩国 BIT 中，第 18 条第 1 款对根本安全例外作出规定："尽管有本协定除第十二条外的其他条款规定，各缔约方均可采取以下任何措施：（一）被认为是保护该缔约方的实质安全利益的：1. 在该缔约方或国际关系出现战争、武装冲突或其他紧急情况时采取；或 2. 涉及落实关于不扩散武器的国家政策或国际协定；（二）履行其在联合国宪章项下的维护国际和平与安全的义务。"❷

其他规定仅在国民待遇、公平公正待遇、最惠国待遇等情况下给予例外的 BIT，如中国—日本 BIT、中国—捷克斯洛伐克 BIT、中国—德国 BIT、

---

❶ 《中华人民共和国政府和新加坡共和国政府关于促进和保护投资协定》第 11 条．http：// tfs. mofcom. gov. cn/aarticle/h/at/200212/20021200058420. html，last visited April 13，2015.
❷ 《中华人民共和国政府、日本国政府及大韩民国政府关于促进和保护投资协定》第 18 条．http：// tfs. mofcom. gov. cn/article/h/at/201405/20140500584816. shtml，last visited April 13，2015.

中国—芬兰 BIT、中国—也门 BIT、中国—葡萄牙 BIT、中国—马达加斯加 BIT 等。在中国—特里尼达多巴哥 BIT、中国—圭亚那 BIT 中，仅在序言中提到了对环境、健康和安全措施的保留。中国—菲律宾 BIT 对于安全例外的规定是在投资者定义中排除的，将不符合根本安全利益的投资者排除在条约保护范围之外。

由以上不同国家 BIT 对根本安全例外条款的规定与中国相比较可得知，我国没有可供参考的 BIT 范本，在与不同国家签订 BIT 时，其中规定根本安全例外条款的，在条约条文中的语言表述也不尽相同，有直接以另一缔约国的 BIT 范本作为条款规定的，也有以第三国家作为参考进行规定的情况。这种规定千差万别的情况与我国当前因对外投资的逐步增长而需要 BIT 来保护海外投资者的投资权益的需求不相符合。

在中国—斯里兰卡 BIT 中提到"国家利益"和"公共健康"，中国—新加坡 BIT 表述为"根本的安全利益"，中国—新西兰 BIT 表述为"基本安全利益"，在中国—印度的 BIT 中，中国完全接受了印度 BIT 范本中"极端紧急状况"的表述，而该种"极端紧急状况"并没有具体明确包括何种情况，范围也很宽泛。在中国—斯里兰卡 BIT 中，将基本安全利益与公共秩序分为两款例外进行规定，设置为投资待遇的例外条款。在中国—葡萄牙 BIT、中国—奥地利 BIT 及中国—德国 BIT 中，直接将两者表述为公共安全和秩序。可见在我国的缔约实践中，对于根本安全利益的范围也没有明确的界定，对"公共秩序"和"公共安全"这样的目的规定也没有固定的立场和进一步阐述。根据商务部公布的现行生效的 103 个双边投资条约，其中含有根本安全例外条款的只有 20 个。

根据表 3-1，在商务部公布的现行有效的 BIT 中，规定涉及根本安全利益的只有 20 个。20 个 BIT 中并不是都将根本安全例外单独设为条约中的一款。有将例外情况设置在投资待遇中，或是在禁止与限制条款中对根本安全例外作了说明，有的在序言中简明提出，但总体上并未对根本安全例外条款作出全面详细的规定。从条款的位置看，中国签订的 BIT 中对根本安全例外条款作出规定，有的是在序言中说明，有的在正文中出现，也有的附在议定书中。BIT 的议定书是投资协定不可分割的组成部分，具有与条约正义同样的效力，因此不论关于根本安全例外的规定在条约的哪个位置，都不影响其效力。从模式上看，中国 BIT 对于根本安全例外条款的规定有以下几种类型，见表 3-2。

表 3-1　现行有效的 BITs 中根本安全例外条款的分布情况❶

序号	缔约国	签署日期	生效日期	根本安全例外条款
1	奥地利	1985 年 9 月	1986 年 1 月	议定书第二项
2	新加坡	1985 年 1 月	1986 年 2 月	第 11 条
3	斯里兰卡	1986 年 3 月	1987 年 3 月	第 11 条
4	新西兰	1988 年 1 月	1989 年 3 月	第 11 条
5	日本	1988 年 8 月	1989 年 5 月	议定书第三项
6	捷克和斯洛伐克	1991 年 1 月	1992 年 1 月	议定书第一项
7	菲律宾	1992 年 7 月	1995 年 9 月	第 1 条第 2 款
8	毛里求斯	1996 年 5 月	1997 年 6 月	第 11 条
9	也门	1998 年 2 月	2002 年 4 月	第 2 条第 2 款
10	特里尼达多巴哥	2002 年 7 月	2004 年 1 月	序言
11	圭亚那	2003 年 3 月	2004 年 1 月	序言
12	德国	2003 年 1 月	2005 年 1 月	议定书第四项
13	芬兰	2004 年 1 月	2006 年 1 月	第 3 条第 5&6 款
14	马达加斯加	2005 年 1 月	2007 年 7 月	第 3 条第 2 款
15	葡萄牙	2005 年 1 月	2008 年 7 月	议定书第三项
16	印度	2006 年 1 月	2007 年 8 月	第 14 条
17	法国	2007 年 1 月	2010 年 8 月	第 4 条第 6 款
18	日本、韩国	2012 年 5 月	2014 年 5 月	第 18 条第 1 款
19	坦桑尼亚	2013 年 3 月	2014 年 4 月	第 10 条第 2 款
20	加拿大	2012 年 9 月	2014 年 1 月	第 33 条第 5 款

---

❶ 根据商务部公布的我国对外签订双边投资协定统计。

表 3 - 2 中国 BIT 中根本安全例外条款的规定模式❶

规定模式	BITs 范例
以"限制和禁止"为条款	中国—新加坡 BIT 中国—斯里兰卡 BIT 中国—新西兰 BIT 中国—毛里求斯 BIT
以"例外"为条款	中国—印度 BIT 中国—日、韩 BIT 中国—加拿大 BIT
投资待遇条款下的例外	正文：中国—也门 BIT 中国—芬兰 BIT 中国—马达加斯加 BIT 中国—法国 BIT
	议定书：中国—奥地利 BIT 中国—日本 BIT 中国—德国 BIT 中国—葡萄牙 BIT 中国—捷克和斯洛伐克 BIT
在序言中规定	中国—特立尼达多巴哥 BIT 中国—圭亚那 BIT
在投资者定义中排除	中国—菲律宾 BIT

（三）BIT 根本安全例外条款在条文中的解释问题

尽管根本安全例外条款在不同的 BIT 中具体的语句表述有所差别，但是都具备相同的构成要件，即适用范围、目的要求和关联性要求三个方面。根本安全例外条款在不同 BIT 中的规定不同，在适用范围、目的要求和关联性要求也有区别。以下结合国际法院和 ICSID 仲裁庭的实践，针对根本安全例外条款在适用范围、目的要求和关联性要求分析普遍存在的问题。

在适用范围上，美国的 BIT 范本、加拿大的 BIT 范本等均规定根本安全例外条款适用于整个条约，而在 BIT 实践中也是按照范本来规定的。但是纵观我

---

❶ 冀伯祥. 简析德国地缘政治学的发展与军国主义 [J]. 重庆师院学报（哲学社会科学版），1998
（4）：102.

国的 BIT，有的 BIT 适用于整个条约，也有的仅适用于国民待遇、最惠国待遇及公平公正待遇的例外。如在中国—芬兰 BIT 中，将根本安全例外条款规定在投资待遇的例外中，第 3 条第五、第六款规定："五、本协定不得解释为阻止缔约一方在战争、武装冲突或其他在国际关系紧急情况下为保护本国基本安全利益所采取的任何必要行动。六、只要缔约一方采取的上述措施的适用不构成一种武断或不公正的歧视措施，或一种变相的投资限制。本协定不得解释为阻止缔约方为维持公共秩序所采取的任何必要措施。"该根本安全例外条款适用于整个条约，但是却置于投资待遇条款之下，在东道国对该条款援引时可能存在一些疑问，对具体适用范围的认定存在争议。

在适用于部分条款的情况下，如若出现投资者在主张间接征收时也同时主张东道国违反了国民待遇、最惠国待遇或公平公正待遇的情况，根本安全例外条款仅适用于投资者待遇，无法同时覆盖两个诉求。该条款失去了其存在的价值，同时削弱了条款力度。

在目的要求上，即东道国在何种目的的情况下可以采取措施无须承担责任。在具体条文的表述中，最常见的允许目的主要有以下几种：其一，安全（Security），主要有"根本安全利益（Essential Security Interest）""国家安全（National Security）""安全利益（Security Interest）""安全利益（Public Security）"等；其二，国际和平与安全（International Peace and Security）；其三，公共秩序（Public Order）；其四，公共健康（Public Health）；其五，公共道德（Public Morality）；其六，其他目的，如国家利益、极端紧急情形和金融体系稳定等。

许多 BIT 仅仅提到以上目的，但并未对具体的范围作出明确的界定。根本安全利益在 BIT 中最常出现，尽管有不同的表述，但关键问题在于对于一国的根本安全利益的范围究竟多大。作为 BIT 范本典型代表的美国，在 2012 年 BIT 范本中也并未对根本安全利益作出具体规定。美国国防部认为："根本安全例外应当包括在战时或国家紧急情形下采取的与安全有关的措施，也包括那些虽非源于战争或国家紧急状态，但是与相关基本安全利益直接相关的行为。"❶ 根本安全利益的范围是否包含经济利益、政治利益，针对该国的武装袭击是否也属于根本安全利益。在仲裁实践中，由于 BIT 中没有具体规定，国际法院和仲裁庭往往根据自身的理解来界定范围。

---

❶ Letter of Submittal from Strobe Talbott, U. S. Secretary of State, to U. S. Senate (June 26, 1995). http://www. state. gov/documents/organization/43579. pdf, at XII, last visited November 15, 2014.

在 1986 年尼加拉瓜案件❶中，国际法院对美国—尼加拉瓜 FCN 中的"基本安全利益"作出了解释，国际法院认为对根本安全利益造成威胁的因素显然不仅仅包含武力袭击，还包括其他可能影响一国安全的因素。尽管如此，国际法院并没有进一步解释"根本安全利益"的含义。在该案中，无论如何界定"基本安全利益"的含义，美国的行为都不符合 FCN 中对根本安全例外条款的规定。国际法院最终否定了美国行为的合法性。在 2003 年伊朗诉美国石油平台案件❷中，美伊的 FCN 中同样有关于"基本安全利益"的表述。美国向国际法院主张，FCN 中强调的根本安全利益应该包括"海湾不受干扰的贸易利益"，并认为这是构成包括美国在内的国家经济和安全利益的基本要素。国际法院同意了美国的这一主张，并认为美国和伊朗均认可"美国船只和船员的安全利益"及"美国在海湾不受干扰的贸易利益"属于美国合理的安全利益。❸ 由此可见，国际法院在以上两个案件中的判决承认了根本安全利益的范围不仅仅限于一国的领土和军事方面的权益，也包括经济利益。

在 ICSID 的仲裁实践中，也有关于对根本安全利益进行界定的案件。在有关美国—阿根廷 BIT 的案件中，涉及对根本安全利益的范围进行解释的问题。在 CMS 案件中，ICSID 仲裁庭认为条款的适用范围应当综合考虑缔约双方的共同利益以保证公平，不得违背条约解释的原则。❹ 仲裁庭认为应该对根本安全利益作扩大解释，不仅包括经济利益、政治利益，也包括国家安全利益。在 Enron 案件和 Sempra 案件中，ICSID 仲裁庭认为阿根廷国内发生的经济危机不足以对国家的根本安全利益造成实质性的影响，不得援引根本安全例外条款，但是对根本安全利益没有明确具体的界定。在 LG&E 案件中，仲裁庭最终作出了免除阿根廷赔偿义务的裁决，认为对于条款中的根本安全利益应做广义上的解释。

从国际法院和 ICSID 的实践中看到，两者都将经济利益包含在根本安全利益的范围中，但对于其他因素，如政治安全、公共健康、公共道德、公共秩序等没有阐明。

在中国—新西兰 BIT 中，使用"旨在（Directed to）"来表示措施行为与所

---

❶ Military and Paramilitary Activities in and Against Nicaragua（Nicar. v. U. S.），1986 I. C. J. 14，15（June 27）.

❷ Oil Platforms（Iran v. U. S.），I. C. J. 2003. 161，183（Nov. 6）：73.

❸ Oil Platforms（Iran v. U. S.），I. C. J. 2003. 161，183（Nov. 6）：73.

❹ CMS Gas Transmission Company v. The Argentine Republic，ICSID Case No. ARB/01/8，Award of May 12，2005：23.

求目标之间存在的关联关系。该种表述意味着，只要东道国采取的行为主观上是为了实现所规定的目标，该行为就符合根本安全例外条款所要求的关联性要求。而更有的 BIT 中仅使用"for"来表达关联要求，如印度—克罗地亚 BIT 及中国—印度 BIT，"for"表达的含义是只要东道国的行为在一定程度上促进了目的的实现，就符合关联性要求。无论何种方式的表述，即使是最常见的"为……所必需"这样的关联词表述，在国际法院的判决、GATT、美国宪法及欧洲人权法院实践中有不同的解读。

在国际法院的实践中，在不同的案件中对"为……所必需"有不同的解释。国际法院在匈牙利诉斯洛伐克关于 Gabcikovo-Nagymaros 工程案中对"为……所必需"的关联性要求作出解释，采取的标准来源于国际习惯法上危急情况"所必需"的解释。国际习惯法上危急情况的"所必需"要求一国在紧急情况下所采取的措施是为保护本国基本利益而在当时能够采取的唯一办法（the Only Way），并且此种措施不能损害其他国家的基本利益。在该案中，国际法院认为当时还存在其他的救济办法，并非唯一的选择，没有满足"必要性"要件，斯洛伐克采取的防卫措施不能成立。❶ 而在尼加拉瓜案件中，美国—尼加拉瓜的 FCN 规定："本条约不排除国家为保护其基本安全利益而采取的措施。"❷国际法院认为 FCN 中的"所……必需"应该指其所采取的措施不仅仅具有保护本国基本安全的意图，而应明确是为此目的所必须采取的措施，对该关联性要求进行严格解释，从而裁定美国的行为不是保护本国基本安全所采取的必要性措施。国际法院对美国—尼加拉瓜的 FCN 中的关联性要求解释借鉴了国际习惯法上的"必要性"和"比例性"要件，但同时也意识到 FCN 中的"为……所必需"与国际习惯法中强调的"必要性"不同。

在美国的宪法实践中，采用"最小限制原则（Least Restrictive Alternative）"解释 BIT 中的"所……必需"。在 San Antonio Indep. Sch. Dist. v. Rodriguez❸案件中，美国高等法院对案件使用最小限制原则进行解释，当国家不得不损害公民基本的宪法权利和自由时，如果目的是保护国家的根本利益，所采取的措施应当是对其他利益损害最小的措施。最小侵害原则同时又被 GATT 和 WTO 专家

---

❶ Gabcikovo-Nagymaros Project, I. C. J., 1997.

❷ Treaty of Friendship, Commerce, and Navigation, U. S. -Nicar., art. XXI, Jan. 21, 1956, T. I. A. S. No. 4024, 9 U. S. T. 449, 1985.

❸ San Antonio Indep. Sch. Dist. v. Rodriguez, 411 U. S1, 51, 1973.

小组所主张。在 GATT 和 WTO 的争端解决中，专家组认为，为实现特定目的，允许所采取的措施与 GATT 或 WTO 不一致，但同时又不得与 GATT 条款相抵触。在 1990 年泰国香烟案中，泰国政府禁止国外烟草进口，同时鼓励国内烟草销售，泰国主张其行为符合 GATT 第 20 条规定的"允许实施的为保障人民生命健康所必需的措施"。但 GATT 专家小组认为，泰国的主张不能成立，其限制进口的行为并不是在没有其他可以选择的与 GATT 规定一致的情况下采取的，不符合为保障人民生命健康的目的。❶泰国违背了 GATT 规定的义务，其采取的措施并不符合最小侵害原则。由此可以看出采用"最小侵害原则"进行解释体现出更多的灵活性，范围也更为宽松。

在 Handyside vs UK 案件中，欧洲人权法院对"为……所必需"作出了更为灵活的解释。法院通过将"为……所必需"与"有用的""可接受的"相比较，认为"为……所必需"表现的程度更深，但又不及于"必不可少（Necessary）"这种表述，"必不可少（Indispensable）"表达的是绝对必要（Absolutely Necessary）的意思。❷欧洲人权法院认为，"为……所必需"的程度介于"有用的"与"必不可少"之间，赋予缔约国一方一定的自由判断权，自行判断当时的社会情形，从而采取其认为的必要性措施，欧洲人权法院仅审查该国的自行判断是否属于国际法上允许的自由裁量范围。

综上所述，对"为……所必需"的解释有很多种，但法院和仲裁庭的裁决仅对当事国有约束力。即使是国际法院的判决，尼加拉瓜案件中因涉及自卫权使用武力的问题，因而对关联性要求所做解释并不具有普遍指导意义。如果将国际习惯法上严格限制的"必要性"要件直接为 BIT 根本安全例外条款"所必需"的解释，会缩小该条款的适用范围，采取措施的东道国将会承担更大的风险和责任。从此种意义上讲，不得援引国际习惯法上关于危急情况的规定。前文已述，国际习惯法上的危急情况与根本安全例外条款是有区别的，不能因根本安全例外条款关联要求的缺失而优先适用国际习惯法有关解释。因此，对于特定根本安全例外条款关联性要求的理解需要进行个案分析。不同的 BIT 因缔约条件、背景、缔约方的不同而存在差异，不能照搬国际习惯法上严格限制的"必要性"要件。

---

❶ Thailand-Restrictions on Importation of and Internal Taxes on Cigarettes, Panel Report, WT/DS10/R, October 5 1990.

❷ Handyside v. United Kingdom, 24 Eur. Ct. H. R. (ser. A) at 22, 1976：48.

在中国的 BIT 实践中，仅在四个 BIT 中使用了"必需"或"必要"，分别为中国—也门 BIT、中国—芬兰 BIT、中国—坦桑尼亚 BIT、中国—加拿大 BIT，中国设有根本安全例外条款 BIT 中的关联性要求程度较低。我们应当注意到，较低的关联性要求以及当对关联性要求规定不明确时，仲裁庭和法院往往会作出较为宽泛的解释，并可能导致条款的滥用。如前所述，在实践中对必要性的解释有很多种，将会导致极大的不确定性。

综上所述，根本安全例外条款在不同的 BIT 中有不同的规定，在语言表达方面也有差异。根本安全例外条款在 BIT 的条文规定中存在问题，以根本安全例外条款的构成要件为基础，从适用范围、目的要求与关联性要求三方面分析条文规定中存在的问题。在目的要求上规定的不明确及在关联性要求用词上的不同等方面，往往会导致在实践中国际法院和仲裁庭有不同的解释和理解。这对 BIT 的缔约双方都具有不确定性，不利于保护投资者的权益和本国的国家利益。

（四）对 BIT 中根本安全例外条款的管辖与审查

在实践中，BIT 根本安全例外条款的审查是指争端解决机构对于援引 BIT 中该条款的审理权限。首先应当明确争端管辖权与审查权的区别。争端解决机构的管辖权，是指国际争端解决机构对于援引 BIT 中根本安全例外条款的争端纠纷是否具有管辖权，具体包括国际法院的管辖权及相关仲裁庭的管辖权。管辖权体现的是对于该争议是否属于国际法院或仲裁庭的管辖范围。而审查权实质上是一种职责，是对于该争端有何种程度的管理权限。在实践中，国际投资争端主要由国际法院和相关仲裁庭裁决，而诉诸仲裁庭的争端远超过国际法院，国际投资争端的仲裁机制有 ICSID、国际商事仲裁及国际贸易法委员会等，本书以 ICSID 争端解决机制为例来探讨对于 BIT 中根本安全例外条款的审查问题。

在实践中，ICSID 仲裁庭对 BIT 中根本安全例外条款的审查问题，常常与根本安全例外条款是否属于东道国自行判断事项相联系。自行判断是指当出现危机情况时，东道国是否可以自行判断并采取措施保护国家利益。在仲裁的实践中，我们可以看到，仲裁庭将根本安全例外条款分为两类：自行判断与非自行判断条款。在有些案例中，仲裁庭认为只要 BIT 中的根本安全例外条款没有"其认为必要（it consider necessary）"这样的语句出现，就认定该条款属于非自行判断条款，从而应当由仲裁庭来审查该缔约国采取的措施是否必要。❶ 但是将条款分为自行判断与非自行判断两种在很大程度上具有主观推断性，并没有探究缔约国的真实目的。首先，根本安全利益直接关系到一国的国家主权和国家利益，缔约双方在缔结 BIT 时，从缔约的目的和意图上看，很难认定缔约国会将关乎本国安全利益的重大事项交由仲裁庭这样的第三方来审查。其次，在出现紧急情况时，是否出现危急本国的根本安全也只有东道国自己最清楚，因而当事国最有权利根据自己的判断采取必要的措施保护本国的利益，而第三方的判断是在事后进行的，对于紧急情况中的具体情况并非最了解，具有很大的主观性。美国 2012 年 BIT 范本第 18 条规定，"本条约的任何条款规定不得解释为阻碍缔约国采取它认为必要的措施"❷，表明缔约国的真实意图是该条款属于自行判断的条款。由此可见，BIT 中的根本安全例外条款在本质上应当属于自行判断的条款。

BIT 中的根本安全例外条款在本质上属于自行判断的条款，但是并不表明国家可以随意判断，需要接受仲裁庭的审查。但是 BIT 并没有规定仲裁庭是否可以审查条款的适用，若可以进行审查，是仅仅进行形式审查还是实质审查，以及审查到何种程度。

根据美国学者威廉·W. 伯克和安德烈亚斯·斯塔登（William W Burke 和 Andreas Von Staden）的主张，自行判断的根本安全例外条款应当接受仲裁庭的审查，但其审查的范围应限制在东道国是否善意的范围内。两位学者认为自行判断的根本安全例外条款不排除仲裁庭的审查，主要原因有以下三方面：第一，在实践中，国际上有很多国家将涉及国家根本安全利益的争端提交国际争端解决机构，而像国际法院、欧洲人权法院等机构也并没有因其具有政治性而拒绝形式管辖权并进行职责性的审查。因此涉及国家根本安全利益的争端，国际司法机构和有关仲裁庭仍享有管辖权，这一结论在国际上已经形成习惯国际法。第二，根据《维也纳条约法公约》的规定，第 26 条关于"善意履行条约"的义务有具体的描述，凡有效条约对其各当事国有拘束力，缔约方应善意履行其所签订的条约。第三，由仲裁庭进行善意审查，能够平衡东道国的管制权与对投资者保护之间的关系。仲裁庭在对自行判断事项进行善意审查时，要求东道

---

❶ 余劲松. 国际投资条约仲裁中投资者与东道国权益保护平衡问题研究 [J]. 中国法学，2011，（2）: 134.

❷ 美国 2012 年 BIT 范本第 18 条。

国对采取措施的行为进行说明，证明东道国主观上的善意。[1] 因此东道国在处理危机并采取措施时，不得不注意"善意"这个审查标准。如果东道国在援引根本安全例外条款时缺乏善意目的，不符合善意原则，则东道国必须承担责任。

仲裁庭对根本安全例外条款的审查应当在善意的范围内。如果 BIT 中明确了根本安全例外条款的自行判断性质，就应当由缔约国自行判断一国所处的情况是否危急。因为该种判断具有主观性，只有东道国自己最了解本国所处的情形，仲裁庭对根本安全例外条款进行审查，对其自行判断的权利进行限制，但并不能代替缔约国作出判断和选择。在缔约双方签订 BIT 的过程中，实际上是对相互各方权利义务进行约束的博弈过程。BIT 中的根本安全例外条款赋予东道国保护本国根本安全利益的权利，同时又赋予投资国保护本国投资者利益的权利。在东道国行为损害投资者利益时，投资者可以向国际仲裁机构提出申请，要求东道国承担违约责任。由此可见，BIT 的缔约双方并没有绝对的自由，都受到一定的限制，东道国在援引根本安全例外条款时要接受来自 ICSID 仲裁庭的审查，也是其权利行使受到第三方限制的表现。

第二节　美式安全审查制度

美式"国家安全审查制度"的"寒蝉效应"不可低估。不仅是发达国家，甚至发展中国家也都纷纷效仿。

一、美国"国家安全审查制度"立法

美国有关国家安全审查制度的立法最为完备。从《埃克森－弗罗里奥修正案》《关于外国人合并、收购和接管规定》，到美式的投资条约范本，美国一向以夜郎自大自居。

（一）中国对美投资现状

2005—2013 年，中国企业对北美洲地区直接投资呈整体上升趋势。尤其在

---

[1] William W Bruke White，Andreas Von Staden. Investment Protection in Extraordinary Times：The implication and Application of Non-Preclude Measures Provisions in Bilateral Investment Treaties. Virginia Journal of International Law. Vol. 48，No. 2，2008：377－378.

2008 年金融危机之后，上升趋势较为明显。2013 年，中国企业对北美洲直接投资额为 49 亿美元，比上年仅上升 0.4%，远远低于对全球投资的增幅。但事实上，2013 年中国企业跨境并购活动大幅增加，美国和加拿大都是主要的并购目标国。例如，2013 年 2 月中海油收购加拿大尼克森公司，交易金额达 148 亿美元。但中国企业跨境并购多通过离岸金融中心进行操作，未直接体现在对目标国的直接投资之中。❶

2014 年前 11 个月，中国企业对欧美投资呈现快速上升势头，对欧盟和美国投资增幅分别高达 195% 和 27.1%，远高于全国同期 11.9% 的增幅。近期美国 PMI（采购经理指数）、LEI（经济领先指标）指数良好，就业、CPI 和新房开工数日趋转好，显示美国经济已重新步入活跃阶段。美国"再工业化"战略顺利推进，使得近年来美国吸收外资进入快速增长期，外国企业赴美"绿地投资""生产内包"大幅增加。中国企业在美国和欧盟市场进行投资并购，以获取技术、品牌、供应链、销售网络等战略资产，将继续保持跨越式增长的势头。❷ 美国最新调查显示：中国对美国投资总额已接近 500 亿美元，这一数字到 2020 年可能达到 2000 亿美元。上述调查由美国荣鼎咨询公司和美中关系全国委员会联合展开。据调查，截至 2014 年 12 月的 15 年间，中国投资者在美国收购或创办 1583 家企业，目前在美国雇用 8 万多名全职员工。其中，加利福尼亚州是中国投资者在美国的首选投资目的地，尤其是洛杉矶和旧金山等大都会地区。中国投资者已在加州将近 370 家企业投资 59 亿美元，创造 8300 个就业岗位。中国对美国投资加速，远不及过去 30 年间美国资本流入中国制造业的规模。中国对美国的直接投资，也不及其他许多国家在美国的投资规模。美国经济分析局数据显示，2010 年至 2013 年所有外国对美投资中，来自中国的投资占比不到 1%。韩国对美投资是中国的两倍多，日本为 13 倍多，英国为 18 倍。❸

（二）《埃克森－弗罗里奥修正案》

美国一直自诩是投资自由的倡导者，而美国国会于 1988 年通过的《埃克森－弗罗里奥修正案》发明的外国投资委员会（CFIUS）式的国家安全审查模

---

❶ 商务部. 中国对外投资合作发展报告 [R]. 北京：中国商务部，2014：78.

❷ 方华. 风险管理"补课"让出海企业走远走稳 [N]. 金融时报，2015 – 03 – 25.

❸ 卜晓明. 中国对美国投资加速 5 年后可达 2000 亿美元 [EB/OL] [2015 – 05 – 22]. http：//news. xin-
huanet. com/2015 – 05/22/c_127831398. htm.

式，已经彻底颠覆了美国一向自我标榜的形象。CFIUS 式审查制度是地缘政治与投资准入国民待遇对立关系在实践层面的一种实然表现，此种对抗通过国内立法的形式表现得淋漓尽致。在 CFIUS 模式下，国家安全虽然无明确的内涵，但其外延是十分清晰的。毫无疑问，国家为捍卫领土完整，在领陆、领水和领空所采取的军事、经济等方面的防御措施符合地缘政治的特征，由此国防成为地缘政治排除外资准入国民待遇顺理成章的托词，凡是威胁"国防"的海外并购被 CFIUS 视为重点核查的对象，2007 年美国国会通过的《外商投资与国家安全法案》（Foreign Investment and National Security Act of 2007，FINSA）和 2008 年财政部通过的《关于外国人合并、收购和接管规定》（Regulations Pertaining to Mergers，Acquisitions，and Takeovers by Foreign Persons）是美国从立法上给予外资地缘政治式的审查的印证。根据上述法规，属于必须接受强制调查的对象包括：交易由外国政府控制的；交易导致"核心基础设施"受外国控制，并经过审查阶段后其对美国国家安全的威胁无法通过缓解协议磋商得到解决的。中国的通信设备商华为在美并购失败一案表明，地缘政治的外延从港口的管理权、能源开发扩展至通信领域。中国的通信设备商华为，在 2010 年 5 月和 7 月收购了破产技术公司 3Leaf 的部分资产，一度认为只涉及资产，且获得美国商务部确认该技术无须出口许可，因此并未向 CFIUS 申报。但之后遭到议员以国家安全的理由反对，CFIUS 开始对此案进行调查，最终建议华为撤销收购。华为先是拒绝，一周后还是撤销了收购。一份美国政府报告显示："中国投资者在美国 2013 年国家安全审查清单上高居首位。CFIUS 的数据显示，2013 年该机构审查了 21 项中国企业或个人的投资计划，约占该年 97 项被审查投资案的 1/5。2013 年是中国连续第二年成为被提起国家安全审查最多的国家，其次是日本（18 项），加拿大（12 项）。"❶ 2015 年 7 月 15 日，清华紫光集团向美国美光科技发出 230 亿美元的并购要约。但学者们指出："要想实现横跨中美的大型半导体重组，道路将非常曲折。首先是政治阻力，美国议会就曾经对中国国有企业收购美国大型企业叫停，此次警惕论也有可能加强。美光持有的存储器技术正不断推进通用化，但依然可以用于导弹及军用飞机等军需产业。对于军事及能源等安全保障相关收购项目，美国议会持反对意见的例子有很多。比如，2005 年中国海洋石油（CNOOC）就被迫放弃收购美国优尼科。虽然中国的基金也参与过

---

❶ 远达. 路透社：中国投资者在美国 2013 年国家安全审查清单上排首位 [EB/OL] [2015 – 03 – 01]. http://china. chinadaily. com. cn/2015 –03/01/content_19683129. html.

日本尔必达的救济项目投标，但最终却被美光中标。业界有传言称，这是因为日美两国政府在私下进行了反对。"❶

早期的美式双边投资条约在准入环节上，明确要求缔约方按国民待遇或最惠国待遇标准允许对方投资者入境投资，但美国国务院于 2004 年 2 月颁布了新的双边投资条约范本（Treaty Between The Government Of The United States Of America And The Government Of［Country］Concerning The Encouragement And Reciprocal Protection Of Investment），试图与《北美自由贸易协定》保持一致，在某些部门或行业或可以作为例外而不给予外商国民待遇。但地缘政治式的壁垒致使这种美式的国民待遇不啻"海市蜃楼式的缥缈"。尽管 CFIUS 模式成了各国竞相追随的榜样，但令人难以置信的是，当中国"以其人之道，还治其人之身"，颁布了《外国投资者并购境内企业安全审查暂行规定》之后，原任美国商务部部长、已卸任的美国驻中国大使馆大使骆家辉公开批评中国在吸引海外投资方面的倒退。指责"中国的外资投资环境正在变得不像以前那么开放"，中国的"自主创新"政策和单边技术转让规定将美国企业几乎排除在一些行业之外，并对中国商务部于 2011 年 3 月 7 日发布的新法规表示失望。由此可见，现代地缘政治的触角无所不及，而且荣登法律的殿堂，堂而皇之地化身为层层阻碍投资贸易的藩篱。

（三）其他国家的效仿

美式"国家安全审查制度"成为各国竞相追随的"领头羊"。继美国之后，2008 年 3 月，英国组建国家安全委员会，由政界高层人士、军事和情报机构负责人及科学家组成。2006 年 11 月，日本政府专门成立一个专家小组"国家安全问题强化官邸机能会议"，2007 年 1 月，国家安全委员会正式宣告成立，日本首相和重要内阁成员均成为委员，并由专职人员组成秘书处。该国家安全委员会首先讨论的议题将是日本的对华政策、能源安全和联合国改革等。

同济大学和中国欧洲学会共同撰写的《德国发展报告》（德国蓝皮书）❷ 指出，中国对德国直接投资已成为中德关系的新亮点和新增长点，这不是基于欧债危机的短期抄底行为，而是中国企业发展的内在需要。直接投资正成为中德

---

❶ 紫光收购美光将遇政治阻力［EB/OL］［2015 - 07 - 15］. http：//cn. nikkei. com/china/ccompany/15231 - 20150715. html.

❷ 郑春荣，伍慧萍. 德国蓝皮书：德国发展报告（2014）［M］. 北京：社会科学文献出版社，2014.

关系发展的新引擎。该报告认为，中国企业对德直接投资方向有两个：一是面向产业链上游具有高附加值的技术、设计和研发等活动，以及核心零配件的生产制造；二是面向产品终端的分销渠道和营销网络，甚至是具备优秀跨国经营能力的企业管理团队。这种投资一方面可以提升中国经济在全球价值链中的地位，另一方面服务于中国经济结构调整与产业升级。报告指出，除上述直接经济效益外，中国对德直接投资具有重要的战略意义：一是有利于中欧全面战略伙伴关系的稳定发展。随着中国对欧盟直接投资的增长，将会有越来越多的欧洲人为中国企业工作。这既能缓解当前欧洲政治家最为头痛的失业问题，又能让欧洲人近距离了解和感知真实的中国。二是有利于增强中国参与全球投资治理的能力。当前在全球范围内还没有形成统一的投资规则，但欧盟和美国已开始在相关谈判中推行自己的全球投资治理理念，推动形成有利于西方的投资规则。作为正在崛起中的对外投资大国，中国经济正进入一个资本输出的新时代，中国需要积极参与全球投资治理，保障自己的海外投资利益。与欧盟正在进行的双边投资协定谈判是中国参与全球投资治埋的重要方式。德国作为欧盟最具影响力的成员国，对其直接投资的快速增长将加强中国在谈判中的影响力和话语权。

2009 年 8 月 20 日，德国联邦政府起草了一个新的法律修改草案，对现有的德国《对外贸易法典》和《对外贸易法规》进行修改。该法规将军工、航空等领域的国家安全审查扩展到铁路、能源、银行、物流等领域，并且仅对欧盟以外的企业在德国的并购进行审查。上述法案已于 2009 年 1 月 1 日正式生效。2011 年 2 月，欧盟负责工业事务的副主席塔亚尼提议加强对外资投资欧盟监管，设立类似美国的外资审查委员会。虽然近期欧盟几乎将所有精力应对主权债务危机，但该提议仍在进行中。作为发展中国家的印度亦不甘示弱，其国家安全委员会（NSC）建议从敏感行业、敏感地区及外资来源地三个方面审查外资进入。在敏感行业方面，新政策计划将医药、数据处理、冶金、IT 硬件、石油勘探、石油运输、石油精炼和消费产品等重要领域都包含在内。中国属于"敏感国家和地区"被建议纳入限制范围。印度对所有来自中国大陆、中国香港和澳门地区的投资从安全角度进行筛选，另外阿富汗、中国台湾和朝鲜也将被列入"敏感名单"。❶

---

❶ 王晴. 印度拟将中国列为威胁印度安全的敏感国［N］. 第一财经日报，2006 - 10 - 19.

二、美国 2012 年 BIT 范本的地缘政治因素

美式 BIT 范本具有较为广泛的代表性，甚至为中国、印度等新型经济体进行投资条约谈判提供样本。因此研究以美国为代表的发达国家投资协定的发展趋势，对于中国国有企业在海外竞争中保证透明度和公共参与具有特别重要的意义。

（一）美国 2004 年 BIT 范本面临的挑战

自投资自由化浪潮席卷全球以来，双边投资协定愈加成了一个神奇的词。从各个不同的角度考察其意义和本质，宗教、文化、法律及地缘政治层面的研究似乎反而治丝益棼。拂去历史的尘埃，投资保证协定由美国最先创立，故也称为美国式双边投资协定。"二战"后，美国建立了海外投资保险制度，对本国私人海外投资予以保护，但这一制度实行的前提是美国与资本输入国签订有双边投资协定。美式 BIT 范本以投资自由化为特色，对外资准入提出了自由化的要求，将国民待遇、最惠国待遇引入投资准入前和准入时领域，对于传统的双边投资条约规避外资准入做法而言，无异于一场深刻的变革。

作为美国在贸易协定谈判中关于外国投资条款的主要谈判目标与核心原则，英雄也有迟暮时，继 1982 年和 1994 年相继发布两个版本后美国采用了第三个 BIT 范本——2004 年 BIT，在盛行八年之后愈加面临着外资从趋之若鹜到望而却步的挑战。究其原因，一是后金融危机时代全球经济萎靡不振，美国亦不能独善其身。美国达特茅斯大学经济学教授 Matthew Slaughter 的一份研究报告，十年前美国利用外资额占世界总外来投资的 40%，但现在则萎缩至 17%。2011 年上半年，美国利用外资额又较上年同期下降了 12%；❶ 二是外资在美国如强敌环伺，如履薄冰，遭遇了层层诸如"国家安全"之类的贸易保护主义的牢固圈囿。2012 年 9 月 13 日，华为和中兴出席美国众议院情报委员会听证会，试图解释其业务发展不会威胁到美国的国家安全，华为和中兴的高管均否认其设备存在安全隐患，这是中国企业首次在美国国会参加类似的听证会。

（二）修订的圭臬

为应对上述挑战，美国总统奥巴马于 2009 年提议修改 2004 年 BIT 范本。

---

❶ 刘洪．美国吸引外资不能口惠而实不至 [N]．中国证券报，2011 - 10 - 26.

他希望新范本"严格限制外国投资者的权利，此种限制只有法律法规可以豁免，这一行为是为了确保公共安全和公共利益"。美国国际经济顾问委员会分委员会（ACIEP）负责制定一个"全新面貌的范本"。范本的修订征求了包括环境保护部、内政部、司法部和劳工部在内的政府机构意见。修订后的范本将增加政府依据国际经济法，为了健康、安全和环境保护所实施的措施作为例外条款的内容。美国国际环境法研究中心的律师马可思（Marcos Orellana）声称："环境保护法对于 BIT 范本而言是一个崭新的领域，归咎于日益恶化的全球和当地环境，新范本应当付出更多努力再平衡和顺应保护环境的发展趋势。新范本并非减少对投资者的保护，而是确保政府可以高效率地运转，用于公共福祉和改善环境。"❶ 上述言辞预示着一个不好的征兆：美国似乎在重新权衡投资准入自由与国家安全两个砝码，天平有可能倒向后者那边。

美国国务院贸易代表在 4 月 20 日公布美国双边投资条约范本时曾做如下说明：国际投资是美国经济发展、创造就业机会和出口的重要推动力。❷ 2012 年美国双边投资条约范本将帮助奥巴马政府实现下述几个重要目标：美国公司将从外国市场中获益；为促使美国的经济伙伴履行国际义务提供有效的机制；强化劳工和环境保护。范本亦支持美国为促进经济强劲增长而承担的战略性国际义务。它将在下述两个方面起到关键作用：当美国公司为获得生活在美国之外的全球 95% 的消费者而竞争的时候，确保其得到有力的法律保护；促进世界范围内的善治、法治及透明度。如同其前身——2004 年双边投资条约范本，2012年范本将继续为投资者提供强力保护，并为政府管理公共利益保留必要的能力。美国政府对双边投资条约文本做了若干重要改变，以便提高透明度和公共参与度，强化有关国有企业优惠待遇的纪律，包括对因某些自主创新政策所导致的扭曲加以矫正，以及加强对劳工和环境的保护。

（三）2012 年 BIT 范本与 2004 年范本的比较

2012 年 4 月 22 日，期待已久的 2012 年双边投资协定示范文本终于揭开了其神秘的面纱，2004 年版本成为了历史的一页。新版本继续维持私人投资者利

---

❶ Damon Vis-Dunbar, United States Reviews Its Model Bilateral Investment Treaty, June 5, 2009. Investment Treaty News, 5 June 2009, available here: http://www.investmenttreatynews.org/cms/news/archive/2009/06/05/united-states-reviews-its-model-bilateral-investment-treaty.aspx.

❷ http://www.asil.org/activities_calendar.cfm? action = detail&rec = 244.

益与政府公共利益之间的平衡，与旧文本殊途同归。

第一，明确界定"政府授权"的内涵。新旧两个版本第 2 条"范围和内容"并无质变，其中，第 2 款"本部分缔约一方的义务"均规定"适用于经缔约一方授权行使法规、行政或其他政府管理职能的国有企业或其他自然人，及隶属于缔约一方政治党派的政府实体和分支。"耐人寻味的是，新版本对于"经缔约一方授权行使法规、行政或其他政府管理职能的国有企业或其他自然人"赋予了脚注："毋庸置疑，政府授权包括合法的许可、命令、指导或其他转移至国有企业或个人的行为，被国有企业、个人及政府授权的行为。"略陈管见，这一修订是美国诘难中国国有企业的另一征兆。缘何美国政府总与中国国有企业"过不去"？究其原因，肇始于美国老生常谈式的指责。他们一向忧虑中国国有企业与生俱来的信贷提供、税收优惠和监管政策等政策，不仅导致其本国民营企业，而且海外投资东道国的企业亦处于不公平竞争的劣势地位。

第二，更加强调透明度和公共参与。纵览 2004 年范本第 11 条"透明度"，该条共分为四款规定，其一为"联络点"，规定"缔约方应当指定一个或多个联络点来促进双方本条约项下各种事项的沟通；应另一方的要求，联络点在必要情况下应当指明负责与要求方加强联系和提供协助的部门或人员"。其二为"公开"，规定"缔约方应当尽可能提前公开根据第 10 条第 1 款（a）项计划采取的任何措施；且给利害关系人和缔约另一方合理机会就该措施提出意见"。其三为"信息的提供"，规定"缔约一方认为缔约另一方采取或即将采取的措施可能会严重影响本条约的执行或其在本条约下的权益，可以要求另一方及时提供相关信息并回复相关问题；要求或信息应当通过相关联络点送至另一方；提供的信息不影响评价相关措施与本条约一致性"。其四为"行政程序"，为了让第 10 条第 1 款（a）项所列措施以连续的、中立的和合理的方式得以实施，缔约方应当保证，其在特定案件中对特定合格投资或另一方投资者执行上述措施的行政程序：在可能的情况下，当程序启动时，应当按照国内法的程序给受直接影响的合格投资或另一方投资者合理通知，包括程序的性质、主管机关的声明及争议问题的一般概况；在时间、程序性质和公众利益允许的情况下，以上关系人在作出最终行政行为前得到合理机会说明其观点及其依据的事实；符合国内法规定。其五为"复议和上诉"，缔约方应当建立或维护针对本条约项下事项最终行政行为的司法、准司法或行政仲裁程序。该程序应当公正并独立于行政执行机关，使其与事项处理结果没有根本利害关系；缔约方应当保证，在以上程序中争议双方享有以下权利：获得合理表达意见的机会，以及根据国内法的要求在证据和笔录的基础上作出决定；缔约方保证复议和上诉决定根据其国内法的规定得到相关行政机关的执行。

相比之下，2012 年范本第 11 条"透明度"第 1 款更加简洁，规定每一缔约方应当建立根据第 11 条、第 10 条和第 29 条协商机制改善透明度的实践机制。第 2 款则沿袭了 2004 年范本。

第 3 款则是新增加的内容，强调"任何中央政府提议、拟通过的行政法规，如果涉及 2012 年示范文本的事项，每一缔约方必须通过专门的国家媒体对外发布，并且鼓励通过各类途径予以传播。应当在多数情形下在不迟于公共评论关闭之前 60 日内公开上述法规。除此之外，亦包括在官方媒体或著名网站上公开法规草案的解释、法理依据、最终文本、意义所在、真实的评论和解释等内容"。

第 4 款亦是新增加的内容，即"任何中央政府通过的行政法规，如果涉及 2012 年范本的事项，每一缔约方必须通过专门的国家媒体对外发布，并且鼓励通过各类途径予以传播。公开传播的内容包括解释、法理依据等内容"。

本条第 5 款、第 6 款、第 7 款与 2004 年范本的"信息的提供""行政程序""复议和上诉"内容同出一辙，此处不再赘述。

令人关注的是，2012 年范本第 11 条"透明度"新增设了一款内容"标准安排"（Standards Setting）。其包含四层含义，其一，"每一缔约方应当允许另一缔约方的投资者参与官方机构制定的标准安排和技术法规，以及发展措施，任何检验程序，上述待遇不应低于本国人。"第二，"每一缔约方应当推荐其境内的非官方标准化组织，并保证这些组织允许另一缔约方的投资者参与该组织制定的标准，以及发展措施，任何检验论证程序，上述待遇不应低于本国人。"第三，"上述内容在以下情形下不适用：一是依据 WTO 附则 A 实施的卫生检疫和动植物检疫措施；二是官方机构应当提供其产品购买或消费说明书。第四，为了实现第一和第二含义的目的，'中央政府机构''标准''技术法规'和'检验论证程序'应当与 WTO 附则 1 实施的技术贸易壁垒协议一致。"依据该协议，以上三种术语不适用服务贸易领域的标准、技术法规或检验论证程序。

第三，强化投资与环境的保护。2004 年范本第 12 条"投资和环境"，该条涉及两方面的内容：其一，"缔约双方认识到通过降低和减少国内环境保护法律的规定来鼓励投资是不可取的。因此，缔约双方承诺不通过放弃或减损这些法律的方式作为对其境内设立、并购、扩大投资的鼓励。如果缔约一方认为另一方采取了类似的鼓励措施，可以要求与另一方进行磋商。双方应当力求避免采取类似措施。"其二，"缔约方可以采取、维持或执行其认为与本条约相一致的、能保证其境内的投资活动意识到保护环境重要性的措施。"

2012 年范本第 12 条"投资和环境"在 2004 年版本基础上麇集成为 7 款内容。其一，改变了旧版本否定的语气，用肯定的表述强调"各缔约方认识到各自颁布的环境法及政策和多边条约在保护环境方面发挥着重要作用。"其二，各缔约方认识到依据其国内法任何削弱或减少环境保护的做法是不可取的。因此每一缔约方应当确保依据其国内法不削弱或减少环境保护，或者通过持久的或重新启动的作为、不作为程序赋予上述法律强制力，缔约双方承诺不通过放弃或减损法律的上述方式作为对其境内设立、并购、扩大投资的鼓励。其三，每一缔约方认识到各自保留权利采取谨慎措施实施法规，以及服从、调查、公诉、判决有关自然资源配给的强制执行及其他环境管理事项作为优先权。因此，缔约方理解各自在符合上述第 2 款内容的前提下实施合理谨慎的作为或不作为，或者针对自然资源配给作出善意的裁断。其四，出于本条的宗旨，环境法是指每一缔约方出于保护环境，或阻止危害人类、动植物的健康与生命目的而通过的法律或法规，具体包括行为：一是阻止、减少、或释放的控制、卸载放射性物质或环境污染；二是控制环境危害物质或有毒有害物质、材料、废物，以及传播的信息；三是在缔约方境内保护或保留野生动植物种群，包括濒危物种的栖息地和特殊自然保护区，但不涉及与工人安全与健康有关的法律法规。其五，此款的内容与 2004 年范本第 12 条第 2 款完全一致。其六，每一缔约方有权就本条约所涉及事项发出书面的请求与另一缔约方进行协商，另一缔约方应当在收到请求之日起 30 内作出反馈。因此，缔约方应当协商一致并致力于实现令人满意、多边的解决机制。其七，各缔约方确认每一缔约方有权采取正当方式提供本条所涉及事项公布于众的机会。

第四，细化劳工与环境的保护。2004 年范本第 13 条"投资和劳工"有两款内容，其一，"缔约双方认识到通过降低和减少国内劳工保护法律的规定来鼓励投资是不合适的。因此，缔约双方承诺不通过放弃或减损这些法律与国际公认的劳工权利的一致性作为对其境内设立、并购、扩大投资的鼓励。如果缔约一方认为另一方采取了类似的鼓励措施，可以要求与另一方进行磋商。双方应当力求避免采取类似措施。"其二，本条所指"劳工法"指缔约方与以下国际公认的劳工权利直接相关的法律、法规或规章，包括：集会的权利；组织和集体谈判的权利；禁止使用暴力或强迫劳动的权利；保护儿童和未成年人劳工的权利，包括最低工作年龄和禁止使用、虐待童工；关于最低工资、工作时间和职业安全健康方面的正常工作条件。

2012 年范本第 13 条"投资和劳工"扩充为 4 款的内容。其一，缔约方再次肯定其作为国际劳工组织（ILO）成员的义务，并且承诺 ILO 基本规则宣言和工作权利及随附义务。其二，缔约双方认识到通过降低和减少国内劳工保护法律的规定来鼓励投资是不适当的。因此，缔约双方承诺不通过放弃或减损这些法律与国际公认的劳工权利的一致性作为对其境内设立、并购、扩大投资的鼓励；或以怠于实施长期存在或重新启动的作为不作为的劳工法，作为在境内鼓励设立、并购、扩张、保留投资的交换。其三，上述国际公认的劳工权利包括以下权利：结社自由；集体交易协议的有效性认可；消除任何强迫劳动的方式；有效地废除童工和禁止恶性童工形式；消除雇佣歧视并且接受最低工资、工作时间和就业安全与健康。其四，每一缔约方有权就本条约所涉及事项发出书面的请求与另一缔约方进行协商，另一缔约方应当在收到请求之日起 30 内作出反馈。因此，缔约方应当协商一致并致力于实现令人满意、多边的解决机制。第五，缔约方确认每一缔约方有权采取正当方式提供本条所涉及事项公布于众的机会。

第五，确保针对仲裁裁决的上诉机制透明度。2004 年范本第 28 条"仲裁程序"共有 10 款，其中第 10 款规定："如果根据其他单独的多边国际贸易或投资协定的规定，本条约双方建立了投资争议仲裁的上诉机构，则双方应当设法达成协议，允许在上述多边条约生效后，由上诉机构审查按本条约第 34 条作出的仲裁裁定。"

相对而言，2012 年范本第 28 条"仲裁程序"第 10 款在上诉机制作了修订，以彰显其高度的透明度："如果未来其他国际组织多边协议为国家和外国投资者之间的争议法庭提供了上诉机构，缔约方应当考虑依据本条约第 34 条作出的裁决是否适用上诉机制。缔约方应当力争确保上诉机制的司法程序高度透明，如同依据本条约第 29 条的规定。"

第六，金融服务的地缘政治考量。2004 年范本第 20 条"金融服务"共有 7 款内容。2012 年示范文本则在此基础上增至 8 款。"毫无疑问，本条约应当防止缔约方中的投资者或国家采取措施或执行，通过金融指令，以确保交易安全、符合法律法规的投资与本条约相悖，包括依法防止欺诈、虚伪或涉及金融服务合同的违约行为，上述行为涉嫌处于优势地位的国家肆意妄为和有失公平的歧视做法，以及针对依据金融指令的投资行为所实施的蒙蔽性管制"。

美国 2012 年范本的问世可谓意义重大，预示着美国可以尽早恢复与中国、印度等国的 BIT 谈判。修订之后的美国双边投资协定示范文本对于美国吸引"金砖五国"（BRIC）的外资是动力、还是障碍，相信这一答案不久要见分晓。

第三节　外国政府直接控制的交易

游弋于西方媒体的"外国政府直接控制的交易"与中国国有企业之间有关联性的言论实属悖论。悖论是在逻辑上可以推导出互相矛盾之结论，但表面上又能自圆其说的命题或理论体系。针对一个流行坊间、甚嚣尘上的说法——资本市场拥有最多筹码的玩家往往拥有一个共同特征——外国政府所有权，中国国有企业似乎成为危害国家安全的"万恶之首"，这其实是一个悖论。

2013 年，中国国有企业在新增海外投资主体当中占比不高，但国际化进程加快，跨国并购增加，巩固了中国在全球 FDI 中的地位。在采矿业领域，中国国有企业的跨国收购一直非常活跃，例如，中海油斥资约 150 亿美元收购加拿大尼克森公司。此外，中国国有企业在制造业、服务业、金融、建筑和房地产业等领域，开展的对外投资越来越多。❶ 同时，非国有企业海外投资的比重逐渐上升。如图 3-1 所示，2013 年年末，在非金融类对外直接投资 5434 亿美元存量中，国有企业占 55.2%，非国有企业占 44.8%，较上年提升 4.6 个百分点，其中有限责任公司占 30.8%，较上年增加 4.6 个百分点；股份公司占 7.5%；股份合作企业占 2%；私营企业占 2.2%；外商投资企业占 1.2%；港澳台投资企业占 0.4%；集体企业占 0.1%；其他占 0.6%。❷

---

❶　数据来源：商务部. 中国对外投资合作发展报告［R］. 北京：中国商务部，2014：10.
❷　数据来源：商务部. 中国对外投资合作发展报告［R］. 北京：中国商务部，2014：10.

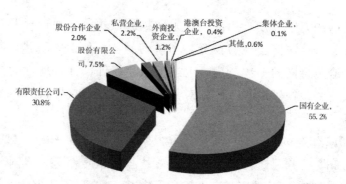

图 3 - 1　2013 年年末中国非金融类对外直接投资存量主体分布❶

一、非商业性动机投资主体的诘难

不言而喻，西方发达国家普遍信奉经济自由主义，私有制占据着国民经济的主导地位。例如，OECD 国家普遍认为，国有企业的功能是满足社会或经济目标，但并不符合市场需求。❷ 近年来，"外国政府控制的交易"成为国家安全审查机制使用频率最高的术语，国有企业受到不公正的待遇、被控非商业性动机投资主体的现象频繁发生。

（一）国有企业在海外投资中面临的问题

2012 年 2 月，世界银行发布了与中国国务院发展研究中心联合完成的中国展望报告——《2030 年的中国：建设现代、和谐、有创造力的高收入社会》。提及中国于 2006 年确认了国家保持七大"绝对控制权"的战略产业——国防、电力、石油石化、通信、煤炭、民航和航运，以及确定七大"基础"或"支柱"产业——机械、汽车、电信技术、建筑、钢铁、基本金属和化工，政府希望在这些产业内有一定的强势影响力。原美国副国务卿罗伯特·霍马茨引述了这份报告，指责中国给予了国有企业一些特殊的优惠，国有企业接受特别融资，人为导致竞争力。❸ 2014 年 9 月 9 日，商务部发布了新修订的《境外投资管理办法》，摒弃了长期沿用的审批制，取代了"备案为主，核准为辅"的管理模式，辅之以负面清单作为安全阀，极大地激励了中国民营企业进军海外的进程。

---

❶ 数据来源：商务部，国家统计局，国家外汇管理局. 2013 年度中国对外直接投资统计公报. 商务部. 中国对外投资合作发展报告［R］. 北京：中国商务部，2014：15.

❷ Margaret Cornish, Behaviour of Chinese SOEs: Implications for Investment and Cooperation in Canada, p7.

❸ 汪时锋. 中美探讨国家安全审查 中方呼吁美方提高透明度［N］. 第一财经日报，2012 - 12 - 07.

如阿里巴巴集团于美国时间 2014 年 9 月 19 日在纽约证券交易所上市；华为荣登中国企业海外专利申请量榜首；复星集团海外投资达 52 亿美元；新希望投资 27 亿美元，在澳洲建首个万头牧场；利关集团实行海外本土化经营，在俄罗斯建厂；苏宁低调建立跨境电商自营体系；万达集团将在欧洲投资最大单体地产项目；锦江国际并购欧洲卢浮酒店集团等。❶ 光大证券首席经济学家徐高曾说："现在走出去还是国有企业比较多，国有企业走出去容易引起其他国家的怀疑或者敌视，它会被怀疑投资背后是不是带有某种国家或政府的目的。所以，下一步应该做好引导和扶持工作，把更多的对外投资通过民企来实现。"❷ 但事实上，中国民营企业走出去的步伐亦在加快。以矿业为例。2013 年，国有企业投资额为 23.5 亿美元，民营企业投资额为 28.2 亿美元。民营企业与国有企业投资比例接近。2014 年 1—6 月境外矿业投资企业性质分布如图 3-2 所示。❸

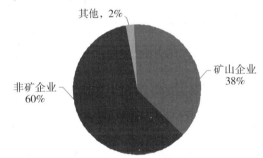

图 3-2　2014 年 1—6 月境外矿业投资企业性质分布

表 3-3　按不同指标排序的中国非金融类跨国公司前 10 家企业❹

序号	按 2013 年年末对外直接投资存量排序	按 2013 年年末境外企业资产总额排序	按 2013 年境外企业销售收入排序
1	中国石油化工集团公司	中国石油化工集团公司	中国石油化工集团公司
2	中国石油天然气集团公司	中国石油天然气集团公司	中国石油天然气集团公司
3	中国海洋石油总公司	华润（集团）有限公司	中国海洋石油总公司

❶　面向全球整合资源 中国民企对外投资快速赶超国企 [EB/OL] [2015-02-30]．http：//fec. mofcom. gov. cn/article/xwdt/gn/201502/1855344_1. html.

❷　中国对外投资首次超引资规模 12 年增长近 40 倍 [EB/OL] [2015-01-13]．http：//trade. ec. com. cn/article/tradehwtz/201501/1331877_1. html.

❸　数据来源：中国矿业联合会境外投资统计系统．商务部．中国对外投资合作发展报告 [R]．北京：中国商务部，2014：102.

❹　数据来源：2013 年中国对外直接投资统计公报。

（续表）

序号	按 2013 年年末对外直接投资存量排序	按 2013 年年末境外企业资产总额排序	按 2013 年境外企业销售收入排序
4	中国移动通信集团公司	中国海洋石油总公司	华润（集团）有限公司
5	华润（集团）有限公司	中国联合网络通信集团有限公司	中国中化集团公司
6	中国远洋运输（集团）总公司	中国建筑工程总公司	中国联合网络通信集团有限公司
7	中国中化集团公司	招商局集团有限公司	中国远洋运输（集团）总公司
8	中国建筑工程总公司	中国中化集团公司	中粮集团有限公司
9	招商局集团有限公司	中国远洋运输（集团）总公司	上海吉利兆圆国际投资有限公司
10	中国铝业公司	中粮集团有限公司	中国建筑工程总公司

从中国 100 强跨国经营企业的所有制属性看，国有企业虽仍占据明显的主导地位，民营企业已经异军突起。2013 年中国 100 强非金融类跨国公司中，虽然国有企业仍占据大多数，但入围的民营企业增多，主要有京东方科技集团、华为技术有限公司、上海吉利兆圆国际投资有限公司、大连万达集团股份有限公司、联想控股有限公司、西安迈克金属、万向集团等。❶

中国的企业无论是国有还是私有，均摆脱不了幕后有中国政府的干系。2012 年 11 月 29 日，令全球瞩目的三一集团在美国的关联公司——罗尔斯公司起诉奥巴马和国家安全委员会一案首次开庭。2012 年 7 月至 9 月，美国总统奥巴马和美国国家安全委员会（CFIUS）先后以交易与中国政府背景有关、威胁美国国家安全为由，阻止三一集团所属罗尔斯公司（Ralls Corporation）❷ 在美国俄勒冈州一军事基地附近兴建 4 座风力发电站，并要求他们在两星期之内从这些地方撤走全部财产和装备，90 天之内从风力发电项目中撤出全部投资，对公司在美国的风力发电机进一步的使用和销售都提出了限制。这是 22 年来美国总

---

❶ 商务部. 中国对外投资合作发展报告 [R]. 北京：中国商务部，2014：176.

❷ 三一集团是中国最大、全球第六的工程机械制造商；罗尔斯公司则是三一集团 2010 年在美国德拉瓦州注册的有限责任公司，公司的两位控股人是三一集团副总裁、财务总监段大为以及副总经理吴佳梁。因此罗尔斯公司被认定是三一集团的关联公司。

统首次下令阻止外资收购交易。相对 27 台丹麦企业的项目早已在该区域运营，三一集团显而易见遭遇了歧视和偏见。CFIUS 罔顾三一集团民营企业身份的事实，指责其股权和所有权结构不透明，是中国政府间接控制的公司。2014 年 7 月 15 日，美国哥伦比亚特区联邦巡回上诉法院作出裁定，中国三一重工集团在美国的关联公司罗尔斯公司在起诉奥巴马总统和 CFIUS 一案中胜诉。这是中国公司首次发起类似起诉并获得胜利，对于中国企业的海外维权具有特别重大的现实意义。

2012 年 11 月，加拿大政府宣布批准了总额逾 200 亿美元的中国政府控股企业中海油对该国能源行业的投资计划，但对中国国有企业投资加拿大油砂资源的其他大型项目却关闭了大门。2012 年 12 月 10 日，加拿大总理哈珀称，外国国有企业购油砂下不为例，让海外国有实体进一步控制加拿大的油砂资源开发，不再符合加拿大的利益。

迫于美国等西方国家不断升温的贸易保护主义压力，中国一直积极寻求获得市场经济地位。早在 2001 年——中国加入 WTO 初始，即承诺花费十五年时间完成从转型经济到市场经济的嬗变，所有世贸组织成员一致同意最迟不得晚于 2016 年承认中国的市场经济地位。据中国商务部统计❶，到目前为止，全球已有包括俄罗斯、巴西、新西兰、瑞士、澳大利亚在内的 81 个国家承认中国市场经济地位，而美国、欧盟及其成员国、日本等仍未予以承认。尽管在一定程度上中国经济仍处于转型之中，但中国绝大多数国有企业的运作已相当市场化，企业改革经历了从表层的"放权让利""利改税""拨改贷"等系列措施，到深层次的"承包制"和"股份制"所有权改革，随着现代企业制度的建立，企业成为自主经营、自负盈亏的法人实体和市场主体，政府和国有企业的关系发生了根本性的扭转。这一耐人寻味的变化体现在立法和政策两个层面的创新。

（二）"受控承运人"面临的问题

作为冷战时期的产物，美国第 95 届国会于 1978 年 10 月通过了《1978 年远洋航运法》（Ocean Shipping Act of 1978），其中第 9 节被称为《受控承运人法》（Controlled Carrier Act of 1978），意在限制以苏联为首的社会主义国家的国有船队。美国认定计划经济体制国家采用政府补贴的方式，令其政府直接或者间接

---

❶ 暨佩娟，等. 拿市场经济地位苛求中国没有道理［N］. 人民日报，2011 - 06 - 14.

拥有或者控制的远洋公共承运人的经营行为在国际竞争中占有优势，因此必须使用惩罚性措施加以限制，从运价限制、限制例外、服务合同争议管辖权条款限制和受控承运人豁免等方面多方位的歧视性措施，并实施比一般公司更加严厉的监督。❶ 令人匪夷所思的是，冷战结束后，此项制度不仅没有消亡，反而被《1984 年航运法》（The Shipping Act of 1984）、《1998 年航运改革法》（The Ocean Shipping Reform Act of 1998）吸收并强化。美国还专门制定了《1988 年外国航运行为法》（Foreign Shipping Practices Act of 1988），授权 FMC 依照法律程序调查美国轮船公司遭遇的来自外国法律、政府和企业行为的任何歧视或威胁。除此之外，其他国家的轮船公司、货主、无船承运人和代理向 FMC 提出申诉时，亦有权调查处理。如果 FMC 在每年的例行检查中发现问题，亦有权启动法律程序进行调查、取证。如果确有违反服务合同等行为，或对美国轮船公司有不利影响，有权依法采取制裁行动。制裁措施包括终止轮船公司的运价本和业务协议、限制挂靠美国港口船舶的艘数，以及每航次处以最多不超过 100 万美元的罚款等。❷

进入后危机时代以来，受控承运人的制度不仅依然丝毫未见偃旗息鼓的迹象，受控承运人的外延反而进一步拓展。目前世界上共有 100 多家船公司被美国列为受控制承运人。尽管 FMC 分别授予中远集装箱运输有限公司、中海集装箱运输有限公司和中外运集装箱有限公司等国有航运公司运价延迟生效限制的豁免，中美于 2003 年 12 月 8 日签署新的双边海运协定亦一度颇受鼓舞，但针对我国受控承运人的限制并未全面解除，仅在豁免运价延迟生效方面的义务不过是杯水车薪，何况 FMC 拒绝给予永久豁免，并保留随时撤回豁免的权利。❸创立于 2009 年 1 月的中国海南泛洋航运公司自 2010 年 8 月起，开始从事涉及中国港口至越南、朝鲜共和国与美国洛杉矶和长滩以及通过上述港口至美国内陆的服务，由于被登记为受控承运人，已向 FMC 申请豁免。FMC 受理此项申请之后，曾向社会各界广泛征求异议，并于 2010 年 8 月 20 日前之前接受反馈。❹

❶ René De La Pedraja Tomán. historical dictionary of the U. S. merchant marine and shipping industry: since the introduction of steam. Greenwood Publishing Group, 1994, p153.

❷ United States. Congress. Congressional Record. Proceedings and debates of the 105th congress second section. volume 144 – part 5. April. 21, 1998 to April 30, 1998. Government Printing Office, Washington, 1998, p6111.

❸ 张洁. 我国国有航运公司的法律困局 [J]. 河北法学，2007, 25（4）: 139.

❹ Hainan P O Shipping Petitions FMC for Shipping Act Exemption Volume 14, Number 8 August 4, 2010 Oakland, California.

历经严格的审查程序，2010 年 12 月 9 日，FMC 正式批准了海南泛洋航运有限公司提交的豁免"受控承运人"申请。❶

如前所述，受控承运人制度并非形同虚设，而是具有实质意义。绝大多数受控承运人的运价限制义务被豁免，并非意味着服务合同争议管辖权条款等方面歧视性措施亦被豁免。受控承运人制度已经成为美国航运法实现贸易保护主义、运用自如的"紧箍咒"。早有学者对以上现象分析得十分透彻："乍一看来，美国的国际航运贸易立法并没有对外资作出过多的限制，然而通过仔细分析《1954 年货载保留法》《1998 年航运改革法》等有关法律规定，我们可以清楚地看出，美国其实是一个典型的贸易保护主义国家，它一方面要求各国'开放市场'，以便承揽更多的外贸物资和第三国货载，另一方面则利用受控承运人、货载优先等规定保护其国家利益。"❷ 历史总是惊人地重复。"后危机时代"是航运业的低谷期，亦是航运业的结构调整期和变革期。国际金融危机的重创加剧了国际市场的风险，发达国家失业率居高不下，最终消费品的消费能力下挫，各国的贸易保护主义趁机抬头。"皮之不存，毛将焉附"，对于与贸易"同呼吸，共命运"的国际航运业而言，通过法律的手段确保本国船舶优先保留承运一定比例的对外贸易货物货载保留制度，不仅维护了本国船队的市场份额，而且保障了国家安全和利益。

二、国内法规制下的"外国政府控制的交易"

美国 2007 年 FINSA 首次引入"受管辖的交易"这一概念。美国财政部于 2008 年 11 月 22 日公布的《关于外国人收购、兼并和接管的条例》将其解释为："任何可能导致美国公司被外国政府或受外国政府控制或委任的人控制的交易。"值得一提的是，此处的"交易"并非包括货物贸易在内、宽泛的定义，而是特指国际投资中的并购协议。国有企业（State-owned Enterprises，SOEs），包括国家独资、多数控股和少数控股企业的海外并购无疑列入"外国政府直接控制的交易"；政府养老金基金和主权财富基金等投资亦不例外。但何谓"外国政府间接控制的交易"则语焉不详。在 FINSA 5 项影响国家安全标准的基础

---

❶ FEDERAL MARITIME COMMISSION. PETITION OF HAINAN P O SHIPPING CO., LTD. FOR AN EXEMPTION FROM THE FIRST SENTENCE OF SECTION 9（C）OF THE SHIPPING ACT OF 1984. Petition No. p1 – 10.

❷ 朱作鑫. 美国航运立法对我国航运业的启示［J］. 中国水运，2009（5）：4 – 5.

上，《关于外国人收购、兼并和接管的条例》又增加6项。其中第二和第三项均列明了外国政府控制的投资成为危害国家安全的原因。2012年11月，加拿大政府宣布批准了总额逾200亿美元的中国政府控股企业中海油对该国能源行业的投资计划，但对海外国有企业投资加拿大油砂资源的其他多数大型项目关闭了大门。2012年12月10日，加拿大总理哈珀称，外国国有企业购油砂下不为例，让海外国有实体进一步控制加拿大的油砂资源开发，不再符合加拿大的利益。2010年11月16日，加拿大众议院通过反对党提出的修改《加拿大投资法》的议案。将对国有企业与私有企业予以分别处理，将需要接受加拿大政府审批的私有企业的收购案资产价值放宽至10亿加元，而国有企业收购案需要接受审批的资产标准仍维持在3.3亿加元的窄口径。❶ 2008年5月5日，经俄罗斯议会上下两院分别通过和批准，由总统普京签署了联邦法《有关外资进入对国防和国家安全具有战略性意义行业程序》。这一举措意味着莫斯科仿效美国立法限制外资进入战略领域。新法律共包括17个基本条款，涉及法律的目的、对所适用的调节领域和基本概念的界定、限制外资进入的42个战略性行业名录、交易类型、提交和由授权机构审查交易的程序、战略性行业准入的程序、违犯法律规定应承担的法律后果等内容。参与法规制定的俄罗斯工业能源部法规司司长塔拉斯金对外资控股的解释是："为防止外资拥有清单中所列公司企业25%以上的股份，从而获得对公司事务的表决权，法案将限制外资在俄战略性企业中控股超过25%的收购行为。"❷ 根据新法案，如果外资企业在按法律规定具有战略意义的相关公司或地下资源区块项目中取得10%以上的控股权，必须向相关全权机构（之前为俄罗斯联邦反垄断署）提交申请，并经由联邦安全会议牵头组成的跨部门专门委员会审核，俄罗斯总理担任该委员会主席。如果该项目被认定威胁国家安全，申请将转交政府审核，政府总理有权做最后决定。令人注意的是，外国政府控股的企业将被禁止在俄罗斯战略性行业公司中控股，国有公司参股的外国投资对俄罗斯战略性企业的控股权不得高于5%。❸ 综上所述，上述针对"外国政府控制的交易"的立法是一种地缘政治性的歧视。究其根源，无外乎不认同中国的意识形态，以及对正在崛起的中国的恐惧心理。美国式的"风声"已经传到澳大利亚、加拿大，甚至得到俄罗斯的"鹤唳"。只

---

❶ 王宏峰.《加拿大投资法》新规对外国国企投资产生影响 [N]. 中国矿业报，2013 - 01 - 13.
❷ 李建民. 俄为何要限制外资进入战略性行业 [N]. 中俄经贸时报，2008 - 11 - 7.
❸ 李建民. 俄为何要限制外资进入战略性行业 [N]. 中俄经贸时报，2008 - 11 - 07.

要地缘政治的阴影无法彻底驱散，国有企业的公平公正待遇不过是"水中月"。日本学者的研究表明："据澳大利亚外国投资审查局（FIRB）的统计，中国对澳大利亚直接投资额首次超过美国，成为澳大利亚最大的外资来源国。2013 财年（2013 年 7 月—2014 年 6 月）中国对澳大利亚的直接投资金额为 276.5 亿澳元，超过了美国的 174.57 亿澳元。中国对澳投资的 40% 以上集中在房地产领域。日本位居第 7 位，投资额为 56.51 亿澳元。"❶ 另据中国政府的统计："截至 2013 年年底，中国对大洋洲投资存量为 190.2 亿美元，其中对澳大利亚直接投资存量 174.5 亿美元，占中国对外直接投资存量的 2.9%，对大洋洲地区投资存量的 91.8%。同时，澳大利亚也是中国第五大对外直接投资存量的国家。中国企业共在澳大利亚设立近 600 家境外企业，雇用当地员工 7000 多人。"❷

三、BIT 中的"外国政府控制的交易"

BIT 的历史作用曾一度被某些外国学者夸大其词，认为是被精心设计、保护国有化和国有企业的工具。即某些 BIT 乐于炮制特别条款用于保护其本国企业，如摩洛哥——英国的 BIT 就包括此类条款："为了国有化发展计划和活动需要，缔约国政府致力于投资项目由本国国民控股"。有中国学者亦主张 BIT 对非国有企业到签约国投资的促进作用更大："与母国签订 BIT 的东道国能够提供产权保护和有效的制度环境，非国有企业到签约国投资能够获得鼓励优惠政策和有效的产权保护，弥补母国制度支持的不足……"❸ 然而迄今尚无证据表明，各国签订的双边投资协定在推进非国有企业的海外投资进程中具有显著的功能。纵览各国双边投资保证协定"受保护投资者"的表象，似乎缔约双方国家的自然人、法人或不具法人资格的经营实体一视同仁，并未凭借国有或非国有不同的身份享受差别待遇。以 2004 年美国范本为例，在第 1 条"条约用语"的解释中，"经营实体"是指任何按照法律规定成立和运营的机构及其分支，不论是营利性的还是非营利性的，私有、国有或是国有控股的，包括公司、基金、合伙、独资企业、合资企业、行业协会或类似组织。"一叶障目，不见泰山"，其实美式 BIT 针对国有企业设置的隐蔽性歧视一直存在。笔者曾经提出：2004 年

❶ 高桥香织. 中国首次成为澳大利亚最大投资国［EB/OL］．［2015－07－17］．http：//cn. nikkei. com/politicsaeconomy/investtrade/14203－20150504. html.
❷ 商务部. 中国对外投资合作发展报告［R］．北京：中国商务部，2014：90.
❸ 宗芳宇，路江涌，武常岐. 双边投资协定、制度环境和企业对外直接投资区位选择［J］．经济研究，2012（5）：76.

范本第 2 条"范围和内容"第 2 款,"协定 A 部分缔约一方的义务适用于经缔约一方授权行使法规、行政或其他政府管理职能的国有企业或其他自然人,及隶属于缔约一方政治党派的政府实体和分支",此处表述使用"义务"而非"权利"、并将国有企业与政治党派或政府实体相提并论耐人寻味。东道国政府是义务主体无须质疑,履行协定 A 规定的国民待遇、最惠国待遇、最低待遇标准、征收和补偿、资金汇兑、履行要求、投资相关法律和决策的公开、透明度、投资和环境、投资和劳工、形式和信息要求、不减损、利益否定、重大安全、信息公开、金融服务、税收等义务,但强调国有企业负有与东道国政府同样义务未免有失公允。❶

2009 年,应美国国务院和贸易代表要求,美国国务院国际经济事务咨询委员会(ACIEP)成立了分委员专门从事 BIT 范本的研究。委员会最为关注的是三个方面问题:投资争端解决、国有企业和金融服务。随后 2012 年范本的粉墨登场印证了分委员会的工作"颇有成效"。2012 年范本的问世可谓意义重大,预示着美国可以尽早恢复与中国、印度等国的 BIT 谈判。各界对这一版本的评价普遍较高:"美国投资协定新范本确立了目前世界上最高水平的投资规则。在投资准入、权益保障、环境、劳工、业绩要求、透明度、争端解决等条款方面,较之我国对外商签投资协定的惯常做法均有更为严格的纪律要求。与美开展投资协定谈判,意味着中国对外缔结国际投资条约将走向新的阶段。"❷ 新旧两个版本第 2 条"范围和内容"并无质变,其中第 2 款"本部分缔约一方的义务"均规定"适用于经缔约一方授权行使法规、行政或其他政府管理职能的国有企业或其他自然人,及隶属于缔约一方政治党派的政府实体和分支"。新版本对于"经缔约一方授权行使法规、行政或其他政府管理职能的国有企业或其他自然人"赋予了脚注:"毋庸置疑,政府授权包括合法的许可、命令、指导或其他转移至国有企业或个人的行为,被国有企业、个人及政府授权的行为。"❸ 略陈管见,这一修订是美国诘难中国国有企业的另一征兆。

耐人寻味的是南部非洲发展共同体(SADC)。其前身是 1980 年成立的南部

---

❶ 王淑敏. 国际投资中"外国政府控制的交易"之法律问题研究——由"三一集团诉奥巴马案"引发的思考[J]. 法商研究,2013(6):104 – 105.

❷ 综合报道. 中国对外缔结国际投资协定进入新阶段[N]. 国际商报,2012 – 11 – 27.

❸ 本文中"2012 U. S. Model Bilateral Investment Treaty"条款的译文来自笔者. 载于:王淑敏. 国际投资中"外国政府控制的交易"之法律问题研究——由"三一集团诉奥巴马案"引发的思考[J]. 法商研究,2013(6):105.

非洲发展协调会议。1992 年 8 月 17 日，南部非洲发展协调会议成员国首脑在纳米比亚首都温得和克举行会议，签署了有关建立南部非洲发展共同体（南共体）的条约、宣言和议定书，加速了地区经济一体化进程。成员包括安哥拉、博茨瓦纳、津巴布韦等 15 个国家，面积 926 万平方公里，约占非洲的 28%。值得一提的是，该组织制定了区域性投资保证协定范本。在此范本中，设计了一个任意性条款，允许缔约国加入时自由选择是否适用，即"以资产为基础的投资"和"以非资产为基础的投资"不适用国有企业和主权债务基金。❶ 此处特别注明参照的是美国 BIT 范本。

四、多边投资下的"外国政府控制的交易"

对于国际投资多边协定而言，2011 年和 2012 年无疑是硕果累累的时期，大量的多边协定应运而生，包括跨大西洋经济理事会（the Transatlantic Economic Council）起草的《2012 年欧盟与美国联合声明》（the 2012 Joint Statement by the European Union and the United States）、南部非洲开发共同体起草的 BIT 新文本（Southern African Development Community，SADC）；除此之外，联合国《2011 年商业和人权指南》（the 2011 UN Guiding Principles on Business and Human Rights），联合国贸易和发展会议（UNCTAD）、联合国粮农组织（FAO）、世界银行共同制定的《农业投资的责任规则》（The Implementation of the UNCTAD/FAO/World Bank/IFAD Principles for Responsible Agricultural Investment），《2011 年 OECD 跨国公司行为指南修正案》（The 2011 Revision of the OECD Guidelines for Multinational Enterprises 1976），以及《国际商会国际投资行为指南 2012 年修正案》（The 2012 Revision of the International Chamber of Commerce Guidelines for International Investment 1972）等亦公布于众。❷

为加快重返亚太地区的步伐，美国正在积极推动 TPP 的自由贸易协定谈判。这一谈判是在亚太经合组织框架下部分国家签订的区域合作协定，体现的是美国的贸易标准、市场标准和技术标准重新主导亚太区域多边合作简称的战略构想。原东盟十国中已有新加坡、文莱、越南、马来西亚宣布加入 TPP 的谈判，

---

❶ Southern African Development Community, SADC Model Bilateral Investment Treaty Template with Commentary, July 2012, p12.

❷ United nations Conference on trade and development, World Investment Report 2012, New York and Geneva, 2012, p20.

致使东盟这一以中国为主导的区域一体化组织面临分化瓦解的危险。TPP 从酝酿到启动，目标一直瞄准中国，声称旨在推动中国国有企业的商业化运作。❶ TPP 第 12 章"服务贸易"体现了美国所拟定、涉及国有企业的歧视性规则。例如，TPP 第 12.1 条"定义"中专门列出国有企业的定义，即国有企业系指被缔约国享有所有权和利益而所有、控制的企业；第 12.3 条"范围"则列举了不符合市场机制下服务贸易特征的几种情形：（1）缔约方控制的服务贸易；（2）WTO 附件《金融服务贸易协议》所提供的服务；（3）根据法律、法规、政策实施政府采购，或政府机构申请政府采购程序用于政府用途的服务，并且与商业再出售无关，或者与商业出售无关的提供服务；（4）政府部门提供的服务；（5）来自一个缔约国或国有企业的补贴或补助，或任何关于收到或持续收到此类补贴或补助作为附加条件的服务，无论这些补贴或补助是否提供本国服务业，或者消费者或服务提供者。众所周知，在某些特殊情况下成员方可以对 WTO 基本原则进行例外处理，被称为例外条款，即允许成员方在战争、外交关系恶化等紧急情况下，为保护国家安全利益采取必要的行动，对其他成员方不履行 WTO 规定的义务。主要依据是《关贸总协定》第 20 条和《服务贸易总协定》第 14 条的一般例外和《关贸总协定》（GATT）第 21 条和《服务贸易总协定》（GATS）的第 14 条之二"安全例外"，以及知识产权保护的例外。鉴于成员方必须尊重对例外条款从严解释和运用的国际法原则，善意、慎重地行使这项权利❷，不难发现，"外国政府控制的交易"这一理由并未纳入上述"安全例外"规定的法定情形之列。GATT 第 21 条"安全例外"可供援引的具体的情形有三种：（1）为了保护国家基本安全利益不能公布的信息；（2）为保护国家安全利益采取必要的行动；（3）维护国际和平与安全的义务而采取的行动。具体来说，与裂变和聚变物质或衍生这些物质的物质有关的行动；与武器、弹药和作战物资的贸易有关的行动，及与此类贸易所运输的直接或间接供应军事机关的其他货物或物资有关的行动；在战时或国际关系中的其他紧急情况下采取的行动均属于有悖国家安全的行为。换言之，TPP 有关国有企业规则是缺乏 WTO 框架下的法律依据的。我国至今没有宣布加入 TPP 谈判，事实上，TPP 的加入规则对我国十分不利：只有全部成员国完全同意和通过的情况下，才允许新成员的加入。

❶ AGREEMENT BETWEEN CANADA AND ——FOR THE PROMOTION AND PROTECTION OF INVEST-MENTS, http://italaw.com/documents/Canadian2004-FIPA-model-en.pdf, p11.

❷ 刘敬东. 华为中兴和中国政府可准备两项法律反击 [N]. 经济参考报，2012 - 10 - 16.

也就是说，我国对这一协定的拟定没有任何话语权，只有接受或拒绝。如果我国拒绝这一协定，一旦 TPP 成为亚太自贸区的过渡和发展途径，我国有可能面临被边缘化的危险。从双边角度来看，今后在中美两国的双边经济贸易往来中，美国多了一项谈判筹码，而中国则多了一项障碍。[1]

哈特和奥诺尔合著的《法律中的因果关系》（第 2 版）[2] 是英美法系中最有影响的法律因果关系理论。前者中的原因与后果之间属于客观存在的联系，与法律规定并无关联；而后果的关系是对前者的升华，是一种规范性判断，在系列事实原因之中，挖掘能够被法律归为行为人对所产生的危害结果承担责任的原因则是近因。虽然哈特和奥诺尔花的笔墨更多集中以侵权责任、合同责任和刑事责任密不可分的因果关系，但不可否定的是，这是一本穿越时空，将休谟、穆勒、科林伍德及后来的马凯等形形色色学派串联起来的法哲学甄理。国际投资准入法律关系有其特征性，损害后果的发生是一个悬而未决的状态，因此称之为假设因果关系，但不同于大陆法系侵权法上的"超越因果关系"和"狭义的假设因果关系"。前者针对某一加害行为已经发生，即使该行为不发生，损害亦因其他事由必然发生；后者则指加害人的不法行为当然引起了受害人的损害，但假如加害人实施的是合法行为，仍不可避免地导致受害人的损害。这两种情形的共同特征在于受害人的损害后果已成事实。与此相反，投资准入阶段的法律规制反馈的是投资行为准入前或准入时的权利义务，此阶段的某种原因事实与损害结果之间的因果关系仅限于预测，特别是针对"中国政府间接控制的投资"与国家安全因果关系的推定，更多地被掺杂人为的因素，其背后折射的是地缘政治的价值和集团利益的博弈，属于典型的"心理上的因果关系"。准确地说，更接近或"政策上的因果关系"。何况寻找法律上的近因绝非易事。如果非要从多种影响因素之中选出一个根本原因，其实是主观标准，不仅任意性且缺乏一致性。

---

[1] 张琳. 区域合作的回顾与展望：泛太平洋战略经济伙伴关系协定 [J]. 中国市场，2012 (37)：94.
[2] 哈特·奥诺尔. 法律中的因果关系 [M]. 张绍谦，孙战国，译. (H. L. A Hart & Tony Honore, Causation in the Law, 2nd., Oxford University Press, 1985)，北京：中国政法大学出版社，2005.

第四节　"次级制裁"问题

缘自国际法学理论所昭示的"次级制裁"（Secondary Sanction），或称为"次级抵制"（Secondary Boycott）、"二级制裁"，本意指经济制裁发起方（国）在对目标方进行制裁时，针对第三方（国）的公司或个人进行的旨在阻止其与目标方商业往来的制裁活动。目标方包括声名狼藉的政权及其高官或非国家的恐怖组织等。❶ 显然初级制裁有别于直接制裁于目标国的"初级制裁"。❷ 毋庸置疑，"次级制裁"的性质早被定性为一种法律制裁。❸ 美国是挥舞"次级制裁"大棒的始作俑者和急先锋，如《2012 年国防预算法》和《2012 年削减伊朗威胁和保障叙利亚人权法》均有此类制裁的立法。其理论基石在于国家有权行使"属地和属人主义的混合主义"式的管辖权（Terrinational）。❹ 美国学者更推崇对中国处于某些敏感国家或地区如苏丹的海外投资执行"次级制裁"。❺ 笔难尽述，中国海外投资在古巴、苏丹、缅甸、伊朗、叙利亚、朝鲜、利比亚等国已遭遇多起发端于美国、欧盟甚至联合国的"次级制裁"。

令人关注的是，中国在克里米亚已建有近 40 亿和拟建超过上百亿美元的投资项目，均源于亚努科维奇执政时代同之签署的协议，包括兴建石油天然气项

---

❶ See The term "secondary sanctions" is used in this Article to mean any form of economic restriction imposed by a sanctioning or sending state（e. g., the United States）that is intended to deter a third-party country or its citizens and companies（e. g., France, the French people and French companies）from transacting with a sanctions target（e. g., a rogue regime, its high government officials, or a non-state terrorist entity）. Jeffrey A. Meyer, Second Thoughts on Secondary Sanctions, University of Pennsylvania Journal of International Law, Vol. 30, No. 3, 2009. p926.

❷ 邵亚楼博士在其博士论文中清晰地阐述了其观点："二级制裁是针对初级制裁而言的，区分它们的主要标准在于发起方是直接还是间接作用于目标方，初级制裁指目标方寻求直接切断其与目标方之间的经济联系，从而给目标方造成直接损失。……传统制裁案例中，发起方基本上都是采取针对性措施，直接作用于目标方，属于初级制裁。"参见：邵亚楼. 国际经济制裁：历史演进与理论探析 [D]. 北京：世界经济研究所，2008：110 - 111.

❸ 如简基松博士在其《联合国制裁之定性问题研究》（《法律科学》2005 年第 5 期第 95 页）中指出："《联合国宪章》第 7 章规定的强制措施实质上就是一种专门的法律制裁机制。"

❹ Jeffrey A. Meyer, Second Thoughts on Secondary Sanctions, University of Pennsylvania Journal of International-al Law, Vol. 30, No. 3, 2009. p905.

❺ Jeffrey A. Meyer, Second Thoughts on Secondary Sanctions, University of Pennsylvania Journal of International-al Law, Vol. 30, No. 3, 2009. p907.

目、大型物流中心和港口码头，使之当地成为连接中国与欧洲的中转站。❶ 加入俄罗斯的克里米亚全民公投不但冲击改变了国际地缘政治，亦令中国在当地的投资合作项目面临着新的风险。克里米亚公投难以得到国际社会的承认，以至于无法产生国家领土变更的国际法效力，但其领土已被俄罗斯实际控制，因而遭遇了以美国为主导的西方国家的严厉制裁。中国在克里米亚的投资遭遇进出口的数量限制、类别管制和禁运、减少或中断援助、贷款、信用担保，甚至资产冻结等"次级制裁"危险。

一、"次级制裁"演绎：基于国际投资法渊源的考察

传统的国际投资法定位于以调整私人海外投资与东道国之间的法律关系，以及在此基础上形成保护投资环境的国内法规范和国际法规范无可厚非。所争议的是，"次级制裁"对国际投资有何影响，以公法为主要法源的"次级制裁"立法是否被纳入国际投资法？兹分别阐述之。

（一）"次级制裁"渗透国际投资法的缘由

国际投资法以纵向法律关系为主要调整对象，这一本质特征决定了政府对海外投资的干预和管控的应然性和实然性。既然"次级制裁"以禁止、限制和撤离任何与目标国有关联的投资活动为主要惩罚手段，那么发起国的国内立法和国际法依据、目标国和第三国的反制裁立法等顺理成章地成为国际投资法源的发展趋势。

制裁的手段渗透国际投资的细枝末节以美国的双边投资协定2004年和2010年范本为例。所界定的"投资"无所不包，任何投资者直接或间接投资的活动均已列入范本：各种经营实体；股份、股票或其他的股权参与；债券和其他有价证券；金融衍工具；交钥匙下的 BOT 合同；知识产权下的投资活动；其他物权及相关权利，如租赁、抵押、留置和质押等。另一方面，就手段而言，尽管"次级制裁"可区分为贸易、金融和投资制裁，但海外投资行为涉及企业准入、经营和销售和融资等诸多环节，环环相扣，任何一环无法做到独善其身。试想，无论是暂停、限制和禁止针对第三国的公司或个人商品、技术及服务的输出输

❶ 克里米亚中国项目或遭冻结 中乌合作持续［EB/OL］［2014 – 03 – 17］. http：//news. takungpao. com/world/focus/2014 – 03/2357010. html. 克里米亚公投对中国有何影响？［EB/OL］［2014 – 3 – 1］. http：//www. yznews. com. cn/yzwb/html/2014 – 03/17/content_559045. htm.

入，征收高额关税，中止最惠国待遇，限令银行签发保证书、开立保险或信用证❶，抑或通过"撤资法"（Divestment Law）禁止州和地方公共基金投资于被制裁国❷，暂停、限制和禁止针对第三国的公司或个人间接或直接的投资，禁止海外私人投资公司提供保险与资金，以及对知识产权申请或维护加以限制等，哪项制裁不是牵一发而动全身、牵制国际投资便利化的全球战略呢？更何况，单一性的贸易制裁、金融制裁或投资制裁并不多见，更多的是混合性措施，彼此渗透、相互支援。

制裁的结果阻碍了国际投资便利化。探微"次级制裁"对于国际投资的贻害，可直接导致非目标国的投资准入受阻、撤离或吸引外资的代价剧增；间接影响则表现为其生存环境，包括与投资相辅相成的结算、贸易和运输因素产生了消极的变异。由此及彼，制裁发出方恣意扩大打击目标，不仅导致目标国在经济上的与世隔绝，更重要的是，所有与之合作的外国投资者均无一幸免地成为目标国的"同谋"，即使正当的投资活动亦被指控为罪恶的渊薮或链条。从长远利益来看，"次级制裁"分崩离析了全球性战略性经济关系，对发展中国家苦心经营的吸引外资政策给予毁灭性的打击，迫使其改变国家的策略，而这恰恰是制裁实施国所要攫取的政治利益。在地缘政治多舛的时代，制裁与反制裁博弈孰能胜出，取决于美国的霸权遭遇重创和联合国集体安保机制的改革进程。如果发展中国家尚未做好准备应对上述挑战，那么轻信发达国家国际投资便利化的承诺就显得十分地幼稚。现在已是中国及更多的发展中国家思考反制裁立法的时候了。

（二）美国单边立法的苛霸

惩处那些名义上违反国际强行法、实际上不符合美国人权和民主价值观的

---

❶ See GARY CLYDE HUFBAUER ET AL., ECONOMIC SANCTIONS RECONSIDERED: HISTORY AND CURRENT POLICY 3 (3d ed. 2007) (1985) (defining "economic sanctions" to mean "the deliberate, government-inspired withdrawal, or threat of withdrawal, of customary trade or financial relations"); Carter, supra note 10, at 1166 (defining "economic sanctions" to mean "coercive economic measures taken against one or more countries to attempt to force a change in policies, or at least to demonstrate the sanctioning country's opinion of another's policies," and suggesting that U.S. economic sanctions measures "can roughly be grouped into five categories, as limits on: (1) U.S. government programs, such as foreign assistance and landing rights; (2) exports from the United States; (3) imports; (4) private financial transactions; and (5) international financial institutions").

❷ 杜涛. 美国州和地方政府对外经济制裁及其对美国联邦宪法和国际法的挑战 [J]. 武大国际法评论，2009，5：66-67.

目标国，以及协助目标国的那些国家或公司是美国司空见惯的做法。这些制裁多披上法律的外衣。❶ 美国学者认为，归因于中国和俄罗斯多次在联合国安理会行使否决权，阻碍多边制裁决议的顺利通过，以及罔顾美国单边"初级制裁"的意图，执意与被制裁国保持贸易与投资往来，致使美国政府不得不以"次级制裁"取而代之。❷ 上述诡论的指向性明确，可谓"司马昭之心，路人皆知"。

就其手段而言，"次级制裁"可分为贸易、金融和投资制裁。诸如暂停、限制和禁止针对第三国的公司或个人商品、技术及服务的输出输入，对出口产品施以高关税，否决、废除其最惠国待遇属于贸易制裁。暂停、限制和禁止第三国的进出口银行签发保证书、承办保险或延长其信用证；暂停、限制和禁止提供第三国援助；暂停、限制和禁止第三国的资金流动等可归入金融制裁。❸ 选择性投资立法（selective investment law），即禁止州和地方公共机构将公共基金投资于上述企业，亦称为"撤资法"（Divestment Law）❹，暂停、限制和禁止针对第三国的公司或个人间接或直接的投资，禁止海外私人投资公司提供保险与资金，以及对知识产权申请或维护加以限制等列入投资制裁范畴。单一性的贸易制裁、金融制裁或投资制裁并不多见，更多的是混合性措施。还有学者依据手段的严厉程度，将制裁级别分为经济抵制、经济禁运、经济封锁和经济胁迫。❺ 如果一定为"次级制裁"披上合法的外衣，那么无论是国际习惯法的

---

❶ 朱雄兵指出："在1977年之前，美国政府对一国施以单边制裁，只要援引《1917年与敌贸易法案》直接启动行政权力就可以了，但是1977年之后美国总统要启动发动战争或制裁的单边法案必须要经美国议会通过才行。"参见：朱雄兵. 美国对缅制裁政策及其调整（1988—2010）[D]. 北京：中国社会科学院，2010：30.

❷ Jeffrey A. Meyer, Second Thoughts on Secondary Sanctions, University of Pennsylvania Journal of International Law, Vol. 30, No. 3, 2009. p924 – 925.

❸ GARY CLYDE HUFBAUER ET AL., ECONOMIC SANCTIONS RECONSIDERED: HISTORY AND CURRENT POLICY 3 (3d ed. 2007) (1985) (defining "economic sanctions" to mean "the deliberate, government-inspired withdrawal, or threat of withdrawal, of customary trade or financial relations"); Carter, supra note 10, at 1166 (defining "economic sanctions" to mean "coercive economic measures taken against one or more countries to attempt to force a change in policies, or at least to demonstrate the sanctioning country's opinion of another's policies," and suggesting that U. S. economic sanctions measures "can roughly be grouped into five categories, as limits on: (1) U. S. government programs, such as foreign assistance and landing rights; (2) exports from the United States; (3) imports; (4) private financial transactions; and (5) international financial institutions").

❹ 杜涛. 美国州和地方政府对外经济制裁及其对美国联邦宪法和国际法的挑战 [J]. 武大国际法评论，2009，5：66 – 67.

❺ Mahmoud Jameel Jdeed（颉迪）. 国际经济制裁及其对国家发展的影响 [D]. 长春：吉林大学，2013：13.

"危难时刻",抑或《联合国宪章》第七章、WTO 和多(双)边投资条约协定下的根本安全例外措施,似乎在法理上有据可查;尽管如此,极度苛刻、霸道的美国单边立法,无论如何,其法源是难以服众的。

回顾美国发起的制裁历史,惩处那些名义上违反国际强行法、实际上不符合美国人权和民主价值观的目标国,以及协助目标国的那些国家或公司是美国司空见惯的做法。这些制裁多披上法律的外衣。❶ 萧规曹随,美国的多个州亦接踵而至颁布类似的地方立法,以阻止第三国企业与他们视阈下的邪恶政府进行投资活动或商业往来。超过 25 个州通过了撤离苏丹投资、超过 11 个州通过了撤离在伊朗投资主权债务基金等投资的"次级制裁"立法。❷ 尽管上述州立法挑战了联邦政府独占的外交事务权限,美国国会和总统还是签署了《苏丹问责和撤资法》,授权州议会有权制定旨在禁止第三国企业投资或令其撤资的法案,内容涵盖苏丹的石油、矿业、电力,以及军事设施等领域的投资。❸

1960 年,美国《敌国法》将由其母公司投资、至少占 10% 股份的海外子公司列入执行贸易禁运的黑名单。贸易禁运适用直接合同和分合同。❹ 1992 年 10 月 5 日,由议员罗伯特·托里切利提出的《古巴民主法案》(The Cuban Democracy Act)在众议院和参议院获得通过。法案禁止美国对那些与古巴进行交易的美国公司提供补贴,禁止任何在古巴港口靠岸的船只在 180 天内进入美国港口,对任何对古巴提供资助的国家停止援助。1996 年 3 月,美国总统克林顿签署了《古巴自由与民主声援法》,即所谓的《赫尔姆斯 - 伯顿法》(The Helms Burton Act)。❺ 法

---

❶ 朱雄兵指出:"在 1977 年之前,美国政府对一国施以单边制裁,只要援引《1917 年与敌贸易法案》直接启动行政权力就可以了,但是 1977 年之后美国总统要启动发动战争或制裁的单边法案必须要经美国议会通过才行。"参见:朱雄兵. 美国对缅制裁政策及其调整(1988—2010)[D]. 北京:中国社会科学院,2010:30.

❷ See Jesse McKinley, California Seeks to Ban Investment in Iran, N. Y. TIMES, Apr. 2, 2007, p14.

❸ See Sheryl Gay Stolberg, Bush Signs Bill Allowing Sudan Divestment, N. Y. TIMES, Jan. 1, 2008, p7; Sudan Accountability and Divestment Act of 2007 (SADA), Pub. L. No. 110 – 174, 121 Stat. 2516 (2007); see also Exec. Order No. 13, 412, 71 Fed. Reg. 61, 369, § § 1 - 2 (Oct. 17, 2006).

❹ Case Studies in Economic Sanctions and Terrorism, Case 60 - 3 US v. Cuba (1960 - : Castro) Gary Clyde Hufbauer, Peterson Institute for International Economics Jeffrey J. Schott, Peterson Institute for International Economics Kimberly Ann Elliott, Peterson Institute for International Economics Milica Cosic, University of California, Santa Barbara Updated October 2011, p31.

❺ See Cuban Liberty and Democratic Solidarity (Libertad) Act of 1996, 22 U. S. C. § § 6021 - 91, 2006.

案对那些和卡斯特罗政府有经济往来的第三国的实体实施制裁。[1] 法案生效以后，古巴的一些跨国公司，如加拿大矿业公司、谢里特国际公司、米丽雅酒店连锁勇于逆流而上，宣布他们拒不撤资。澳大利亚和南非出资的镍矿紧随其后。古巴政府承认美国法律已经威胁到某些潜在前往古巴的新投资者，国际结算更加复杂化，政府面临日趋严峻的外交压力。[2] 该法直接影响到欧盟成员国的投资与贸易利益，导致美国和欧盟陷入旷日持久的经贸争端，促使欧盟通过了《欧洲共同体指令》，以保护其成员免遭"次级制裁"。[3]

对于肇始于伊朗的核问题和"恐怖主义"，美国构筑了最为系统、杀伤力最强的"初级制裁"立法体系。[4] 与此有关，以伊朗、利比亚和叙利亚为目标国的"次级制裁"立法愈趋繁多。1996 年 8 月 5 日，时任美国总统克林顿正式签署通过《对伊朗和利比亚制裁法》，亦称《达马托法案》（Kennedyd Amato Act），该项法案最初由美国共和党参议员达马托提出，针对与利比亚和伊朗进行石油交易的外国公司进行制裁，禁止任何其他国家公司或自然人在两个国家的油田投资，只要每年投资额超过 4000 万美元限度，美国依法给予制裁，无论

---

[1] 该法主要有三点内容：第一，进一步确认了《古巴资产管制法》的效力并要求加强对古巴经济制裁的执行力度，极力促进古巴走向民主和自由（第一条和第二条）；第二，特别创设了一个新的诉因（第三条），允许在古巴革命后财产被没收的美国公民向美国联邦法院起诉那些从事与这些财产有关的交易活动的外国人；第三，禁止与上述交易活动有关联的外国人进入美国（第四条）。引自：杜涛. 欧盟对待域外经济制裁的政策转变及其背景分析 [J]. 德国研究，2012（3）：23. See also Pub. L. No. 104 – 114（1996），110 Stat 785, reprinted in 35 I. L. M. 357. 引自：胡加祥.《国际贸易争端的解决与国家安全利益的保护》——以 GATT 第二十一条为研究视角 [J]. 上海交通大学学报（哲学社会科学版），2008（4）：16. 阮建平评论该法为"禁止参与古巴投资的外国公司进入美国市场或在美国交易其证券，甚至拒绝其经理、董事及其家属的入美签证。这与冷战期间美国以取消援助来制裁拒绝合作的盟友相比，更具进攻性。"参见：阮建平. 国际经济制裁：演化、效率及新特点 [J]. 现代国际关系，2004（4）：35. 引自：邵亚楼. 国际经济制裁：历史演进与理论探析 [D]. 北京：世界经济研究所，2008：98.

[2] Case Studies in Economic Sanctions and Terrorism, Case 60 – 3 US v. Cuba（1960 – : Castro）Gary Clyde Hufbauer, Peterson Institute for International Economics Jeffrey J. Schott, Peterson Institute for International Economics Kimberly Ann Elliott, Peterson Institute for International Economics Milica Cosic, University of California, Santa Barbara Updated October 2011, p35.

[3] Council Regulation 2271/96, 1996 O. J.（L 309）1, Nicholas Davidson, U. S. SECONDARY SANCTIONS: THE U. K. AND EU RESPONSE, Stetson Law Review Vol. XXVII（1997—1998），p1425.

[4] 王冀莲认为："美国通过立法（Statutes）、联邦条例（Code of Federal Regulations）以及行政令（Executive Orders）等规范性文件构筑了对伊制裁的严密法律框架体系，并通过联邦登记公告（Federal Register Notices）的形式不断调整、修订上述规范性文件的内容，以适应美国对伊朗的制裁侧重点的变化。"参见：王冀莲. 联合国及美国、欧盟对伊朗实施制裁相关决议、法律之研究 [J]. 中国航天，2011（3）：36.

这些公司或自然人与美国是否具有联系。❶ 美国认为，必须剥夺伊朗和利比亚的石油资源，因为它们利用这些资源支持恐怖主义而且发展大规模杀伤性武器，因此有必要阻止那些前往这两个国家的外国投资者从事该法所限定的投资。❷

值得关注的另一部法律是美国 2012 年《国防授权法》（NDAA）。自 2012 年 6 月 28 日起，该法针对与伊朗保持金融业务往来的外国银行实施"次级制裁"。❸ 法案重申伊朗中央银行支持恐怖主义，致使全球金融体系难以避免此种风险。❹ 可列入"次级制裁"的具体目标有：其一，任何实施或协助与伊朗中央银行或被美国财政部施加制裁名单的银行从事业务的外国金融机构，除非上述交易涉及食品、医药和医疗设备；❺ 其二，如果美国总统决定自其他国家获取充分的石油及其相关产品的供应，扣减来自伊朗的石油及其相关产品的进口配额，任何实施或协助实施在法案生效后 180 天内购买伊朗石油及其相关产品的外国金融机构。❻ 该法案的涉及面如此之广泛，以至于所有以美元结算的银行均在劫难逃，因为这些银行的结算系统无不与美国中央银行相衔接。迄今全球超过 30% 的国际交易使用美元结算，其中不乏各国银行。❼ 如果外国金融机构违反了上述任何之一条款，它们将被禁止在美国的营业或办理结算，或施加严格的限制条件等。❽ 如果相关国家同意减少从伊朗进口石油及其产品，那么这些国家所属的金融机构可以免受制裁。❾ 截至 2012 年 5 月，日本、欧盟的 10 个成员国、印度、韩国、土耳其、马来西亚、中国和新加坡相继获得了豁免。❿ 2011 年 12 月，英国在伊朗的使馆遭袭。受这一事件驱使，美国参议院于 12 月 1 日全票通过《柯克－梅内德斯法》（Kirk-Menendez），作为《2012 年度国防授权

---

❶ See Iran and Libya Sanctions Act of 1996（ILSA），Pub. L. No. 104 – 172，§ 1，110 Stat. 1541，1541（1996）.（codified at 50 U. S. C. § 1701（1996））（imposing sanctions on persons making investments contributing to Iran or Libya's abilities to develop its petroleum sector）.

❷ Pub. L. No. 104 – 172，§ 3，110 Stat. 1541，1541 – 42（1996）.

❸ Shailja Singh，WTO Compatibility of United States' Secondary Sanctions Relating to Petroleum Transactions with Iran，Working Paper Centre for Study，p2.

❹ See Section 1245（a）（3）NDAA（22 USC Sec. 8513a（b））.

❺ See Section 1245（d）（2）NDAA（22 USC Sec. 8513a（d）（2））.

❻ Section 1245（d）（4）（C）NDAA（22 USC Sec. 8513a（d）（4）（C））.

❼ See Dollar Power，The Economist，June 30，2012，p72.

❽ See Section 1245（h）NDAA and 31 USC 5318A（e）（1）（B）.

❾ Section 1245（d）（4）（D）NDAA（22 USC Sec. 8513a（d）（4）（D））.

❿ See http：//www. bloomberg. com/news/2012 – 06 – 28/u-s-exempts-china-singapore-from-its-iran-oil-sanctions. html（*last visited* on July 05，2012）.

法》的修正案。该法案规定，6 个月的缓冲期之后，美国将驱逐和伊朗中央银行有生意往来的外国金融机构，禁止它们在美国开设新业务。❶

2007 年 4 月 23 日，美国国务院基于《伊朗和叙利亚核不扩散法案》颁布条例（联邦注册 72 卷 77 号）对叙利亚实施制裁，同时对同叙利亚和伊朗有业务往来的非美国公司和团体、个人进行制裁。❷ 2010 年 6 月，美国国会通过了《全面制裁伊朗、问责和撤资法案》❸，这一法案是美国借助遏制伊朗的石油产业以稳固其制裁成果的征兆。❹ 在这部法案的基础上，美国总统奥巴马于 2012 年 8 月 10 日签署了《2012 年削减伊朗威胁和保障叙利亚人权法》（Iran Threat Induction and Syria Human Rights Act of 2012）。❺ 该法援引安理会于 2010 年 6 月作出的 1929 号决议，进一步扩大了美国对伊朗的制裁：第一，限制美国企业的外国子公司的活动；第二，新的基于《证券交易法》的报告要求；第三，进一步扩大对伊朗石油产业的制裁；第四，进一步扩大了大规模杀伤性武器相关制裁；第五，扩大关于外国金融机构的制裁；第六，扩大与伊斯兰革命卫队相关的制裁。怯于西方战略伙伴的强烈反对和荷兰法院作出排除美国法律对于在该国成立的子公司适用的裁决，美国不得不撤回相关的制裁禁令。❻

---

❶ 左璇. 伊朗核博弈：国际社会经济制裁伊朗 [N]. 财经，2012 – 01 – 04.

❷ 列入次级制裁名单的中国公司包括：中国国家 PM 进出口公司、上海有色金属公司、淄博贝特化工设备公司；马来西亚公司：挑战者集团、马来西亚目标空运公司；新加坡公司：新加坡索佳公司；墨西哥公司：墨西哥航空物流服务公司；伊朗机构：伊朗国防工业基金会、伊朗国防工业组织；叙利亚机构：叙利亚海军、叙利亚空军、叙利亚军队供应局、工业建设防御部门；以及巴基斯坦人杜拉尼、黎巴嫩真主党。Mahmoud Jameel Jdeed（颉迪）. 国际经济制裁及其对国家发展的影响 [D]. 吉林：吉林大学，2013：92.

❸ The Comprehensive Iran Sanctions, Accountability, and Divestment Act of 2010（Pub. L. 111 – 195, 124 Stat. 1312, enacted July 1, 2010

❹ 雷闪等人认为："这标志着美国将制裁重心转移到了伊朗的能源领域。目前，国际社会已经形成一个以美国为主导、欧盟和其他亲美国家为辅助的全面制裁伊朗能源领域的制裁体系"；他还认为："《全面制裁伊朗、问责和撤资法案》规定，任何已获得或希望获得美国政府合同的公司，都必须向美国相关部门证实其自身以及其子公司或控股公司没有违反《制裁伊朗法案》中的相关规定。否则美国政府有权终止该项合同并对该公司施以制裁。当有确切的证据表明违规发生时，美国政府将对此展开调查并在 180 天之内作出最终决定。一旦违规事实确认，违规企业、自然人将面临 9 项惩罚措施中的至少 3 项"。参见：雷闪等. 美欧制裁下伊朗能源市场的机遇与挑战 [J]. 国际石油经济，2012（9）：46.

❺ BUREAU OF ECONOMIC AND BUSINESS AFFAIRS, Iran Sanctions Contained in the Iran Threat Reduction and Syria Human Rights Act（ITRSHRA）, Fact Sheet September 28, 2012. http：//www. state. gov/e/eb/rls/fs/2012/198393. html，2012 – 09 – 09.

❻ See Andreas F. Lowenfeld, INTERNATIONAL ECONOMIC LAW Hardback 27 March 2008（2d ed），p913. See also European Communities：Comments on the U. S. Regulations Concerning Trade with the U. S. S. R.，21 I. L. M.（1982），p891，893.

表3-4引出了截至2014年美国单边启动"初级制裁"的案件汇总。

表3-4　截至2014年美国单边启动"初级制裁"的案件汇总

目标国	发起年	制裁内容	制裁原因	制裁法案
古巴	1960年	1. 法案：禁止援助任何向古巴提供援助的国家 2. 修正案：禁止援助任何与古巴保持航运的国家	卡斯特罗上台	《对外援助法》及其修正案
	1992年	贸易、金融、投资制裁	20世纪80年代在非洲的军事干涉、镇压国内异己	《古巴民主法》
	1996年	贸易、金融、投资制裁	古巴空军击落了两架入侵其领空的美国飞机	《赫尔姆斯—伯顿法》
伊朗	2010年	贸易、金融、投资制裁	安理会颁布制裁伊朗的1929号决议	《全面制裁伊朗、问责和撤资法》
	2012年	投资伊朗，尤其是其石油业的个人或企业	迫使伊朗放弃核武器计划	《伊朗威胁授权法》
	2012年	在6个月的缓冲期之后，驱除和伊朗中央银行有商业接触的外国金融机构，并禁忌其在美国设立新业务	英国在伊朗的使馆遭袭	《柯克－梅内德斯法》（《国防授权法》的修正案）
伊朗和利比亚	1996年	贸易、金融、投资制裁	支持恐怖主义、反对中东和平进程、寻求大规模杀伤性武器。参与泛美航空公司爆炸案	《达马托法》
	2001年	增加对投资其石油行业的外国公司的二级制裁	同上	《达马托法》有效期延长5年

（续表）

目标国	发起年	制裁内容	制裁原因	制裁法案
伊朗和叙利亚	2012 年	扩大关于外国金融机构的制裁	支持恐怖主义、反对中东和平进程、寻求大规模杀伤性武器	《削减伊朗威胁和保障叙利亚人权法》
伊朗、叙利亚和朝鲜	2013 年	制裁包括保利科技公司（Poly Technologies Incorporated）在内的4家中国公司和一名中国人，制裁时间为两年	防止制造大规模杀伤性武器、巡航或弹道导弹	《伊朗、朝鲜、叙利亚防扩散法》
叙利亚	2009 年	美国可与盟国合作以阻止先进的技术、配件、专业技能及知识传播到支持恐怖主义的国家	支持恐怖主义、反对中东和平进程、寻求大规模杀伤性武器	《叙利亚责任及自由法》
苏丹	2001 年	禁止参与苏丹油气资源开发的外国公司在美国获得资金或在美国的任何一个市场交易其证券	苏丹内战、达尔富尔冲突	《苏丹和平法》
	2007 年	授权州和地方政府制裁与苏丹做生意的外国公司	同上	《苏丹问责和撤资法》
缅甸	1996 年	对与缅甸有贸易联系、对其提供援助的国家实施制裁	缅甸军政府独裁	《缅甸自由与民主法》
苏联	1982 年	停止出口石油、天然气和管道等设备	支持波兰军事管制、迫害团结工会领导人	《石油和天然气管制修正案》

（三）欧盟区域性立法的游离

欧盟身为与美国长期共存的战略合作盟友，表面看来，在"次级制裁"问题上显得有些自相怵惕，特别是欧盟在自身利益遭遇威胁时义无反顾地反对美国单边"次级制裁"立法；[❶] 但同时，欧盟亦循势而变地给予别国"次级制裁"，主张尽可能在《联合国宪章》框架下执行，如果安理会的表决无法满足欧盟意愿，将挺身而出、实施单独制裁。

美国发起"次级制裁"伊始，欧盟成员接踵而至地递交了外交照会及抗议，以欧盟集体名义联合，或成员国单打独斗地反对其单边制裁立法。[❷] 1996年11月，欧盟颁布了2271号指令，以正式回击美国《赫尔姆斯－伯顿法》《对伊朗和利比亚制裁法》这两部法律的"次级制裁"。[❸] 指令在于抵制任何宣称域外效力的外国法适用，或基于这些法律所实施的措施。[❹] 其主要内容有：欧盟公司提交遭遇相关法律制裁后果的信息（第2条）；[❺] 拒绝承认和执行相关制裁法律（第4条）；[❻] 禁止任何人遵从相关制裁法律，除非理事会另有授权（第5

---

❶ 欧共体于1982年专门针对美国1982年6月22日的《石油和天然气管制修正案》向美国国务院提交了一份正式的声明，其中对该修正案的违法性作出了如下说明："上述美国在本案中所采取的措施根据国际法是不可接受的，因为它们具有域外管辖的性质。它们试图对非美国国籍的公司在美国境外的行为进行管辖，而这些公司所从事的有关货物和技术数据的交易也不在美国境内。它们试图要求非美国的公司遵守美国法律的限制，并在贸易领域施加歧视性制裁，这违反了美国和欧共体之间建立的正常商业惯例。1982年6月22日的修正案违反了国际法上两个得到普遍承认的管辖权基础：属地原则和属人原则。"欧共体在声明中进一步分析了"拥有或控制"标准为什么不符合国际法："该修正案有两个地方主张美国对美国公司的子公司或美国公民、居民甚至美国境内的任何人所控制下的公司，无论其在哪里成立或在哪里营业，均享有管辖权。这意味着美国试图强行赋予这些公司以美国国籍，而这些公司的大多数是在其他地方成立或拥有注册营业地，其中主要是在欧共体成员国境内。这一举动不符合普遍承认的国际法原则。"See European Community, "Note and Comments on the Amendments of 22 June 1982 to the Export Administration Act, Presented to the United States Department of Sated on 12 August 1982", International Legal Material, Vol. 21, 1982, p. 891, 894, 895. 引自杜涛. 欧盟对待域外经济制裁的政策转变及其背景分析 [J]. 德国研究，2012（3）：21–22.

❷ See, e. g., European Commission Press Release, European Commission President Jacques Santer Underlines EU's Deep Concern with Helms-Burton Legislation to President Bill Clinton (July 12, 1996); Carroll J. Doherty, Trade Curbs on Outlaw Nations Upset U. S. Allies, Businesses, 54 CONG. Q. (1996), p807, 807.

❸ See Council Regulation 2271/96, 1996 O. J. （L 309）1. 有学者将这一指令译为《反对第三国立法域外适用的条例》。杜涛. 欧盟对待域外经济制裁的政策转变及其背景分析 [J]. 德国研究，2012（3）：24.

❹ Council Regulation 2271/96, 1996 O. J. （L 309）1.

❺ Council Regulation 2271/96, 1996 O. J. （L 309）1. § 2.

❻ Council Regulation 2271/96, 1996 O. J. （L 309）1. §4.

条);❶ 需要欧盟成员评判制裁是否违反了指令（第9条）。❷ 由此可见，归咎于美国次级制裁立法所产生的危险与争端，欧盟的指令给予了其成员国明确的救济，如果指令引入了任何反制裁的立法，足以证明其提供了富有成效的救济手段，确保国际贸易的自由与投资的便利。

欧共体成员国外长会议于1981年10月通过的《伦敦报告》是借《联合国宪章》昭示天下，行使对外制裁的征兆。❸ 而其分别于2003年12月、2004年6月通过《欧盟限制措施（制裁）实施和评估指南》（Guidelines on Implementation and Evaluation of Restrictive Measures）和《关于限制措施（制裁）实施的基本原则》[Basic Principles on the Use of Restrictive Measures（Sanctions）]，更详尽地阐明了欧盟对外制裁的政策。❹ 从制裁目标来看，人权、民主和法治等西方社会的核心价值理念均被作为重要的考量。❺《欧洲联盟运行条约》则从法律的视角限定制裁的范围在于打击恐怖主义和应对"欧盟共同安全与外交政策"挑战的两个层面。❻ 从措施的手段来看，早期的"初级制裁"主要是针对目标国的武器与战略物资的禁运。随着欧盟及其成员国集体或单独实施针对第三国的"次级制裁"，制裁的手段更趋向贸易、金融和投资制裁，包括中止与第三国的

---

❶ Council Regulation 2271/96, 1996 O. J.（L 309）1. § 5.

❷ Council Regulation 2271/96, 1996 O. J.（L 309）1. § 9.

❸ 冯存万认为："在英国的倡导下，欧共体于1981年通过了《伦敦报告》，使欧洲各国的对外政策合作有了新的发展契机。在对外制裁方面，1982年，欧共体制裁了苏联和阿根廷。部分欧洲学者据此认为，《伦敦报告》是欧盟实施对外制裁的真正起点。"参见：冯存万. 欧盟安全视阈中的对外制裁[J]. 外交评论，2010（5）：106.

❹ 冯存万："为推进欧盟对外制裁的实施，欧盟分别于2003年和2004年出台了《关于在欧盟共同外交与安全政策框架下限制措施（制裁）实施和评估指南》（以下简称《评估指南》）与《关于限制措施（制裁）实施的基本原则》两个文件，前者主要就有关设计与实施制裁的技术层面提出指导性意见，后者主要明确了欧洲理事会关于实施制裁的政治决定。这两个文件的出台，使欧盟对外制裁在整体上有了较大的发展，不仅增强了对外制裁的规划与规范治理程度，更为进一步完善与发展欧盟对外制裁奠定了基础。"参见：冯存万. 欧盟安全视阈中的对外制裁[J]. 外交评论，2010（5）：106.

❺ 冯存万："2003年欧盟出台《关于限制措施（制裁）实施的基本原则》（以下简称《基本原则》），解释与说明了欧盟对外制裁。《基本原则》指出，对外制裁与政治对话、激励措施构成欧盟实现对外总体战略的重要方式，制裁的目标在于维护人权、民主、法治与善治。See Council of the European Union, Basic Principles on the Use of Restrictive Measures（Sanctions），Brussels，June 7，2004，10198 /1 /04，REV 1. 引自：冯存万. 欧盟安全视阈中的对外制裁[J]. 外交评论，2010（5）：105.

❻ 黄德明、李若瀚认为："现行《欧洲联盟运行条约》对上述基础条款的修改理论上采取了类型化的方法，该类型化表现在：第一，将依据《马约》第73g条的制裁措施限制在'预防和打击恐怖主义及其相关活动'范围之内。……第二，将依据《马约》第228a条的制裁措施限制在'欧盟共同安全与外交政策'范围……"参见：黄德明，李若瀚. 论欧盟国际制裁法律基础的革新[J]. 当代法学，2013（3）：155.

贸易合作，冻结银行账户或融资，以及限制投资和撤资等。与美国动辄启动单边立法的做法有所不同，欧盟的态度显得小心谨慎，制裁的客体囿于践踏《联合国宪章》的严重行为，在实施时自觉地援引安理会的决议，并在其框架内负责实施。

（四）多边"次级制裁"法制的不谋而合

OECD 的法律顾问曾指出：许多国际法文件所包含着的根本安全例外条款，构成多边制裁的法律滥觞；无论是区域性的《北美自由贸易协定》（NAFTA）第 2102 条，还是以 WTO 为统辖的多边贸易法制——《关税及贸易总协定》（GATT）第 21 条、《服务贸易总协定》（GATS）第 24 条、《与贸易有关的知识产权协定》（TRIPS）第 73 条，甚至《能源宪章条约》（ECT）第 24 条、《国家责任条款草案》第 25 条等无所不在。❶ "尝一脔肉而知一镬之味、一鼎之调"，从 GATT 第 21 条即可获悉所有国际法文件关于根本安全例外的梗概。

《联合国宪章》第七章"对于和平之威胁、和平之破坏及侵略行为之应付办法"语境下的集体安全机制，以联合国安全理事会的制裁决议为利器，构筑了维护世界和平与安全的堡垒。这些决议涵盖经济、金融、外交、军事等类制裁，与波诡云谲的国际环境相契应，其中不乏"次级制裁"的轨迹。相对而言，国际复兴银行和国际货币基金组织的制裁拘于初级制裁。❷ 溯本追源，安全理事会作出制裁决议的前提是存在威胁和平、破坏和平和侵略行径三种情形。借此安理会有权实施武力以外的措施，包括中断经济往来，截留交通工具，孤立通信系统，直至断绝外交关系。如上述制裁措施穷尽效果，将采取孤注一掷

---

❶ Katia Yannaca-Small, International Investment Perspectives: Freedom of Investment in a Changing World, 2007 Edition? OECD 2007，参见：刘京莲. 国际投资条约根本安全例外条款研究 [J]. 国际经济法学刊，2010（1）：191.

❷ 国际复兴银行制裁包括：扣押向目标国家支付的银行付款；拒绝向目标国家提供进一步的贷款；迫使目标国家加快还款；拒绝目标国家的借款申请，制造等待、延期等。国际货币基金组织的惩罚体系可从两个层面加以阐明：第一层：针对成员国违规操作行为的自动程序。自动程序无须国际货币基金组织的事先决定，内容包括制裁违反法案行为、限制成员国的特权。国际货币基金组织有权阻止自动程序的应用。第二层：需国际货币基金组织决策产生的一揽子措施，包括：提交针对违规成员国的报告；发表拒绝提供现金的声明；必要情况下还将取消其成员国特权，即通常是在成员国出现下列违规行为（一项或多项）时：资金的实际用途与贷款理由不一致；拒不回应国际货币基金组织发出的重复性警告；该成员国自行发布限制措施；未经国际货币基金组织授权，擅自改变国内货币价值。Mahmoud Jameel Jdeed（颉迪）. 国际经济制裁及其对国家发展的影响 [D]. 长春：吉林大学，2013：23 - 24.

的军事打击。● 自 2006 年以来，联合国安理会先后通过并实施了针对伊朗拒绝履行协助国际原子能组织核查义务的第 1696 号、1737 号、1747 号、1803 号、1835 号、1887 号和 1929 号之类的决议。● 2010 年通过的第 1929 号决议在前言中指出："联合国意识到接受不同的意见在于，可靠的能源是保持可持续性发展的重要因素；与此同时亦意识到伊朗因能源获取的税收与其敏感的核活动之间存在关联性，化学设施装备和石油化工产业与那些敏感的反应堆燃料循环活动之间通常也有关联。"● 尽管如此，决议的实施部分并未规定针对那些与伊朗能源工业有业务往来的外国金融机构施以"次级制裁"。如何正确地解读前言的语意呢？国际法院在"尼加拉瓜制裁洪都拉斯和哥伦比亚案"中发表的咨询意见指出："在联合国安理会作出有约束力的结论之前，发表有关的言论应当慎之又慎……问题在于，是否逐案作出裁判，是否针对安理会决议术语所进行解释，讨论的结果是否能够达成决议，联合国宪章是否被违反，以及简而言之所有的情形是否可能利于产生决议的法律效果。"● 值得注意的是，1929 号决议指南指出："安理会……呼吁所有会员国阻止关于金融服务的规定，包括保险和再保险，转让，通过或始发会员国的领土提供的服务，或者通过他们的国民、依据国内法注册的公司（包含海外子公司），在其境内的自然人或金融机构，任何金融财产或资源，如果他们通过合理理由获悉上述服务、财产或资源可能导致伊朗令人敏感的核扩散。""安理会……呼吁采取适当措施禁止金融机构在其领土或遵从其管辖权、开放代表处或子公司或在伊朗办理金融结算业务，如果通过合理理由获悉上述服务可能导致伊朗令人敏感的核扩散或者发展核武器的传

● 《联合国宪章》第 39 条"安全理事会应断定任何和平之威胁、和平之破坏或侵略行为之是否存在，并应作成建议或抉择依第四十一条及第四十二条规定之办法，以维持或恢复国际和平及安全。"第 41 条："安全理事会得决定所应采武力以外之办法，以实施其决议，并得促请联合国会员国执行此项办法。此项办法得包括经济关系、铁路、海运、航空、邮、电、无线电及其他交通工具之局部或全部停止，以及外交关系之断绝。"第 42 条："安全理事会如认第四十一条所规定之办法为不足或已经证明为不足时，得采取必要之空海陆军行动，以维持或恢复国际和平及安全。此项行动得包括联合国会员国之空海陆军示威、封锁及其他军事举动。"

● S/RES/1696（2006）；S/RES/1737（2006）；S/RES/1747（2007）；S/RES/1803（2008；S/RES/1835（2008）；S/RES/1887（2009）；S/RES/1929（2010）.

● S/RES/1929（2010）.

● See Legal Consequences for States of the Continued Presence of South Africa in Namibia（South-West Africa）Notwithstanding Security Council Resolution 276（1970），Advisory Opinion of 21 June 1971，ICJ Reports 1971，p53.

输系统（特别强调）。"❶ 由此得出结论，依据安理会 1929 号决议，如果被制裁国领土的金融机构从事辅助核扩散的金融活动，他们将陷入被制裁的困境，无论他们的国籍是否与目标国一致。

从实体法角度来看，WTO 与国际投资多边法制休戚相关，其渊源可追溯至《与贸易有关的投资措施协议》（TRIMS），以及 GATS 的市场准入和国民待遇义务；GATT 和 GATS "安全例外"条款更直接诠释了"初级制裁"的法理依据。GATS 第 1 条第 1 款界定的四种国际服务贸易方式，其中商业存在与国际投资的外延几乎雷同。❷ WTO 在释放贸易自由的光芒的同时，一向潜蕴深藏着"安全例外"的条款，允许成员方在符合安全例外的情形下采取制裁措施。《关税与贸易总协定》（GATT）第 21 条、《服务贸易总协定》（GATS）第 14 条、《与贸易相关的知识产权协定》（TRIPS）第 73 条、《与贸易有关的投资措施协定》（TRIMS）第 3 条，以及《技术性贸易壁垒协定》（TBT）第 2 条、《政府采购协定》（GPA）第 23 等条款交相辉映，相辅相成。❸ 上述安全例外条款被赋予三项具体的规则❹：其一，禁止要求成员方披露影响其基本安全利益的任何信息；其二，不得阻止成员方采取保护基本国家安全利益所必需的任何行动，如与核物质有关的行动；与武器、弹药和军用物资有关的行动；在战时或其他紧急情况下采取的行动；其三，履行在《联合国宪章》项下的维护国际和平与安全的义务而采取的任何行动。最引起质疑的是第二项内容，如 GATT 第 21 条第 2 款规定。之所以引起诸多质疑，是因为与 GATT 第 20 条"一般例外"相比，其自裁性（Self-judging）的表述更显弹性和缺乏有效的制约。允许成员方"认为"（It Considers）、并非事实上构成安全例外时即可采取行动，这极易诱发贸易争端。该条款的起草者之一指出："我们赋予了关于安全例外的完美理念，这一理念应当包含在本章之中。我们认识到现实存在过于宽泛例外的危险性。这些宽泛的例外不应包含在本章之中。简而言之，基于每一缔约方的安全利益，任何事物应当暴露于阳光之下。因此我们应当谨慎地考虑考虑安全利益并将其很好地体现于草案。与此同时，就我们而言，可以限制例外的情形以尽可能地阻止

---

❶ See Resolutions 21 and 24，S/RES/1929（2010）.
❷ GATS 第 1 条第 1 款规定的商业存在（Commercial Presence）是指一成员方在其他任何成员方境内通过提供服务的商业机构或其他专业机构而提供服务。如外国投资者在东道国设立合资、合作或独资的服务性企业。设立分行或保险公司，提供金融、保险服务等。
❸ 安佰生. WTO 安全例外条款分析［J］. 国际贸易问题，2013（3）：125.
❹ See Article XXI（b）（i）-（iii），（c），GATT 1994.

贸易保护主义……草案应当明确关于安全措施的界限，它涉及问题的平衡性，我们必须有些例外，不能规定得太狭窄，因为我们不能仅仅出于安全原因设计限制措施。另外，我们又不能规定得太宽泛，那将导致滥用安全理由，缔约国运用这些措施的最终的出发点在于商业需求。"❶

追觅双边投资协定中的"次级制裁"踪迹，不难发现，自裁决条款和利益否定条款最耐人寻味。前者不啻 GATT 第 21 条、GATS 第 24 条的翻版，后者则直接赋予缔约方对任何第三国实施"次级制裁"的合法性。

史海钩沉，曾几何时，美国的双边投资协定范本原无自裁性的"根本安全例外"条款。直到 2004 年，美国才摒弃了这一传统，转向与 GATT、GATS 殊途同归的道路。❷ 从美国与乌拉圭、卢旺达等国签署的 BIT 可管窥一斑。2012 年范本更与 2004 年范本一脉相承，其第 18 条表述"重大安全本条约：1. 要求缔约一方提供或者允许使用任何其认为披露将违背其根本安全利益的信息；或 2. 阻止缔约一方为履行其所承担的维持和恢复国际和平与安全的义务，或者为保护本国根本安全利益，采取其认为必需的措施"。该条款被广泛解读为双边投资协定的自裁决条款。但有学者反对将自裁决条款与"根本安全例外"条款混为一谈。理由是，并非所有根本安全例外事项均属于自裁范畴。❸ 在双边投资协定中包含自裁决条款的利弊争论似乎已尘埃落定，解决投资争端国际中心（ICSID）对"森普拉能源公司案"的裁决预示着仲裁庭承认自裁性"根本安全例外条款"效力的可能性。可以预见，第四代或更新的双边投资协定范本将呈现日趋宽泛的"自裁决条款"态势。BIT 与 GATT、GATS 相比，其自裁决条款的适用存在以下差异：其一，措施种类不同。BIT 采取禁止、限制和撤销投资有关的措施；后者采取数量进口、禁运和金融相关的贸易管制。其二，遭受制裁

---

❶ See Analytical Index of the GATT, Article XXI, available at http：//www. wto. org/english/res_e/booksp_e/gatt_ai_e/art21_e. pdf（last visited on June 29，2012），See EPCT/A/PV/33，p. 20－21 and Corr. 3；see also EPCT/A/SR/33，p3.

❷ 有学者指出："美国的边双边投资条约范本第二类国际投资条约以美国双边投资条约的规定为代表，即没有界定一国的根本安全利益，而将这一问题留给了国际仲裁庭，由国际仲裁庭在个案审理中予以解释"；"第二次世界大战以后，美国签订的所有 FCN 条约和双边投资条约都包含有根本安全例外条款。所不同的是，在 2004 年美国 BIT 范本之前，美国缔结的所有 FCN 条约中所包含的是非自行判断之根本安全例外条款。2004 年以后，美国双边投资条约及自由贸易协定中的根本安全例外条款发展成为了自行判断之根本安全例外条款。"参见：刘京莲. 国际投资条约根本安全例外条款研究 [J]. 国际经济法学刊，2010（1）：192，194.

❸ 韩秀丽. 双边投资协定中的自裁决条款研究——由"森普拉能源公司撤销案"引发的思考 [J]. 法商研究，2011（2）：18.

的主体不同。BIT 是缔约一方以另一方为目标国实施的"初级制裁",以及针对与目标国有关联交易的第三国实施的"次级制裁";所谓第三国,意指任何非 BIT 的缔约国。后者属于多边制裁措施,适用于任何缔约一方将另一缔约方作为目标国实施的"初级制裁",以及针对与该国有贸易关系的第三国实施的"次级制裁"。此处的第三国,则限定为任何 WTO 的缔约方。其三,制裁引发的后果不同。鉴于国际投资向国外市场提供资金、知识产权和固定设备,其目的在于占领国外生产和劳务市场,取得所投资企业的管理和控制权,而贸易的复杂性低于外国直接投资,涵映的是纯粹的货物和服务的输出与输入,因此 BIT 下的"次级制裁"打击面更加普遍,目标国几乎身陷与世隔绝的一隅。

与自裁决条款相比,利益否定条款的影响力略逊一筹。除了那些人们津津乐道——排除与缔约国没有真实经济联系的"纸面公司"攫取 BIT 下的利益——防止搭便车的内容。❶ 其吊诡之处在于,直截了当地肯定单边制裁的合法性。以美国 2004 年 BIT 范本和美国 2012 年 BIT 范本第 17 条"利益否定"(Denial of Benefits)管中窥豹:"1. 缔约一方可以拒绝按照本条约的规定赋予非缔约国国民拥有或控制的经营实体或合格投资相关权利:(i)拒绝方与非缔约国没有外交关系;或(ii)拒绝方对非缔约国采取经济制裁措施,赋予本条约规定的权利会影响或规避这些措施的效果。2. 缔约一方可以拒绝赋予在缔约另一方境内没有实际经营活动的、非缔约国国民或是本国国民所拥有和控制的合格投资或经营实体本条约所规定的权利。"恰恰是该条第 1 款第 2 项规定,蛰伏着"次级制裁"这一威力无比的利剑,其锋芒长期被人所忽视。抽丝剥茧,其深层含义在于,任何缔约国有权成为制裁的发起国,对目标国实施单边制裁,另一缔约方不得赋予目标国 BIT 下的权利,或降低或规避制裁的效果,否则将被认定为"次级制裁"下的第三国,承受连带制裁下的损害后果。

二、"次级制裁"管辖权有效性:国际投资争端的解决

按照国际法和外交惯例,凌驾于属地、属人、保护和普遍管辖权之上,并非建立在"平等"基础上的司法管辖权均归结为一种治外法权或域外法权。如果听

---

❶ 马迅认为:从国际投资法历史的角度来看,"利益拒绝"条款的主要目的是排除第三方获得条约的利益而不承担条约义务,尤其是直接针对所谓的"敌国公司"。而且,最初"利益拒绝"条款主要用于拒绝外交保护,其后才被逐渐引入专门的投资保护条约。显然,"利益拒绝"条款的目的是排除那些与缔约国没有真实经济联系的投资者从投资条约获得缔约另一国的保护。参见:国际投资条约中的"利益拒绝"条款研究 [J]. 中国海洋大学学报(社会科学版),2013(1):99,102.

之任之肆虐，国际多边贸易体制和投资便利化的根基将消失殆尽。基于此，WTO框架下的争端解决机制的审查介入尤为重要，成为抗衡域外法权的尚方宝剑。

（一）单边域外法权之殇

围绕针对"次级制裁"的国际法效力质疑似乎从未休止，更遑论"初级制裁"的有效性问题。传统的国际法学者认为"次级制裁"建立于美国域外法权或治外法权这一理论基础之上，损害了第三国独立自主地规制其国民和公司的主权，是万不能接受的。❶ 莎拉·克利夫兰（Sarah Cleveland）指出："鉴于域外的管辖权或次级制裁旨在约束第三国与外国或实体之间的交易，因此发起制裁国并不具有管辖权。"❷ 彼得·菲茨杰拉德（Peter Fitzgerald）亦认为："国际社会认为以单边的域外法权为基础、针对第三国的制裁是不能被接受的……国际社会即将认识到：将第三国拉入黑名单，或行使次级制裁均是不合理的，因此属于不合法地损害了中立国家主权的行为。"❸ 安德烈斯·洛文费尔德（Andreas Lowenfeld）在评论《赫尔姆斯－伯顿法》和阿盟的"次级制裁"时更直截了当地指出："它们有悖国际法，因为发起制裁国试图使用不合理的强迫手段规制完全发生于境外的行为，以实现其自身的司法管辖权。"他进而建议："虽然尚未建立准确的规范体系，针对次级制裁这类问题，国际习惯法应当限制使用单边的域外法权。"❹ 更多的学者直言"次级制裁"对于国际贸易和投资的负面影响：这种制裁对于跨国公司而言增加了不确定性，削弱了国际贸易和国际投资的框架；在政治层面，通常导致盟国之间不必要和分裂的冲突，以及增添了跨国公司参与国际政策制定的难度。❺ 1996 年 8 月 26 日，美洲国家组织（OAS）34 个成员国通过决议宣称《赫尔姆斯－伯顿法》"没有遵守国际法"。❻ 但值得一提的是，尽管有如此多的反对声音，迄今尚未出现一例国际仲裁法庭

---

❶ 有学者指出："国际经济制裁的理念与国际法互不违背的制裁案例是不存在的。"参见：Mahmoud Jameel Jdeed（颉迪）. 国际经济制裁及其对国家发展的影响［D］. 长春：吉林大学，2013：20.

❷ Sarah H. Cleveland, Norm Internalization and U. S. Economic Sanctions, 26 YALE J. INT'L L. 1,（2001），p 56 – 57.

❸ Peter L. Fitzgerald, Pierre Goes Online: Blacklisting and Secondary Boycotts in U. S. Trade Policy, 31 VAND. J. TRANSNAT'L L. (1998), p1, 91.

❹ See Andreas F. Lowenfeld, INTERNATIONAL ECONOMIC LAW Hardback 27 March 2008（2nd ed），p 430, 926.

❺ See EUROPEAN COMMN, REPORT ON U. S. BARRIERS TO TRADE AND INV. (1997), p7 – 8.

❻ 邵亚楼. 国际经济制裁：历史演进与理论探析［D］. 北京：世界经济研究所，2008：147.

裁决美国的"次级制裁"法律无效。❶ 仅有一例荷兰法院作出排除美国法律对于在该国成立的子公司适用的裁决，迫使美国不得不撤回相关的制裁禁令。❷

以"属地和属人混合主义"（Terrinational）管辖权理论阐示"次级制裁"的效力亦无说服力。细予考察，"属地和属人混合主义"管辖权缺乏一个权威的定义。昆尼皮亚克大学法学院教授杰夫瑞·迈耶（Jeffrey A Meyer）将其解读为"属人管辖和属地管辖的结合体"。❸ 也就是说，其规制外国法人或自然人以及发生于境外的行为。所有同谋、协助或辅助的外国公司或个人均在管辖权范围之内。美国的"次级制裁"甚至将在海外注册的子公司行为，视为母公司自身的行为，一并予以制裁。美国偷梁换柱属地管辖和属人管辖概念，虚诞出一个"属地和属人混合主义"国家管辖权，不齿于人是在所难免的。

另有些美国学者认为："次级制裁"符合"保护性管辖"（Protective Jurisdiction）或"效果性管辖"（Effects Jurisdiction）原则，具有国际法的效力。其理由是：美国对于来自伊朗的核威胁拥有保护性管辖，如果第三国协助了伊朗，如提供核原料，美国就有理由制裁；针对"初级制裁"直接对抗伊朗，"次级制裁"则制裁的是那些帮凶，两者的国际法效力不可同日而语。❹ 这种对保护性管辖扩大化的解释未免牵强附会。法律上的因果关系涵括直接因果关系和间接因果关系两种。前者以危害行为并未介入中间因素而直接导致危害结果；后者通过介入中间因素诱发产生危害结果。假如这些中间因素可以构成西方侵权法理论著名的"插因"或者"插入力"，必须满足独立的要素特征，并渗透进原始的不法行为和损害结果之间，根本改变了事件的演变规律，斩断了不法行为和其结果之间的维系。这种独立事件不是诱因，而是直接原因，一种新型和独立的力量。显然，与目标国从事的正常贸易、投资活动不符合上述特征。以

❶ See Carlos Manuel Vázquez, Trade Sanctions and Human Rights-Past, Present, and Future, 6 J. INT'L ECON. L. (2003), p136.

❷ See Andreas F. Lowenfeld, INTERNATIONAL ECONOMIC LAW Hardback 27 March 2008 (2d ed), p913. See also European Communities: Comments on the U. S. Regulations Concerning Trade with the U. S. S. R., 21 I. L. M. (1982), p891, 893.

❸ It suggests that a wide range of secondary sanctions measures are permissible if tailored to regulate exclusively on "terrinational" grounds-on the combined basis of territorial and nationality jurisdiction. See Jeffrey A. Meyer, Second Thoughts on Secondary Sanctions, University of Pennsylvania Journal of International Law, Vol. 30, No. 3, 2009. p905.

❹ See Sarah H. Cleveland, Norm Internalization and U. S. Economic Sanctions, 26 YALE J. INT'L L. 1, (2001), p63 – 64.

瑞士雀巢公司对伊朗出售巧克力而被实施的"次级制裁"为例。❶ 毋庸置疑，买卖巧克力的交易属于基本的民生行为，即使是那些生活在拥有核武的"邪恶国家"的人民，仍然享有基本的生存权，这种生存权与美国的国家安全之间并未产生任何实质性的瓜葛。换而言之，"国际法的普遍管辖权甚至不禁止中立国拥有核武，更不用说倒卖巧克力的行为了"。❷

（二）WTO 争端解决机制（DSB）之扑朔迷离

DSB 能否行使管辖权以及如何行使管辖权，则构成判断"次级制裁"是否具有国际法效力的首要条件。或许由 DSB 审查国际投资争端有越权嫌疑、不被世人所理解。诚然，DSB 审理的案件以货物贸易为主，但事实上，涉及服务贸易市场准入的安全例外审查，无不与国际投资争端息息相通。

既然美国诸如《国防授权法》之类的单边域外法权饱受国际法学者们的揶揄，其合法性又未得到 GATT "安全例外"第 3 款授权——安理会决议的肯定，那么，是否符合第 2 款所列情形呢？ 显而易见，美国的《国防授权法》仅部分地符合规则二。毋庸讳言，与核物质有关的行动，与武器、弹药和军用物资有关的行动的认定标准较为清晰；比较纠葛的是，关于突发战争或紧急状态的鉴别方法难以厘清。如果滥用此项例外，必将呈现失控之虞。美国最早宣布紧急状态下的"初级制裁"始于 1979 年；对伊朗执行紧急状态法令，以禁止与之从事石油之类的贸易活动。❸ 2012 年 3 月 16 日，美国宣布维持对伊朗的紧急状态。❹ 表面看来，美国政府的行为符合规则二；但事实上，其效力仍有待于 WTO 争端解决机制进行审慎的审查，以确定是否满足"必要的安全利益"构成要件。美国必须举证，证明其阻止外国金融机构的主要动机在于捍卫其"必要的安全利益"。可以断定，成员方主张的"紧急状态"必须与战争同样危急、严峻和紧迫，所采取的制裁措施同样突然和迫在眉睫。仅有单方面的正式声明不足以证明处于紧急状态，美国必须解释为何这种状

---

❶ See JEFFREY A. MEYER & MARK G. CALIFANO, GOOD INTENTIONS CORRUPTED: THE OIL-FOR-FOOD SCANDAL AND THE THREAT TO THE U. N. 150－51 (2006), p109－130.

❷ Cf. Legality of the Threat or Use of Nuclear Weapons, Advisory Opinion, 1996 I. C. J. 266 (July 8, 1996).

❸ Executive Order 12170, November 14, 1979, 44 FR 65729, available online at http://www.archives.gov/federal-register/codification/executive-order/12170.html (last visited on June 28, 2012).

❹ Copy of the Presidential Document, dated March 13, 2012 is available online at http://www.gpo.gov/fdsys/pkg/FR－2012－03－14/pdf/2012－6426.pdf.

态持续了若干年，而且与一触即发的战争具有可比性。还须证明针对外国金融机构的活动是美国安全利益面临风险的组成部分。显然第三国与伊朗的合法贸易既不是美国安全利益的组成部分，亦不符合 GATT 条件的正当防卫措施。

WTO 争端解决机制的实践表明：DSB 行使有关安全例外案件的管辖权时格外谨小慎微。无论是美国－尼加拉瓜案、尼加拉瓜制裁洪都拉斯和哥伦比亚案❶，还是《赫尔姆斯－伯顿法》与美国入世承诺之间的兼容性（Compatibility）审查无不饱受管辖权方面的质疑。

阿拉伯国家联盟这一组织长期执行针对与以色列有石油交易国家的"次级制裁"，由此引发了与美国等国的争端。阿盟代表指出："基于政治考虑，阿盟不希望将此争端提交 GATT。"❷ GATT 工作组的几位成员方支持阿盟代表关于制裁措施属于政治问题，并非商业问题的观点。❸ 类似问题的提出源于 2005 年苏丹针对以色列实施的"次级制裁"。尤金·康托罗维奇（Eugene Kontorovich）通过考察工作组关于苏丹共和国的准入报告，得出结论："一个跨越 30 年的非正式案例一直存在争议，也就是说，争端解决机制很难建立起一个宽泛的规则，为外国政策性制裁的合法性提供法律依据。"❹ 在阿根廷—马尔维纳斯群岛危机中，归咎于阿根廷和英国领土争端，阿根廷试图寻求 GATT 第 21 条的解释，在其于 1982 年发表的首相宣言中指出："……成员方单独或联合……避免采取出于非商业目的贸易限制措施与 GATT 的旨意不符。"❺

---

❶ 1985 年美国对尼加拉瓜实施贸易禁运。尼加拉瓜认为美国违反了对其的 G TT 义务，将其诉至 G TT，美国援引第 21 条予以抗辩。专家小组裁决美国违背了 GATT 义务，但 GATT 的缔约方全体没有采纳专家小组的决定。针对 20 世纪 90 年代初欧共体对南斯拉夫实施贸易限制争端，欧共体亦援引第 21 条来证明其行动的正当性。专家小组成立后不久，南斯拉夫社会主义联邦共和国解体，GATT 总理事会决定新成立的南斯拉夫联邦共和国没有资格继续这次起诉。1999 年，尼加拉瓜认为洪都拉斯和哥伦比亚之间所达成的海上边界条约侵害了其在加勒比海的利益，因此对这两国实施了贸易制裁。尼加拉瓜亦援引第 21 条证明其贸易限制正当，哥伦比亚要求 DSB 成立一个专家小组解决这起争端，尼加拉瓜认为专家小组没资格审查援引第 21 条的合法性。由于实际上专家小组从未组建过，这起争端不了了之。参见：曹国红，周宝根. WTO "安全例外" 条款的应用与争论 [J]. 黑龙江对外经贸，2008（9）：31－32.

❷ Working Party Report on "Accession of the United Arab Republic" L/3362, adopted on February 27, 1970.

❸ See Analytical Index of the GATT, Article XXI, p603.

❹ See Kontorovich, Eugene, The Arab League Boycott and WTO Accession: Can Foreign Policy Excuse Discriminatory Sanctions?, 4 Chi. J. Int'l L. 283 at 296.

❺ Decision Concerning Article XXI of the General Agreement, adopted by the contracting parties on November 30, 1982 as cited in Analytical Index of the GATT, Article XXI, supra note 57 at 603.

应欧盟的请求，WTO 争端解决机制于 1996 年 11 月 20 日组成专家小组审议《赫尔姆斯－伯顿法》与美国入世承诺之间的兼容性。[1] 欧共体指责美国的做法违反了其在 GATT 和 GATS 之下的义务，美国援引第 21 条作为抗辩，重申制裁问题并非普通的贸易问题，不属于 WTO 管辖范围的理由，WTO 无权审查美国的国家安全问题。[2]。

1997 年 4 月，在召集专家小组之前，这一机制被暂时中断，以允许美国与欧盟进行磋商解决分歧。[3] 随后双方私下达成协议：美国暂不实施该法案，作为交换，欧共体承诺阻止欧洲公司与古巴财产进行交易。[4] 至此，案件遗留下了一个问题：DSB 究竟有无审查安全例外的资质？答案应当是肯定的。如果没有，任何 WTO 成员方均能效仿美国的做法，以国家安全为理由逃离其义务，无异于涸泽而渔。

三、"次级制裁"对于中国海外投资影响："克里米亚公投"的连带效应

冷战结束后，中美关系日趋缓和。但在 1989 年 6 月，美国时任总统布什以中国"违反人权"为理由，对中国实行包括停止政府商业性出口和推迟国际金融机构贷款在内的五项"初级制裁"措施。[5] 7 月 19 日，全国人大外事委员会发布《关于美国国会通过制裁中国的修正案的声明》，以反击美国单边霸权主义的肆虐。[6] 随着中国国际地位的不断提升，此类针对中国的"初级制裁"渐现衰颓之势。但另一方面，暗箭难防，随着中国的海外能源投资日趋增加，特别是在伊朗、利比亚、叙利亚和伊拉克等地异军突起，"次级制裁"的风险越来越呈现出峥嵘、严峻的态势。

---

[1] See EU Forces Dispute Panel on Cuba Trade, FIN. TIMES (London), Nov. 21, 1996, p14.

[2] See Dispute Settlement Body, Minutes of Meeting Held on November 20, 1996, WT/DSB/M/26, dated January 15, 1997; Dispute Settlement Body, Minutes of Meeting Held on October 16, 1996, WT/DSB/M/24, dated November 26, 1996. See also, Sanger David, US won't offer Trade Testimony on Cuba Embargo, February 21, 1997, The New York Times, available at http：//www.nytimes.com/1997/02/21/world/us-won-t-offer-trade-testimony-on-cuba-embargo.html? pagewanted = all&src = pm (last visited on June 28, 2012).

[3] See EU-U. S.：Memorandum of Understanding Concerning the U. S. Helms-Burton Act and the U. S. Iran and Libya Sanctions Act, 36 I. L. M. 1997, p529, 530.

[4] 曹国红，周宝根. WTO "安全例外" 条款的应用与争论 [J]. 黑龙江对外经贸，2008 (9)：32.

[5] 周世检. 美国对华制裁情况回顾 [J]. 世界经济与政治，1995 (3)：70.

[6] 中国共产党 80 年大事记·1989 年 [EB/OL] [2013 - 06 - 09]. http：//www.people.com.cn/GB/shizheng/252/5580/5581/20010612/487256.html.

（一）中国海外投资遭遇"次级制裁"折戟的实证分析

如前所述，在美国制裁的"邪恶轴心国"名单中，其中不乏盛产石油的国家。制裁的理由不外乎侵犯人权、打击恐怖主义和禁止大规模杀伤性武器扩散。受制于中国能源日益强劲的刚性需求，中国企业不得不在这些处于政局动乱国家的夹缝中艰难投资。早在 2007 年 4 月，因受美国实施对叙利亚和伊朗有业务往来的外国公司制裁牵累，中国有 3 家公司无辜中枪。❶ 而在 2013 年 2 月，美国又宣布将多个与伊朗、叙利亚交易的外国公司列入制裁名单，其中包括深圳市倍通科技有限公司、中国精密机械进出口公司、大连盛辉公司、保利集团在内的中国企业和个人。❷

2012 年 1 月，美国再次发动"次级制裁"，中国珠海振戎公司和新加坡、阿联酋的两家公司惨遭株连。上述公司被指控与伊朗石油产业瓜连蔓引，将无法享受美国出口许可证、银行融资和 1000 万美元以上的金融贷款。珠海振戎公司属于国有企业。❸ 由此可见，美国的"次级制裁"是"项庄舞剑、意在沛公"，遏制中国国有企业的海外投资才是其真实目标。

美国针对伊朗的制裁法案不仅在能源领域，还体现在金融领域的"次级制裁"——禁止外国公司与"黑名单"上的伊朗石油企业和银行有业务往来。2012 年 7 月 31 日，美国指控中国昆仑银行为伊朗银行提供金融服务，至少与 6 家伊朗银行保持业务往来。依据《制裁伊朗法》，将其与美国金融系统的联系切断，并阻止其涉足美国金融体系。任何持该行账户的美国金融机构务须在 10

---

❶ 列入次级制裁名单的中国公司包括：中国国家 PM 进出口公司、上海有色金属公司、淄博贝特化工设备公司；马来西亚公司：挑战者集团、马来西亚目标空运公司；新加坡公司：新加坡索佳公司；墨西哥公司：墨西哥航空物流服务公司；伊朗机构：伊朗国防工业基金会、伊朗国防工业组织；叙利亚机构：叙利亚海军、叙利亚空军、叙利亚军队供应局、工业建设防御部门；以及巴基斯坦人杜拉尼、黎巴嫩真主党。参见：Mahmoud Jameel Jdeed（颉迪）．国际经济制裁及其对国家发展的影响［D］．长春：吉林大学，2013：92．

❷ 王月兵．美国真能制裁得了普京？［EB/OL］［2014 - 09 - 08］．http：//www.yyct.com/zhuanlan/26122.html．

❸ 《财经》综合报道．中国国企珠海振戎与伊朗有商业往来遭美国制裁［EB/OL］［2014 - 09 - 08］．http：//industry.caijing.com.cn/2012 - 01 - 13/111613166.html．

天之内清除账户。❶ 美国财政部将这一制裁解释为，昆仑银行向至少 6 家伊朗银行提供了重要的金融服务，包括开立账户、转账服务和信用证融资，价值达数亿美元，而这些伊朗银行被美国指控为伊朗大规模杀伤性武器或支持国际恐怖主义提供方便。根据 2010 年的联合国安理会第 1929 号决议，"次级金融制裁"应以足够的证据表明该金融机构确为伊朗核扩散提供金融服务时才准予实施。美国的单边立法显然超越了这一前提，擅自将制裁范围扩大到所有可能为伊朗核扩散提供金融服务的机构。

（二）"克里米亚公投"后中国投资面临"次级制裁"的紧迫性

令人瞩目的是，美国、加拿大、欧盟等在克里米亚地区举行公投后争先恐后地宣布对俄罗斯实行制裁，俄罗斯已经沦为"初级制裁"的目标国，而中国在这一地区的海外投资亦面临着"次级制裁"的现实性和紧迫性。

第 68 届联合国大会（以下简称"联大"）于 2014 年 3 月 27 日投票表决通过了一份"乌克兰的领土完整"的决议。美国等 100 个国家投赞成票，俄罗斯等 11 个国家投反对票，中国等 58 个国家投了弃权票。决议宣称克里米亚的全民公投无效。❷ 投票的结果再次表明发展中国家不轻易干涉别国内政的态度。2010 年 7 月 22 日，国际法院就联大提出科索沃临时自治机构单方面宣布独立的咨询，作出不违反国际法的意见回复，以表明其支持的立场。早有学者严正指出："国际法院在受理联合国大会提出的科索沃临时自治机构单方面宣布独立是否符合国际法的咨询案件时，采取了转换命题、缩小国家主权和领土完整原则的适用范围及忽略自决权与国家主权和领土完整权的明显冲突的方式，得出了具有误导性和危险性的咨询意见。"❸ 联大的决议通常被视为国际软法，其强制力与安理会的决议无法比拟，以此作为 GATT 第 21 条第 3 款下所授予的履行在《联合国宪章》项下的维护国际和平与安全的义务而采取的制裁实乃失之毫厘、谬以千里。

---

❶ 被美国制裁的昆仑银行，前身是克拉玛依市商业银行。2009 年和 2010 年，中国石油天然气集团公司（中国石油）两次对其增资扩股。2010 年，该行更名为昆仑银行。目前，该行总资产约 1303 亿元，中国石油持股 92%。参见：陈晓晨. 美国制裁伊朗 昆仑银行"中枪"[N]. 第一财经日报，2012 - 08 - 02.

❷ 王雷，顾震球. 联合国大会决议称克里米亚公投无效 中国投弃权票 [EB/OL] [2014 - 12 - 12]. http://www.xinhuanet.com/.

❸ 何志鹏. 大国政治中的司法困境——"国际法院科索沃独立咨询意见"的思考与启示 [J]. 法商研究，2010 (6)：55.

美国在制裁俄罗斯和克里米亚问题上再次充当了开路先锋，自克里米亚公投后已发动了至少三轮制裁。甚至在联大作出决议之前，就急不可耐地宣布对部分俄罗斯和克里米亚官员实施制裁。❶2014 年 4 月 11 日，奥巴马签署法令，对克里米亚天然气公司（Chernomorneftegaz）和某些克里米亚分裂主义领导人实施制裁。美国财政部表示，克里米亚天然气公司在侵吞乌克兰国家资产或乌克兰重要的经济实体的资产方面和克里米亚沆瀣一气。美国官员声称，该公司是乌克兰国有天然气公司（Naftogaz）在克里米亚的子公司，已在 3 月 18 日被克里米亚议会所查封，当前已经被俄罗斯政府所监管。美国的制裁冻结了克里米亚天然气公司在美国管辖区的所有资产，同时禁止任何美国公民与该公司进行任何交易。美国商务部已将克里米亚天然气公司加入到其"实体名单"，禁止向该公司出口、再出口或国内转移任何商品。❷

加拿大政府亦对该公司宣布实施制裁，"认为这家公司已经被非法征用"❸。欧盟最初的制裁的"成色"远逊于美国。取消欧盟和俄罗斯原定召开的峰会、尽快签署被迁延观望的《乌克兰和欧盟联系国协定》等。❹但新一轮的制裁提高了级别，欧盟于 2014 年 6 月 23 日举行的外长会议决议决定，将从 25 日起对克里米亚产品设限，规定仅允许获得乌克兰政府颁发产地证明的商品入境。❺4 月 2 日，乌克兰外交部代理部长安德烈·杰希察宣称，乌克兰拟向国际法院提起诉讼，控告俄罗斯将克里米亚攫为己有的行径。❻上述事件足以表明，俄罗斯和新成立的"克里米亚共和国"正在跌入肇起于美国的"初级制裁"的泥潭。

中国在克里米亚的投资面临"次级制裁"的说法绝非杞人忧天。中国在乌克兰和克里米亚已有 40 多亿美元的投资。2013 年 12 月 5 日，北京大洋新河投资管理有限公司宣布与乌克兰基辅水利投资有限公司合资开发克里米亚深水港及经济开发区协议，总投资 100 亿美元，建设包括粮食储备区、黑海石油储备

❶ 德永健. 美国宣布制裁克里米亚亲俄官员和天然气公司［EB/OL］［2014 - 12 - 12］. 中国新闻网 http：//www. chinanews. com/gj/2014/04 - 12/6056399. html.

❷ 徐长安. 美国制裁克里米亚天然气公司［EB/OL］［2014 - 12 - 12］. 中国国际招标网 http：//www. chinabidding. com/zxzx-detail - 222371736. html.

❸ 加拿大宣布更多制裁俄罗斯的措施［N］. 中国日报，2014 - 04 - 13.

❹ 陶短房. 克里米亚：制裁以后［N］. 中国经营报，2014 - 04 - 05.

❺ 丁一飞. 欧盟为扩大对俄制裁将限制进口克里米亚商品［EB/OL］［2014 - 04 - 05］. http：//money. 163. com/14/0624/15/9VH00UT500254TI5. html.

❻ 乌克兰称欲向国际法院起诉俄罗斯 要回克里米亚［EB/OL］［2014 - 12 - 30］. http：//www. chinanews. com/gj/2014/04 - 02/6021665. shtml.

区、液化天然气生产基地等项目。深水港建成后，年吞吐量将达到 1.5 亿吨，直接缩短中国到欧洲的运输距离 6000 公里，于 2014 年年底全面开工建设。❶ 2014 年 5 月，俄罗斯交通运输部已着手与中国公司签订有关建设通过刻赤海峡，连接克拉斯诺达尔边疆区与克里米亚交通走廊的备忘录。这一项目投资额为 12 亿~30 亿美元，部分项目将以人民币结算。中国铁建股份有限公司和私人投资基金——中国国际基金公司可能参与这一项目。❷ 由此而来，日趋复杂的乌克兰危机未能阻止中国海外投资进军克里米亚的决心和勇气，但机遇和风险总是并存的，中国对此应当保持清醒的认识。其一，中国企业与克里米亚天然气公司能源方面的开发合作意向将难免成为"次级制裁"下的第三国公司。2014 年 3 月 19 日，成立仅两天的"克里米亚共和国""议会副议长"格里戈里·约费在首府辛菲罗波尔的议会大厦表示："希望中国来克里米亚投资，特别是旅游和能源开发方面的合作。"❸ 作为这一地区最大的天然气公司，中国投资者对与克里米亚天然气公司开发的合作表示了浓烈的兴趣。显然与之合作必定后患无穷。其二，中国企业难以摆脱金融"次级制裁"的阴影。国际评级机构穆迪投资者服务公司将俄罗斯的主权信用前景展望改为"负面"。认为一旦乌克兰局势进一步紧张，俄罗斯将遭受西方更加严厉的制裁，包括资金外流、俄罗斯银行与企业失去市场准入权。❹ 尽管中国投资的部分项目可以人民币结算，但更多的项目是以美元结算的，如此说来，城门失火、殃及池鱼的教训绝非危言耸听。

第五节　BIT 中的环境条款分析

既然地缘政治是建立在地理因素基石之上的理论体系，渗透地理因素的海洋、大气、陆地及其环境问题通常被赋予诸如军事、外交之类的政治意义，无不牵动着 BIT 的心脏。国际投资协定中的环境规则经历了从最初的通过贸易协定间接调整投资与环境的关系到制定专门的"投资与环境"条款进行规制，从在自由贸易协定中规定投资与环境的部分内容发展至在专门的多边投资条约、

❶ 赵明月.中国商人投资 100 亿美元建克里米亚深水港［N］.中国经济周刊，2013－12－24.
❷ 中方或参建跨刻赤海峡走廊　连接克里米亚与俄边疆区［N］.环球时报，2014－05－05.
❸ 邱永峥.克里米亚副议长：中国项目不受影响　望中国投资能源［N］.环球时报，2014－03－20.
❹ 杜鹃.新一轮制裁将"横扫"俄罗斯经济　以三档形式出现［N］.南方都市报，2014－06－29.

双边投资条约中纳入环境保护内容的全方位的发展。而双边投资条约范本中的环境规则也经历了从无到有，从抽象到具体的发展过程。

一、BIT 中环境规则的定义

关于环境投资条约范本中环境规则的定义，应采用一个广义的定义，包括但不局限于"序言条款""征收和补偿条款""一般例外条款""根本安全例外条款"，以及投资与环境条款中的有关环境及可持续发展重要性及环境与征收关系，环境与投资关系等为了保护东道国环境及公共利益的一切相关条款。在某些条款中，虽然没有采用"环境"一词，但在"公共利益"或"根本安全"的语义下，也应视为含有环境条款的规则。

纵观各国的范本，可谓良莠不齐。有些国家采用的是"序言条款模式"，即其环境保护的要求往往以"公共利益"或"可持续发展"之类的表述出现在序言条款中，符合缔约双方的宣示性要求。另一些国家采用"序言＋征收条款模式"，除在序言中提到环境内容外，在征收条款中写明"缔约方为保护公共健康安全及环境等公共福利的非歧视性措施不构成间接征收"，赋予东道国采取环境措施的授权。还有些国家采用"序言＋征收＋例外条款模式"，在"一般例外"条款中规定，为了环境、健康、安全等目的，东道国有对外国投资采取措施的权利。除此之外，还有"序言＋征收＋例外＋环境措施条款模式"，在上述模式的基础上增加"健康、安全和环境措施"或"投资和环境"条款，约定缔约方不得以放弃或降低环境要求的方式吸引或鼓励投资等内容。

二、美式范本

在美国1994年示范文本的序言条款中，第一次出现了有关于"环境"的用语，即"同意能够以通过不放松健康、安全以及广泛适用的环境措施来达成目标。"❶ 直到美国2004年范本，才以较为成熟的立法模式和较为完善的环境条款确立了投资条约范本中的环境规则。

从20世纪90年代就开始不断尝试在投资条约中加入环境规则的美国，经历了从1984年范本到2012年范本的变迁。从仅在序言中包含有关于环境的用

---

❶ Kenneth J. Vandevelde, Preamble, Treaty between the Government of the United States of American and the Government of ［Country］ Concerning the Encouragement and Reciprocal Protection of Investment, U. S. International Investment Agreement, Oxford University Press, 2009, P817.

语 1994 年范本到确立成熟的投资条约环境规则 2004 年范本，再到 2012 年范本中对环境保护义务进行更加细化和深化，形成了更好指导实践的全方位环境规则体系。

美国在 1994 年范本中仅在序言中表述"同意不放松健康安全和环境措施或标准的目标"以表达自己的环保姿态。在文本的正文部分中，就再没有涉及和环境保护内容直接相关的条款了。直到 2004 年范本，环境内容数目开始增多，并达到了 4 条。包括"序言""投资和环境""征收和补偿"中首款的 a 项、"履行要求"中第三款的 c 项。❶ 特别是 2004 年范本附件 B 中专门制定的关于如何判定"间接征收"的标准的第四条 b 款，明确地表述为："除非有特殊状况发生，否则缔约一方旨在维护合法公共利益（如公共健康、根本安全和自然环境）目标下所进行的不能认定为歧视性的规范行为不应认为是间接征收。"这一规定确认了环境措施与间接征收的关系，为帮助仲裁方确定东道国的环境措施是否构成征收提供了帮助。

美式范本在序言条款、征收条款和例外条款之外，最大的特色就是它的第 12 条"投资和环境"条款。在 2004 年范本第 12 条"投资和环境"中，美国以两款规定细化了签订条约双方在"投资和环境"关系问题中可以进行协调的原则，确立了其本国双边投资条约环境规则的基本框架和理念。

美国的 2012 年范本不仅保留了第 12 条"投资和环境"条款，还将其内容细分为 7 款，规定了缔约方的自由裁量权、"环境法律与法规"的范围以及双方可以在达成一致的情况下引入公众参与的机会等内容。既规定了保护环境的强制性义务，又给予了缔约双方关于环境法律的实际指引。

在美国 2012 年范本的第 12 条"投资和环境"中，第 1 款"缔约国共同签署的多边环境条约"被置于与国内环境立法同等重要的位置。第 2 款要求："签署条约的两国应尽全力作出不使用摒弃或降低法律效力的方法而达到鼓励投资者在其境内新设、并购和扩展投资范围的行为。"第 3 款规定："缔约方应承诺相互认可对方外资监管机构对于外国投资在监管等方面享有的自由裁量权。"第 4 款强调："签署条约双方的两国政府在处置和监管环境事宜上有着绝对的优先权力。并举例说明了缔约国政府的环境规制权。"该款举例可以看作"缔约方能采取其认为能保证环境重要性措施"的细化，且在第 4 款的注解 16 中明确了

---

❶ 胡晓红. 论美国投资条约中的环境规则及其对我国的启示 [J]. 法商研究, 2013 (2)：148.

"法律法规"的范围;"法律或法规"指的是"美国国会通过的法案或是由美国中央政府执行的根据国会法案所颁布的法规"。这一明确的界定提升了法规适用上的透明度,结合第 1 款,更有利于投资者利益的保护。第 5 款规定了缔约方的解释权,第 6 款赋予了缔约双方排除仲裁进行磋商的权利,第 7 款规定了公众参与的权利。

三、加拿大式范本

加拿大现行的双边投资条约是 2004 年范本。在该范本中,直接明确涉及环境内容的条款一共有四处。在"履行要求"的第 2 款中规定:"投资应满足符合一般价值观念的不具有歧视性的健康,安全以及对环境的要求",在"一般例外"条款中第一款(a)中有"为保障人类及动植物生命与健康要求"的条款;第 42 条"专家意见"中也有关于"在授权适用仲裁规则的法庭,除非争端各方自己主动反对,一方可以在不妨碍任命其他种类的专家的情况下委任一名或多名专家就任何环境健康安全的实体问题写报告"的内容。而在第 11 条"健康,安全以及环境措施"中,要求"投资双方应认识到,鼓励通过放松国内的环境健康来获取投资是不合适的安全或环境规定。因此,一方不应免除或减损在其领域内为鼓励投资采取降低或减损环境措施的行为。"另外,除了直接提到环境(Environmental)一词的表述,加拿大现行范本在第 13 条"征收"第 1 款中规定,"任何一方不得以直接或间接地通过国有化,及其他具有国有化或征收影响的等效措施侵占覆盖投资,除非能证明是为了公共目的,且应依照法律程序,并不能以歧视的方式作出。而且,在此种情况下应对投资者进行合理且及时的补偿"。

在加拿大范本中,环境措施条款只有一条笼统的规定,且其内容的宣示意义大于实践意义,可以说,加拿大的现行范本与美国的 2004 年范本相类似,虽然在正文中提到了有关环境保护的相关规则,但其规定与美国相比略显粗糙。

四、美加范本之比较

加拿大的现行范本在"序言"条款中并没有关于环境规则的表述,美国 2012 年范本的序言传承了 2004 年范本的表述,且在用词上更加严格,从 1994 年范本中的"Agreeing"只具有表态意义的软性规定转变为缔约方必须承担的硬性要求(Desiring)。

在与征收有关的条款中，美国和加拿大都提到了"为了公共目的采取的措施不应认定为是在属于条约签署的双方不能进行的直接或间接通过征收或国有化措施对合格投资进行征收或国有化的范围之内"，但是，在美国 2012 年范本中，沿袭 2004 年范本的附件 B，对"间接征收"的规定更加详细，相较于加拿大的概括性规定，在实践中更好操作和把握，也更利于保护投资者的利益。

美国 2012 年双边投资条约范本第 12 条"投资和环境"条款全方位地规定了涉及投资利益面临与环境的冲突时可参考的多项规则。而在加拿大的现行投资条约范本中，只在第 11 条"健康、安全以及环境措施"中规定"投资条约签署双方应认识到，为激励和吸引投资而放松国内健康、安全和环境措施是完全不明智的。因此任一缔约方不应允许在其领域内为鼓励投资采取降低或减损环境措施的行为"。这样一个表态性的表述尚不能高效地在实践中解决促进投资与环境保护的冲突问题。

在专家意见部分，加拿大 2004 年范本和美国 2012 年范本中均有提及，允许在双方当事人达成一致且一方主动提出时，可指定一个或多个专家对有关环境、健康和安全的实体性内容提供报告。另外，美国在其 2012 年范本"争端解决"条款第 28 条第 2，第 3 款专门针对"法庭之友"的规定，允许"法庭之友"在征得投资争议双方同意后提交一份在争议范围内相关事件的书面看法。虽然目前国际上对于"法庭之友"能否参与国际仲裁程序尚有争议，但"法庭之友"的引入的确体现了美国在试图提升争端解决透明度的努力。而加拿大的投资条约范本没有采纳"法庭之友"的相关条款。

通过对比两国的规定可以看出，在美、加两国的双边投资条约范本中，都以环境措施条款为中心形成了一套较为完整的环境规则。值得表彰的是美国范本，美国试图通过细化与环境保护相关的"投资和环境""履行要求""征收"和"争端解决机制"等一系列条款上作出了很大的努力。而加拿大的投资条约范本中的环境规则仍停留在宣示性略大于实践性的阶段。究其原因，一方面是为了有效化解投资促进与环境保护之间的矛盾，应对世界环境变化和投资趋势变化的新形势；另一方面，与美加两国对外投资和利用外资的实际情况息息相关。

五、中国式范本

中国与坦桑尼亚于 2013 年 3 月 24 日签订的《中华人民共和国政府和坦桑

尼亚共和国政府关于促进和相互保护投资协定》（以下简称《中坦投资保护协定》）第10条含有"健康、安全和环境措施"。该条除了规定"缔约方不应为了鼓励设立、并购、扩大或保留投资放弃或降低在其领土上行使环境措施的权力"以外，还规定"如果该举措是以合理或不专断的方式作出，或相关举措不满足对国际投资变相限制的要素要求，就能认定该协定是为了阻止缔约一方为保护人类、动植物的生命、健康而采取或维持的必要环境措施"。这一规定是在美国现行范本第12条第5款基础上增加了对环境措施合理性的限制内容，具有更强的实践指导意义，反映了我国在制定环境专门条款中的立场。

《中日韩投资协定》是第一个促进和保护三国间投资行为的法律文件和制度安排，其正式生效对于三国经贸合作具有重要意义。该协定将为三国投资者提供更为稳定和透明的投资环境，对促进和保护三国间相互投资、进一步深化三国投资合作、推动三国经贸关系发展具有积极作用。中日韩投资协定谈判于2007年启动，历时5年，三方先后进行了13轮正式谈判和数次非正式磋商。2012年5月13日，中日韩三方在北京签署协定。该协定共包括27条和1个附加议定书，囊括了国际投资协定通常包含的所有重要内容，包括投资定义、适用范围、最惠国待遇、国民待遇、征收、转移、代位、税收、一般例外、争议解决等条款。❶ 日本《产经新闻》肯定协定写明保护知识产权、汇款自由、对外企和国内企业一视同仁的"内国民待遇"等原则，中国事实上接受了依据国际标准的投资规范。对此，官房长官藤村修在22日的记者会上予以积极评价："协定不仅具有经济意义，还具有加强三边关系的政治意义。"关于对华关系，他强调："协定设置了进一步提高现有日中投资协定水平的条款。"❷

东道国环境措施的实施需要一个完整的国内环境法律体系作为前提，我国在2014年修订了新的《中华人民共和国环境保护法》，且拥有《中华人民共和国清洁生产促进法》《中华人民共和国环境影响评价法》《中华人民共和国大气污染防治法》《中华人民共和国水污染防治法》《中华人民共和国海洋环境保护法》等一系列环境法律法规。如果在未来，在更细化和完善国内环境法规内容的前提下，可以将环境法律法规的定义写进条约范本中的环境条款里，提升有

❶ 王希. 中日韩投资协定即将正式生效 [EB/OL] [2014 - 05 - 14]. http://news. xinhuanet. com/world/2014 - 05/14/c_ 1110687792. htm.

❷ 中日韩就投资协定达成协议 [EB/OL] [2015 - 08 - 06]. http://cn. nikkei. com/politicsaeconomy/11/1867 - 20120322. html.

关环境法规认定的透明度。因为在一个完善细致的立法体系下，才可能有效地执行环境保护措施。

第六节　国际知识产权领域的反垄断

国际知识产权壁垒的弊端积重难返，一方面，为资本输入国知识产权人提供了法律意义的保护；另一方面，阻碍了国际贸易的便利与自由。对于中国政府而言，建立与完善国际知识产权壁垒法律救济制度，改善国际知识产权环境，切实保障中国企业的合法利益，已经成为反垄断法律制度的核心问题。

一、国际知识产权壁垒反垄断法律救济的演变

国际知识产权保护是发达国家立法的利器毋庸置疑，但保护过度容易构成壁垒这一点他们亦心知肚明。由此逾越国际知识产权壁垒，不仅是发达国家，而且是发展中国家面临的挑战。

（一）对美国法律的评价

美国联邦法院分别在 1917 年和 1948 年提出"专利权滥用"和"著作权滥用"两项原则，为此 1988 年美国国会通过了《专利权滥用修正法》，该法成为修改美国专利法第 271 条的依据，并增加了（d）款（4）、（5）两项内容。20世纪 70 年代初期，美国联邦司法部对于知识产权授权行为的审查以著名的"九不"（the "Nine No-Nos"）原则为基础。这种原则在其后被正式纳入行政规则（1977 年的《国际经营活动中的反托拉斯实施指南》）之中，成为正式的审查标准。直到 80 年代，受芝加哥学派的影响，司法部逐步放弃了"九不"原则。在司法部 1988 年颁布的《国际经营活动中的反托拉斯实施指南》中涉及"知识产权许可协议"的内容已放弃了"九不"原则。

美国司法部和联邦贸易委员会于 1995 年联合发布了《知识产权许可的反托拉斯指南》，阐述了各种知识产权壁垒的表现形式，具体规定了执法的原则、分析方法和法律适用原则。虽然指南作为咨询性政策说明文件，不能约束司法诉讼活动，但为执法部门提供了丰富的判例，有关认识上的分歧和实践中的不同作法渐趋统一，也为公众判断许可合同行为是否触犯反托拉斯法提供了指导。

指南首先阐明了知识产权法和反托拉斯法的关系，二者具有促进创新、增进消费者福利的共同目的。为此指南遵循三项原则：一是在确认是否触犯反托拉斯法时，反托拉斯部门将知识产权与其他财产同样对待；二是反托拉斯部门并不假定知识产权产生反托拉斯意义上的市场支配力，即知识产权作为垄断权本身并不能导致其权利所有人具有市场支配力的结论；三是反托拉斯部门承认企业通过知识产权许可行为将各种生产要素结合起来一般有利于竞争。

根据指南，如果一项许可合同对现有的或者潜在的商品或者服务的价格、质量、数量、多样性产生不利影响，就可能触犯反托拉斯法。美国反托拉斯部门通过三方面分析、评估许可合同：首先，合同可能影响的市场领域；其次，合同当事人之间关系的性质；最后，合同限制条款的原则。此外，反托拉斯部门根据合理原则对知识产权许可合同进行分析、评估。内容包括市场的结构状况、协调和排斥，涉及排他性的许可合同，效率与正当理由，反托拉斯的"安全区"。指南具体分析与说明了许可合同的限制性条款，涉及横向限制、维持转售价格、搭售协议、排他性交易、交叉许可与联营协议、回授及知识产权的取得等。

（二）对欧盟反垄断法律的评价

欧盟竞争法以欧盟"四项自由流动"政策为前提，体现了《欧共体条约》的宗旨，即经济活动的协调、平衡和稳定的发展，以及确保共同体市场内的竞争不被扭曲。欧盟竞争法有三个法律渊源：一是《欧共体条约》；二是欧盟部长理事会和欧盟委员会制定的法规、指令和决定；三是欧洲法院的判决和先行裁决。为协调竞争法和知识产权法的冲突，欧盟竞争法确立了三项基本原则：首先，知识产权的所有权中"存在权"与"使用权"相区别的原则；其次，权利耗尽原则；最后，同源原则。对于第一个原则，欧洲法院在判例中指出，《欧共体条约》第36条所保护的只是知识产权所有权的"存在"，而对所有权的"使用"，则应受到《欧共体条约》有关禁止性规范的约束。近些年来，欧盟竞争法已越来越呈现出限制知识产权人行为的发展趋势。

欧共体委员会于1984年6月23日颁布了《关于对若干类型的专利使用许可协议适用第85条第3款的2349/84号规章》，自1985年1月1日起生效；1988年11月30日又颁布了《关于对若干类型的技术秘密使用许可协议适用条约第85条第3款的556/89号规章》，自1989年4月1日起生效；1988年11月30日则颁布了《关于对若干类型的特许专营协议适用条约第85条第3款的

4087/88 号规章》，自 1989 年 2 月 1 日起生效。1996 年 1 月 31 日，欧共体委员会颁布了《关于对若干类型的技术转让协议适用条约第 85 条第 3 款的第 240 号规章》，部分替代了已于 1995 年 12 月 31 日期满失效的专利许可协议豁免的 2349/84 号规章，并且同时废止了尚未期满失效的技术秘密许可的 556/89 号规章，统一规范了涉及专利、技术秘密和其他知识产权的技术许可协议，明确规定了《欧共体条约》中的竞争法条款对各种技术转让合同条款的禁止、限制和豁免，扩大了原先的"白色清单"的范围，同时缩小了"黑色清单"的范围。体现了 TRIPS 生效之后欧盟在协调竞争法和知识产权法的冲突方面的新趋势。此外，欧共体制定了限制商标权、著作权转让的规范。根据"同源原则"，如果两个或者两个以上位于不同成员国的企业合法地持有商标专有权，而且这些商标均来自同一渊源，任何一个企业都不得利用其商标专有权阻止另一家企业的产品进入本国市场。这方面的一个重要判例是 1994 年的 Ideal-Standard 商标案。❶

（三）知识产权壁垒调查制度

国际知识产权壁垒属于非关税贸易壁垒中的一种重要形式，更具有多样性、复杂性及隐蔽性的特点，而 WTO 框架下贸易争端解决程序较为复杂，一些国家相继建立起了国内贸易投资壁垒调查制度，寻求通过行政救济方式维护本国的社会公众利用知识产权的公共利益。美国针对进口贸易中的不公平做法进行调查的立法，最早始于《1930 年关税法》第 337 节，即著名的"337 条款"。自此以后，美国历次贸易立法不断对该条款加以修正与发展，形成《1974 年贸易法》《1979 年贸易协定法》《1982 年联邦贸易法院改革法》《1984 年贸易关税法》，直至《1988 年综合贸易与竞争法》。"337 条款"调整的不正当贸易行为可分为两类：一是一般不公平贸易行为；二是有关知识产权的不公平贸易行为。美国贸易法体系中另一重要条款"301 条款"授权政府贸易代表与有关国家进行谈判，对国外不正当、不合理或歧视性的贸易措施进行调查，并视情况采取单边报复措施。欧共体先后于 1984 年和 1994 年颁布了《新商务政策文件》和《贸易壁垒条例》，建立起了较完善的贸易壁垒调查制度。

二、中国企业遭遇的知识产权反垄断风险

中国企业遭遇的知识产权反垄断的案件屡见不鲜。最典型的案例是长达 8

---

❶ 王晓晔. 欧共体竞争法中的知识产权 [J]. 环球法律评论, 2001 (2): 202.

年的维生素 C 国际诉讼案，终审时，4 家中国被告公司以 3 家庭外和解、1 家公司败诉收场。2013 年 11 月 26 日，美国纽约东区联邦地区法院作出终审裁决，判定被告中国华北制药集团下属河北维尔康制药有限公司在美国维生素 C 反垄断案中败诉，赔偿原告拉尼斯公司 1.53 亿美元，约合人民币 9.32 亿元。在此之前，同样作为被告的石家庄制药集团维生药业、江苏江山制药及东北制药三家公司已经选择和解，向原告支付了约 3400 万美元的和解赔偿金。早在 2005年，美国得克萨斯州的家畜饲料公司"动物科学产品公司"及新泽西州的"拉尼斯公司"向法庭提交诉状，指控中国公司合谋操纵维生素 C 价格，导致下游企业被迫支付高价。原告称，多家中国维生素 C 制造商已形成了一个价格垄断集团。2001 年 12 月，中国医药保健品进出口商会组织国内六家主要维生素 C生产商开会，达成了维生素 C 出口和价格方面的协议。此后，该会议成为每年的例会。这被美方认定为中国维生素 C 生产商结成"价格同盟"的证据。根据美国的反垄断法，企业对于有竞争优势的产品进行协议定价和限制产量是非法的。这些行为会伤害自由和开放的商业竞争。2012 年 11 月 5 日，美国纽约布鲁克林联邦地方法庭曾就有关中国多家制药企业垄断维生素 C 市场案件开审。2013 年 3 月 15 日，华北制药发布公告称，其母公司华药集团与其子公司维尔康公司被美国法院裁决，在美涉及维生素 C 垄断一案，需承担的损害金额为 5410万美元，原告要求中国被告企业根据美国法律支付 3 倍于损害金额的赔偿，赔偿金额为 1.62 亿美元。中国商务部在 2013 年 3 月 19 日的新闻发布会上曾表示，该案针对中国企业的审理结果是不公正和不恰当的，相关中国企业的行为完全符合当时中国的法律、法规。中国商务部曾就此案以"法庭之友"信函的形式向美国法院三次提交正式的书面声明，明确告知美国法院被指控的中国企业所实施的行为是根据政府的要求所作出的。在 3 月陪审团意见的基础上，美国纽约东区联邦地区法院终审依旧支持原告的裁决。❶

第七节　北极的特殊地缘政治风险

即使在冰天雪地、高度敏感的地缘政治区——北极圈，亦无法阻挡投资者

---

❶ 美对华 8 年维生素 C 反垄断案终审 华北制药被判赔 9 亿 [N]. 第一财经日报，2013 - 12 - 3.

挺进的步伐。与这种强劲的态势相比，肇始于地缘政治化的准入壁垒日趋严峻。

一、北极的地缘政治风险根由

随着近年来全球气候的变暖，北冰洋海冰融化的速度令人震撼，夏季的冰量降至史上最低点，北极冰在 2030 年之前融化殆尽的传闻并非耸人听闻，蕴藏在该地区的约占全球 1/4 的能源开发、北欧和亚太地区最短航线的开通近在咫尺，导致越来越多的国家加入了此区域的争夺战，形成多股地缘政治集团。笔者支持关于三大集团的分析"对于北极航线地缘政治权益的博弈，依据现阶段的形势变化，可能会形成三个组，分别为以俄罗斯为代表的，主要以争取沿海线权益为主的利益集团；以美国为代表的，主要以标榜全人类利益和沿海线权益的利益集团；以其他非北极圈国为主的，主要以争取全人类利益为主的利益集团，我国应该属于这个利益集团""其中以俄罗斯为主的利益集团，包括冰岛、芬兰和瑞典等国家"。❶ 之所以将美国划入"标榜全人类利益"集团，是因为其虽然在北极航线问题方面表现出国际化的形象，但在其他方面，如外大陆架的争夺战役之中，则寸土必争、高调军演。

（一）军事力量的博弈

北冰洋冰层下可潜伏多艘配备核弹头的潜艇，干扰水下监控系统的跟踪，不被飞机和卫星侦察设施所搜索。加拿大、美国和俄罗斯等国早在其北极领土建立了多个军事基地。针对东亚一翼，美国充分利用阿拉斯加的位置优势，将其打造成美国导弹防御系统的理想基地，中国是该系统的主要攻击对象。❷ 俄罗斯总理普京于 2011 年 6 月再次对外声明，"我们愿与我们的外国伙伴及所有北极地区的邻国进行对话，不过当然，我们将坚定地继续捍卫自己的地缘政治利益。"❸ 2007 年 7 月，丹麦议会批准通过了 2010—2014 年国防预算，宣布将组建北冰洋军事指挥部，并直辖一支北冰洋特遣部队。此举引发了北极周边国家新一轮的北极军备地缘政治竞赛。甚至被英国《经济学家》公布的"全球和平指数"评为"世界最和平国家"的挪威，亦计划打造 5 艘顶级战舰，用以抗衡北极地区的军事大国。针对加拿大主权的质疑，加拿大最好以攻代守，卫星、

---

❶ 李振福，孙建平. 北极航线地缘政治的规范博弈机制分析 [J]. 世界地理研究，2011，20（11）：60.
❷ 陆俊元. 北极地缘政治与中国应对 [M]. 北京：时事出版社，2010：318 - 320.
❸ 赵嘉麟. 北极军备竞赛升级 [N]. 瞭望东方周刊，2011 - 07 - 18.

破冰船、巡逻艇和其他军事存在与外交努力一起上。北极沿岸国越来越枕戈待旦地护卫随时突降而来的巨大利益。众所周知，冰岛是欧洲第二大岛，北边紧邻北极圈，是目前世界上少有的没有军队的国家之一，防务曾由美军代管，目前移交北约负责。为了对抗美国、加拿大和俄罗斯等强手，2009 年 2 月，丹麦、挪威、冰岛、瑞典、芬兰五国召开北冰洋军事安全合作机制会议，决定以北约、欧盟集体方式加入北极的争夺战。概而言之，因全球变暖、海冰融化的北冰洋更加牵动着未来新的全球军事地缘政治动脉，北极沿岸国越来越枕戈待旦地护卫随时突降而来的巨大利益。

（二）外大陆架的划界

作为地球最小的大洋，北冰洋是一片令人生畏的寒冷世界，许多海域终年封冻，即使未冻结的海面也漂浮着厚厚的流冰，除了探险家外，鲜有商船问津。北极附近的岛屿、陆地早已被俄罗斯、美国、加拿大、丹麦等国瓜分殆尽，所谓争端纠葛在北冰洋沿岸国各自的专属经济区和大陆架，更殃及 200 海里以外的外大陆架。美国地质勘探局（United States Geological Survey，USGS）的报告显示，北冰洋大陆架包含了全球 30% 未被发现的天然气储量和 10% 的石油储量。根据《联合国海洋法公约》于 1997 年成立的联合国的"大陆架界限委员会"（Commission on the Limits of the Continental Shelf，CLCS），是负责 200 海里以外大陆架外部界限划定的国际组织。1999 年 5 月，CLCS 通过了《科学和技术准则》（Scientific and Technical Guidelines of the CLCS）的最后定稿。根据该规则，申请国想申请在外大陆架的海底开发权，必须提出有地质科学依据的论据，如果证明该外大陆架是其大陆架的自然延伸，最远可获得开发 350 海里大陆架资源的许可权。但申请国必须在承认《联合国海洋法公约》生效的 10 年内提出申请，否则面临永久失去主权权利的可能。俄罗斯作为北极圈最大的地缘政治集团，早在 2001 年 12 月 20 日率先向 CLCS 提交了划界申请，涉及俄罗斯在北冰洋中部、巴伦支海和鄂霍次克海 200 海里以外的大陆架外部界限，虽因证据不足，文件不久被 CLCS 退回，但俄罗斯并不气馁。2010 年，俄"费奥多罗夫院士"号考察船在北极地区花费 3 个月研究海底地形，总共完成了 9000 公里断面的测量工作，为俄罗斯 2013 年再次递交申请补充了更加重要的证据。

（三）北极航道的开辟

如世人所闻，北极航线是穿越北冰洋、连接大西洋和太平洋的海上航道，亦是连通北欧和亚太地区的最短航线。北极航道现有两条航线，其一是大部分航段位于加拿大北极群岛水域的"西北航线"。东起戴维斯海峡和巴芬湾，向西穿过加拿大北极群岛水域，到达美国阿拉斯加北面，连接大西洋和太平洋。其二是大部分航段位于俄罗斯北部沿海的"东北航线"，西起西欧和北欧港口，经西伯利亚及北冰洋邻海，绕过白令海峡到达中、日、韩等国港口。东北航线之争主要发生在俄、美、欧盟等之间：俄罗斯主张对北极东北航线行使内水的控制，而欧盟和美国以及日本则提出在个别航段享有无害通过权和自由通行权。西北航线之争主要发生在美加之间：加拿大宣称西北航线属于加拿大内水，而美国则反驳西北航线属于国际通道。因此尽管中国并非北冰洋的沿岸国，但东北航线对于中国地缘政治无疑利益攸关。斯德哥尔摩国际和平研究所（the Stockholm International Peace Research Institute，SPIRI）的所长琳达·雅各布森（Linda Jakobson）长期从事"中国与全球安全"研究项目，在其研究报告中着重指出中国将其北极地缘政治思想与这一地区主权问题紧密相关。如果"东北航线"能够通航，上海至欧洲（汉堡）将缩短约 6400 公里，从上海至北美洲东岸（纽约）的海运里程亦缩短约 5500 公里。归咎于海盗猖獗，船舶通行亚丁湾和苏伊士运河时仅保险费用增加就超过了 10 倍，因此新航线将为中国开辟通往欧洲新的出海口。加拿大卡尔加里大学历史系教授大卫·怀特（David Wright）于 2010 年撰文《熊猫遇见北极熊，中国与加拿大的北极主权冲突》指出，"如果中国主张西北航线属于国际航道，可能会影响到中国自己对南中国海、钓鱼岛甚至台湾的领土主张。"该学说虽然荒谬至极，竟然将中国的历史水域与时隐时现的北极航线相提并论，但至少反映了加拿大亦属于以俄罗斯为代表的、争取沿海线权益的利益集团，而且耐人寻味的是，在这一阵营中不乏北约成员。

二、中国投资在北极的现状

中国企业在格陵兰开采矿产，在芬兰造船，在冰岛修建港口，其影响力日益提高。2013 年 5 月 15 日，中国被批准为北极理事会正式观察员国，之后加快了在这一地区的投资步伐，如中海油与冰岛签订能源合作开发冰岛东南沿海区域油气储藏的协议。2011 年轰动全球的中坤投资集团有限公司（以下简称"中坤"）在冰岛遭遇折戟，可谓"地缘政治"这一措辞的牺牲品。曾经成功地征服了七大洲最高峰的诗人企业家"中坤"董事长黄怒波，在国土面积仅 10.3 万平方公里、35 万人口的弹丸小岛——冰岛遭遇了前所未有的拦截。黄怒波和他旗下的"中坤"抛出一幅收购约占冰岛国土面积 0.3% 投资蓝图，涉及冰岛东北部格里姆斯塔迪尔地区（Grimsstadir a Fjollum）300 平方公里土地 75% 的所有权，进行旅游项目开发，首期总投资约 2 亿美元。尽管黄怒波一再发表声明，"中坤"到冰岛购地开发投资纯属商业行为，与政治毫无关联，但事态的演变竟然超出了所有人的预料。此项投资意向于 2011 年 8 月被英国媒体曝光后，旋即在全球媒体掀起一股股汹涌澎湃的"怒波"。而推动这股"怒波"的是"地缘政治"因素。在各方面的压力之下，2012 年 11 月 25 日，冰岛内政部正式拒绝了"中坤"集团购买冰岛土地申请。内政部的决定为"最终决定"，不得"上诉"。冰岛内政部部长指出，这一决定具有判例意义，政府今后将依照这一判例对类似申请作出裁决。

中国资本接触北极地区的一举一动都会引起外界的政治解读。《金融时报》称，中国投资者，即便是民营企业在北极地区的参与，都会让该地区和本就对中国"北极野心"十分警惕的美国拉响警报。追踪北冰洋新航线的地缘政治与冰岛拒绝"中坤"投资事件之间的因果关系，占据北极地缘政治优势国家媒体的答案似乎趋向一致。英国《金融时报》曾在 2011 年 8 月 30 日头版《中国富豪黄怒波 1 亿美元投资冰岛》一文中指出，"反对人士质疑，为什么需要这么大一块地（相当于冰岛国土总面积的约 0.3%）来建造一座酒店？他们警告称，该项目可能为中国对这个大西洋岛国和北约成员国的地缘政治兴趣提供一个幌子。""人口仅 32 万的冰岛，占据着欧洲与北美之间一个具有战略重要性的位置，而且已被吹嘘为往来亚洲的潜在航运枢纽——如果气候变化导致北极水域可以通航的话。""除了靠近潜在的深水港口之外，这块土地上还有冰岛最大的冰川河流之一。""接近黄怒波的人士表示，他对冰岛的兴趣源于他对大自然的热爱，而非地缘政治。"❶ 英国《爱尔兰时报》的评论反映了此种忧患："该项目不过是一场最终可能会威胁到冰岛主权的地缘政治博弈的第一步"；该文还引用了冰岛内政部部长奥格蒙迪尔·约纳松的观点："我们正面临这样一个事实，

---

❶ Andrew Ward, Leslie Hook. Chinese tycoon raises security concerns with plans for MYM100m tourism project in Iceland. Financial Times, 30. Aug. 2011.

即一个外国富豪希望购买冰岛一块 300 平方公里的土地。我们必须认真加以讨论，不能囫囵吞枣地接受。如果整个国家都这样被卖掉的话，我们会认为是合适的吗？"❶ 北极圈第一地缘政治集团的代表——俄罗斯所控制的国家通讯社亦不可小觑。被冠以"俄罗斯第一媒体"的俄新社于 2011 年 8 月 31 日发表的《中国购买冰岛土地干什么？》一文则赤裸裸地表达了地缘政治视角下的忧虑："应当指出，中国确实正在评估开辟北极航道的前景。从中国出发经由苏伊士运河前往欧洲的航线约为 1.1 万海里，而通过俄罗斯以北的北方航道则可少走近 6000 公里，节省 10 天航程，每艘商船可节约燃料 30 万到 60 万美元。随着气候变暖，北方航道的通航期越来越长。中国正在为'无冰的北极'做准备，北极科考计划也从理论领域转为实用研究领域。中国还将世界上最大的常规动力破冰船，先进的'雪龙'号派往北极。或许，黄怒波确实预感到，中国的海员和船长很快就将出海，并需要一个休息和消遣的场所。"❷ 从以上评论多处直截了当使用"地缘政治"这一敏感术语，足见地缘政治说对于中国海外并购影响之巨大。以上观点绝非仅代表西方言论自由下的作者个人观点，而是反馈出北极国家对非北极国家强烈排斥的端倪。即使对于非北极国家的态度，亦并非一视同仁，而是区别对待。2009 年 10 月，韩国国家石油公司斥资 41 亿加元成功地收购了加拿大能源公司，为开发北极圈提供了契机。这是韩国公司最大的一笔海外收购交易。中国投资者往往因遭遇"地缘政治"，成为被打压最严重的受害者。

中国的能源安全面临严峻"外患"，反映了进入北极的迫切性。中国的能源形势随着需求总量的迅速增长、对外依存度不断上升而更加脆弱。在能源运输方面，中国 70% 的进口原油都要经过霍尔木兹海峡、马六甲海峡，石油海路运输途径易受其他国家掣肘。此外，乌克兰危机将导致欧亚能源安全格局重组。中国进口的石油多源于中东、非洲等地区，而未来的国际关系与地缘政治因素或将进一步加剧这些地区动乱。价格体系和国际贸易方面，国际能源价格不仅受国际能源供需结构变动的影响，而且也受到复杂的国际经济形势和地缘政治冲突的深刻影响。

---

❶ Clifford Coonan，Chinese tycoon to buy piece of Iceland for 70m. The Irish Times. Thursday，September 1，2011.

❷ 余申芳. 中国商人冰岛购地遭歪曲解读［EB/OL］［2011 - 09 - 02］. http：//news. xinhuanet. com/world/2011 - 09/02/c_121950386. htm.

金融危机爆发后,冰岛国家"濒临破产",俄罗斯积极向冰岛提供援助以稳定其金融体系。但亦有人质疑其真正动机,是否在于从美国手中夺回位于冰岛凯夫拉维克的军事基地,俄罗斯就此可在北约成员国中间钉下一个楔子,阻止乌克兰和格鲁吉亚加入北约;同时冰岛对俄罗斯北极大陆架划分和开采计划可助一臂之力。这一猜测显然符合西方利益,亦在反面证明了北约的地缘政治集团内部存在严重分歧。2008 年 10 月,由于担心英国大笔现金遭受损失,英国首相布朗动用了很少使用的《反恐法》权力以冻结冰岛资产。冰岛政府则向NATO 起诉,理由是英国滥用反恐法。

欧盟委员会 2008 年 11 月 20 日通过了一份名为《欧盟和北极地区》的立法性文件,文件强调了气候变化和人类活动对北极的影响,确定了欧盟保护北极环境的行动目标及系列协调措施。这份文件标志着欧盟全面加入错综复杂的北极地缘政治关系。冰岛与欧盟已于 2011 年 6 月 27 日在欧盟总部所在地布鲁塞尔正式启动入盟谈判,预计冰岛将在继 2012 年克罗地亚之后成为欧盟第 29 个成员国。冰岛入盟进程之所以如此快,究其原因,欧盟拯救遭受金融危机重创的冰岛是虚,而隐藏着的欧盟在北极的地缘战略利益是实。目前欧盟仅凭借丹麦这一个成员国参与北极开发事宜。2009 年 6 月 21 日,格陵兰岛正式宣布自治。政府将接收原本由丹麦王国拥有的天然气资源管理权、司法和警察权。格陵兰将拥有部分外交事务权,但丹麦王国在格陵兰的防务和外交事务上拥有最终决定权。种种迹象表明,格陵兰岛完全脱离丹麦独立的趋势日益明显。冰岛的加入无疑为欧盟在这一地区的活动提供更加宽广的空间。加拿大、美国和俄罗斯等国早在其北极领土上建立了多个军事基地。因全球变暖、海冰融化,北极地区则牵动着未来全球生态安全和经济动脉的地缘政治利益。北极地区所凸显的激烈竞争态势说明,渗透着地缘政治因素的博弈广泛存在于国际投资活动中的各个领域,并且令中国的投资者输在了起跑线上。冷战时期的国家安全谬误迄今仍然被某些国家奉为投资准入的圭臬。因此有必要以客观、公正的地缘政治概念解读中国在北极的地缘政治利益,揭示中国作为一个近北极国家最重要地缘政治利益并非国防和军事意图,而是北极冰川的融化对自身海平面过低的中国气候的影响,以及对农业的威胁。至于北极新航道的开启对于全球贸易具有普遍意义并非仅对中国。而上述利益多被歪曲、放大,已导致我国的投资屡遭折戟。中国是近北极国家,北极的任何变化都影响着包括中国在内的所有近北极国家的生活和社会变化。世界各大石油巨头,包括雪佛龙公司、挪威国家石油公司、埃克森美孚、苏格兰凯恩能源公司以及英国石油公司，也都先后加入北冰洋大陆架油气资源的钻探作业。中国公司在北极的能源开发日益增强，寻求合作伙伴的需求推动着北极国家的公司加强和中国伙伴的合作。北极能源投资对中国的传统和非传统安全权益越来越产生重大的影响，日益成为学界比较关注的一个理论和实践问题。2015 年 1 月 9 日，格陵兰政府宣布，在丹麦格陵兰岛上一个总价值20 亿美元的铁矿"前主人"伦敦矿业公司已进入破产管理程序之后，中国最大煤炭铁矿石进口商之一俊安集团将管理该铁矿项目。这成为由中国全资拥有的首个北极资源开发项目。

2009 年 1 月 9 日，美国颁布的《国家安全及国土安全总统指令》取代了1994 年北极政策文件，全面阐述了美国的北极政策。俄罗斯自 2007 年高调在北冰洋海底插旗宣示主权行动后，开始通过立法，加快对这一地区能源的开采进程。2008 年 7 月 18 日，俄罗斯总统梅德韦杰夫颁布了尽快开发北极的法令。授权俄联邦政府可以跳过竞拍程序，指定企业开采大陆架上的石油和天然气资源。列举美国、冰岛、加拿大、俄罗斯、瑞典、芬兰、丹麦等国的政策和立法，探寻其中的地缘政治壁垒并进行比较，对照各国涉及能源开发权的立法，以揭示能源开发与国家利益之间的关联。

事实上，在这一地区，外国投资面临着三大地缘政治矛盾：其一，北极资源的开发和该地区自然生态及社会生态保护之间的矛盾已成为目前北极国际法制的重要问题。北极地区作为一个统一的区域性生态系统，其主要特征是自身的脆弱性和较弱的自我修复及调节能力。北极地区的气候和环境条件恶劣，因此油气资源开发项目的风险极高。缓解并最终解决北极开发与保护之间的矛盾必须坚持可持续发展的原则。其二，北极国家的权利主张与人类共同继承财产之间的矛盾。当前的"北极争夺战"主要围绕的是海域划界及其资源权利的争议。北冰洋沿岸国都试图使本国大陆架外部界限尽可能向外扩张，以争取更多的资源和战略利益。根据《联合国海洋法公约》，大陆架以外的海底区域属于国际海底区域，是全人类的共同财产。但在北极有多大区域属于国际海底区域，到目前为止仍属未知，要等到各国 200 海里以外的大陆架外部界限划定之后才能确定。但公约对超过 200 海里的大陆架外部界限的规定充满了争议。北冰洋沿海国扩大其大陆架范围，就意味着作为"人类共同继承财产"的国际海底区域相对缩小。其三，各类行为体活动的迅速拓展与北极国际法制相对滞后之间的矛盾。与人类日益增多的北极活动相对应的是北极地区国际法制的相对滞后。

最根本的缺失是关于北冰洋的法律地位及北冰洋权益如何划分，尚无专门的法律可循。

中国人民大学王新和指出：在逻辑上，中国在北极事务中的国家身份与国家利益和国家行为应具有内在关联，即北极身份决定北极利益，北极利益决定国家行为，国家行为反映北极利益，北极利益反映北极身份。中国的北极身份与北极利益却远未达到正常关系状态。对中国而言，其参与北极事务的身份是多重的，兼有全球和区域层面。在全球层面，中国以 1982 年《联合国海洋法公约》缔约方和联合国相关专门机构成员的身份参与北极事务，并因联合国安理会常任理事国的特殊身份而占据优势地位；在斯瓦尔巴群岛，中国以《斯匹茨卑尔根条约》缔约方的身份参与北极事务，与其他缔约方享有基本相等的权利和义务；在北极区域层面，中国参与北极事务已涉及"三重身份"，分别是非北极国家（Non-Arctic State）、近北极国家（Near-Arctic State）和利益攸关方（Stakeholder），但如何选择与国家权益相符合的中国北极身份尚待研究。❶ 笔者赞同中国是近北极国家的身份这一事实。

---

❶ 王新和. 国家利益视角下的中国北极 [J]. 太平洋学报，2013（5）：84.

第四章

中国投资遭遇的源自发展中国家的
地缘政治风险

中国投资者在美国、欧盟等发达国家遭遇的地缘政治风险主要有国家安全审查制度、"外国政府直接控制的交易"等风险，而在发展中国家，例如非洲，所遭遇的风险则有所差异。

第一节　亚洲的主要地缘政治风险

通过以下的实证分析，证明中国海外投资的主要地缘政治风险发端于环境威胁论。

一、中国海外投资在亚洲的现状

2013年，中国对亚洲直接投资流量达756亿美元，同比增长16.7%，低于对全球投资增速（22.8%），在中国对外直接投资流量总额中所占比重高达70.1%。截至2013年年末，中国在亚洲地区的投资存量为4474.1亿美元，占中国对外直接投资存量的67.7%。2003—2013年，中国对亚洲地区的投资流量从15.05亿美元增长到756亿美元，增长50倍；同期存量从266亿美元增加到4474.1亿美元，增长16.8倍。由于存量基数较大和流量增速低于平均水平，过去5年中国对亚洲的投资存量占总量的比重由2009年的75.5%降至2013年的67.7%，呈逐年下降趋势。❶

---

❶ 商务部. 中国对外投资合作发展报告［R］. 北京：中国商务部，2014：57.

2013 年，中国内地对亚洲直接投资流量居前 10 位的国家和地区依次为中国香港、新加坡、印度尼西亚、哈萨克斯坦、老挝、泰国、伊朗、马来西亚、柬埔寨等。其中对中国香港的投资流量达 628.2 亿美元，同比增长 22.6%，占对亚洲投资流量的 83.1%，占对全球投资流量的 58.3%。对东盟 10 国的投资流量为 72.7 亿美元，同比增长 19.1%，占对亚洲投资流量的 9.6%，占对全球投资流量的 6.7%。中国内地对亚洲投资存量分布的前 10 位国家和地区为：中国香港、新加坡、哈萨克斯坦、印度尼西亚、缅甸、中国澳门、蒙古、伊朗、柬埔寨、老挝等。其中对中国香港投资存量 3770.9 亿美元，占亚洲投资存量的 84.3%，占对全球投资存量的 57.1%。对东盟国家投资存量 356.7 亿美元，占亚洲投资存量的 8%，占对全球投资存量的 5.4%。中国企业对外投资的区域市场更加多样化，2013 年按对外投资存量排名，进入前 10 位的亚洲国家和地区仅有中国香港、新加坡和哈萨克斯坦。❶

截至 2013 年年底，中国企业在亚洲设立的境外企业数量 1.4 万多家，占境外企业总数的 55.6%，覆盖亚洲 46 个国家和地区，投资覆盖率达 97.9%。其中，在中国香港设立境外企业 7000 多家，占境外企业总数的 28.2%；在东盟设立境外企业 2700 多家，占境外企业总数的 10.6%，雇用当地员工约 16 万人。截至 2013 年年底，中国企业对亚洲国家和地区的投资主要集中在 5 个行业领域，依次为租赁和商务服务业（31.2%）、金融业（18.7%）、批发和零售业（15.9%）、采矿业（12.8%），以及交通运输、仓储和邮政业（6.2%）。这 5 个主要行业投资存量 3795 亿美元，所占比重高达 84.8%。❷

二、亚洲的地缘政治风险实证分析

（一）科伦坡港城之折戟

2015 年 3 月 5 日，斯里兰卡内阁发言人、卫生部部长塞纳拉特纳宣布，斯里兰卡内阁已批准斯里兰卡总理维克拉玛辛哈的建议，立即停工科伦坡港城，并要求港城承建方——中国交通建设集团两周之内提交其从斯里兰卡有关部门获得的建设许可。理由是这桩交易的背后充斥了前任总统马欣达·拉贾帕克萨执政时期的腐败。更有亲西方的学者抛出阴谋论，认为斯里兰卡位于具有战略

---

❶ 商务部. 中国对外投资合作发展报告［R］. 北京：中国商务部，2014：58 - 59.
❷ 商务部. 中国对外投资合作发展报告［R］. 北京：中国商务部，2014：59.

重要性的海路上，中国很需要这个港口，视为"海上丝绸之路"扩大贸易往来及国家影响力计划的一部分，隐蔽的目的则是中国海军需要一个前往印度洋的军事基地。

（二）密松水电站之命运多舛

2009 年 12 月 21 日，缅甸密松水电站正式开工。中国电力投资集团与缅甸政府签署了完备的技术、法律文件。缅甸政府获得 10% 的发电量与 15% 的项目股份。此外，缅甸政府征收所得税与出口税运营，50 年后将完全无偿移交给缅甸政府。在 50 年特许经营期内，缅甸政府预计获得 170 亿美元收入。2014 年 3 月 23 日，缅甸仰光发生了 100 多人参加的游行示威活动，要求缅甸现政府永久停建一座由中国公司出资修建的水电站大坝工程——密松水电站。抗议者提出该大坝将会影响当代伊洛瓦底江的生态系统，而且大坝所产生的电量 90% 将输往中国，缅甸仅占 10%。2011 年 9 月 30 日，缅甸总统吴登盛突然单方面宣布在他的任期内搁置密松水电站，虽然中国政府一直通过商务、外交等手段尝试解决密松水电项目纠纷，2011 年 10 月，缅甸总统特使、外交部部长吴温纳貌伦（U Wunna Maung Lwin）还专门访问北京，但收效甚微。致使中方先期投入的 30 多亿元人民币打了水漂。❶ 对于密松被搁置的原因，有学者分析新政府成立后调整其外交政策，试图缓和与西方的关系，借此换取西方取消对它的制裁是重要的考量之一。这种将地缘政治与国际投资强行捆绑的言辞并非个例，亚投行未来审批项目时应引以为戒。

（三）缅甸重判中国伐木工人的背后

2015 年 7 月 22 日，中国外交部证实，缅甸北部的密支那县法院判处 150 多名中国伐木工人 10 年以上有期徒刑。实际上，判十年的只是两名未成年人（17 岁），其他伐木工人都判处 20 年，另有一名藏毒者判处 35 年。中方正在通过各层级渠道和缅方沟通，希望缅方"考虑上述人员的实际情况，作出合法合理合情的处理，妥善了解此案并尽快将上述人员交还中方"。由于这只是缅甸一个县法院的判决，中国伐木工人在 60 天内可以上诉，考虑到中缅关系等大的问题，改变判决结果的可能性应该比较大。克钦邦是缅甸北方的一个自治邦，克钦人

---

❶ 汪时锋. 中国企业走出去缅甸样本：谁叫停了密松水电？[N]. 第一财经日报，2013 – 08 – 14.

和中国境内的景颇人同族。"二战"结束后，缅甸人为了从英国人手中取得独立，与克钦人、掸人和钦人签订《彬龙协议》，规定获得独立后，这些少数民族地区"享有完全的自治权"，这些原则在后来的宪法中得到体现。但是自20世纪60年代缅甸处于军政府统治以来，少数民族的自治就没有得到实施，缅甸中央政府和这些民族之间常常进行战争。克钦地区和缅甸中央政府处在对立状态，而这些地区的资源是被克钦自治机构控制的。如果在这一地区进行工商业活动，大概只能和当地少数民族武装打交道。而少数民族武装也认为自己有充分的经济自治权。正因为如此，这些工人在2015年1月被缅甸政府军通过各种手段抓到之后，从他们身上搜到的，不仅有现金和其他物品（据当地媒体报道，财物都被士兵们现场没收），也有少数民族军队颁发的木材许可证和其他相关文件。问题在于，缅甸政府不承认这些文件的合法性。关于这次重判，也有人认为这是缅甸政府向克钦地区的武装势力施压，以此切断他们的经济来源；也有人认为是缅甸联邦政府的政客们要表现"民族气节"，为即将到来的大选做准备；还有人认为是缅甸政府在国际关系方面作出的某种姿态；当然也有人认为伐木工"破坏森林，罪有应得"。❶ 2015年7月30日，缅甸总统昨天签署大赦令，立即释放6966名服刑人员，包括7月22日被缅方法院判刑的155名中国伐木工，此外还有部分其他在缅甸服刑的中国人。至此，155名被缅甸判刑的中国伐木工全部返回国内。❷ 事件发生之后，中国政府对缅方有关判决高度关切，向缅方提出交涉，要求缅方重视中方关切，综合考虑各方面因素，对此案作出妥善处理。对此，缅甸政府方面回应称，中方的表态不会影响本案审判程序的继续进行。缅甸政府的一名发言人在接受采访时声称，缅甸的公民在外触犯法律时同样会被所在国家的法律判刑。"用外交手段来进行干涉是不应该的，我认为中方会明白这一道理。"❸ 由此可见，中国的海外投资者在亚洲面临着民族冲突、国家骚乱等复杂多变的地缘政治风险，采用单一、传统的外交手段保护中国公民和企业的合法权益愈加受到东道国政府的反感，其局限性日渐突显。

---

❶ 钱克锦. 缅甸重判中国伐木工人的背后 [EB/OL] [2015 – 07 – 28]. http：//www. yicai. com/news/2015/07/4649116. html.
❷ 徐晓帆. 被缅甸释放的155名中国伐木工人已返回国内 [N]. 京华时报，2015 – 7 – 31.
❸ 李大昕. 缅甸政府：中方不应用外交手段干涉对中国伐木工判决 [EB/OL] [2015 – 07 – 29]. http：//world. huanqiu. com/exclusive/2015 – 07/7081672. html.

第二节　美洲的主要地缘政治风险

美洲与亚洲的地理位置虽然南辕北辙，但面临的地缘政治风险大同小异。

一、中国海外投资在美洲的现状

2013 年，中国企业对拉丁美洲投资总额为 143.6 亿美元，相比上年大幅上升。但投资主要流入开曼群岛和英属维尔京群岛，对南美洲地区和中美洲及加勒比海地区的投资金额相对较低。投资行业仍以租赁和商务服务业、采矿业为主，对建筑业、制造业的投资有所上升。中国对拉丁美洲投资呈波动上升趋势。2005—2013 年，对拉丁美洲投资的年均增长率超过 20%。2013 年，中国对拉丁美洲直接投资金额为 143.6 亿美元，比 2012 年上升 132.7%。其中对开曼群岛和英属维尔京群岛两个离岸金融中心的直接投资较上年上升 306.8%，是对拉丁美洲投资总额上涨的主要影响因素。剔除离岸金融中心影响，2013 年对拉丁美洲其他国家投资流量为 18.8 亿美元，相比上年下降 39.3%，主要原因是国际市场金属价格变化，导致对南美地区采矿业投资减少。[1]

对拉丁美洲的直接投资在离岸金融中心、南美洲地区、中美洲和加勒比海地区间的分布不均衡。2013 年，投入开曼群岛和英属维尔京群岛这两个离岸金融中心的金额合计 124.8 亿美元，占当年投入拉丁美洲总量的 86.9%；投入南美洲地区的资金额合计 16.6 亿美元，占投资总量的 11.6%；对中美洲和加勒比海地区的投资金额总计 2.2 亿美元，占投资总量 1.6%。从投资趋势来看，2013 年中国境外并购项目大幅增加，而部分项目通过设立在离岸金融中心的分支机构进行操作，导致对开曼群岛和英属维尔京群岛的投资大幅上涨；对巴拿马的投资猛增至 1.9 亿美元，是 2013 年对中美洲和加勒比海地区的投资总额上升的主要原因。[2]

---

[1]　数据来源：商务部.中国对外投资合作发展报告［R］.北京：中国商务部，2014：72.
[2]　数据来源：商务部.中国对外投资合作发展报告［R］.北京：中国商务部，2014：73.

表4-1　2013年中国对拉丁美洲直接投资流量国别（地区）分布❶

金额范围	流入国家（地区）
高于10亿美元	开曼群岛、英属维尔京群岛
1亿~10亿美元（不含10亿）	厄瓜多尔、委内瑞拉、巴西、巴拿马、秘鲁、阿根廷
1000万~1亿美元（不含1亿）	墨西哥、哥伦比亚、圭亚那、苏里南、智利、玻利维亚
低于1000万美元	巴巴多斯、伯利兹、哥斯达黎加、牙买加、尼加拉瓜、巴拉圭、古巴、多米尼克、特立尼达和多巴哥、乌拉圭

二、美洲的地缘政治风险实证分析

不仅是亚洲的中国投资面临环境保护的压力，在美洲的中国亦不得不谨慎从事。投资英国《独立报》称，中国投巨资帮助建设两洋铁路，巴西在与中国的贸易伙伴关系中不是得利一方，这使得外界担心，巴西会成为中国的"经济殖民地"。2013年，中国竞购该国最大油田时，巴西曾出现示威。除了这种老掉牙的"中国威胁论"，更多西方媒体则渲染中国投资拉美基础设施可能带来的环境和社会风险。英国《观察家》称，李克强访问南美期间将兜售两洋铁路，这条长约5000公里、横跨南美大陆的铁路，将大面积穿越亚马孙原始热带雨林，势必威胁到雨林和雨林中生存的原著部落。此前针对中国商人投资的尼加拉瓜运河项目，英国《金融时报》2015年5月15日曾称，中国投资的尼加拉瓜运河规模如此宏大、造价如此高昂、经济效益如此不确定、中国投资者背景如此神秘、环境的潜在破坏性如此巨大，许多人对该运河能否建成表示怀疑。不过，这类挑拨在拉美并不起作用。除了几家西方媒体巴西频道谈论"中国投资威胁论"或"中美竞争论"外，巴西本地媒体都没有这样的议论。法新社称，2016年奥运会将在巴西里约热内卢举行，这也是奥运会首次在南美洲举办。作为拉美最大的经济体，巴西在奥运会召开前就着手改变公路、铁路、机场和港口破旧的面貌。来自中国的投资将覆盖交通、能源等多个领域，为巴西解决忧虑。报道引述巴西总统罗塞夫的话称，"现阶段的巴西很需要中国在基础设施方面的知识和专业技能"❷。

---

❶　数据来源：商务部，国家统计局，国家外汇管理局. 2013年度中国对外直接投资统计公报. 商务部. 中国对外投资合作发展报告［R］. 北京：中国商务部，2014：73.
❷　王晓波，王海林，颜欢. 西方渲染中国投资造成"环境威胁"拉美无视挑拨［N/OL］［2015-07-22］. 环球时报，http://trade. ec. com. cn/article/tradehwtz/201505/1343780_1. html.

三、导致环境风险的根源

BIT 中的环境条款是风险的根源。从中国第一代 1984 年范本这种欧洲式的简式范本，到 2003 年第三代范本，再到 2010 年范本（草案），中国的投资范本经历了一个从简单到细致的过程，环境规则条款也从无到有。

（一）条款的具体内容

在 2010 年范本（草案）的序言规定"希望能强化缔约双方国家间的合作，促进经济健康稳定和可持续发展，为谋求缔约双方国民的福利增长而努力"。不同于美国明确提出的"希望能用一种可以保护健康、安全以及环境并能与提升国际公认的劳工权利相一致的方式……"中国的这种说法显得更加概括和笼统，似乎对环境的重视程度仍不够高，主要还是侧重于可持续发展，由于可持续发展毕竟包括经济、社会和环境三个方面，这样的表态虽有对于环境保护的考虑，却仍不够具体。

而该范本中第一次真正提到"环境"一词，是在第 6 条"征收"条款的第 3 款中，提到"缔约国一方实施的目的是实现保护公共健康、安全及环境等在内的正当公共福利的不具有歧视性的规制措施，不构成间接征收，但在个别情况下，例如，所采取的措施严重超出维护正当公共福利的必要限度时除外"。作为限制投资保护义务的条款，这一条款从美国的 2004 年范本中借鉴而来，并且，在美国"除非有特殊的状况，缔约一方为了保护合法公共利益（如公共健康、根本安全及自然环境）而采取的不具有歧视性的规范措施不构成间接征收"的基础上，又加了一句"但是"，即在"个别情况下，例如，所采取的措施严重超过维护正当公共福利的必要限度时除外"。这一句是对前一句的补充和说明，试图通过谨慎地划分这一公共福利的界限，以确保投资者的利益不受损失。这一表态体现出我国试图通过比例原则引导实践的尝试。

（二）中国范本中环境规则的缺失

完善环境规则的条款不仅意味着向可持续发展的绿色世界的进一步推进，也意味着对现实中投资利益及本国利益的保护，真正对跨国投资的鼓励与促进不仅体现在宣言中，也应体现在实实在在的制度建设中。制定一个既能保障我国投资者利益，又能在吸引外资的同时减少我国压力的环境规则。通过和美国、加拿大、印度三国比较发现,目前中国双边投资条约范本中的环境规则仍有一些欠缺之处。

第一,序言条款中关于环境权利义务规定模糊。美国和加拿大的序言条款中都明确写到了"环境"一词。而与美国、加拿大相比,中国和印度的规定就较为模糊。序言条款作为具有宣示性意义的软法,在范本中有着重要的意义。在序言中强调可持续发展和环境保护,有利于对海外投资者保护的长远考虑。2012 年中国与加拿大签订《中加政府关于促进和相互保护投资的协定》,在序言中提到"可持续发展"。❶ 在 2013 年中国与坦桑尼亚签订的双边投资条约的序言中,也提到了"促进经济健康稳定和可持续发展"的内容。❷ 在序言条款中明确地提出环境保护的要求,可以释放出一种积极的信号。在国际环境保护问题上,中国的立场一直相当积极,也加入了《联合国气候变化框架公约》《京都议定书》《巴塞尔公约》《保护臭氧层维也纳公约》等一系列重要的国际环境公约❸,扮演着一个有担当大国的角色。而在双边投资条约范本序言中,却一直没有作出明确的保护环境的宣示。在当前国家之间缔结越来越多的环境条约、气候变化及温室气体排放问题困扰全球的大背景下,序言中的内容体现出了条约的价值导向以及缔约国对环境保护要求的重视。而"可持续发展"的笼统表达,显然没有直接提及环境保护的要求严格。

第二,一般例外条款中关于环境权利内容的欠缺。加拿大和印度在"一般例外条款"中规定了环境权利的内容。而美国则把这一内容规定在第 8 条"履行要求"里。在该条的第 3 款(c)项规定,"如果这些举措并非以随意或缺乏合理依据的方式作出,同时也许这些举措并不会为国际贸易和投资带来变现限制这一不利后果,那么第 1 款的(b)、(c)、(f)和(h)项和第 2 款的(a)、(b)项不得解释为行使或维持以下的行为,不得解释为对另一缔约方的阻止,在环保相关措施中包含:(i)虽然与本协定规定的不一样但仍认定为必须遵守的法律法规。(ii)认定为是为了保障人类与动植物生存以及健康所应必须采取的措施。或者(iii)认定为是为了保障可用竭的自然环境资源(生物或非生物都应包括在内)所采取的相关行动"。

---

❶ 中华人民共和国政府和加拿大政府关于促进和相互保护投资的协定 [EB/OL] [2015 – 04 – 19]. http://images.mofcom.gov.cn/tfs/201409/20140928171120483.doc.
❷ 中华人民共和国政府和坦桑尼亚联合共和国政府关于促进和相互保护投资协定 [EB/OL] [2015 – 04 – 19]. http://images.mofcom.gov.cn/tfs/201409/20140928170943655.doc.
❸ 葛察忠等. 中国对外投资中的环境保护政策 [M]. 北京:中国环境科学出版社, 2010:154.

"一般例外"是指缔约一方为实现某一类达到例外标准的环境规则措施规定可以在如国民待遇、最惠国待遇、履行要求及征收等条款规定的情况下作出不符合缔约时双方约定的行为。而这一例外的最根本原因，还是为了使条约约束双方国民的根本福祉得到保障，因而才给了缔约国较多环境保护例外的权限。❶ 从理论上讲，"一般例外条款"的确是一条对东道国十分有利的条款。因为如果符合一般例外条款规定的要件，东道国就不需要对其违反其他条约的责任负责。❷ 虽然在 2012 年我国与加拿大签署的投资保护协定中包含有一般例外条款的内容，但在我国的 2010 年范本（草案）及其之前的双边条约范本中，并没有出现这一规定。

第三，"根本安全例外条款"缺失。"根本安全例外条款"大多数都是在 20 世纪 90 年代以后出现且与"解决投资争议国际中心"（International Centre for Settlement of Investment Disputes，ICSID）受案量的激增有着密切的联系。虽然"根本安全例外"的定义和范围在每个国家的规定都不一样，但对东道国而言，根本安全例外条款作为"安全阀"无疑给予了其在与投资者的争端中更多的免责理由。在特殊情况下，根本安全可能不仅包括政治、经济军事的安全，比如当环境安全的界限达到了灾难的地步，它就"完全能够成为一个国家为了其根本安全采取紧急措施的理由"。❸ 例如，早在 1977 年，匈牙利诉捷克斯洛伐克的"盖巴斯科夫 – 拉基玛洛大坝"案中，国际法院认为，受该大坝工程更改的影响，匈牙利境内的多瑙河的环境作为其"根本利益"受到了影响和威胁。❹

参看美加印三国的规定，美国在其第 18 条、加拿大在其第 10 条都规定有根本安全例外的内容。比较美加的"根本安全例外条款"可以看出，加拿大列举内容数量最多，包括但不限于"核材料及裂变聚变材料""战争行动""武器流通"等影响到国家根本安全的例外。美国则采取了笼统的规定，要求"缔约方提供或允许使用其认为披露会违背其根本安全利益的信息内容和说明一方使用其认为是履行有关维护或恢复国际和平与安全，或确保其自身根本安全利益的必要措施的行为可以构成例外"。

❶ 张薇．论国际投资协定中的环境规则及其演进——兼评析中国国际投资协定的变化及立法 [J]．国际商务研究，2010（1）：60.
❷ 韩秀丽．中国海外投资的环境保护问题研究——国际投资法视角 [M]．北京：法律出版社，2013：76.
❸ 韩秀丽．中国海外投资的环境保护问题研究——国际投资法视角 [M]．北京：法律出版社，2013：77.
❹ 王曦．国际法院盖巴斯科夫 – 拉基玛洛大坝案，卫拉曼特雷（Weer Lantry）副院长的个别意见书 [M]//国际环境法资料选编．北京：民主与建设出版社，1999：664 – 665.

虽然早在 1988 年《中国—新西兰双边投资条约中》就规定有 "Essential Security Interests"❶ 一词，但从目前中国投资条约范本的内容看，东道国的免责只能是因为"正当公共福利"采取的管制措施。正如温先涛所言，"公共福祉意义上的'Safety'远不如'Essential Security'那样事关重大。若只规定公共福祉的免责而不涉及根本安全，的确是有些不分轻重。"❷ 虽然根本安全例外的内容对东道国来说意义重大，我国却没有在现行范本中规定"根本安全例外条款"。

第四，环境保护义务专门条款的缺失。美国 2012 年范本第 12 条"投资和环境"用七款从实体和程序两方面都加强了东道国的义务。加拿大也在其 2004 年范本中设立了"健康，安全以及环境措施"条款，明确了条约签订任一方试图通过降低其国内健康、安全及环境措施的要求来鼓励投资的方式都是不可取的。相比之下，中国没有在其范本中规定环保义务专门条款。虽然说，一国以放松自己的环境标准为手段吸引投资是其本国的权利，但从全球都在呼吁可持续发展的大背景来看，这样做无疑是不符合潮流的。通过制定强调东道国环境保护义务的专门条款既可以确保东道国履行环境保护义务做到保护环境的可持续发展，又可以做到吸引良性的外资入境。并且，相比较于事后通过判例法来确定东道国的规制权力，在法律层面上预先对东道国的权力作出明确规定更有利于保护东道国的利益、更具有可预期性，让东道国更能放开手脚在其权力边界实施环保措施。投资利益和环境利益的关系并不是全然对立的。随着国家参与和利用海外投资的深化，正确地看待环境保护和投资的关系，保护投资者的利益和东道国的环境，实现利益最大化和可持续发展的平衡成为最明智的选择。

第三节　非洲的地缘政治风险

不可忽略的是，尽管投资非洲蕴藏着巨大的机遇和潜力，但地缘政治的风险已在悄悄逼近。

---

❶ 中华人民共和国和新西兰政府关于促进和保护投资协定 [EB/OL] [2015 - 04 - 15]. http://tfs. mofcom. gov. cn/aarticle/h/av/201002/20100206778948. html.

❷ 温先涛.《中国投资保护协定范本》（草案）讨论稿（二）[J]. 国际经济法学刊, 2012 (1): 158.

一、中国投资在非洲的现状

非洲是一块拥有 10 亿人口的大陆，矿产资源丰富，盛产金、银、钴、钻石及金刚石。非洲国家大多经济落后，政治动荡不安，历史上长期遭受西方国家的奴役和掠夺及经济、政治和外交上的封锁。第二次世界大战结束以来，始于北非的独立浪潮席卷撒哈拉沙漠以南的广袤地区，1960 年被誉为"非洲独立年"，独立运动达到了巅峰，喀麦隆等 17 个国家获得独立。尽管非洲地区摆脱了殖民统治，但地缘政治形势波谲云诡，政变、革命、战争及内战并未偃旗息鼓，这里依然是全球政治动荡最频繁的地区。而非洲矿产资源丰富，其中战略性能源物资——石油的分布和储量最令世人叹为观止，吸引着外国投资者趋之若鹜。非洲已成为全球商机潜力最大的地区之一。根据联合国贸发会议发布的《2014 年世界投资报告》（World Investment Report 2014）：受到国际和区域市场寻求型和基础设施投资的影响，2013 年非洲地区吸引的 FDI 增长了 4%，达到 570 亿美元。[1] 在食品、信息技术、旅游、金融和零售等行业，出于对新兴中产阶级持续增长的预期，促进了消费导向型 FDI 的增加。非洲东部和南部地区 FDI 流入带动了非洲整体 FDI 的增长，同时其他地区有所下降。南部非洲的 FDI 流入量几乎翻了一倍，达到 130 亿美元，这主要得益于南非和莫桑比克的 FDI 流入量达到了创纪录的新高。在这两个国家，基础设施是吸引外资的主要部门，莫桑比克天然气行业在吸引外资中扮演着重要角色。由于流入埃塞俄比亚和肯尼亚的外资不断增长，非洲东部地区整体 FDI 增长了 15%，达到 62 亿美元。肯尼亚正在成为受青睐的商业中心，不仅因为石油和天然气开采业，还得益于制造业和运输业；埃塞俄比亚的工业战略可能吸引亚洲资本建设制造业基地。北部非洲的外资流入量降低了 7%，降至 150 亿美元。部分由于政治和安全的不确定性增加，中部和西部非洲的 FDI 流入量分别降至 80 亿美元和 140 亿美元。南非、肯尼亚和尼日利亚的跨国公司活动推动了非洲内部投资的增加。从 2009 年到 2013 年，非洲内部的跨国绿地投资项目合同金额比例增加至 18%，而上一阶段这一比例不足 10%。对于许多规模较小、地处内陆或没有石油出口的非洲国家，区域内的投资是 FDI 的重要来源。非洲内部不断增长的 FDI 与各国领导人对建设更深层次区域一体化的努力是一致的。然而，

---

[1] 冼国明，等译. 2014 世界投资报告：概述 [EB/OL]［2015 − 07 − 14］. http：//www.nkiie.com/news1.asp? ArticleID = 1312.

对于绝大多数次区域集团，集团内 FDI 只是非洲内部 FDI 流量的一小部分。只有在两个区域经济合作集团中——EAC（约占 50%）和 SADC（90% 以上），集团内 FDI 构成了非洲内部投资的重要组成部分，这主要是由于这些组织的有关国家对相邻国家的投资占其对外投资的主导地位。在提升区域内投资方面，区域经济合作组织也没有更广泛的非洲经济合作组织具有效率。非洲内部的投资项目集中于制造业和服务业。只有 3% 的区域内绿地投资项目在第一产业，而在区域外绿地投资项目中这一比例达到 24%（2009—2013年）。区域内投资有助于构建本地区的价值链。然而，到目前为止，非洲对全球价值链（GVC）的参与仍局限在与发达国家原材料出口的下游整合阶段。

根据中国驻加蓬大使馆经济商务参赞处的调查❶：据 FDI 报告和英国《金融时报》集团数据显示，非洲目前已经是世界上吸收外国直接投资发展最快的地区。2014 年，非洲的资本投资增长了 65%，约 870 亿美元。外商直接投资项目的数量上升了 6%。其中，北非吸引外国直接投资翻了一番多，从 100 亿美元增长到 260 亿美元；非洲撒哈拉沙漠以南地区，吸收投资从 420 亿美元上升到610 亿美元。对非洲资本投资中，石油和天然气投资占比约 1/3，达到 330 亿美元。房地产是第二受欢迎的行业，为 120 亿美元，再次是通信业，为 60 亿美元。而根据安永发布的《2014 年非洲最具吸引力调查》，以下 15 个非洲国家和省份最受外国投资者欢迎，分别是南非的豪登省、西开普省、夸祖鲁–纳塔尔省、东开普省、埃及的卡希拉、摩洛哥的卡萨布兰卡、肯尼亚的内罗毕、尼日利亚的拉各斯、安哥拉的罗安达、突尼斯、加纳的大阿克拉地区、摩洛哥的丹吉尔、阿尔及利亚的阿尔及尔、坦桑尼亚的达累斯萨拉姆、莫桑比克的马普托。随着外商直接投资的增长，非洲经济体实现了强劲增长。非洲 2014 年 GDP 增长 5%，超过全球平均水平 1.5 个百分点。世界银行和国际货币基金组织预计，受大宗商品价格下跌和埃博拉病毒危机的影响，2015 年非洲经济增速为 4%～4.5% 之间，2016 年将反弹至 5%。国际货币基金组织还预计，2015 年全球十大经济增速最快的国家中，有七个来自撒哈拉以南的非洲地区，这一地区的增速将达到全球平均速度的两倍。外国资本对非洲的直接投资近些年增长迅猛，从2000 年的 100 亿美元增加到 2013 年的 6500 亿美元。究其原因，首先，非洲拥有丰富的自然资源，比如近年来发现的矿产、石油、天然气都是很多国家急需

---

❶ 中国驻加蓬大使馆经济商务参赞处. 非洲成为外国直接投资增长最快地区［EB/OL］［2015 – 05 – 22］. http：//fec. mofcom. gov. cn/article/xwdt/gw/201505/1870196_1. html.

的资源。其次，非洲大部分国家政局走向稳定，致力于建设更友好的投资环境，并推出吸引外资的政策。此外，非洲有世界上最年轻的人口，最大的劳动力市场。普华永道发表评论说，在未来30年的时间，每5个孩子当中将有1个生活在非洲，非洲将有最多的劳动人口。与此同时，很多发达国家拥有过剩的产能，饱和的市场，需要向非洲大陆的新兴市场转移。这些都使外国投资者的焦点投向非洲。

2013年中国对非洲投资流量为33.7亿美元，同比增长33.9%；截至2013年年底，中国企业对非洲投资存量为261.9亿美元，同2003年相比增长了约52倍；中国企业在非洲52个国家（地区）共设立了2955家境外企业，占中国境外企业总量的11.6%。根据《2014年世界投资报告》公布的数据，2013年非洲流入外资570亿美元，中国对非洲直接投资占当年非洲外资流入总量的6%。近年来，中国企业以承包商的形式，进军非洲的公路、铁路和电力等行业的投资。❶ 非洲开发银行、联合国开发计划署、经济合作与发展组织日前联合发布报告称，中国等新兴市场表现出对非洲市场的强烈兴趣，2014年非洲吸引外资规模有望达到800亿美元。国务院总理李克强在访问非洲期间表示，近年来，中非贸易快速增长，下一步应促进贸易增量提质，力争实现到2020年中非贸易规模达到4000亿美元左右，中国对非直接投资存量向1000亿美元迈进。❷ 中国驻加蓬大使馆经济商务参赞处的调查报告还表明：❸ 中国企业进入非洲虽然较晚，但近二十年来增长迅猛。在众多的外国投资商中，英国稳坐2013年排名第一的交椅，投资项目共有104个。美国2013年在非直接投资项目只有78个，与2012年比，降幅达20%，居第二位。与此同时，西班牙和日本企业2013年在非直接投资势头迅猛，增幅分别达到52%和77%。过去5年，中国对非直接投资新项目数量为152个，列全球第九。在非投资的2000多家中国企业中，中小或民营企业占70%以上。

中国驻坦桑尼亚经商代表处证明：❹ 中国资助肯尼亚从蒙巴萨港到内罗毕的

---

❶ 数据来源：商务部. 中国对外投资合作发展报告 [R]. 北京：中国商务部，2014：63.

❷ 有之忻. 中企投资"非洲热"奏响"现在进行式" [EB/OL] [2014 – 05 – 22]. http://news. xinhua-net. com/fortune/2014 – 05/22/c_1110809937. htm.

❸ 中国驻加蓬大使馆经济商务参赞处. 非洲外国直接投资大涨 中国对非直投新项目152个 [EB/OL] [2015 – 05 – 22]. http://fec. mofcom. gov. cn/article/xwdt/gn/201408/1832558 _1. html? COLLCC = 3432824815&.

❹ 中国驻坦桑尼亚经商代表处. 中国投资是非洲基础设施发展的关键 [EB/OL] [2015 – 03 – 05]. http://fec. mofcom. gov. cn/article/xwdt/gw/201503/1858360_1. html.

铁路建设，未来还将连通乌干达、卢旺达和南苏丹等邻国铁路网。现代化的铁路网将极大地降低运输成本，提高地区贸易竞争力。中国在乌干达等非洲国家积极开发水电，大大缓解了当地电力缺乏的问题。

美国有线电视新闻网（Cable News Network，CNN）指出：❶奥巴马宣布美国企业将向非洲投资 140 亿美元，而中国十年前就开始重视非洲并在非洲投资。2014 年中国在非洲的投资将达到 2460 亿美元，远远超出美国在非洲的投资。专门研究新兴市场投资的 John Defterios 称，2000 年中国在非洲投资近 350 亿美元，2014 年在非洲的投资将达到 2460 亿美元，中国在非洲的投资大约以每年 16% 的速度增长。中国在非洲投资最多的 5 个国家是尼日利亚、赞比亚、南非、津巴布韦、刚果（金），其中在南非的投资最多，其次是非洲最大的消费市场尼日利亚。中国在非洲投资的领域包括建筑、道路基础设施建设、通信网络、教育，当然还有重要的矿产开发。

尽管中国对非洲直接投资规模逐步扩大，但中国对非投资在中国对外直接投资总额中所占比重较小，除 2004 年、2007 年、2008 年和 2011 年以外，其余年份基本维持在 3% 左右。2013 年，中国企业对非投资占中国对外投资流量总额的 3.2%，位居中国对外投资流量地区分布的末位。截至 2013 年年末，中国企业对非洲投资存量占中国对外直接投资存量的比重仅为 4%，仍然偏低。投资覆盖率较高，但国别分布较为集中。《2013 年度中国对外投资统计公报》数据显示，截至 2013 年年末，非洲共 60 个国家（地区）中，中国企业投资覆盖了其中 52 个，对非投资覆盖率为 86.7%，在中国对全球 6 大洲投资覆盖率中位居第 2 位，仅次于亚洲（97.9%），略高于欧洲（85.7%），远高于拉丁美洲（60.4%）和大洋洲（50%）。❷2013 年中国对非洲直接投资流量前 10 位的国别（地区）占比如图 4-1 所示。

❶ 中国驻加蓬大使馆经济商务参赞处. CNN：中国在非洲的投资远超美国［EB/OL］［2014-09-01］. http：//fec. mofcom. gov. cn/article/xwdt/gn/201409/1837298_1. html.

❷ 商务部. 中国对外投资合作发展报告［R］. 北京：中国商务部，2014：64.

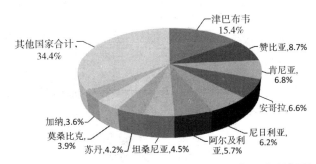

图 4-1　2013 年中国对非洲直接投资流量前 10 位的国别（地区）占比❶

　　虽然中国对非洲投资国别覆盖率较高，但投资的国家（地区）分布较为集中。就流量而言，2013 年中国对非洲直接投资的近 90% 集中于占中国对非投资覆盖国别总数的不足 1/3 的 17 个国家（地区），这 17 个国家（地区）当年吸收中国直接投资流量均在 1 亿美元以上，合计 29.9 亿美元，占当年中国对非投资总额的 88.8%。2013 年中国对非投资流量前 10 位的国家（地区），占中国对非投资覆盖国别总数的不足 1/5，却集中了当年中国对非洲直接投资流量的 65.6%。

　　截至 2013 年年末，中国在南非、赞比亚等投资存量最大的 10 国家（地区）累计投资达 176.5 亿美元，占中国对非洲投资存量的 67.4%。因此，无论从流量还是从存量来看，中国对非洲直接投资的国别分布都较为集中。2013 年年末，中国对非洲直接投资存量前 10 位的国别（地区）占比如图 4-2 所示。2013 年中国对非洲直接投资流图主要行业占比如图 4-3 所示。

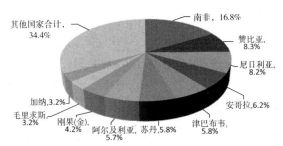

图 4-2　2013 年年末中国对非洲直接投资存量前 10 位的国别（地区）占比❷

❶　数据来源：商务部，国家统计局，国家外汇管理局. 2013 年度中国对外直接投资统计公报. 商务部. 中国对外投资合作发展报告［R］. 北京：中国商务部，2014：64.
❷　数据来源：商务部，国家统计局，国家外汇管理局. 2013 年度中国对外直接投资统计公报. 商务部. 中国对外投资合作发展报告［R］. 北京：中国商务部，2014：65.

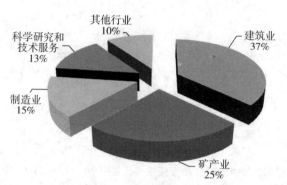

图 4 – 3　2013 年中国对非洲直接投资流量主要行业占比❶

二、"新殖民地主义"投资动机的苛责

中国投资者在非洲的并购既有成功亦有失败。5 年前，山东钢铁集团以 15 亿美元的代价，取得了塞拉利昂唐克里里（Tonkolili）铁矿石项目 25% 的股权。非洲矿业公司（African Minerals，以下简称非洲矿业）在 2015 年 2 月 27 日的一份声明中表示："借款人和担保人并没有足够的资金可以用来偿还债务。"2014 年铁矿石价格跌落 70 美元/吨，加之西非爆发埃博拉疫情，导致采矿成本提高，非洲矿业在 2014 年 12 月发布公告称，由于营运资本不足，已关停塞拉利昂地区矿山。❷ 中国工人在尼日利亚北部、苏丹、埃塞俄比亚和索马里遭绑架亦表明了巨大的风险。2014 年 5 月，中国总理李克强在内罗毕与肯尼亚、乌干达、南苏丹和卢旺达等国的领导人签订了一项数十亿美元的协议，修建一条标准轨距铁路。预计这条铁路将把货运成本削减 60% 以上，而且能加强地区贸易。当地团体几乎马上对中国将输入 5000 名工人来参与此项工程的报道提出抗议。在肯尼亚境内的那段铁路由中国路桥工程有限责任公司（CRBC）承建，但此事未经过竞标，据说这是一个融资条件。CRBC 是中国交通建设股份有限公司的下属子公司，而世界银行因为这家母公司被指控欺诈和腐败，禁止其在 2009 年至 2017 年期间参与任何投标。❸

中国投资者在非洲一直受到投资动机在于掠夺非洲的资源的质疑。某些西方国家认为中国在非洲推行新的"殖民政策"，其内涵主要包括：第一，掠夺

---

❶ 数据来源：商务部. 中国对外投资合作发展报告［R］. 北京：中国商务部，2014：66.

❷ 彭斐. 中企非洲投资百亿矿山被关停 非洲公司称没钱还债［N］. 每日经济新闻，2015 – 03 – 06.

❸ 威特尼·施奈德曼. 中国公司在非洲有改变吗？［EB/OL］［2015 – 03 – 20］. http：//news. ifeng. com/a/20150320/43382285_0. shtml.

非洲能源。中国投资基于对石油、有色金属等战略原材料的需要；第二，以廉价商品占领非洲市场。认为中国的廉价商品，特别是纺织品严重冲击了当地纺织品发展，造成了企业倒闭和工人失业；第三，向非洲国家推销中国经济发展模式。对于上述非议，即使是美国学者内部亦并不完全认可。例如，美国智库"全球发展中心"发布了一份长达67页的研究报告——《中国对非洲发展金融援助：基于媒体报道的数据收集方式》，源自美国威廉玛丽学院收集的2000—2011年间有关中国援助非洲的数千份媒体报道，涵盖了中国在51个非洲国家的1673个援助项目、中国对非洲官方援助承诺等领域，得出的结论清晰地表明，西方对中国援助非洲的非议和指责缺乏根据。报告指出，一些西方援助国认为，对于安哥拉、苏丹和尼日利亚的资源，中国与这些国家存在竞争关系。针对"中国无条件支持无赖国家"的指责，报告指出，中国基于不干涉内政原则，对非洲国家提供不附带"人权""民主"条件的援助，却常被西方学者指责为"延迟治理与反腐败改革""帮助压制受援国政治反对派"。但是，"根本没有证据表明，北京在非洲愿意与那些治理混乱和专制的政府进行合作"。报告指出，中国并未根据受援国是"威权体制"还是"民主体制"来决定援助金额的多少。至于"中国援非造成环境破坏并违反劳工标准"，报告指出，许多此类指责并无可靠的事实基础。报告认为，缺乏跨国或跨地区数据表明受援国环境破坏、违反劳工标准与中国贷款或投资有必然的联系。"中国援建只看重政府大楼、文化中心、体育场等显眼的基建项目，却对经济增长漠不关心"，报告认为这些基础设施的投资正是基于非洲国家的强烈需求，而西方国家的企业常常因为这些项目风险较高而不愿参与。❶

事实上，中国在非洲的投资，不附加任何政治条件，除自然资源开发方面的投资外，更主要致力于农业、教育、医疗、卫生、社会基础设施等民生领域，例如，在交通、通信、电力等重大经济社会基础设施的项目上，帮助非洲从基础做起，循序渐进地摆脱贫困。揭秘个中缘由，之所以自然资源开发在非洲的投资占较重的比例，是由非洲落后和单一的产品结构所决定的。虽然摆脱了殖民统治，但非洲仍是全球最贫困的大洲，官员的腐败和军队因脱离国家管理而频繁发动叛乱，政府的无能加剧了社会的动乱，令非洲的经济雪上加霜。基于此，能够进入国际贸易领域循环的商品多为低附加值的原材料，在短时间内无

---

❶ 余晓葵. 以正视听中国援非绝不是掠夺资源 [N]. 光明日报，2013－5－8.

法与中国制造的产品在科技含量方面抗衡亦在情理之中。

从存量看，截至 2013 年年末，中国对非直接投资存量排名前 5 位的采矿业、建筑业、金融业、制造业及科学研究和技术服务业，合计 222.7 亿美元，占中国对非直接投资存量的85%。其中，采矿业 69.266 亿美元，占中国对非直接投资存量的比重为 26.4%，略高于建筑行业（26.1%）。少数媒体中宣传中国对非洲投资是"掠夺资源"不符合现实，具有一定的误导性。事实上，在 2013 年的中国对非洲直接投资流量中，建筑业所占比重接近40%，远超过采矿业（24.7%）。从投资存量看，采矿业在中国对非洲投资存量中占比重（26.4%）同建筑行业（26.1%）基本持平，如图 4 - 4 所示。

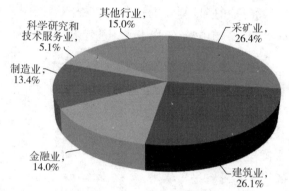

图 4 - 4　2013 年年末中国对非洲直接投资存量主要行业占比❶

三、恶债风险

"恶债不予继承"的地缘政治风险再现于利比亚的中国投资企业，令人错愕不已。

（一）恶债与海外投资的关联性

梳理国际法学者们关于"恶债"背景的脉络经纬，不难发现，"恶债不予继承"似乎早成为一项公认的、涉及国家债务继承的国际法基本原则。❷ 学者们将"恶债"的内涵勾勒为三大层次分明的条件：其一，有悖国家或人民的合法利益；其二，未能体现债务国人民的明示或默示同意；第三，债权人获悉上

---

❶ 数据来源：商务部，国家统计局，国家外汇管理局. 2013 年度中国对外直接投资统计公报. 商务部. 中国对外投资合作发展报告［R］. 北京：中国商务部，2014：67.

❷ Odious Debt: Modernizing Ancient Problems Seth Reynolds. p3.

述情形。❶ 我国学者曾指出："恶债与当代的国际法不相符，尤其是不符合《联合国宪章》中规定的国际法原则。"❷ 杰夫·金（Jeff King）进一步解释第一种情形有：独裁者的滥用职权；购买军用物资用以镇压人民或发动战争；为维护国家机器运转、巩固独裁统治的措施，以及建造少数人受惠的基础设施等。❸ 萨克则主要将"恶债"适用于独裁者的情形。需要说明的是，"恶债"并非仅发生在国家与国家之间，国际组织、公司、法人等私人充当贷款人在跨国"恶债"纠纷中的情形屡见不鲜。不仅如此，"恶债"与海外投资亦有着千丝万缕的关联，因海外投资形成的"恶债"不胜枚举，隐患无穷，无疑加剧私人海外投资者的风险，投资者母国被迫陷入铩羽暴鳞的艰难处境。利比亚新政府强调将对卡扎菲时代签订的合同重新审查，以考察是否存在腐败现象。❹ 尽管利比亚国民议会议长赛里姆于 2012 年 8 月 8 日正式接受利比亚全国过渡委员会的权力移交，中国企业的窘迫依然如故。

（二）恶债的法律适用问题提出

回顾历史，中国民间立法活动的成果——《中国国际私法示范法》关于合同的法律适用的规定体现了以意思自治原则为基础，最密切联系原则及特征履行方法为补充之特色。自 2011 年 4 月 1 日起施行的《中华人民共和国涉外民事关系法律适用法》（以下简称《涉外民事关系法律适用法》）第 41 条秉承了"最密切联系说"与"特征履行说"之长，也就是说，首先，当事人依据"最密切联系说"协议选择合同适用的法律；如果现实中匮乏当事人的选择，则依据"特征履行说"抽丝剥茧，探寻最恰当体现该合同特征的一方当事人的属人法，如其经常居所地、营业地的法律，或者其他体现该合同履行特征地点的法律。尽管如此，《涉外民事关系法律适用法》第 41 条规定仍预留下太多的空间，需要最高人民法院出台司法解释与之相辅相成。但《最高人民法院关于适用〈中华人民共和国涉外民事关系法律适用法〉若干问题的解释（一）》（以下简

---

❶ SARAH LUDINGTON &MITU GULATI. A Convenient Untruth: Fact and Fantasy in the Doctrine of Odious Debts. Virginia Journal of International Law, Vol. 48, No. 3; Duke Law School Legal Studies Paper No. 174. p597.

❷ 陈豪，换林. 论恶债不予继承原则 [N]. 今日财富，2010（3）：184.

❸ Ashfaq Khalfan, Jeff King, Bryan Thomas. Advancing the Odious Debt Doctrine. http://www.cisdl.org/pdf/debtentire.pdf. p43.

❹ 王淑敏. 恶债在国际法中的沉淀与反思——以中国的海外投资风险为视阈 [J]. 政法论坛，2012（1）：85.

称新司法解释）与之契应，但新司法解释未能实现众望所归，甄别具体合同的"特征履行地"。除此之外，恶债这类争议饱含着国际公法因素，仅依据上述国际私法法律或司法解释难以有效地解决问题。一言以蔽之，归咎于恶债的投资合同、工程承包合同或贷款合同的冲突规范尚不清晰。

第五章

地缘政治视阈下中国海外投资保护的
国内法体系评析

地缘政治与海外投资保护的国内法律体系相互影响、相互作用。国内法体系在形成和发展的过程中，不同程度上受到地缘政治因素的影响；反之，伴随着海外投资及其法律制度的不断完善，中国的地缘政治格局也受其作用，促使世界或地区范围的政治形势产生了微妙的变化。在经济全球化的背景下，海外投资已经成为经济发展的重要组成部分，地缘政治风险日益成为海外投资的新阻碍。以"一带一路"为契机，厘清中国海外投资法体系的历史、分析其现状、挖掘其缺陷、肃清其实施障碍，有益于完善国内法律体系，保护中国海外投资成果。

第一节　地缘政治与海外投资国内法律体系：
对历史演进的评析

冷战结束之后，国际政治局势发生了巨大的变化。世界范围内，局部热战频起，不断膨胀和激化的民族问题，日益恶化的环境问题，国际恐怖主义和大规模杀伤性武器问题渐趋严重。全球的地缘政治格局也随之发生前所未有的变革，影响着国际投资的走向和趋势。在国际投资的舞台上，发达国家和发展中国家的博弈愈演愈烈。国际投资的自由化、规范化和法制化趋势已然被国际社会所认同，结合地缘政治预置经济风险，完善海外投资法律体系显得愈加重要。中国的海外投资活动不得不承载着地缘政治的桎梏，在逐渐积累经验和完善法律制度的过程中，形成了一套有层次的、有逻辑的、有体系的规范性法律文件的集合，这被认为是中国海外投资保护的国内法体系。

在我国传统法学理论中，将部门法体系称为法律体系，即"由一个国家的全部现行法律规范分类组合为不同的法律部门而形成的有机联系的统一整体"。❶ 该定义以广义的国内法为视角，而微观层面的部门法在其专属的法律关系中也可以称为相应的狭义"法律体系"，学者们也通过借鉴传统概念来说明各自成体系的法律规范，如民法体系、海法体系、WTO 法律体系、海外投资法律体系等。❷ 如王贵国教授认为国际投资法的体系包括主体（国家政府、跨国公司、个人）、客体（投资商业活动及行为）、原则（国家主权、国家行为、主权豁免、可持续发展等）、内容（散见于一些国际组织的多边和双边文件）。❸ 余劲松教授也提出了国际投资法体系的概念，具体包括调整国际投资关系的有关国内法规范和国际法规范综合形成的一个独立的法律体系，具体包括外国投资法、合营企业法、外汇管理法、涉外税法等资本输入国法制、海外投资保险法等资本输出国法制，以及由国际条约、联合国大会的规范性决议、国际惯例组成的国际法规范。❹ 有外国学者认为法律体系是一套有主次、有程序、有层级的规则集合，针对某一特殊领域的事实关系形成了一种封闭的法律循环。❺

基于上述学者的观点，可以认为，我国海外投资法律体系是指我国投资者在海外投资活动中所涉及的调整投资者和母国（又称资本输出国）、投资者和东道国（又称资本输入国）、母国和东道国之间法律关系的规范性文件的集合，包括国内法律、行政法规、司法解释、地方法规、地方规章、部门规章，以及国际条约、公约等其他规范性文件。该体系是一个相当庞杂广博的系统，在国际投资领域海外投资权利义务关系中形成了封闭的法律循环。该体系经历了从无到有、从单薄到丰盈的发展历程，在体系逐步发展壮大的过程中，地缘政治的影响是不容忽视的，以地缘政治为视角，厘清体系演进的脉络是十分必要的，厚积薄发助力海外投资"走出去"经济战略，拾遗补阙完善法律制度，防范地缘政治风险，为投资者披荆斩棘、保驾护航。

纵观历史，新中国成立后一直受到地缘政治的威胁，周边战事不断，1950

---

❶ 张志铭. 转型中国的法律体系建构［J］. 中国法学，2009（2）：140–158.
❷ 赵维田. 一套全新法律体系——WTO 与国际法［J］. 国际贸易，2000（7）：48–51.
❸ 王贵国. 国际投资法［M］. 北京：法律出版社，2008：22–23.
❹ 余劲松. 国际投资法［M］. 北京：法律出版社，2007：12.
❺ William Rip Hagen, Third Report on the Content, Forms and Degrees of State Responsibility, Yearbook of the International Law Commission, 1982, p24.

年抗美援朝战争等地缘之争阻碍了社会经济的发展。在此期间，中国人民又经历了"大跃进"等一系列历史事件，让原本经济落后的新中国雪上加霜。在计划经济体制下，经济投资可谓凤毛麟角，海外投资更是痴人说梦。从 1972 中日建交到 1978 年中美建交，中国的地缘政治威胁逐步得到缓解，粉碎"四人帮"后，国内政局恢复稳定，加快经济发展被作为国家发展的基本方略。1978 年，在政治局讨论《政府工作报告》的会议上，将进一步解放思想、发展对外贸易、引进先进设备和技术、增加外汇收入作为未来一段时间的经济工作重点。20 世纪 70 年代末，我国基于政治和经济的考虑，第一家境外合资企业"京和股份有限公司"成立，由北京友谊商业服务公司同东京丸一商事株式会社在东京创办，主要用于引进国外先进的技术和设备。❶ 到了 80 年代，我国明确发展企业的跨国经营鼓励海外投资，与此同时，一批国有企业，如中国国际信托投资公司、中国五矿集团等，身先士卒开始探索性的海外投资活动。随后的中共中央十四届五中全会肯定了跨国经营是实现我国经济发展的重要方式。进入 90 年代后期，中共中央在十五大报告中更明确地告诉企业，"鼓励能够发挥我国比较优势的对外投资"。❷

跨入 21 世纪，中国的地缘政治关系进入了前所未有的和平发展时期，经济发展成为世界的主题，迎合时代所需，中共中央提出企业"走出去"战略，将海外投资作为新时期的一项重要经济工作。2001 年出台的《十五计划纲要》则将"走出去"与对外贸易、利用外资并列为"十五"开放型经济发展的三大支柱。2002 年，中共中央在十六大报告指出，要"坚持'引进来'和'走出去'相结合，全面提高对外开放水平"。2007 年，中共中央十七大报告开始全方位支持企业海外投资事业，明确指出："支持企业在研发、生产、销售等方面开展国际化经营，加快培育我国的跨国公司和国际知名品牌。"2013 年，国家提出"一带一路"战略，并鼓励我国企业积极参与"一带一路"区域投资建设，"丝路基金和亚投行"的设立也为投资者提供了多元的融资渠道，海外投资迎来了新的机遇和挑战。

中国海外投资的地缘政治风险影响了国家政策的制定，海外投资政策作为风向标，又影响着投资者的信心，也牵动着海外投资法律体系的构建效率。基于此，结合地缘政治因素分析上述政策，以政治经济事件为节点，将我国海外

---

❶ 谢洪燕，袁丁. 我国对外直接投资发展中存在的问题及对策［J］. 集团经济研究，2004（12）：42.
❷ 张良泉. 论第三代中央领导集体的"走出去"战略［J］. 云南社会科学，2003（4）：60－64.

投资法律体系的演进分为四个部分进行深入探讨，对完善我国海外投资法律体系是十分重要的。

一、改革开放初期（1978—1993 年）

1978—1984 年是中国实行改革开放政策的初期，政府举措迭出，经济改革和对外开放徘徊前行，国际地缘政治环境错综复杂，地缘政治因素影响着中国企业的海外投资活动。基于 1972 年、1978 年和 1982 年的三份中美联合公报，中国和美国步入了邦交正常化和经贸正常化的历史时期，并且由于中苏领土争端导致两国政治关系恶化，此时美国抓住机会拉拢中国抵制苏联，中美关系进入"蜜月期"。❶ 美国一改以往对华的遏制政策，变为在政治、军事和经济等方面的多元化合作。中国也抓住这一契机，国务院于 1979 年 8 月制定了 15 项经济改革措施。其第 13 条规定"批准在国外建立公司"。综合地缘因素，投资多分布于我国周边或邻近的国家和地区，涉及的领域主要有机械加工、进出口贸易、承包工程、能源开发、航运服务和餐饮服务等。而且，绝大多数是国有企业，以设立办事处或合资贸易公司的形式，引进国外先进的技术和设备，在充分了解当地的风土人情和法律法规后，再逐步投资设厂或并购当地企业投入生产，以此扩展我国对外经济技术合作手段，探索新的合作发展方式。这一时期的地缘政治环境、政策导向、外汇制度、海外投资经验等因素影响海外投资企业多以贸易为主，如中国电子进出口公司、中国轻工业品进出口公司、中国化工进出口总公司、中国机械进出口公司等，不过，也有少数企业开始尝试并购当地企业和以绿地方式尝试海外直接投资，由此我国海外投资迈出了坚实的一步。

这一阶段，海外投资主要采取个案审批模式，基于地缘政治的考虑，投资多数集中在与我国地缘邻近且政府间关系融洽的国家和地区，投资的数量和规模都很有限，尝试和探索性的海外投资实行集中统一的管理模式。1982 年之前，国务院非常重视海外投资审批工作，主要因为投资的企业多数是国有企业，所输出的都是国有资产，实行个案审批制利于有效地监管国有资产的实际使用情况，赋予国务院对海外投资项目的目的、计划和风险因素进行谨慎审查的权力。1982 年之后，随着海外投资的数量有所增长，国务院将原有的审批权限下

---

❶ 胡勇. 中美建交 30 年：一个中国学者的备忘录 [J]. 美国问题研究，2010（1）：165 – 172.

放给对外经济贸易部（1982 年，出口管理委员会、对外经济联络部和外国投资管理委员会合并为对外经济贸易部）对海外投资项目进行逐一审批，并对企业形式加以管理。由对外经济贸易部根据国家海外投资政策、投资项目的可行性等不同情况进行行政审批，这一阶段尚未形成海外投资的相关法律规范，更谈不上法律体系的构建，但通过此阶段的实践经验的积累，为日后的法规制定奠定了实践基础。

1984—1993 年，东欧政治局势发生剧变，地缘政治格局也随之发生变化，波兰率先改革举行民主选举；随之而来的是匈牙利两党联合执政；以柏林墙倒塌为标志的两德统一；捷克斯洛伐克人民策动的"天鹅绒革命"；保加利亚、罗马尼亚、南斯拉夫、阿尔巴尼亚等东欧国家也走上了政治多元化、民主化的道路。❶ 1989 年 12 月，马耳他峰会上美苏两国领导人宣布冷战结束之后，不到一年的时间，俄罗斯总统叶利钦宣布苏共为非法组织，苏共中央委员会随之解散，苏联就此解体，雅尔塔体系土崩瓦解。苏联的解体是亚欧地缘政治的重新整合，对地缘国家的政治、经济和军事方面都产生了意义深远的影响。我国也深受此次变革的影响，地缘政治关系也随之发生巨大变革。这一期间，改革开放政策已经生根发芽，邓小平南方谈话对社会主义市场经济体制改革定下了新方向。借此东风，我国海外投资有了较快的发展，主要表现在参与海外投资的国内企业类型更加丰富，从资本构成的角度来看，海外投资不仅仅是国有企业唱主角，民营企业也粉墨登场、积极参与到海外投资活动之中；从行业角度分析，不仅是以前传统的工业企业、商贸企业，科技企业及金融、保险企业等也开始进军海外投资市场，拓展海外市场；从海外投资领域角度看，农工、服务等领域都有企业在海外投资设立机构经营。截止到 1992 年年底，海外非贸易性企业与贸易性企业分别为 1360 家和 2600 家，数量逐步拉近，海外投资总额达到 40 多亿美元；❷ 大型海外投资项目增多，已经出现单项投资超 1 亿美元的项目，如中国首钢集团在秘鲁投资达 1.2 亿美元的铁矿项目。多元化的地缘政治格局，促使投资分布的国家和地区更加广泛，1992 年 12 月前，我国海外投资企业已在世界上 120 多个国家或地区设立了企业。❸

---

❶ 张献生. 东欧国家政党体制的演变对我国坚持和完善多党合作制度的启示 [J]. 中共长春市委党校学报，2004（2）：36 - 40.

❷ 陈华. 对中国企业对外直接投资的研究 [D]. 北京：对外经济贸易大学，2002：17.

❸ 陶田，李好好. 国际投资学 [M]. 太原：山西经济出版社，2003：21.

这一阶段，地缘政治关系趋于平稳，我国企业在海外投资实践活动中，逐渐形成了国际化经营管理的框架，由于海外投资项目数量的不断增加，规范海外投资法律制度初露端倪。政府有关部门相继出台政策鼓励海外投资活动，海外投资的行政管理也逐步由投资的个案审批向规范性审批转变，海外投资的管理政策框架基本形成，为此后的海外投资的行政管理工作积累了丰富的经验。1984 年，原外经贸部出台了《关于在境外开办非贸易性合资经营企业的审批程序权限和原则的通知》；随后又出台了《关于在国外开设非贸易性合资经营企业的审批程序和管理办法（试行）》。该规章共 25 条，主要是对我国海外投资经营企业的申报审批程序以及相关行政管理办法作出具体的规定。并且，对我国建立海外合资经营企业的指导思想、前提条件等问题作了原则性规定。根据上述文件的基本原则和精神，授权地方政府（主要是省、直辖市人民政府）结合自身的地缘政治环境和海外投资情况制定地方性管理办法。不仅如此，海外投资的其他相关行政管理部门也制定规章规范海外投资经营活动，如国家外汇管理局制定《境外投资外汇管理办法》，随后又公布了该办法的实施细则，以明确境外投资的外汇流通管理程序；国家计委于 1991 年颁发的《关于加强境外投资项目管理的意见》，针对海外投资的项目审批和可行性作出指导性意见；国家国有资产管理局、财政部、外汇管理局也联合制定了《境外国有资产产权登记管理暂行办法》；1992 年，国有资产管理局发布了《境外国有资产产权登记管理暂行办法实施细则》，以监控国有资产的流转情况等。由此可见，我国海外投资法律制度初步构建完成，相关配套的规章制度规范了海外投资行为前期的投资申请、审查、批准、登记、外汇和财务管理等相关制度。

二、稳步增长时期（1994—2001 年）

1994—2001 年，我国周边地缘政治局势总体稳定，香港、澳门的回归让国家版图进一步完善，但是朝鲜核问题、车臣战争、恐怖袭击等不稳定因素也给经济的发展带来影响。我国经济整体上发展平稳，但是由于国民经济的发展过快、产业和投资结构不合理、物价飞涨等经济原因，从 1993 年开始，政府意识到上述问题开始主动实行宏观调控，由适度从紧的财政货币政策过渡为积极稳健，促使经济软着陆。中国一直积极推进入世谈判的进程，在地缘关系良性发展的大背景下，国际贸易和海外投资在稳步发展中略有起伏。1994 年后，海外投资的行政管理工作得到进一步加强，主要体现在原有的单一部门的审批管理模式逐步演变为多部门对审批、管理、监督分工协作，程序规范有序，职能部门相互监督制约，相关的配套政策也及时发布，完善海外投资的行政管理制度。与此同时，行政管理机构对海外投资项目的行政审批职权进行了卓有成效的清理和整顿。据统计，从 1994 年到 2001 年期间，我国海外投资净额以平均每年 20 亿美元稳步增长，跨世纪前后有所波动，对外直接投资净额累计近 240 亿美元❶，批准设立国外企业数量显著增加。❷ 归纳总结我国企业开展海外投资活动 20 多年来的海外投资、经营、管理经验，以及投资失利、投资纠纷中获得的教训，结合国际地缘政治局势和经济发展趋势，在中国共产党十五届二中全会上，中央高瞻远瞩地提出了发展海外投资的战略新方向："鼓励支持发展能够发挥我国比较优势的对外投资，以便更好地利用两个市场、两种资源；组织建立跨行业、跨部门、跨地区的跨国经营企业集团；在积极扩大出口的同时，要有领导、有步骤的组织和支持一批有实力、有优势的国有企业走出去，到国外投资办厂，主要是到中亚、非洲、中东、东欧、南美等地投资办厂。"❸ 海外投资的战略新方向，隐含了我国海外投资的地缘战略，并且前瞻性的预见我国将要从资本输入大国转型为资本输出大国，与此同时，也预示着我国的海外投资将出现新一轮快速发展时期。

这一阶段，伴随着国际游资的日益膨胀，国际货币危机和金融危机时有发生。根据加州大学伯克利分校的经济和政治学教授巴里·艾森格林和迈克尔·博多在研究中发现，在 2001 年一个国家爆发金融危机的可能性要比 1973 年高出一倍，并且危机具有传染性，危机爆发后会迅速蔓延到其他国家和地区，❹ 如墨西哥金融危机、亚洲金融危机、俄罗斯金融危机等。在 1997 年的亚洲金融危机中，中国幸免于难的关键在于资本市场的适度管制和金融服务市场的开放度低。我国海外投资也秉承了适度管制的策略，对货币和金融风险严格控制，海外投资规模在增长趋势平稳的前提下，政府行政管理部门在明确分工和职能的基础上，制定了一系列货币和金融规章，以此逐步完善我国海外投资法律规范的基本内容。

在海外投资的信贷融资方面，1995 年 9 月中国人民银行发布的《设立境外

---

❶ 杨伟文，余丽娟. 外商直接投资对我国出口贸易的效应分析 [J]. 中南大学学报，2004 (6)：761.

❷ 陶田，李好好. 国际投资学 [M]. 太原：山西经济出版社，2003：23.

❸ 肖锐. 坚持"引进来"和"走出去"相结合全面提高对外开放水平 [J]. 商业研究，2003 (22)：65.

❹ 吴佳. 金融危机传染效应与我国金融风险预警研究 [J]. 北方经贸，2009 (8)：114－116.

中国产业投资基金管理办法》；1997 年 4 月国家计划委员会、国家外汇管理局共同发布的《境外进行项目融资管理暂行办法》；1999 年 6 月中国人民银行、对外贸易经济合作部联合发布的《关于支持境外带料加工装配业务的信贷指导意见》。在海外投资外汇管理方面，1997 年 12 月国家外汇管理局发布的《境外外汇账户管理规定》。1996 年 12 月国家外汇管理局和海关总署联合发布的《关于对携带外汇进出境管理的规定》。在海外投资经贸合作方面，1996 年 3 月对外贸易经济合作部发布的《关于加强中外合资、合作企业中国有财产监督管理暂行规定》和《边境小额贸易和边境地区对外经济技术合作管理办法》。此外，相关部门还出台了《境外贸易、金融、保险企业财务管理暂行办法》《国有企业财产监督管理条例》等部门规章，以调节我国企业的海外投资经营活动。

这一阶段的立法活动以推陈出新为标志，原对外经贸合作部为了进一步贯彻改革开放政策，增强海外投资政策、规章、制度的透明度，废止原内部管理文件 54 个，相继又出台了一系列关于海外投资细化规定，海外投资管理制度、金融制度及保险制度等方面都有了重大改进和发展。在经济全球化潮流的推动下，我国宣布建立社会主义市场经济，使得经济法赖以存在的经济基础发生了巨大变化，中国的立法开始吸收境外法律条文、立法精神乃至法律价值观。❶ 从此，中国海外投资规章制度的发展走上了崭新的历程。

三、加入 WTO 初期（2001—2008 年）

2001—2008 年期间，"引进来"与"走出去"相结合的战略已纳入中国经济发展的总体战略之中，成为中国国家发展战略的重要组成部分，标志着国家发展战略在全球的延伸和体现。❷ 这一阶段，中央和地方有关部门也不失时机地采取相应措施，积极支持企业国际化经营。国务院各相关部门制定了相关的管理法规和配套措施，涉及简化审批程序、提供资金支持、扩大进出口经营权范围、财税管理、外汇管理、外派人员审批、海外经营保险等，为全面实施"走出去"战略奠定了基础。❸ 2001 年 12 月 11 日，中国正式成为世界贸易组织（WTO）成员之后，海外投资规模不断扩大。从 2003 年开始，为了推动出口贸

---

❶ 吴伟达. 境外直接投资法律制度研究［D］. 长沙：中南大学，2009：37.
❷ 伊文媛. 论实施"走出去"战略中政府的作用［D］. 南京：南京师范大学，2004：18.
❸ 耿金海. 保险并购理论研究与实践探索——基于产业组织理论的分析视角［D］. 天津：南开大学，2008：17.

易的发展，加快产业结构的调整升级，向海外转移国内成熟的技术和产业，我国政府提出了鼓励有实力的国内企业到海外投资，通过开展境外加工装配、就地生产、就地销售或向周边国家销售，带动国产设备、技术、材料和半成品的出口。❶ 我国加入了 WTO 后，在外国跨国企业和产品纷纷涌入中国市场的同时，我国各种所有制企业应抓住国际经济环境改善的有利时机，扬长避短，走出国门开拓海外市场，发展壮大自己，提升中国企业的国际竞争力。❷ 在政府积极推动并实施的"走出去"战略下，2005 年我国对外直接投资额连续攀升至 122.6 亿美元。❸ 截至 2004 年 5 月，经商务部批准或备案设立的境外中资企业共计 7720 家，中方协议投资额 121.96 亿美元。❹ 其中，境外加工贸易企业 523 家，中方协议投资额 13.66 亿美元；对外承包工程累计完成营业额 1012 亿美元，合同额为 1408 亿美元。❺ 到 2007 年，投资总额已达到 187.2 亿美元，对外投资企业已逾万家，成为资本输出大国。"我国海外直接投资目的地已遍及全球 167 个国家之多，我国已经毫无争议地成为世界海外直接投资的重要来源国，在发展中国家中更是首屈一指。"❻

这一阶段是我国国内法开始与 WTO 规则接轨的时期。从 2000 年初开始，我国积极推动国内立法与 WTO 规则全面接轨工作，按照 WTO 规则及中国政府作出的承诺对现有国内法律进行修改，这一工作主要在外资立法领域展开。入世之前，全国人大相继对《中外合作经营企业法》《外资企业法》《中外合资经营企业法》作了较大幅度的修改，国务院也相继完成了对这三部法律的实施条例的修改。中国外资法体系中的资本输入国的投资立法与 WTO 规则不相协调的状况已有了明显的改善。❼ 与此同时，部门规章出台放缓，而且多集中于对外劳务合作和对外援助领域。2004 年，商务部和工商总局联合公布《对外劳务合作经营资格管理办法》，随后又出台了相应的补充规定。2008 年，商务部、外交部、国务院国有资产监督管理委员会联合出台了《关于进一步规范我国企业对外投资合作的通知》。由此可见，这一阶段的海外投资法律体系没有推陈出新的

❶ 张烨. 论中国对外贸易与海外直接投资的关系 [J]. 经济纵横，2003 (2)：32.
❷ 崔永杰. 中国企业海外投资利益的保护 [D]. 南京：南京师范大学，2013：31.
❸ 阮志群. 完善我国海外直接投资立法的思考 [J]. 商业时代，2007 (23)：35 – 36.
❹ 杨清. 中国跨国公司成长研究 [D]. 南京：南京航空航天大学，2006：21.
❺ 薛平智，张晶. 论我国海外投资保险制度的构建 [J]. 今传媒，2011 (4)：27 – 32.
❻ 董爱华. 跨国直接投资发展历史与现状 [J]. 合作经济与科技，2006 (2)：48.
❼ 罗向晗. 完善我国境外投资审批制度的法律思考 [J]. 福建金融管理干部学院学报，2006 (1)：56 – 57.

举措，仅仅维持原有格局。

这一时期，我国依然没有调整海外投资的法律存在（指由全国人大制定的）。实践中涉及海外投资的具体问题时只能由相关问题的上级行政部门作出决策。这些政府职能部门往往根据本部门的具体情况和实际需要，从本部门角度规范海外直接投资实践。❶这种情况直接导致调整海外直接投资的地方性法规、行政规章，立法分散，效力层次低。政策出自不同的部门也导致了海外投资立法内容相互矛盾，缺乏统一性和系统性，不利于我国海外投资的宣传和法律适用。❷我国海外投资法律制度国内法部分相对海外投资的实践活动是滞后的，法律制度的供给不足已严重制约了海外投资活动的开展。海外投资法律制度国内法部分与 WTO 的接轨及体系的法典化任重而道远。

四、后金融危机时期（2008 年至今）

2008 年暴发了美国的次贷危机，席卷欧盟和日本等世界主要金融市场，全球金融体系受到重创。2009 年，欧洲主权债务危机爆发，世界经济前景雪上加霜。中国在这次全球性经济危机中也深受其累，拖延了经济发展的脚步。但是海外投资总量反而逆势上行，大批企业抓住欧洲国家债务这一时机，纷纷投资海外市场。近些年来，在国家"走出去"战略的指引下，中国各类企业在激烈的全球竞争压力下，积极开拓海外市场，加快海外投资步伐。为了获取优质资产和各类重要资源，中国企业在国际并购中大显身手。后金融危机时期，中国对外投资企业数量和投资额连创新高，海外利益不断扩展。❸

商务部数据显示，2008 年，全国对外直接投资已经达到了 521.5 亿美元，同比增长了 96.7%，创历史最高涨幅。2009 年，境外直接投资增长稍有放缓。2010 年，中国对外直接投资净额 688.1 亿美元，较上年增长 21.7%，占全球当年流量的 5.2%，位居全球第五，首次超过日本（562.6 亿美元）、英国（110.2 亿美元）等传统对外投资大国。❹2011 年我国境内投资者共对全球 132 个国家和地区的 3391 家境外企业进行了非金融类对外直接投资，累计实现直接投资

❶ 吴伟达. 境外直接投资法律制度研究［D］. 长沙：中南大学，2009：155.
❷ 丁伟. 经济全球化与中国外资立法完善［M］. 北京：法律出版社，2004：21.
❸ 崔永杰. 中国企业海外投资利益的保护［D］. 南京：南京师范大学，2013：60.
❹ 数据来源：联合国贸易发展会议. 2011 年世界投资报告［R］. 北京：商务部，2011：6.

600.7 亿美元❶，2012 年，我国境内投资者计实现非金融类直接投资 772.2 亿美元，继续延续迅猛增长的势头。❷ 2013 年，投资流量首次突破千亿美元大关，蝉联全球第三大对外投资国。在全球外国直接投资流出流量较上年增长 1.4% 的背景下，中国对外直接投资流量创下 1078.4 亿美元的历史新高，同比增长 22.8%，连续两年位列全球三大对外投资国。存量全球排名前进两位，投资覆盖国家地区更为广泛。截至 2013 年年底，中国 1.53 万家境内投资者在国（境）外设立 2.54 万家对外直接投资企业，分布在全球 184 个国家（地区），较上年增加 5 个；中国对外直接投资累计净额（存量）达 6604.8 亿美元，较上年排名前进两位，位居全球第 11 位。❸ 2014 年，我国境内投资者共对全球 156 个国家和地区的 6128 家境外企业进行了直接投资，累计实现投资 1028.9 亿美元，同比增长 14.1%。❹ 2015 年前 4 个月数据显示，我国境内投资者共对全球 146 个国家/地区的 2884 家境外企业进行了直接投资，累计实现非金融类对外投资 349.7 亿美元，同比增长 36.1%。截至 4 月底，我国累计非金融类对外直接投资折合 6813 亿美元。❺

结合上述数据分析，中国企业的海外投资虽然取得了前所未有的成就，海外投资额和投资企业的数量屡创新高，企业的盈利能力和国际化水平不断攀升，但也存在诸多的问题，其中最主要的问题是很多中国海外投资企业经济效益低下，亏损严重。中国投资者在海外设立的近 1.6 万家企业中，盈亏的详细数据不得而知。根据官方统计，中国海外投资企业，盈利的占 55%，盈亏持平的占 28%，亏损的占 17%。❻ 从表面上，总体态势向好，但是国有企业一项海外投资的亏损额可能会超过多家中小私营企业的盈利总额。因此，我们要理性客观地看待中国海外投资规模"盛世空前"的表象，更多的关注海外投资企业的效

---

❶ 商务部对外投资和经济合作司. 2011 年我国非金融类对外直接投资简明统发布时间［EB/OL］［2012 - 01 - 19］：http：//www. fdi. gov. cn/18000001213348707. html.

❷ 商务部对外投资和经济合作司. 2012 年我国非金融类对外直接投资简明统计［EB/OL］［2013 - 01 - 21］. http：//www. fdi. gov. cn/1800000121_33_500_0_7. html.

❸ 商务部对外投资和经济合作司. 2013 年度中国对外直接投资统计公报［EB/OL］［2014 - 09 - 12］. http：//www. fdi. gov. cn/1800000121_33_4266_0_7. html.

❹ 商务部对外投资和经济合作司. 2014 年度中国对外直接投资统计公报［EB/OL］［2015 01 - 27］. http：//www. fdi. gov. cn/1800000121_33_4518_0_7. html.

❺ 商务部对外投资和经济合作司. 2015 年第一季度中国对外直接投资统计公报［EB/OL］［2015 - 05 - 22］. http：//www. fdi. gov. cn/1800000121_33_4726_0_7. html.

❻ 姚中进. 中国跨国公司的发展战略研究［D］. 沈阳：东北大学，2005：54.

益和未来经济全球化的产业布局。摒除传统海外投资企业尤其是国有企业报喜不报忧心态，让国家、社会和公众真正掌握企业的盈亏情况，监督国有资产增减。中石油、中石化、中海油、中钢集团等为代表的 68 家央企先后被曝出有 114 亿美元的海外业务巨额浮亏。❶ 利比亚战争期间，同样对中国海外投资项目造成了数千亿元的经济损失。综上所述，在中国企业海外投资热潮之中要时刻保持"冷思考"，不能只重视规模不重视效益，只注重眼前不考虑长远利益，中国企业的海外投资活动需要海外投资法律体系的规制，中国海外投资法制化有待进一步的提高。

这一阶段，海外投资法律体系发展速度较快，在海外投资管理、竞争行为、环境保护、人员管理、征信机制、项目核准备案机制、程序便利化等方面都取得了前所未有的进步，在金融、财税、外汇、权益保障的方面也有所突破，这些规章和指导意见的出台对海外投资法律体系完善显得愈加重要。尽管立法层级没有突破，仅仅还停留在部委规章的层面令人遗憾，但从总体来看，还是向着健全和完善的方向积极前行的。

2009 年商务部发布的《境外投资管理办法》（商务部令 2009 年第 5 号）有着里程碑意义，经过了五年的践行，直到 2014 年 8 月，商务部又重新修订《境外投资管理办法》，原办法废除。新旧两版比较，无论是从立法技术还是国际化方面，新版都更胜一筹。不仅如此，新版《境外投资管理办法》还引进了地缘政治观念提出了很多新概念，如敏感国家和地区、敏感行业实行核准管理，核准管理名单，备案机制等都值得关注和研究。2013 年，商务部、外交部、公安部、住房城乡建设部、海关总署、税务总局、工商总局、质检总局、外汇局关于印发《对外投资合作和对外贸易领域不良信用记录试行办法》也颇具新意，这一平台建立有助于我国海外投资企业和派出人员预防投资风险和不公正待遇。除此之外，外汇局出台了《合格境内机构投资者境外证券投资外汇管理规定》，税务总局发布了《关于居民企业报告境外投资和所得信息有关问题的公告》，商务部、外交部、国家发展和改革委员会（以下简称"国家发改委"）联合公布了《对外投资国别产业导向目录（三）》等。上述规章有效地完善了我国海外投资法律体系，与时俱进地提出了新的理念和机制，保证海外投资法律体系在发展中不断前行。

---

❶ 熊文钦. 浅析央企社会责任的履行，以"中石油限气令"为例 [J]. 企业改革与管理，2014（10）：29.

第二节　中国海外投资法律体系现状和缺陷

　　第二次世界大战后，以雅尔塔体系为基础的美苏对抗的二元政治格局持续了近半个世纪后，以苏联解体告终，社会主义国家深受打击。新中国成立以后，国民经济百废待兴，在那个一穷二白的年代，我国没有被世界所接受，国际政治和经济的话语权更无从谈起，随着中国恢复联合国合法席位，作为常任理事国的中国逐渐被世界所认可，担当起了更多国际政治角色。随着冷战结束，世界地缘政治格局发生巨变，东欧政改、苏联解体，社会主义阵营分崩离析，我国毅然决然地坚守着发展社会主义道路的信念，积极通过经济体制改革、政治体制改革、科技体制改革、文化体制改革等一系列改革措施，克服当时体制中的弊端。卓有成效的改革措施，让中国的经济实力显著增强，从吸引外资到海外投资，中国的法律体系构建总是滞后于经济实践活动，随之而来的法治改革成为完善上层建筑中的重要工作。以"一带一路"大发展和企业"走出去"为契机，深入研习我国海外投资的国内法律体系，在分析现状的基础上发现体系中存在的缺陷，再通过积极的法治活动来调整法制结构，完善我国海外投资法律体系。

一、中国海外投资法律体系现状

　　改革开放以来，中国订立了海外投资"走出去"的基本方略，据此颁布一系列调整海外投资的部委规章，已初步形成了一个多层次、内容比较全面的海外投资法律体系。随着"一带一路"战略提出和实施，地缘政治格局也随之发生变化，中俄关系日益紧密，与美国、日本、欧盟、东盟的关系虽时有摩擦但总体稳定，与相邻国家的边境贸易投资升级为自贸区、保税港区的形式，让中国和地缘国家的经济共同利益关系更加紧密，民间交流频繁也使得中国的文化被地缘国家广泛认知。与此同时，中国海外投资发展进入快车道，中国的资本输入和资本输出的转换，预示着新一轮海外投资狂潮即将来临，海外投资被赋予了新时代的历史使命，所以对海外投资的国内法律规范也提出了新要求。通过对党的文件及国务院、商务部、国家发改委、海关总署、全国工商业联合会、中国银行、国家税务总局、国家外汇管理局等有关部门的政策和法律法规的总结和梳理，评析我国海外投资的现状，发掘现有规范性文件中的缺陷和问题，未雨绸缪及时完善，希望有益于推动法律规范更好的服务海外投资发展。

（一）中国海外投资之党中央的经济战略决策

党的文件精神在我国社会经济发展中，起到了"指路牌"和"风向标"的重要作用，往往国家未来一段时间的行政和立法工作重心都可以在党的报告、决定或意见中寻踪觅影。企业海外投资也不例外，作为对外经济活动的重要组成部分，在宏观层面，党的会议精神对政府政策和立法进程都起到了至关重要的作用。针对我国经济发展方略，党的十八大作出了重要部署，要深化行政体制改革、加快转变政府职能、简政放权，鼓励和促进企业的海外投资经营。2013 年 11 月，党的十八届三中全会通过的《中共中央关于全面深化改革若干重大问题的决定》提出，"要扩大企业对外投资，确立企业对外投资主体地位，改革涉外投资审批体制"。新一届政府把加快转变政府职能、简政放权作为一件大事来抓。❶ 2013 年以来，国务院和各部门先后颁布实施多项政策措施，鼓励和规范企业"走出去"。

追根溯源，1979 年 8 月，国务院提出"出国办企业"，第一次把发展对外投资作为国家政策。由此开始尝试性的对外直接投资。1997 年亚洲金融危机后，为了扩大出口，国家实行了鼓励企业开展境外加工装配业务的战略，《关于鼓励企业开展境外带料加工装配业务的意见》出台，提出了支持我国企业以境外加工贸易方式"走出去"的具体政策措施。2000 年 3 月的全国人大九届三次会议期间，"走出去"战略正式提出。❷ 党的十五届五中全会上，"走出去"战略的最终明确，首次明确提出"走出去"战略，并把它作为四大新战略（西部大开发战略、城镇化战略、人才战略和"走出去"战略）之一。❸ "走出去"战略在"十一五"期间得到全面落实。党的十七大报告中关于"引进来"和"走出去"的论述，要求引进外资和对外投资的平衡发展，这标志着我国"走出去""引进来"的双向开放向纵深发展。随后，温家宝同志在十一届全国人大三次会议上做政府工作报告时强调，要进一步简化各类审批手续，落实企业海外投资自主权，加快实施"走出去"战略，鼓励符合国外市场需求的行业有序

❶ 杨晶. 以加快转变政府职能为核心深化行政体制改革［J］. 行政管理改革，2014（3）：8.
❷ 桑百川，法迎枝. 十年"走出去"企业案例榜［J］. 中国经济周刊，2010（13）：13.
❸ 姚望，蔡小军. "走出去"战略研究概况［J］. 经济与管理研究，2005（10）：20.

向境外转移产能，支持有条件的企业开展海外并购，深化境外资源互利合作，提高对外承包工程和劳务合作的质量。"十二五"规划建议中强调，按照市场导向和企业自主决策原则，引导各类所有制企业有序到海外投资合作。这些变化意味着，未来的"走出去"战略，其实施手段除了前面提到的加强服务之外，开始朝着放松投资管制或者投资自由化的方向发展。❶

2015 年 10 月，中国共产党第十八届五中全会在北京召开，全会听取和讨论了习近平受中央政治局委托所做的工作报告，审议通过了《中共中央关于制定国民经济和社会发展第十三个五年规划的建议》（以下简称《建议》）。《建议》第六条"坚持开放发展，着力实现合作共赢"中提出："完善投资布局，扩大开放领域，放宽准入限制，积极有效引进境外资金和先进技术。支持企业扩大对外投资，推动装备、技术、标准、服务走出去，深度融入全球产业链、价值链、物流链，建设一批大宗商品境外生产基地，培育一批跨国企业。积极搭建国际产能和装备制造合作金融服务平台。"这是党对我国企业对外投资方面新的规划和布局，更加全面具体地诠释了企业未来"走出去"的方向和动力。不仅如此，在国务院印发的《中国制造 2025》和国家发展和改革委员会发布的《关于 2016 年深化经济体制改革重点工作的意见》中也相继提出，政府在对外投资监管工作中，要以持续深化境外投资管理制度改革，健全风险评估、预警和应急处置机制，研究探索有效的事中事后监管和服务手段为重点。综合上述文件不难看出，未来中国企业对外投资经营活动，必将朝着更加市场化、自由化、便利化、法治化的方向发展。

（二）中国海外投资之国务院的宏观政策文件

毋庸置疑，国务院是最重要的行政管理机构，负责全国人民的民生经济和社会发展，其组成部门、直属机构、办事机构、直属事业单位、国家局以及议事协调机构等共计 110 多个，其发布的政策和行政法规是指导经济发展海外投资的重要规范性文件。❷ 2004 年，《行政许可法》施行后，国务院也颁布了《行政许可决定》和《体制改革决定》，❸ 这两个行政法规成为海外投资管理体制变迁的法律规定的依据和重要的推动力量。《行政许可决定》明确了各海外投资

❶ 罗有亮. 中国对越南直接投资的环境优势分析 [J]. 东南亚纵横，2012（8）：41.
❷ 李宜春. 机构改革与部委管理的国家局 [J]. 中国行政管理，2008（11）：62.
❸ 梁咏. 中国投资者海外投资法律保障制度研究 [D]. 上海：复旦大学，2009：86.

管理部门的职能划分，其中，国家发改委负责"境外资源开发类和大额用汇投资项目审批"和"企业境外投资用汇数额审批（不涉及用汇来源，是否购汇及购汇多少的管理）"；商务部负责"国内企业在境外开办企业（金融企业除外）核准"；国家外汇管理局负责"境外投资外汇资金（资产）来源与汇出审核、登记"。《体制改革决定》明确落实企业投资自主权❶，规定"中方投资 3000 万美元及以上资源开发类境外项目由国家发展和改革委员会核准。中方投资用汇额 1000 万美元及以上的非资源类境外投资项目由国家发展和改革委员会核准"。❷ 上述项目之外，中央管理企业投资项目报国家发改委、商务部备案；其他企业投资的项目由地方政府按照有关法规办法核准。

2013 年 7 月 1 日，国务院办公厅发布《关于金融支持经济结构调整和转型升级的指导意见》（国办发〔2013〕67 号），提出鼓励政策性银行、商业银行等金融机构大力支持企业"走出去"。以推进贸易投资便利化为重点，进一步推动人民币跨境使用，推进外汇管理简政放权，完善货物贸易和服务贸易外汇管理制度等。随后 10 月，国务院发布《关于化解产能严重过剩矛盾的指导意见》（国发〔2013〕41 号），要求"消化一批、转移一批、整合一批、淘汰一批"过剩产能。其中，巩固扩大国际市场，扩大对外投资合作，是转移过剩产能的主要任务之一。要鼓励优势企业以多种方式"走出去"，优化制造产地分布，消化国内产能，包括建立健全贸易投资平台和"走出去"投融资综合服务平台；推动设立境外经贸合作区，吸引国内企业入园；发挥技术、装备、规模优势，在全球范围内开展资源和价值链整合；加强与周边国家及新兴市场国家投资合作，采取多种形式开展对外投资，建设境外生产基地等。

2014 年 3 月 7 日，国务院发布《国务院关于进一步优化企业兼并重组市场环境的意见》（国发〔2014〕14 号），针对企业兼并重组面临的审批多、融资难、负担重、服务体系不健全、体制机制不完善、跨地区跨所有制兼并重组困难等问题提出具体意见。意见要求简化海外并购的外汇管理，进一步促进投资便利化；优化国内企业境外收购的事前信息报告确认程序，加快办理相关核准手续；落实完善企业跨国并购的相关政策，鼓励具备实力的企业开展跨国并购，在全球范围内优化资源配置；规范企业海外并购秩序，加强竞争合作，推动互利共赢；积极指导企业制定境外并购风险应对预案，防范债务风险。2014 年 5

---

❶ 刘炳辉. 促进我国中小企业海外投资的法律问题研究〔D〕. 石家庄：河北经贸大学，2011：53.
❷ 南文婕. 我国对外直接投资政策研究〔D〕. 北京：北京科技大学，2007：40.

月，国务院办公厅颁布《关于支持外贸稳定增长的若干意见》（国办发［2014］19 号），为应对严峻复杂的外贸形势，支持外贸稳定增长，实现全年预期目标，提出进一步加强进口，保持货物贸易稳定增长，支持服务贸易发展，发挥"走出去"的贸易促进作用等十六条措施。2014 年 10 月 31 日国务院发布《政府核准的投资项目目录（2014 年本）》（国发［2014］53 号），根据新的改革要求废止了《关于发布政府核准的投资项目目录的通知（2013 年本）》，在有关境外投资的内容中规定，涉及敏感国家和地区、敏感行业的境外投资项目，由国务院投资主管部门核准。前款规定之外的中央管理企业投资项目和地方企业投资 3 亿美元及以上项目报国务院投资主管部门备案。❶

（三）中国海外投资之商务部的行政规章

2003 年，第十届全国人民代表大会决定，把原对外经济贸易合作部和原国家经济贸易委员会中管理贸易的部门合并为"商务部"，这一举措也是为了适应中国加入 WTO 后市场全球化这一新情况，由此商务部统一协调管理国内外经贸事务。商务部设立后，中国海外投资事务以及管理的规范性文件多数是由商务部牵头出台。海外投资法律体系之雏形，投资管理规范的核心内容，投资活动的备案核准、规范和服务、法律责任等都由商务部起草并制定规章。构成了我国现行的以行政规章为主的特色海外投资管理法律制度，其中规章和政策文件推陈出新、与时俱进的速度非常之快，在规范管理、投资引导和安全保障措施等方面都有所进展。

2013 年，我国实现海外投资超过千亿美元，成了名副其实的全球对外投资第三大国。投资总量快速发展的同时，也面临着新形势和新挑战，出现了一些新情况和新问题，如国际投资环境日趋复杂，海外投资主体和行业日益多元，企业对外投资主体地位未能真正落实、部分企业社会责任、风险意识不强等，迫切需要对现行管理体制进行调整和优化，为企业更好地"走出去"提供制度保障。❷

2013 年 11 月，商务部启动了针对 2009 年《境外投资管理办法》的修订工作，在原有《境外投资管理办法》的基础上，广泛征求意见，遵循深化改革、

---

❶ 金铭. 企业海外投资管理新规解读［J］. 上海国资，2014（5）：26.
❷ 商务部解读境外投资管理办法：将进一步简政放权［EB/OL］［2014 - 09 - 09］. http://www.chinanews.com/gn/2014/09 - 09/6574645. shtml.

简政放权，落实企业对外投资主体地位的思路，对现有管理体制进行了大胆改革，并结合我企业"走出去"过程中出现的问题，加强了对企业海外投资行为的指导和规范，最终形成了新修订的 2014 版《境外投资管理办法》。

新版《境外投资管理办法》共 5 章 39 条，与修订前相比，修订后的《境外投资管理办法》有以下亮点：一是企业开展境外投资，依法自主决策、自负盈亏，并取消了"企业应当在其对外签署的与境外投资相关的合同或协议生效前，取得有关政府主管部门的核准"的要求，体现了企业对外投资的主体地位。二是改变对境外投资开办企业由商务部和省级商务主管部门全面核准的方式，实行"备案为主、核准为辅"的管理模式，并最大限度地缩小核准范围，大幅提高了境外投资的便利化水平。三是列明 4 类禁止类投资，即危害国家主权、安全、公共利益或违法；损害对外关系；违反我国参加的国际公约、协定；涉及国家禁止出口的产品或技术类的境外投资。四是进一步缩短境外投资开办企业办理核准的时限，对需备案的境外投资，企业只要提交真实、完整、符合法定形式的材料，即可在 3 个工作日内获得备案，还取消了企业境外投资矿产资源勘查开发应当征求国内有关商会、协会意见的规定，进一步简化了程序。五是省级商务主管部门负责地方企业境外投资开办企业的备案管理，自行印制并颁发证书，改变以往由商务部统一印制证书的做法，有利于切实发挥地方贴近基层、就近管理的优势。六是加大了对企业境外投资行为进行指导和规范的力度，敦促企业要求其投资的境外企业遵守境内外法律法规、尊重当地风俗习惯、履行社会责任、做好环境、劳工保护、员工培训、企业文化建设等工作，促进与当地的融合。七是明确了商务部主管部门的管理职责和相关工作人员违规处罚条件。改革境外投资管理是国务院确定由商务部牵头的重点改革任务之一。实施新的《境外投资管理办法》后，商务部将减少约 98.5% 的核准事项，有利于提高企业经营决策效率和政府的管理效率，充分体现了完善社会主义市场经济体系的改革精神和法制精神。❶

除了上述行政法规外，商务部还有效加强了对海外投资合作竞争行为管理、海外经贸合作去考核管理、海外投资合作和贸易领域不良信用记录管理、海外劳务合作风险处置备用金管理等，改革力度空前。2013 年，商务部颁布了一系列规章予以配套上述改革措施，如商务部和国家统计局联合颁布的《对外直接

---

❶ 商务部. 中国对外投资合作发展报告［R］. 北京：商务部，2014：24.

投资统计制度》、商务部和财政部共同出台《境外经济贸易合作区确定考核和年度考核管理办法》、商务部会同公安部、外交部等9部门联合印发《对外投资合作和对外贸易领域不良信用记录试行办法》等规章。商务部还独立颁布了《规范对外投资合作领域竞争行为的规定》《境外投资开办企业核准工作细则》《关于加强对外投资合作在外人员分类管理工作的通知》及《关于规范境外中资企业及机构冠名有关事项的通知》等。● 与此同时，商务部还对《对外承包工程业务统计制度》《对外劳务合作业务统计制度》进行了修订。这些改革措施都充分体现了国家对海外投资领域的关注和重视，也体现了海外投资分散的立法形式需要从根本上改变。

在投资引导和安全保障措施方面，商务部下发了多项引导企业安全高效的开在海外投资合作的政策文件和指南；商务部会同有关部门采取保障措施，有效地加强对国际政治局势和地缘政治风险的判断、关注社会和东道国安全风险，以及保障"走出去"企业和人员的人身安全。在投资引导方面，商务部出台了包括海外投资合作环境保护指南、支持海外经济贸易合作区建设的意见以及海外投资国别指南等，为海外投资企业提供及时可靠的海外投资信息，还编制了《国别贸易投资环境报告2014》，着重介绍了美国、欧盟、日本、巴西、俄罗斯等我国13个主要贸易伙伴的贸易投资管理体制及措施的变化情况，评估其贸易投资环境。● 另外，商务部牵头提出完善海外投资安全风险防控体系这一观念，会同5部门印发《对外投资合作境外安全事件应急响应和处置规定》，有效地监测、预警东道国的经济形势变化、社会动荡、自然灾害、传染病疫情等风险，通过组织监管督导，妥善应急处置，包括战争、政变、恐怖袭击、绑架、治安犯罪、自然灾害、生产安全事故和公共卫生事件等，遵循"以人为本、依法办事、预防为主、安全第一"的原则，及时通报协调处置，防止事态和损失的扩大。

总之，为更好地适应全球跨国投资合作趋势和企业海外投资合作不断发展变化的要求，商务部将继续围绕创新政策促进体系、健全服务保障体系、完善风险控制体系开展工作，加快对外投资合作管理体制改革，确立企业对外投资主体地位，积极推进投资合作便利化，进一步提高政策协调性，营造更加公平、

● 梁咏. 中国投资者海外投资法律保障制度研究 [D]. 上海：复旦大学，2009：37.

● 商务部贸易救济调查局. 国别贸易投资环境报告2014 [EB/OL] [2014-04-17]. http：//gpj.mofcom. gov. cn/article/d/cw/201404/20140400552638. shtml.

稳定、透明的海外投资政策制度体系。❶

（四）中国海外投资之外汇管理局的规章制度

2014 年以来，国家外汇管理局陆续颁布了多项新政策支持境内企业"走出去"，对于提升我国企业在国际市场上的竞争力，从而进一步推动我国产业结构升级，充分利用"两个市场、两种资源"具有重要意义。新政策立足于深化改革，致力于投资便利化，有力地促进了境内投资主体的境外投资健康、顺利发展。

追溯历史上的外汇管理政策可以发现，早期的国内法对于外汇管制政策实行得较为严格，如 1989 年《境外投资外汇管理办法》包含了缴存汇回利润保证金的要求；对境内投资者来源于境外投资的利润或者其他外汇收益限期调回的要求、对境外投资企业分得的利润或者其他外汇收益的留成要求等。1993 年的《境外投资外汇风险及外汇资金来源审查的审批规范的通知》则规定了有关于风险审查和对境外投资外汇资金来源审查的要求。尤其值得注意的是，风险审查不仅包括对政治风险、财务风险和商业风险的审查，还包括了对投资回收计划中的资金回收率的审查，并要求资金回收率不应低于同期银行利率。❷ 1995 年的《关于境外投资外汇管理办法的补充通知》对用于境外投资的外汇资金总额加以限制，并再次强调了汇回利润保证金的要求。❸

自 20 世纪 90 年代以来，国家外汇管理局着手修改严格的外汇管理制度。1999 年，国家外汇管理局对境外带料加工装配业务和外援项目免作风险审查和免交汇回利润保证金。❹ 2002 年《关于清理境外投资汇回利润保证金有关问题的通知》规定自 2002 年 11 月 15 日起不再收取境外投资汇回利润保证金，并要求对已收取的保证金进行清理，予以退还。2003 年《关于简化境外投资外汇资金来源审查有关问题的通知》规定对全部以实物投资的项目、援外项目和经国务院批准的战略性投资项目免除外汇资金来源审查。2003 年商务部和国家外汇管理局联合颁布的《关于简化境外加工贸易项目审批程序和下放权限有关问题的通知》将对中方投资额在 300 万美元以下（含）的境外加工贸易项目的核准

---

❶ 商务部. 中国对外投资合作发展报告 2012 [R]. 北京：商务部，2013：36.
❷ 梁咏. 中国投资者海外投资法律保障制度研究 [D]. 上海：复旦大学，2009：112.
❸ 陈伟翔. 论我国境外投资外汇管理的法律价值 [D]. 武汉：华中师范大学，2007：51.
❹ 梁咏. 中国投资者海外投资法律保障制度研究 [D]. 上海：复旦大学，2009：89.

权下放给省级和计划单列市外经贸主管部门批准。2006 年《关于调整部分境外投资外汇管理政策的通知》将可适用的外汇范围扩大到自有外汇、人民币购汇及国内外汇贷款，而且自 2006 年 7 月 1 日起，外汇局不再对各分局核定海外投资购汇额度。❶

2008 年 8 月新颁布的《中华人民共和国外汇管理条例》不仅进一步简化了对海外投资的外汇审批程序，还间接承认了境内个人可以成为海外投资活动的主体。2009 年以来，国家外汇管理局陆续发布了相关文件，整合海外投资外汇管理政策措施，对海外投资外汇管理方式和程序进行了简化和规范。业务流程简化后，境内企业海外投资外汇登记办理时限由 20 个工作日缩短为 5 个工作日。扩大了海外投资资金来源，境内企业可使用自有外汇资金、符合规定的国内外汇贷款、人民币购汇或实物、无形资产、留存境外利润等进行海外投资。但是，境外融资难和流动资金不足的问题仍是困扰海外企业发展壮大的因素之一。❷ 2014 年 1 月，国家外汇管理局发布《关于进一步改进和调整资本项目外汇管理政策的通知》，再次放宽了境内企业海外前期费用汇出和境外放款管理，大大缓解了海外投资企业融资难和流动性资金不足的问题，为海外投资企业提供多种融通资金的方式和渠道，促进海外投资企业发展和壮大。

（五）中国海外投资之税务总局的规章制度

国家税务总局不断优化国内税收政策，充分发挥税收协定作用，扩大国际税收合作，规范企业境外投资活动及税收遵从，为中国企业对外投资合作提供了有力的税收支持和保障。

在进出口税收方面，为促进对外投资合作的发展，自 2013 年以来，国家税务总局先后发布了相关政策文件，包括《国家税务总局关于〈出口货物劳务增值税和消费税管理办法〉有关问题的公告》(国家税务总局公告 2013 年第 12 号)、《国家税务总局关于出口货物劳务增值税和消费税有关问题的公告》（国家税务总局公告 2013 年第 65 号)。上述规章进一步明确了对外承包中申请办理出口退税的主体，简化了对外援助项下办理退税提供的凭证。为了规范相互协商程序，提高协商效率，更好地维护企业合法权益，2013 年 9 月，国家税务总局发布了《国家税务总局关于发布〈税收协定相互协商程序实施办法〉的公

❶ 古今. 我国境外投资政策体系需进一步完善 [J]. 中国外资，2005 (4)：47.
❷ 商务部. 中国对外投资合作发展报告 2012 [R]. 北京：商务部，2013：23.

告》（国家税务总局公告 2013 年第 56 号）。企业如果前往与我国签有税收协定的国家投资或经营，认为该国的主管税务当局征收的税款或采取的税收措施与双方签订的税收协定的规定不相符，可以向我国省级税务机关提出申请，由国家税务总局与缔约国对方主管税务当局进行相互协商。❶ 2014 年 6 月，国家税务总局发布《国家税务总局关于居民企业报告境外投资和所得信息的公告》（国家税务总局公告 2014 年第 38 号），进一步明确和规范居民企业境外投资和所得信息报告的内容与方式。该公告适用于居民企业发生规定的境外投资或取得境外所得，及非居民企业在中国境内设立机构、场所取得发生在境外，但与其所设机构、场所有实际联系的所得。居民企业成立或参股外国企业，或者处置已持有的外国企业股份或有表决权股份达到一定比例的，须向税务机关报告参股外国企业信息和相关资料。《国家税务总局关于居民企业报告境外投资和所得信息的公告》以促进税收遵从和加强税收风险管理为导向，兼顾减轻纳税人负担，对不同税收风险设置不同信息需求、采取不同信息收集手段，税务机关将努力为纳税人报告信息提供便利，及时受理并依法保密。

国家税务总局还针对海外投资企业提出便利化政策措施：

首先，为企业发展海外投资合作提供税收指引和操作便利。在企业所得税方面，由于境外税额抵免政策性强，抵免税额的计算比较复杂，尤其是间接抵免政策内容的引入，使有关境外所得税收抵免操作问题更加复杂。为帮助广大税务干部及纳税人正确理解和在实务中操作，文件以通俗易懂的文字和案例形式对政策逐条、逐款进行解释，同时对境外所得的企业所得税如何申报作了具体阐述，从实体和程序上指导境外所得税收抵免政策的实施，初步构建了企业境外所得限额抵免制度综合体系。❷

其次，为维护国家税收权益和企业对外投资利益提供重要法律保障，我国加强税收协定的布局。20 世纪 80 年代以来，国家税务总局开始代表中国政府对外谈签税收协定，截至 2014 年 6 月 30 日，我国已经同 99 个国家正式签署了税收协定，与中国香港特别行政区、中国澳门特别行政区分别签订了避免双重征税安排，与中国台湾地区签署避免双重征税协议的工作也在进行当中。❸ 经过30 多年的努力，中国的税收协定（含与中国香港、澳门的避免双重征税安排）

---

❶ 陈文裕. 境外投资先了解税收协定 [J]. 对外经贸财会，2006（9）：21.
❷ 商务部. 中国对外投资合作发展报告 2012 [R]. 北京：商务部，2012：39.
❸ 商务部. 中国对外投资合作发展报告 2014 [R]. 北京：商务部，2014：46.

网络已经延伸到六大洲 101 个国家和地区❶，覆盖了我国主要的投资来源地和对外投资目的地，有力地配合了我国"走出去"战略的实施，有效保护了我国海外投资者的利益。❷

再次，为企业解决境外税收争议提供维权服务，税务总局有效运用相互协商程序，保护企业投资利益。所谓相互协商程序，就是我国主管部门根据税收协定有关条款规定，与缔约对方主管部门之间通过协商共同处理涉及税收协定解释和适用问题的过程，其主要目的在于确保税收协定正确和有效适用，切实避免双重征税，消除缔约双方对税收协定的解释或适用产生的分歧。通过相互协商机制，国家税务总局已经成功地解决了多起我国企业在境外投资所遇到的涉税纠纷，维护了企业的合法权益。2013 年，通过双边磋商为纳税人消除双重征税负担约 32 亿元人民币。❸

（六）中国海外投资之金融机构政策

不言而喻，海外投资活动需要金融支持，通过中国人民银行、保监会、证监会的政策文件和规章制度调整海外投资金融秩序。我国的金融机构应该给予海外投资企业更加全面便捷的金融服务和支持。近些年来，我国的银行、保险、证券机构也积极加强针对海外投资的项目合作和服务升级，在投融资方面、海外投资保险方面及海外证券监管方面都取得了卓有成效的进展。保证了海外投资企业运营中的资金需求，为中国海外投资保驾护航。

在中国人民银行的规章和政策方面，为落实中央关于"走出去"的战略部署，扩大人民币在跨境投资中的作用，2011 年 1 月和 10 月，允许境内机构以人民币进行对外直接投资和境外投资者以人民币到境内开展直接投资。2013 年 9 月，允许境外投资者使用人民币在境内设立、并购和参股金融机构。海外投资企业可以使用人民币跨境融资，2009 年 7 月，人民银行明确境内结算银行可按照有关规定逐步提供人民币贸易融资服务。2011 年 10 月，人民银行明确了商业银行开展境外项目人民币贷款的有关要求，有助于规范业务操作，有效防范风险，有利于扩大人民币跨境使用，推动我国企业和人民币"走出去"。❹ 2013

---

❶ 商务部．中国对外投资合作发展报告 2014［R］．北京：商务部，2014：46．
❷ 闫媛媛，刘正．我国海外投资保护法律制度及其完善思考［J］．行政与法，2014（3）：112．
❸ 商务部．中国对外投资合作发展报告 2014［R］．北京：商务部，2014：46．
❹ 戴芷畅．香港人民币离岸金融中心发展及其影响研究［D］．成都：西南交通大学，2013：62．

年7月，人民银行明确境内非金融机构可开展人民币境外放款业务，规范了境外发行人民币债券资金回流的审核流程，明确了境外参加行人民币账户之间资金划转的相关内容，调整了境外参加行人民币账户融资期限和限额，进一步拓宽了跨境资金流动渠道，提高了资金使用效率。

为满足企业海外投资的实际需求，支持企业"走出去"，2010年，人民银行按照风险可控、稳步有序的原则，开展了人民币海外投资的试点，受到了企业和银行的普遍欢迎。● 2011年1月，经充分听取海外投资主管部门、企业和银行的意见，中国人民银行会同国家外汇局制定了《境外直接投资人民币结算试点管理办法》（中国人民银行公告［2011］第1号）。2014年6月，人民银行发布《关于贯彻落实〈国务院办公厅关于支持外贸稳定增长的若干意见〉的指导意见》（银发［2014］168号），简化了海外投资人民币结算业务流程，银行可在"了解你的客户""了解你的业务"和"尽职审查"三原则基础上，凭境内企业提交的收付款指令，直接办理海外投资项下人民币跨境结算业务。●

在海外投资保险方面，近年来，国际经济形势错综复杂，我国企业"走出去"面临较大风险和挑战。保监会积极推动有关保险机构为"走出去"的企业和劳务人员提供财产补偿和人身保障。一是大力发展短期出口信用保险。2013年，保监会会同有关部门批准4家国内商业保险机构经营短期出口信用保险业务，打破过去由中国出口信用保险公司独家经营的垄断格局，满足出口企业多样化业务需求，有效提升了我国出口企业的国际竞争力。2013年，我国短期出口信用保险实现保费收入11.7亿美元，承保金额3147.58亿美元，累计服务支持外贸出口企业近3万家。● 二是引导保险机构开展业务创新。国外部分地区恐怖袭击、社会动荡等非传统风险因素增加，对"走出去"企业财产安全和人身保障造成较大威胁。国内保险机构为提供全面保险保障，先后开发了企业财产险、营业中断险、利润损失险、海外派遣员工意外伤害保险、海外员工雇主责任保险、外派劳务人员履约保证保险等险种，共计13大类，几千款产品，进一步发挥了商业保险机制在市场经济条件下促进贸易发展、有效管理风险的重要作用。

● 人民银行. 人民银行就《境外直接投资人民币结算试点管理办法》答记者问［J］. 国际商务财会，2011（3）：9－11.

● 范臻. 双向人民币资金池的构建准备及主要功能［J］. 现代经济信息，2014（2）：238－239.

● 商务部. 中国对外投资合作发展报告2014［R］. 北京：商务部，2014：50.

保监会还鼓励中资保险机构以改制上市的方式增强资本实力，优化公司治理结构，并于 2010 年颁布了《保险公司股权管理办法》（保监会令 2010 年第 6 号），规定保险公司首次公开发行股票或者上市后再融资应当取得保监会出具的监管意见。截至 2013 年年末，我国共有 7 家保险公司在香港联交所上市，分别是中国人民保险集团股份有限公司、中国人民财产保险股份有限公司、中国人寿保险股份有限公司、中国太平洋保险（集团）股份有限公司、中国平安保险（集团）股份有限公司、新华人寿保险股份有限公司和中国太平保险集团有限责任公司下属的中国太平保险控股有限公司；此外，中国人寿保险股份有限公司还在美国纽约证交所上市。通过海外上市，中资保险机构建立了长效的资本金补充机制，在信息披露、会计准则应用等方面与国际接轨，为探索国际化发展道路奠定了良好基础。

在海外投资企业境外证券监管方面，证监会大力推动和规范企业海外上市工作，2012 年 12 月，中国证监会正式发布了《关于股份有限公司境外发行股票和上市申报文件及审核程序的监管指引》（中国证监会公告〔2012〕45 号），并自 2013 年 1 月 1 日起正式实施。该指引取消境外上市关于企业规模、盈利及筹资额等财务门槛限制，大幅精简申报文件，简化审核程序，提高监管效率，为境内企业特别是中小民营企业到境外市场直接上市融资创造了更为便利的制度环境。

与此同时，中国证监会还加快落实金融监管改革步伐，作为国际证监会组织（IOSCO）理事会成员，一直积极参与 IOSCO 的各项标准制定工作，推动落实二十国集团（G20）和金融稳定理事会（FSB）部署的各项金融监管改革工作。在监管标准制定、金融市场基础设施评估及场外金融衍生品方面都取得了长足的进步。为确保金融市场安全有序地发展，还建立了海外投资监管合作机制，与乌克兰、立陶宛、耿西岛等国的金融机构签署了《证券期货监管合作谅解备忘录》。近年来，还积极参加跨境协查，建立司法和执法部际间的会商机制，解决了此前中国证监会对外提供涉及诉讼类案件的协查请求、协查信息涉及的程序问题，在职权范围内同境外监管机构分享了工商注册资料、银行账户信息、个人询问记录等协查信息。同时，中国证监会进一步梳理处理协查请求的工作流程，提高案件办理效率，在办理新收协查请求的同时，大幅办理了 2013 年之前尚未办结的协查请求。

综上所述，中国海外投资的引导、监督和管理部门不仅如此，还包括其他产业部门，如农业部、国土资源部、工业和信息化部、工商联合会、质量监督检验检疫总局、海关总署、公安部和国家发改委等，这些国家权力部门的规章和政策性文件作为海外投资的管理依据，其数量之大，涉及部门之庞杂，内容之广博让人叹为观止。总结现有的海外投资管理方式，结合国外的先进经验，我国可以进一步改善海外投资的规范法律体系，找出体系中的缺陷加以改进，加强当前和未来海外投资中问题的解决能力。

二、中国海外投资法律体系缺陷

通过对我国海外投资现有法律规范的梳理，不难发现，我国海外投资从20世纪70年代末缓缓而来，经历了诸多坎坷，制定了一系列层级不高、效力不强、内容不全面的规章和政策性文件。尽管初步建立起一个概念模糊、结构松散、目标不明确的海外投资法律体系雏形，但存在以下方面的问题。

（一）中国海外投资缺乏上位法

目前，中国海外投资遵循的多数是软法规范，以政策性文件为主。自《行政许可法》实施以来，中央部委出台了一批行政规章，规范企业海外投资的"准出"机制。依据《国务院关于投资体制改革的决定》《国务院对确需保留的行政审批项目设定行政许可的决定》，商务部于2014年出台了《境外投资管理办法》。时至今日，我国海外投资领域尚无法律或法规专门调整海外投资法律关系；亦无法律和法规对海外投资中的基本概念、法律关系、各主管部门的权限划分等进行统一规范。现行国务院及其下属各部委的规章，不仅立法层级较低、立法技术还不成熟，在以往的海外投资立法中，对规范的政策性和实用性考虑较多，对我国海外投资的长远影响考虑不足；行政规章的制定没有充分考虑地缘政治、地缘经济和国际政治局势等因素，使得海外投资规范没有针对性，没有地缘特质；而且行政法规和部门规章内容中体现出各个主管部门权限划分不清晰，不容易形成保障海外投资行政管理的合力，在解决海外投资中存在的问题时，更容易导致不得不借助行政干预方式的被动结果。❶

海外投资是一种涉及因素多、管理幅度大、技术要求高、宏观调控性强的复杂的高层次投资经营活动，具有跨国性、实体性、控制性和高风险性的特

---

❶ 梁咏. 中国投资者海外投资法律保障制度研究 [D]. 上海：复旦大学，2009：63.

点。❶ 海外投资管理法制化是其自身特点的基本要求。纵观世界各国海外投资立法，大多从海外投资管理、海外投资保证、海外投资的金融税收和海外投资的鼓励与支持等方面加以立法，构成一个与引进外资法律体系平行的海外投资法律体系。❷ 而我国修改《中外合资经营企业法》《外资企业法》和《中外合作经营企业法》已经势在必行，计划三法合一制定《中华人民共和国外国投资法》，并与 2015 年初，发布《中华人民共和国外国投资法（草案征求意见稿）》，这一立法信号给至今尚未出台一部海外投资法律的海外投资立法工作提出了很好的警钟，仅用寥寥几部行政规章来规范我国海外投资如此庞杂的关系，实在有些差强人意。涉及海外投资的备案审批、税收、外汇、金融、保险、国有资产、环保、劳动等方面的海外投资立法亟待全面规制。

我国海外投资基本法律缺失、行政法规缺失、下位行政规章无上位法授权引发了一系列问题，如法规之间不一致和多头管理或管理空白的弊端，缺乏权威性和透明度等。无论是行政规章，还是内部制度，都存在许多诸如法律效力低、内容不全面、立足点低、战略性不强、全球一体化经营思路不明确等问题。例如，在理论上，应当构建海外投资的组织立法，如海外投资企业法（或称为中国跨国公司法）、集团公司法、企业联合法、企业兼并法等，事实上我国不仅没有相关法律规范，甚至尚未纳入相应的立法计划和立法研究。又如，在理论上应当制定海外投资保障性立法，该法是世界各国对外投资法制的基本内容，而我国尚停留在学者立法构想的层次上，尚未走进立法者的视阈。此外，海外投资审核法、境外融资法、对外投资援助立法及有关海外税收法、海外金融法等都需要立法机构统筹安排。

由此推断，我国海外投资立法的任务十分紧迫，既有完善旧法的任务，又有制定和颁布新法的压力。为此建议，制定一部海外投资基本法，可命名为《中华人民共和国海外投资法》。该法应对海外投资中的基本概念、法律关系、促进政策、行政管理、救济途径及各主管部门的权限划分加以明确，并作为其他调整海外投资法律关系的行政法规和部门规章的立、改、废的依据，其法律效力应优先于其他调整海外投资法律关系的行政法规和部门规章，提纲挈领、逐步完善海外投资法律体系，与外国投资法遥相呼应，撑起我国投资法律体系的脊梁。

---

❶ 郭宗军. 中国海外投资法制问题研究 [D]. 济南：山东大学，2004：17.
❷ 陈业宏. 中国对外投资法制建设问题研究 [D]. 武汉：华中师范大学，2000：31.

（二）现有行政规章效力低下

海外投资涉及的管理机关众多，包括国家发改委、商务部、国家外汇管理局、国家海关总署、国家税务总局、国资委、财政部、外交部、保险监督管理委员会等部门都对海外投资有一定的行政管理审批权。在行政管理之中，不同的部门源于不同的管理权，对某项海外投资的不同方面进行规范和管理并无不妥。但是，问题在于要对各部门的管理权限加以明确划分，既不能在海外投资的某方面出现管理"缺位"，也不能在某方面出现管理"重叠"，而"缺位"和"重叠"都将导致执法的分歧和困难，以及行政效率低下。2004 年，国务院的《行政许可决定》在行政审批问题上，对国家发改委、商务部和国家外汇管理局各自的职能进行了划分。这种职能划分方式同样可以运用到其他部委的职权划分中，进一步明晰各部委规范的职权范围。此外，针对职能划分后仍可能存在的理解和实践中的分歧，可指定商务部进行统一协调。

在当前的海外投资行政规章中，没有明确的权力范围和责任界限。所以，建立完善的"权力清单"和"责任清单"，明确权责是当前海外投资的当务之急。党的十八大以来，深化改革依法行政作为行政机构的核心任务，在海外投资领域也是如此，简化原有的行政审批手续，改为以备案为主、以审批为辅的管理机制，强化海外投资规范性文件的效力，建立明确的权力清单和责任清单机制，完善海外投资法律体系的构建是我们面临的最大难题之一。

（三）现行规范性文件的内容不合理

如前所述，我国海外投资上位法缺失和现有规章的效力低下，导致海外投资立法之间不协调，严重地影响了我国的海外投资事业的发展。伴随着"走出去"的策略指引，十余载风雨洗礼，我国跃居世界投资输出国的前列，遗憾的是，我国现行的海外投资规章还驻足于"走出去"的初期，立法的层级未曾提高，数量略有增加，但机制创新不足。现行海外投资规章之中存在局部内容不合理的问题，如主体界定不清、备案核准笼统、资金来源缺乏法律保障等缺陷。

首先，海外投资主体的规定过于狭窄。依据我国 2014 年版《境外投资管理办法》第 2 条的规定，境外投资是境内依法设立的企业通过新设、并购及其他方式在境外拥有非金融企业或取得既有非金融企业所有权、控制权、经营管理权及其他权益的行为。现行规章仅通过海外投资行为推定了海外投资主体的含义，而对海外新设企业、合作企业、独资企业、收购外国企业、租赁或承包外国企业等未作任何规定，对海外企业的规定也不够具体，有的还欠科学。换而言之，我国的海外投资主体除了企业法人或者具有法人资格的其他经济组织外，非法人企业、非法人经济组织、自然人等都不能成为海外投资的主体。这一规定不仅与我国签订的双边投资保护协定的相关条文不符，如《中华人民共和国政府和加拿大政府关于促进和相互保护投资的协定》第2条第1款规定中国自然人可以成为对外投资的主体，而且与我国社会主义市场经济条件下非公有制经济组织成为我国经济力量的重要组成部分的实际情况不吻合，许多非法人经济组织包括合伙制企业和个体商工户都可以成为我国对外投资主体。同时与我国对外投资的实践也不相符合。● 因此，在这一方面的立法急需完善。既要符合我国经济发展的实际情况，注重立法的现实与超前性，也要与国际惯例和我国签订的国际条约保持一致。

其次，备案核准制亦存在问题，表现为《境外投资管理办法》的海外投资申请者条件过于笼统。办法第6条规定，商务部和省级商务主管部门按照企业境外投资的不同情形，分别实行备案和核准管理。企业境外投资涉及敏感国家和地区、敏感行业的，实行核准管理。企业其他情形的境外投资，实行备案管理。另据第7条，实行核准管理的国家是指与中国未建交的国家、受联合国制裁的国家。必要时，商务部可另行公布其他实行核准管理的国家和地区的名单。实行核准管理的行业是指涉及中国限制出口的产品和技术的行业、影响一国（地区）以上利益的行业。尽管从以前的单一核准制到如今的以备案为主、核准相辅代表着制度的创新和进步，但全面实行备案制才是大势所趋，因此建议在未来的海外投资法中全面践行备案制加负面清单的投资审批模式。此外，《境外投资管理办法》第2条规定："本办法所称境外投资，是指在中华人民共和国境内依法设立的企业（以下简称企业）通过新设、并购及其他方式在境外拥有非金融企业或取得既有非金融企业所有权、控制权、经营管理权及其他权益的行为。"也就是说，自然人不属于投资者范畴。建议扩大投资者主体外延，与诸多的双边投资协定的投资者保持一致。

再次，海外投资资金来源缺乏法律保障，对海外投资企业的外汇资金管理不够灵活变通，有些规定不是十分合理。我国海外投资的资金来源缺乏必要的

● 陈业宏．中国对外投资法制建设问题研究［D］．武汉：华中师范大学，2000：51．

法律保障，资金管理特别是外汇管理死板，制约着海外投资企业生产经营活动的开展，这具体表现在：第一，我国对海外投资企业资金扶持力度不够，每年列入国家外汇收支计划，可以用作海外投资的外汇资金不足，企业自有外汇用于海外投资或者追加海外投资往往会受到现行外汇管理制度的限制；第二，国家对海外投资企业资金筹措和国内银行的贷款担保也限制过多，依现行的法规和政策规定，海外投资企业或其母企业在东道国发行股票、债券必须具备极为苛刻的条件，使得海外投资企业的周转资金和追加投资不得不完全依靠银行信贷，增加了风险和成本，至于国内银行对海外投资企业的借款担保则一律禁止；第三，国家外汇管理部门对母公司企业给予境外子公司企业贷款担保有严格的数量限制，中国银行海外分行不能更多地向海外投资企业贷款，从而束缚了一些经营规模大、投资较为成功的海外投资企业的手脚，使得一些非常好的投资机会转瞬即逝；第四，多数跨国企业都需要外汇投资，而我国企业只有少量的外汇留成，且外汇汇入容易，而汇出非常困难，在汇出时还需按汇出数额的5%缴纳汇回利润保证金，影响了母子公司企业间的资金融通，不仅使一些业务无法正常开展，也给子公司尽量减少东道国的税收制造了障碍；第五，我国还规定海外投资企业的外汇利润和外汇资产不分情形都必须调回国内，主要用于引进外资。所有这些问题，不能不从资金上阻碍了我国海外投资企业的设立和发展。❶

第三节　中国海外投资法律体系的框架重构

改革开放后，我国海外投资立法以分散的规章形式规范和调整海外投资领域出现和可能出现的问题，但是这种分散的单行规章立法形式无法满足我国当前海外投资的法制需求。在"一带一路"战略的背景下，我国已经迈入了海外投资大国的行列，原有的法律规范不符合时代需求，所以在原有的海外投资法律体系雏形的基础上，吸取美国、德国、英国、日本等海外投资大国的发展经验，去其糟粕，取其精华，重构框架填补海外投资制度空缺愈加重要。

我国学界对海外投资体系研究关注度极高，正如要构建一个科学合理的海

---

❶　陈业宏. 中国对外投资法制建设问题研究［D］. 武汉：华中师范大学，2000：47.

外投资法律制体系，必须科学界定其立法内容和体系结构，这是一个非常重要的前提。正因为如此，国内学者在海外投资法律制度内容或体系构成问题上，纷纷提出自己的观点。吴伟达在其博士论文《境外直接投资法律制度研究》一文中全面地总结了相关学者的观点❶，如张春林在《国际经贸探索》（1997 年第5 期）提出："考虑到当前我国海外投资以合资经营形式为主，因此，应侧重于《海外合资经营企业法》的制定。同时还应有一些配套法规，如《海外投资保险法》《海外投资企业所得税法》《海外投资国有企业资产管理法》《海外投资外汇管理法》等。形成一个以海外直接投资基本法为主，三个单行法规和相关配套法规为辅的调整我国海外投资的法律体系。"❷ 吴向阳在《经济体制改革》（2002 年第 5 期）提出："希望政府尽快制定《对外投资法》《中国跨国公司法》和其他对外投资法规，如《对外投资保险法》《对外投资所得税法》等，形成完善的对外投法规体系。"季俊东、张韬在《论我国海外投资法制度的建立与完善》一文中认为，"海外投资法律制度由四个内容构成的一个统一体系，这四个方面是：海外投资管理法律制度、海外投资保证法律制度，海外投资支援法律制度和海外投资税收法律制度。"梁开银在《河北法学》（2006 年第 2 期）"论中国海外投资立法的路径和体系"一文中提出："中国海外投资立法必须立足中国海外投资实践特点，吸取世界各国立法模式的长处，建构以《海外投资法》为基本法，以《海外投资监管法》《海外投资保险法》《海外投资产业法》《海外投资税收法》《海外投资银行法》《海外投资外汇法》等单行法为补充，国内法与国际条约相协调，程序法与实体法相结合，法律、法规、行政规章及相关《实施细则》相配套的完备详尽的法律体系。"❸ 丁伟、林燕平在其编著的《经济全球化与中国外资立法完善》一书中指出，在我国没有专门调整海外直接投资法的情况下，国内法规范以各部门的法规为主。内容涉及：海外投资审批、海外直接投资外汇管理、海外直接投资财务管理及海外直接投资国有资产管理等。但在立法设想上，他们提出，"应建立以《海外直接投资法》为基础，以《海外直接投资审核法》《海外直接投资外汇管理法》《海外直接投资企业所得税法》《海外合资经营企业法》《海外直接投资银行法》及《海外直接投资保险法》等单行法为配套立法，国内法与国际法相协调，程序法与实体法

❶ 吴伟达．境外直接投资法律制度研究［D］．长沙：中南大学，2009：39.
❷ 李吉彬．论我国海外投资法律制度的合理建构［D］．哈尔滨：哈尔滨工程大学，2007：32.
❸ 赵嘉晓．中国海外投资法律制度研究［D］．南京：南京航空航天大学，2008：27.

相衔接，法律、法规及行政规章相互补充的完备详尽的法律体系。"❶

一、海外投资法律体系的理论框架

归纳总结上述学者的观点或设想，构建符合客观实际海外投资法律理论体系，有效地指导和支持立法活动是构建海外投资法律框架的必要条件。构建一个逻辑性强的科学法律体系，为我国海外投资提供理论依据，为制定海外投资策略提供参考，让由我国制定的海外投资规则得到区域认同，甚至得到世界认同，作为法律体系构建的宗旨。

地缘政治影响地区经济发展，经济发展带动的制度的改革。我国改革开放战略实施近 40 年，国内产能丰富、外汇储备雄厚、资本输出势头迅猛，所以我国不能故步自封，需要与时俱进、转换思维。纵观我国以往的海外投资立法，会发现我国以往站在一个非市场化、发展中国家的角度去监管海外投资，保护海外投资是有局限性的。考虑到我国当前资本输出的大环境，本国私人或企业海外投资，不但关系到投资者的私人利益，而且也关系到本国国家利益与本国的经济发展，因此，资本输出国需要有计划地制定一些规范性法律文件来调整海外投资活动。但与资本输入外资法相比，资本输出国关于海外投资的规定一般较为分散，是由有关专门的法规和有关法律中的某些规定组成的，没有一部统一的法律。❷"资本输出国通过这些法律保护、鼓励（促进）、管理海外私人投资。"❸ 根据余劲松教授这一观点，尽管我国目前有关海外投资的规定分散在一些法律、法规之中，但从其调整的目的和内容看，无非体现在管理、促进、保护、援助四个方面：一是海外投资促进法律制度，具体包括有关对海外投资给予金融、财税扶持和信息服务等方面内容的法律制度；二是海外投资管理法律制度，具体包括有关海外投资的备案、核准、监督管理等方面内容的法律制度；三是海外投资保护（或保证）法律制度，具体包括有关为海外投资提供保险、外交保护等方面内容的法律制度；四是海外援助法律制度，具体包括有关我国对外援助的相关法律制度。❹

上述四元的划分标准也得到了国内一些学者间接的认可。如有学者著文建

---

❶ 漆多俊. 国际调节与国际经济法理论的新视角 [J]. 当代法学，2004（2）：67.
❷ 吴伟达. 境外直接投资法律制度研究 [D]. 长沙：中南大学，2009：42.
❸ 丁伟. 经济全球化与中国外资立法完善 [M]. 北京：法律出版社，2004：507.
❹ 吴伟达. 境外直接投资法律制度研究 [D]. 长沙：中南大学，2009：39.

议，"我们可以借鉴一些新兴工业化国家的法律体系，尽快出台一整套系统的法律法规，来促进、鼓励、支持我国企业'走出去'战略"；❶"立法价值取向上应加强对海外投资的管理，更应注意海外投资的鼓励与保护"；❷"为了进一步推动境外投资事业的健康发展，应当加强对境外投资的宏观管理、鼓励和保护方面的法律机制。"❸ 陈安教授在其主编的《国际投资法》一书中对保护国际投资的法制、管制国际投资的法制、鼓励国际投资的法制、国际援助的法制问题都有探讨。❹ 这也印证了海外投资法律体系的四元划分是具有理论意义和事件价值的，该理论的完善能够有效地指导海外投资的立法实践活动。

分析我国海外投资的具体情况，过于追求剩余价值和资产增加并非海外投资的目的，通过文化输出和突破地缘政治的壁垒，最终实现全世界的和谐繁荣、可持续发展才是终极目标。在这个完善我国法律制度体系的过程中，向世界展示中国的立法意图，不断地植入国际法理念，"中国威胁论"和"经济扩张"的谬论则不攻自破。中国的海外投资法律体系是上述浩瀚工程的重要组成部分，以现有的理论为基础，深化和拓展海外投资法律体系四元划分的内涵和外延，根据我国当前海外投资的实际情况和未来的发展趋势，构建前瞻性海外投资理论框架是必不可少的举措。

首先，从国家调节海外投资行为的目的和内容看，各国对海外投资行为的调节无非体现在以下四个方面：海外投资促进、海外投资监管、海外投资保证、海外援助投资。与此对应，各国对海外投资调节行为的立法规范也表现为四个部分：海外投资促进法律制度、海外投资监管法律制度、海外投资保证法律制度、海外投资援助制度，所以我国的海外投资法律体系可以借鉴上述划分方式。❺

其次，各国对海外投资的促进、监管、保护和援助四个方面的调节是紧密联系在一起的。促进的同时，要监管，更要保证海外投资的正常有序运行，还要规范海外援助行为。国家制定各种鼓励促进投资的政策和措施，目的是通过投资激励和培育海外投资的市场体系，以适应我国全球化经济战略投资的需要。

---

❶ 余劲松. 国际投资法 [M]. 北京：法律出版社，1997：239.

❷ 姬会英. 全球经济一体化加速发展期我国企业对外直接投资的对策研究 [J]. 商业现代化，2006 (4)：463.

❸ 文杰. 完善我国海外投资立法的若干思考 [J]. 律师世界，2003 (1)：10.

❹ 吕岩峰，何志鹏，孙璐. 国际投资法 [M]. 北京：高等教育出版社，2005：312.

❺ 夏芸芸，王俊. 论我国中小企业海外投资的法律障碍及其完善 [J]. 湖北广播电视大学学报，2006 (6)：138.

但是，促进海外投资不是盲目地、激进地刺激，需要对海外投资战略进行科学合理的布局，对海外投资行为进行慎重的备案、核准和有效的监管。同时考虑到跨越国境投资面临的各种风险，就需要加强保证措施对这种投资行为的维护。当然，在不同的历史阶段，不同地缘政治背景下，各国海外投资四个方面的调节重心、调节力度、调节层次是不同的。有的侧重于国内法调节，有的侧重于国际法调节，有的可能两者兼而有之。❶

综上所述，海外投资法律制度体系"四元理论"的确定具有非常重要的理论意义和现实意义。这有利于确立我国海外投资科学的立法思路；有利于完善我国海外投资法律制度体系框架，避免立法内容重复和混乱的局面，提高立法的质量和水平。对我国各级人大立法机关（全国人大和地方人大以及各级政府的授权立法）在海外投资领域的立法活动具有重要的指导作用。基于理论架构的科学性，可以认为，"四元划分理论"符合我国现在的海外发展实践情况，为海外投资法律制度体系的完善奠定了科学的认识论和方法论基础。所以，遵循海外投资四个方面的立法思路，海外投资法律制度各单行法之间的矛盾冲突、不配套、混乱等现象由此可望得到有效的解决。❷

二、海外投资法律体系的立法框架

海外投资法律体系的理论需要具备稳定性、前瞻性和可预期性的特质，而具体的规范性法律文件并不是一成不变的，随着国家经济形势发展和国民利益需求而与时俱进。在立法的核心层次、立法的基本层次、立法的补充层次方面都要做到立法价值、立法宗旨、立法原则的有机统一，采用科学的立法模式建立一套符合中国实际国情的海外投资法律制度体系，以此引导、促进、规范、服务、监督我国海外投资行为。通过对海外投资立法价值、立法宗旨、立法原则和立法模式等问题进行探讨，设计我国海外投资的法律体系架构图，明晰法律关系和组织架构。

（一）海外投资的立法价值

法律价值是法律制度改革的灵魂，统辖整个法律体系，决定法的体系发挥作用的方向，影响立法的具体制度设计。法律价值在具体的立法过程中，又往

---

❶ 吴伟达. 境外直接投资法律制度研究［D］. 长沙：中南大学，2009：47.
❷ 吴伟达. 境外直接投资法律制度研究［D］. 长沙：中南大学，2009：78.

往表现为立法的价值取向。立法价值一般包括以下两层含义："其一是指各国在制定法律时希望通过立法所欲达到的目的或追求的社会效果；[1] 其二是指当法律所追求的多个价值目标出现矛盾时的最终价值目标选择。"[2] 由于当今社会是一个奉行价值多元的社会，各种复杂的、多层的社会需求，对不同的社会主体的价值体现和重要性是不同的或不完全一致的，不但有轻重缓急之分，甚至还会发生相互冲突。为此，立法者在立法时，必须作出明智的选择，在众多的价值中决定哪些价值给予优先保护，哪些可以兼顾，哪些应予限制或舍弃。由此可见，任何法律的制定都应当有明确的价值取向。当然这种价值取向不是立法者或法学家一厢情愿的事，而是由立法者的政治利益与经济利益决定的。正如马克思指出的："社会不是以法律为基础的，那是法学家的幻想，相反地，法律应该以社会为基础。法律应该是社会共同的，由一定的物质生产方式所产生的利益和需要的表现，而不是单个的个人的恣意横行。"[3]

我国法学界在划分法律体系时，通常将外资法划入经济法的范畴。[4] 经济法作为法体系中的一个部门法，同一般法的价值一样，它也具有秩序、效率、公平、正义等价值；它的价值链的中心环节也是效率与公平；它固有的基本价值取向是社会本位，当20世纪与21世纪之交还需兼顾国际社会利益。[5] 所以，作为经济法一个部门的海外投资法，必然要遵循我国经济法立法的价值取向：效率、公平和社会本位，同时兼顾国际社会利益。[6]

当然，海外投资法有其特殊的价值取向，这种价值取向的特殊性是由海外投资法在经济法体系中的特殊本质决定的。海外投资法按其在经济法体系中同其他部门法，如市场规制法、宏观调控法等在调整任务上的分工，它涉及资本输出国（母国）的企业或其他经济组织及自然人的资金、实物、工业产权等生产要素跨越国境的流动，国际投资市场特有的政治风险和商业风险，使其不得不十分关注投资主体财产和人身的安全。因此，境外投资法在遵循公平、效率、社会本位的同时，十分注重投资行为的安全。所以，我们认为，境外直接投资

❶ 杨悦. 跨境破产部分制度性法律问题研究—域外效力、管辖权冲突与法律适用 [D]. 大连：大连海事大学，2012：57.
❷ 丁伟. 经济全球化与中国外资立法完善 [M]. 北京：法律出版社，2004：19.
❸ 丁伟. 经济全球化与中国外资立法完善 [M]. 北京：法律出版社，2004：295.
❹ 中共中央编译局. 马克思恩格斯全集（第7卷）[M]. 北京：人民出版社，1965.
❺ 沈宗灵. 法理学 [M]. 北京：北京大学出版社，2001：301.
❻ 李澍. 论经济法的社会本位原则 [J]. 成功，2013（16）：339.

法律制度应以安全和效率为自己的法律价值，其制度设计以监督管理、鼓励促进、保护维护和依法援助投资为目的，分为海外投资促进法律制度、海外投资管理法律制度、海外投资保护法律制度、海外援助投资等几个环节。

在我国海外投资法律制度的建立和改革实践过程中，法律价值取向存在错位和迷失的问题。如 20 世纪 90 年代初，"中国对外直接投资政策的基本指导思想是限制企业的海外投资规模。该时期政策体系的特点是前紧后松，企业海外投资初期审批程序严格，而一旦获得批准，政策对海外投资缺乏有效的后续监管。1991 年初形成的海外投资政策体系也没有对企业海外投资提供方向性的指导，企业海外投资行为存在盲目性和随意性。"●

总之，经过对我国海外投资法律制度发展的几个阶段的考察，大致可以得出这样的结论：即初创时期重视安全多过于效率，（加入 WTO 以后）改革时期重视效率多过于安全；初创时期只允许国有企业海外投资而不允许民营企业参与，加入 WTO 以后只允许国家、法人海外投资而没有涵盖自然人的海外投资行为。何以产生上述情况，诸多原因之中，最重要的是经济方面。从经济角度分析，主要是由于国家的发展目标、宏观经济状况、国际收支状况、海外投资的发展程度等几方面，影响了制度设计者的设计。❷ 另外，从立法价值取向上考察，则是因为我国在海外投资立法上法律价值取向曾经有的错位和迷失。"经济法的价值决不限于经济效率，而十分重视社会公平，重视社会综合性的全面发展。"❸ 海外投资法所规范的内容虽然主要是国际投资行为的结构和运行，但也要考虑与社会其他结构的统筹兼顾。

（二）海外投资的立法宗旨

海外投资法的立法宗旨是海外投资法的本质、根本任务及基本原则的高度概括和总结，是海外投资法基本精髓的表达。对海外投资法立法宗旨的准确把握，是科学认识海外投资法的地位、调整对象及其体系的基础和前提。

有学者指出：作为经济法的宗旨和任务的"促进经济结构和运行协调、稳定和发展"也是海外投资立法的宗旨和基本任务。所谓社会经济结构，是指经

● 漆多俊. 经济法基础理论［M］. 武汉：武汉大学出版社，2004：156.
❷ 陈伟翔. 论我国境外投资外汇管理的法律价值［D］. 武汉：华中师范大学，2007.
❸ 漆多俊. 时代潮流与模块互动"国家调节说"对经济法理论问题的破译［C］. 北京：人民法学，2006.

济体系中的各个方面，再生产的各环节之间的比例关系，包括产业结构、行业结构、产品结构、地区结构等。经济运行是指经济的总体性运动和发展变化，是动态的、纵向的。在一般情况下，或者说国家调节按其本来的使命，是希望维护和促进社会经济的结构和运行能够协调、稳定和发展。所谓协调，主要指社会经济内部各种结构和比例关系的大致均衡；所谓稳定，主要是指避免经济停滞、过速增长或大起大落；所谓发展，是指经济在质和量上的提高和增长。社会经济协调、稳定和发展，是一个健康的社会经济体的内在要求，也是经济法的应有宗旨。❶但海外投资法属经济法的范畴。因而，海外投资立法的宗旨和任务是追求有利于我国国际投资经济结构和运行协调、稳定和发展。通过促进海外投资活动，大量资金和技术投放到世界各国和地区，促进了生产和资本的国际化，促进国际合理分工和合作，增加净出口进而影响 GDP 的总量；通过引导海外投资活动，可以改善我国的产业结构、行业结构、产品结构、地区结构，增加就业，平衡国际收支；通过保护国际投资活动，保障经济总量的平衡、维护竞争秩序、协调社会再分配，将国际投资经济个体的行为纳入到社会整体利益的框架中来评价，以使经济自由与秩序、效果与公正、经济民主与集中达到统一。❷

（三）海外投资的立法原则

立法的原则是立法机关从事立法活动时普遍遵循的原则。国际经济法的立法原则，如国家对自然资源永久主权原则、平等互利原则，亦理所当然地适用于海外投资立法。顾名思义，国际经济法是指调整各类国际经济法主体之间跨国经济关系的法律规范的总称，国际贸易、国际投资、国际税收和国际技术转让等经济活动均属于跨国经济活动范畴。

海外投资法作为国际经济法的一个分支，调整的是国际投资活动中的法律关系。故其立法活动应当贯通国际化的原则。国际化原则有两层含义：一是海外投资活动作为一国经济发展战略的重要组成部分必须走国际化道路，并将国际化作为其主动迎接世界经济挑战与多极化竞争的原则与策略。❸毋庸置疑，获得海外资源和外汇不应是中国海外投资发展的长远战略，有利于促进和加快中

---

❶ 周煊. 中国境外投资监管与服务政策体系的特点及完善 [J]. 当代财经，2006 (2)：99.

❷ 吴伟达. 境外直接投资法律制度研究 [D]. 长沙：中南大学，2009：78.

❸ 梁开银，卢荆享. 论中国海外投资的立法原则和体制 [J]. 河北法学，2001 (2)：31.

国的工业化步伐，有利于中国国内产业结构的调整和优化，有利于中国企业和产品向国际市场的渗透和发展，有利于造就一批大型的国际化经营企业和一批成熟的企业家，才是中国海外投资的根本目标，才是中国海外投资立法的基本立足点。❶ 二是海外投资立法要与国际投资法律制度相适应。这主要是指国内有关海外投资的立法要与国际条约、公约的规定和国际惯例及国外的成功经验做法接轨，将其内化、吸收借鉴为国内立法。❷ "为了实现本国生产和经营全球化战略、保证海外投资成功，我国的海外投资法律制度应与国际投资法律制度相接轨，这符合国际经营的惯例，也符合适者才能生存、才能发展的硬道理。"❸

（四）海外投资的立法模式

我国海外投资的立法可以采用先单行法后基本法，基本法与单行法相配套，国内法规范与国际法规范相协调发展的立法模式。我国当前有关海外投资的立法层次都比较低，没有一部基本法层面的法律，因而在关于海外投资基本法的制定问题上，当前法学界多数主张先制定《海外投资法》❹，以解燃眉之急。当然，《海外投资法》的立法过程肯定艰难，原因在于，需要规制的内容相当广泛，例如，间接投资（通过购买外国公司企业的股票和其他证券等方式进行的投资）是否纳入其中尚有疑问；此外还存在所调整的法律关系过于庞杂，例如，既涉及平等主体之间的关系，又处理国家管理、调节中的纵向关系，既要调整国内的法律关系，又要调整跨国的法律关系等。

所以，海外投资的国内法律体系构建的当务之急，即迅速填补海外投资各个环节的单行法律空白，完善现有法律的不足，在此基础上，不断总结投资与立法经验，并结合世界经济一体化进程中出现的新情况、新问题，酝酿产生我国的《海外投资法》。换言之，我国海外投资立法可以走"先单行法后基本法"的立法道路。这样的立法模式可以在比较短的时间内改变我国海外投资无法可依的现状，也有利于不断积累立法经验，制定出高质量的海外投资基本法。在具体的立法模式上，应建立以《海外投资基本法》为基础，以《境外直接促进法》《海外投资管理法》《海外投资保护法》等单行法为配套立法，国内法与国

---

❶ 漆多俊. 经济法学 [M]. 北京：高等教育出版社，2007：36.
❷ 邹淑环. 我国海外投资立法现状及其基本构想 [J]. 天津商学院学报，2003（4）：54.
❸ 漆多俊. 经济法基础理论 [M]. 武汉：武汉大学出版社，2004：166–174.
❹ 梁开银，卢荆享. 论中国海外投资的立法原则和体制 [J]. 河北法学，2001（2）：31.

际法相协调，法律、法规及行政规章相互补充的完备法律体系。❶

三、外国投资立法对中国海外投资立法的启示

改革开放早期，发达国家质疑中国的经济秩序和法治环境，不敢到中国投资，为了加强吸引外资软硬条件，我国制定了《中外合资经营企业法》《外资企业法》和《中外合作经营企业法》（以下简称外资三法），奠定了我国利用外资的法律基础，为推动我国改革开放伟大历史进程作出了重大贡献。以外资三法为核心的外资法律体系对于我国积极有效地利用外资、推动国民经济发展发挥了举足轻重的作用。相比之下，海外投资法律体系的发展就相对滞后很多，至今没有法律法规调整海外投资关系，多数都是行政规章和政策性文件。海外投资未曾立法的原因很多，一方面，我国早期的经济发展是以资本输入为主，近些年由于世界经济低迷，我国资本输出势头迅猛，令立法机构有些措手不及；另一方面，海外投资经营行为的基本不在国内，除了先前的审批"准出"之外，海外投资的国内法管辖难度很大。但是，外国投资法草案征求社会意见对海外投资法的立法活动可能产生蝴蝶效应，近年来，我国吸收外资稳定，海外投资不断攀升。从最初带来资金、技术、管理经验和出口渠道，发展到今天中国企业将现代服务业态、新型经营理念、高端人才分享给世界，外商投资和海外投资企业已经成为推动我国经济社会发展的重要力量。❷

当前，我国全面建成小康社会进入决定性阶段，改革进入攻坚期和深水区，对外开放面临新形势新任务。现行外资三法已经难以适应全面深化改革和进一步扩大开放的需要。一是外资三法确立的逐案审批制管理模式已不能适应构建开放型经济新体制的需要，不利于激发市场活力和转变政府职能；二是外资三法中关于企业组织形式、经营活动等规定和《公司法》等有关法律存在重复甚至冲突；三是外资并购、国家安全审查等重要制度需要纳入外国投资的基础性法律并进一步完善。❸

党的十八届三中全会提出"构建开放型经济新体制""统一内外资法律法规，保持外资政策稳定、透明、可预期""改革涉外投资审批体制""探索对外商投资实行准入前国民待遇加负面清单的管理模式"；党的十八届四中全会要求

---

❶ 王志新．关于"走出去"战略的法律环境思考［J］．浙江师范大学学报，2004（1）：52.

❷ 孙建中，王美丽．外商对华直接投资的经济影响及对策［J］．经济理论与经济管理，2003（6）：13.

❸ 谢心玙．论我国外资并购国家安全审查制度的完善［J］．知识经济，2012（13）：11.

"适应对外开放不断深化，完善涉外法律法规体系，促进构建开放型经济新体制"。这为外资三法的修订工作指明了方向。为贯彻落实党的十八届三中、四中全会精神，根据《十二届全国人大常委会立法规划》和《国务院 2014 年立法工作计划》，商务部启动了《中外合资经营企业法》《外资企业法》《中外合作经营企业法》修改工作，形成了《中华人民共和国外国投资法（草案征求意见稿)》（以下简称《外国投资法（征求意见稿)》)。通过分析《外国投资法（征求意见稿)》的指导思想、基本原则和主要内容，获得海外投资立法的启示，汲取经验和教训，在未来的海外投资立法过程中少走弯路。

（一）指导思想和基本原则的启示

此次《外国投资法（征求意见稿)》起草的指导思想，是以党的十八大和十八届三中、四中全会精神为指导，适应构建开放型经济新体制要求，坚持市场化、法治化、国际化的改革方向，创新外国投资管理体制，制定一部既符合我国经济发展阶段和基本国情、又顺应国际通行规则发展要求的外国投资基础性法律，为外国投资创造更加稳定、透明、可预期的法律环境。[1] 这对海外投资是一种启示，海外投资法律体系，同样需要上述法律环境。

《外国投资法（征求意见稿)》应定位为一部深化体制改革的法，扩大对外开放的法，促进外商投资的法，规范外资管理的法。为实现上述目标，我们在起草中坚持了以下原则：一是明确法律基本定位，《外国投资法（征求意见稿)》定位于统一的管理和促进外国投资的基础性法律，不再将企业的组织形式作为规范对象；二是创新外资管理模式，取消现行对外商投资的逐案审批体制，采取准入前国民待遇和负面清单的外资管理方式，大幅减少外资限制性措施，放宽外资准入，加强信息报告；三是完善外资管理制度，总结三十余年外资管理的实践，将外资并购、国家安全审查等重要制度纳入《外国投资法（征求意见稿)》并进一步完善；四是切实转变政府职能，从重事前审批向提供公共服务和加强事中事后监管转变，在大幅取消行政审批的同时，加强投资促进与保护、监督检查等制度。[2]

我国在《外国投资法（征求意见稿)》中所坚持的原则，与我国企业海外

[1] 张丽艳. 试论经济全球化背景下我国外资法的现代化 [J]. 经济研究导刊, 2007 (7): 148.
[2] 王硕. 外国投资法征求意见: 取消外资三法逐案审批制模式 [EB/OL] [2015 - 01 - 19]. http: // www. chinanews. com/gn/2015/01 - 19/6983370. shtml.

投资经营活动中所坚持的立场是一致的。在改革海外投资的立法模式，依法治理海外投资活动的同时，创新海外投资行政管理模式，备案为主审批相辅，结合负面清单模式，转变政府职能，促进海外投资企业的自主经营和自主决策权。政府应该做好鼓励有能力的企业海外投资"走出去"、促进海外投资企业增强技术竞争力和做好服务海外投资的信息和风险预警工作。在实践中不断探索，积累经验，建立有效、可行的海外投资法律保护体系，为海外投资企业保驾护航。❶

（二）制度创新的启示

自十八大以来，党的文件中反复强调制度创新，无论是外国投资还是海外投资法律规范，均应在制度创新方面与时俱进。最新《外国投资法（征求意见稿）》中共 170 条，分为 11 章，在很多方面都进行了合理的制度创新，如准入管理、国家安全审查、信息报告、投资促进、投资保护、投诉协调处理、监督检查、法律责任和附则。上述立法创新对于海外投资法的起草具有很强的启示和借鉴意义。

在海外投资主体界定方面，可以借鉴外国投资者和外国投资的定义，明确海外投资者和海外投资的界定。对于外国投资者，《外国投资法（征求意见稿）》在依据注册地标准对外国投资者予以定义的同时，引入了"实际控制"的标准。一方面规定，受外国投资者控制的境内企业视同外国投资者；另一方面规定，外国投资者受中国投资者控制的，其在中国境内的投资可视作中国投资者的投资。对于外国投资，《外国投资法（征求意见稿）》规定不仅包括绿地投资，还包括并购、中长期融资、取得自然资源勘探开发或基础设施建设运营特许权、取得不动产权利及通过合同、信托等方式控制境内企业或者持有境内企业权益。❷ 反之，海外投资主体也可以以此为标准，列举海外投资者的形式和特征，以此明确海外投资的主体范围，与我国签订的多边条约、双边条约和区域协定相统一。

在"准出"管理制度方面，建议借鉴《外国投资法（征求意见稿）》"准入"模式。《外国投资法（征求意见稿）》废除了外资三法确立的逐案审批制

---

❶ 李含琳. 准确领会"改革进入攻坚期和深水区"的内涵 [J]. 社科纵横，2014（3）：2.

❷ 李欣. 国家拟全面放开外资准入：审批制改为报告制 [EB/OL]　[2015 - 01 - 20]. http：//www. huaxia. com/tslj/lasq/2015/01/4240784. html.

度，设计了与准入前国民待遇加负面清单管理模式相适应的外资准入管理制度。外国投资主管部门仅对特别管理措施目录列明领域内的投资实施准入许可，审查对象也不再是合同、章程，而是外国投资者及其投资行为。在实施负面清单管理模式下，绝大部分的外资进入将不再进行审批。同时规定，外国投资者在中国境内投资，无论是否属于特别管理措施目录列明的领域，均需要履行报告义务。❶ 行政机构在管理"走出去"企业的"准出"行政审批程序中，可以在现有的备案为主、审批为辅的基础上，加大开放力度，增加负面清单管理模式，增强行政职权的透明度。可以借鉴《境外投资管理办法》的做法，将海外投资的一部分审批权力下放到省级行政主管部门，与此同时，限制行政职权应该随之跟进，"权力清单"和"责任清单"与行政审批同时进行，防止行政职权滥用和腐败滋生。❷

为防止外国投资对国家安全造成或者可能造成危害，《外国投资法（征求意见稿）》设专章规定了外国投资国家安全审查制度。针对现行国家安全审查制度效力层级低、制度不完善等缺陷，在国务院办公厅《关于建立外国投资者并购境内企业安全审查制度的通知》基础上，充分借鉴有关国家的做法，《外国投资法（征求意见稿）》进一步完善了国家安全审查的审查因素、审查程序，明确了为消除国家安全隐患可采取的措施等内容，并规定国家安全审查决定不得提起行政复议和行政诉讼。鉴于海外投资也存在国家安全审查问题，海外投资企业不仅是一个跨国性质的法人机构，其代表国家形象和国家利益，作为国与国经济发展的纽带和桥梁，海外投资者有义务在经济投资的交往中保护我国的国家安全，建议《海外投资法》增加中国企业或自然人申请或备案海外投资活动时应当保障国家安全不受威胁等相关内容。

在当前的大数据时代，为了及时、准确、全面掌握海外投资情况和海外投资企业运营状况，建立信息报告、信息汇总制度是十分必要的，有利于反馈信息、资源数据共享，帮助我国海外投资企业抢占市场、规避风险。尽管《境外投资管理办法》规定了信息报告的条款，但过于笼统，且信息报告部门分散，不利于企业的贯彻实施。反观《外国投资法（征求意见稿）》的外国投资信息

---

❶ 江金泽．中国拟全面放开外资准入：审批制改为报告制［EB/OL］［2015－01－19］．http：//wall-streetcn. com/node/213314.

❷ 王澜明．深化行政审批制度改革应"减""放""改""管"一起做—对国务院部门深化行政审批制度改革的一点看法和建议［J］．中国行政管理，2014（1）：7.

报告制度则具体翔实，规定外国投资者或外国投资企业对其投资经营行为，无论是否属于特别管理措施目录列明的领域，都要向外国投资主管部门履行信息报告义务。报告信息必须真实、准确、完整，不得有虚假记载、误导性陈述或重大遗漏。信息报告分为三种类别（外国投资事项报告、外国投资事项变更报告、定期报告），每一类别均规定了相应的报告内容和时限。上述条款值得借鉴。

《外国投资法（征求意见稿）》从投资促进政策、投资促进机构、特殊经济区域等方面对投资促进条款进行了规范。❶ 由此及彼，《海外投资法》应当强化政府在海外投资促进方面的职能，建立完善的海外投资促进机制。

《外国投资法（征求意见稿）》规定了投诉协调处理制度，强化了外国投资投诉协调处理机构对外国投资者、外国投资企业与行政机关之间的争议进行协调和处理的工作职能，利于有效地化解外国投资争端。相对而言，海外投资虽然有商务部《对外贸易壁垒调查规则》创设的投资壁垒调查机制，但未能发挥有效的作用，多数案件仍然通过东道国的国内法院或提交 ICSID 解决。建议商务部充分发挥《对外贸易壁垒调查规则》作用，加强培训相关的行政执法人才，为中国企业的海外维权提供充分的行政救济。

《外国投资法（征求意见稿）》从监督检查启动、检查方式、检查内容、检查结果等方面对监督检查制度进行了全面规定。同时，通过建立外国投资者诚信档案制度，增强外国投资者、外国投资企业自律意识，建立海外投资的东道国诚信系统，增强中国企业在外投资的行为素质和自律意识。在法律责任制度方面，《外国投资法（征求意见稿）》明确了在禁止领域投资、未经许可或者违反许可条件在限制领域投资、违反信息报告义务、违反国家安全审查规定、规避法律强制性规定等情形下应承担的行政法律责任或刑事法律责任。在扩大海外投资"准出"、减少行政审批的同时，加强事中事后监管，这是新一届政府转变政府职能的"重中之重"。海外投资法可以借鉴海外投资领域设定法律责任制度，除了上述规定的法律责任之外，如果海外投资企业在东道国从事违法活动，在东道国追究其法律责任后，我国司法机构也有权利对其追究法律责任。

---

❶ 李欣. 国家拟全面放开外资准入：审批制改为报告制［EB/OL］［2015－01－20］. http：//www. huax-ia. com/tslj/lasq/2015/01/4240784. html.

四、中国 BIT 范本的构建

长期以来，制定中国自己的双边投资协定进程一直举步维艰，而国际社会从第二次世界大战结束到 20 世纪 80 年代中期大约四十年的时间里，有关直接投资领域的国际立法主要是调整两国投资关系的双边投资保护协定。已经订立的有关国际直接投资的公约除 1965 年《关于解决国家与他国国民之间投资争端的公约》（以下简称《华盛顿公约》）与 1985 年《多边投资担保机构公约》（以下简称《汉城公约》）外，几乎无一得以实施。由此可见，双边条约在国际投资中举足轻重，通过双边条约规范我国和他国的国际投资关系是我国现行的主要法律文件，所以双边投资条约也是我国海外投资法律体系中的重要组成部分。2008 年，中美开启双边投资条约 BIT 谈判，该谈判被誉为"第二次入世谈判"，谈判的技术性、复杂性和艰苦性可想而知。2015 年 6 月底，中美在华盛顿进行第七轮战略与经济对话前夕，美国国务院首席经济学家罗德尼·卢德马（Rodney D Lukeman）乐观表示："双方很快就要交换 BIT 负面清单，现在距离最终的协议已经不远了。"❶ 2014 年中欧 BIT 谈判开始，尽管谈判进展缓慢，但是谈判中所带来的"溢出效应"明显，多数投资者看好谈判走向。中美和中欧 BIT 谈判进程对我国国际投资条约实践和理论层面都带来了前所未有的挑战。我国过去长期以来推行的是欧洲简约 BIT 模式，与条目纷繁复杂的美国模式有很大的区别。因此，中美谈判意味着许多新问题、新情况的出现，需要理论与实践上的新思路和新对策。

中美和中欧 BIT 谈判对我国海外投资有着深远的意义，整个谈判的过程是一个很好的学习和反思的机会，借此契机，总结以往我国签订的 BIT，反思我国的 BIT 条约政策，明确其未来发展方向最终制定符合中国利益和国情的 BIT 范本是十分必要的。这种阶段性的政策反思与范本制定将不仅对我国的对外投资条约实践和理论研究具有重要的指导意义，随着中国国际经济地位的快速提升，它对世界国际投资条约理论与实践的发展的影响力也将日益彰显。❷

国家间的 BIT 范本往往是投资条约政策的最重要国际展示。BIT 范本兼具规范性和宣示性，但其宣示性的效果往往大于规范性的意义，因为决定性的规

---

❶ 立关云. 中美 BIT 谈判即将交换负面清单 – 亚投行或推动世行改革［EB/OL］［2015 – 05 – 15］. http://finance.jrj.com.cn/2015/05/15050319226194.shtml.

❷ 陈安. 国际投资法的新发展与中国双边投资条约的新实践［M］. 上海：复旦大学出版社，2007：36.

则最终体现在真实条约的具体条款之中，而这些条款则取决于具体的谈判过程。世界主要资本输出国都特别注重 BIT 范本的制定和完善工作。以美国为例，其 BIT 项目虽然启动较晚，但已经历三次大的修订。目前采用的文本是 2004 年修订的，但对它的再次修订已正在进行之中。长期以来，我国政府为了吸引外资，十分重视 BIT 的缔约工作。到目前为止，是世界上签订 BIT 最多的国家之一。但相对这一积极的 BIT 实践而言，我们对 BIT 范本的制定工作，似乎显得重视不够、投入不足。据了解，到目前为止，我国正式制定的 BIT 范本只有一个 1984 年的范本。这个范本以欧洲早期的 BIT 范本和 20 世纪 80 年代我国的实际情况为依据，对我国早期的 BIT 缔约工作发挥了重要的指导作用。此后，我国的 BIT 谈判多以此前缔结的 BIT 作为工作基础或工作文本，对正式的范本，则未能及时更新。这种做法能够应付缔约实践的需要。但由于它以与个别国家的个案谈判为主要依据，存在相对性和局部性，全局性、主体性和主动性相对欠缺。

通过考察中国的 BIT 文件，可以发现，国际投资条约领域的快速发展与变化在中国也同样有所反映。这一点从 20 世纪 90 年代中国缔结的 BIT 的类型和数量即可看出。尽管事实上所有的 BIT 都包含大致相同的事项，但每个条约又各有其特点。国家间签订的 BIT 是根据不同的缔约国、不同的缔约目的和不同的国际经济情况而订立的有差别的条约内容。❶ 深入探索条约每条约文的真谛，审视各条约的约文在遣词造句、定义等方面的细微差别是很有必要的。

总体而论，现有的中国投资条约属于"投资保护"型，重在保护自己作为东道国接受的投资，而在"市场准入"方面并不能创造更多的机会。如果希望把 BIT 当作市场准入的工具，则有必要重新考虑这种条约立法方式。正如美国和加拿大将国民待遇和最惠国待遇义务延伸至企业准入前的阶段，可以实现 BIT 作为市场准入工具的作用。为此，中国采用负面清单的方式，指明向外资开放的产业领域是十分必要的。中美 BIT 谈判之所以引人注目，是因为"中美两国政府经过 17 个月的试探性磋商"后，美方一直争取的"市场准入"内容是否写入 BIT 终将尘埃落定，这也直接影响我国已签订投资条约中的最惠国待遇条款，让其他投资者从中受益。❷

中国到了该更新其投资条约范本的时候了，一味被动迎合不如主动改革。

---

❶ 郭丽梅. 国际投资法中投资定义研究 [D]. 厦门：厦门大学，2009：32.
❷ 潘锐，娄亚萍. 中美双边投资保护协定谈判的演进与发展 [J]. 国际观察，2010（1）：62.

事实上，中国商务部于 2010 年 4 月起草了一份《中华人民共和国政府和政府关于促进和保护投资的协定》（以下简称《中国投资保护协定范本》），已向社会各界公开征集意见。考虑到中国的基本国情，建议征求意见稿坚持三个原则：

第一，应该坚持单一范本原则而不是多重范本原则，即坚持"单一性"的 BIT 范本。这种做法与世界各国通常的条约实践相符。通常一个国家制定 BIT 范本是希望以此为基础与所有其他国家进行谈判。❶ 尽管根据缔约相对方的特定需要，具体条约中可以对范本进行修改，但基本的底线应与标准文本相同，至少在其公布的 BIT 范本中，似乎还没有一个国家采用过多版本的方式。此外，多种范本也违反了根植于绝大多数 BIT 中的非歧视原则和最惠国待遇原则，所以应该坚持单一范本原则。

第二，《中国投资保护协定范本》应该致力于平衡东道国与外国投资者之间的权利义务关系，即要坚持"平衡原则"。尽管 BIT 是国家间的条约，但它们主要处理的是东道国与外国投资者之间的关系，这一点是毋庸置疑的。长期以来，资本输出国把 BIT 作为保护其海外投资的手段，而根本不考虑东道国管理外国投资的权利。始料未及的是，依据《北美自由贸易协定》提起的针对美、加等资本输出国的国际仲裁案，却把这些传统的资本输出国推到了被诉方的地位。❷ 通过这些案件，美、加等发达资本输出国深刻认识到，除了外国投资者的权利和利益需要保护之外，东道国的管理权也同样需要加以保护。❸ 为此，它们修改了各自的 BIT 范本以适应这种国家需要。美国还将进一步修订以更充分地反映这种需要。当前中国作为重要的资本输入者的同时，正在迅速崛起为重要的国际资本输出者，其在国际投资领域内的角色越来越接近发达的资本输出国。中国的双重角色要求其 BIT 范本兼顾两种需求，即维护国家对在华外国投资的管理权的需要和保护本国海外投资者权利的需要。尽管在真正的谈判过程中，具体条约条款可以调整，以适应具体情况需要，但作为兼具规范性和宣示性作用的 BIT 范本，有必要一开始就保持这种权利义务的总体平衡。

---

❶ 许丽丽. 中外双边投资协定之研究 [D]. 南昌：南昌大学，2008：27.

❷ W. Shan. From 'North-South Divide' to 'Private-Public Debate'：Revival of the Calve Doctrine and the Changing Landscape of International Investment Law [J]，Northwestern Journal of International Law and Business，2007（2）：64.

❸ W. Shan. From 'North-South Divide' to 'Private-Public Debate'：Revival of the Calve Doctrine and the Changing Landscape of International Investment Law [J]，Northwestern Journal of International Law and Business，2007（2）：66.

第三，与"平衡"原则相适应，《中国投资保护协定范本》应强化投资者的社会责任，努力使投资与经济繁荣同社会发展与环境保护相协调。为此，正如在下文所能看到的，我们的新 BIT 范本不仅包括保护投资者权益和保障东道国管理投资权利的条款，也包括强化外国投资者责任的条款。❶ 我们认为，一个 BIT 范本只有当它能够保证东道国与投资者权利义务平衡，并保证投资活动与当地社会环境协调发展，才可以成为一个先进的 BIT 范本，一个符合时代要求并可能引领世界潮流的 BIT 范本。

基于上述原则和惯例，《中国投资保护协定范本》分为五节。第一节包括两个条款，分别界定基本术语和条约适用范围；第二节规定了给予外国投资的待遇标准，包括一般性标准和更具体的标准；第三、第四节规定了投资争端解决机制，分别针对的是投资者与东道国争端和国家间争端；第五节作为最后一节，规定的是条约的最后条款，如条约的生效、有效期和终止等事项。

第四节　中国海外投资法律体系重构的障碍

我国海外投资法律体系重新构建存在的障碍重重，既有立法者观念方面的障碍，也有政策导向的障碍，还有内、外法衔接方面的障碍。在海外投资领域，行政机构需要依法管理、保护、监督海外投资行为；司法机构需要依法司法、执法、监督；海外投资企业也需要依法享受自己的权利、承担义务，所以制定海外投资领域的法律法规，构建我国海外投资法律体系，对我国海外投资事业的发展百利而无害。可见，海外投资法律体系如果不能有效完善，不能突破原有规范层级较低、内容分散等问题，海外投资的拓展将举步维艰。

一、观念方面的障碍

国家的管理者和立法者在海外投资立法观念方面存在保守和滞后的问题，具体表现在对于马列主义关于资本、资本输出性质的论述，尚停留在静止和僵化的认识阶段，对于当今世界的经济全球化，特别是资本输出性质已经由第二次世界大战前的剥削、掠夺、欺诈转变为国际投资合作的认识不清，对于我国

---

❶ 单文华，张生．美国投资条约新范本及其可接受性问题研究［J］．现代法学，2013（5）：154.

海外投资的必要性、可能性和投资的方向、重点、规模及战略等了解不深。有些人认为，对外开放就是发展对外贸易和引进外商投资，重视商品的进出口，特别是出口贸易，而不重视资本的输出，在利用外资问题上，仅仅重视引进外资而不重视对外投资；有些人认为我国没有资本发展海外投资，我国还不具备发展海外投资的其他各种条件，特别是资金和科学技术条件以及劳动力条件，有限的资金只能用于引进外资；有的认为国内经济立法比涉外经济立法更为重要、更为迫切，因为我国社会主义市场经济体制刚刚开始建立，与市场经济体制相适应的中国市场经济法律体系尚未完全建立，国内还有不少经济关系有待国家立法进行调整，国内经济立法任务相当艰巨，尚无精力进行涉外经济立法，至少目前和今后一个时期不可能进行这方面的涉外经济立法。❶ 由于上述错误的思想认识，导致我国至今还没有确定具体的海外投资立法时间表。立法者和管理者认为我国现阶段不急于进行海外投资立法，所以立法工作迟迟没有开展，仅以层级效力比较低的规章维持晚近的海外投资管理工作。❷

综上所述，海外投资法律体系的重构起到了提纲挈领的作用，其重要性不可忽视，对于重塑海外投资法律体系的观念和意识，从根本上解决海外投资的法律问题，有效地预测海外投资中出现的问题和保护海外投资者的利益具有重大的意义。这种观念上的转变不仅是立法机关的工作转变，应该是自下而上的，从个人、企业、全社会观念的统一，依法治国也要求社会经济活动要有法可依，海外投资领域也不曾例外。所以，转变现有的解决眼前问题的观念，变为着眼于长远，着眼于未来，着眼于世界，才能建立一个行之有效的海外投资法律体系。

二、政策方面的障碍

我国的海外投资政策和策略滞后是海外投资法律体系构建的重要障碍之一，主要体现在：第一，我国海外投资的地区分布和行业结构不合理。我国海外投资企业投资集中在美国、日本、西欧等发达国家和地区，而在发展中国家兴办的海外投资企业则相对要较少。这种格局与我国现行出口市场格局有着密切的联系，虽然对开拓和巩固发达国家的市场发挥了积极作用，却严重影响了对发展中国家市场的开发，不利于市场多元化战略的实施。因缺乏政策引导，我国

---

❶ 陈业宏. 中国对外投资法制建设问题研究 [D]. 武汉：华中师范大学，2000：36.
❷ 林爱民. 论我国海外投资立法缺陷及完善 [J]. 河北法学，2008（7）：127.

海外投资的行业结构也不合理，除了资源开发型项目外，一般加工型项目占的比重过大，而属于国家鼓励发展的战略产业和出口主导行业项目占的比重太小，技术水平一般或较低的项目较多，科技含量高的项目较少。[1] 第二，我国海外投资企业的管理水平不高，竞争力不强。海外投资管理模式落后，导致相当多的企业没有自己的研究机构和自主知识产权，只能作为海外加工厂；由于融资政策的限制，在交易规模、市场份额、售后服务、信息搜集等方面工作的开展显得捉襟见肘，不利于市场营销策略的实施；现行的海外投资政策不利于海外投资企业参加国际市场竞争，也不利于我国企业全球经营的长远发展。[2] 第三，我国海外投资地区分布广泛，进入行业较多，但尚未形成全球生产经营体系。海外投资者还没有建立全球经营战略意识。即使一些国内家喻户晓的大型企业，其海外投资动机也往往是着眼于短期业务需要，例如，因国内市场饱和、加工能力过剩而要求扩大国际市场，转移过剩生产能力；赚取外汇；满足国家对自然资源的需要等。跨国公司的海外分支机构之间缺乏业务上的有机联系，如企业内国际分工体系、对各地经营资源的合理调配、企业内部贸易的组织、企业国际财会体系的建立等，因此，海外投资法律体系的重构应该考虑政策性引导，倾向有潜质的国内企业发展科学的跨国经营机制和生产全球化体系。

三、内外法衔接方面的障碍

海外投资方面的国内立法与国际立法不够协调，存在衔接障碍，国内、国际立法的协调性是一国法律体系完备发达的重要标志。双边投资条约不仅效力优于国内立法，而且在数量上也占有明显的优势。[3] 然而，仅有效力和数量上的优势是不够的，必须与国内法之间加强配合，相互照应，具备良好的协调性。[4] 国际立法只是国内立法的有效延伸，国内立法是国际立法的根本基础；换言之，国内立法又必须反过来有效地配合国际立法，使国内立法跟上国际立法的进程。[5] 唯有如此，国际立法才有实践基础，才有具体适用的可能，才能更有效地与国内立法相结合，保护本国的经济发展；然而，我国海外投资立法在国际与国内立法协调一致方面存在明显的障碍，具体表现为四个方面的问题。

[1] 包运成. 我国有关" 陆资入台" 法律问题初探 [J]. 社会科学家，2010（2）：76.
[2] 刘晓丽. 海外投资保险法律制度研究 [D]. 西安：西北大学，2006：47.
[3] 林爱民. 论我国海外投资立法缺陷及完善 [J]. 河北法学，2008（7）：127.
[4] 梁开银. 论中国海外投资立法的路径和体系 [J]. 河北法学，2006（2）：55.
[5] 陈业宏. 中国对外投资法制建设问题研究 [D]. 武汉：华中师范大学，2000：67.

一是有关"投资者"规定。我国海外投资的国内立法对投资主体的规定过于狭窄，将自然人排斥在海外投资主体之外。然而我国与法国签订的《关于相互鼓励和保护投资的协定》对投资者却是这样界定的："具有缔约任何一方国籍的自然人；依据缔约任何一方法律成立并在其领土内设立公司总部的各种经济实体或法人，以及由缔约任何一方国民或依据该一方法律设立并在其领土内设立公司总部的各种经济实体或法人所直接或间接控制的各种经济实体或法人。"❶ 并且大多数中外双边投资条约都作出了与此相似的规定，将自然人纳入投资主体已成为现代投资立法的大势所趋。

二是代位权的规定。中国与美国、加拿大、德国、瑞典等几十个国家所签订的双边投资协定大多规定了代位权条款。例如，我国政府和比利时—卢森堡经济联盟缔结的《关于相互鼓励和保护投资的协定》的第 7 条规定："如果缔约一方或其公共机构根据其对某项投资提供的担保向本国投资者支付了赔偿，缔约另一方承认得到赔偿的投资者的权利转让给了缔约一方或其公共机构。缔约一方或其公共机构将以投资者的名义，并在已转让的权利的限度内，通过代位行使原投资者的权利及与之相关的请求权。❷ 对于上述转让的权利，缔约另一方可向作为代位者的缔约一方提出它对投资者具有的反求偿权。"❸ 众所周知，我国承保政治风险的专门机构仅有中国出口信用保险公司，但在相应的立法中并未明确中国出口信用保险公司作为代位权的主体资格，导致国际立法与国内立法脱节，双边投资条约所赋予的权利无法在国内立法中得到落实。

三是各国为了保护本国海外投资者的利益，纷纷制定海外投资保险立法，例如，美国的《对外援助法》。1961 年，美国国会通过新的《对外援助法》修订案，同年设立国际开发署接管投资保证业务。1969 年，美国再次修订《对外援助法》，设立海外私人投资公司（OPIC），作为联邦行政部门中的一个独立机构，不隶属于任何行政部门，承担大部分国际开发署的对外投资活动业务，现已成为主管美国私人海外投资保证和保险的专门机构。而我国现阶段海外投资基本法《海外投资法》尚未提上立法议事日程，更不用说制定《海外投资保险法》，规定专门的海外投资保险内容。❹

---

❶ 姚梅镇. 国际投资法教学参考资料选编［M］. 武汉：武汉大学出版社，1987：276.
❷ 徐之涛. 论我国海外投资保险制度的构建［D］. 济南：山东大学，2005：37.
❸ 姚梅镇. 国际投资法教学参考资料选编［M］. 武汉：武汉大学出版社，1987：287.
❹ 程宗璋. 对构建我国海外投资法律体系的探讨［J］. 贵州财经学院学报，2002（6）：73.

　　四是国内法缺乏使用多边担保机构资金的规定。我国已于 1992 年加入了《华盛顿公约》，并且是《汉城公约》的创始成员国之一，我国企业可以利用这些国际法为我国海外投资服务，特别是提供海外投资政治风险的担保，然而，如何申请 MIGA 的投资保险，国内立法尚无配套的程序性规定。❶

　　总之，我国海外投资立法在国际与国内立法协调方面不仅存在实体规范的不一致，同时也存在程序法上的不协调。上述国内法和国际法衔接的障碍，制约了海外投资法律体系有机统一，让海外投资企业在依法投资的过程中迷惑不清、无所适从。所以，在海外投资法律体系重构中，要调整、梳理海外投资国内法和国外法的关系和内容，使其保持有效一致，共同支撑起海外投资法律体系的框架。

---

❶ 梁开银. 论中国海外投资立法的路径和体系 [J]. 河北法学，2006（2）：56.

第六章
地缘政治视阈下中国海外投资保护的
国际法体系的考察

　　目前中国海外投资保护的国际法体系主要是由各类投资协定组成的，其中绝大部分是双边投资协定（BIT）。双边投资协定为跨国投资者提供了更加安全和透明的投资环境，使其免受来自东道国政府的侵害。许多国家，特别是世界上比较大的经济体，通过与其主要的贸易伙伴签订双边投资协定来确保本国企业在他国投资时得到保护，并保证本国投资者在进行对外投资时的权利救济。德国与巴基斯坦于 1959 年签订了世界上第一个双边投资协定，随后各国之间各种形式的双边投资协定如雨后春笋般涌现，当今世界上生效的双边投资协定已逾 2500 个。随着中国"走出去"战略的推进，经济开放程度加大，中国企业在他国的投资越来越多。为了加强中国海外投资保护，截至 2010 年，中国相继签订了 120 多项 BIT，仅次于德国（约有 140 项）❶，而美国签订了 40 项。

　　如前所述，地缘政治与海外投资之间的关系十分微妙。地缘政治中的地理、能源等因素对国际投资法有重要影响，对于投资准入更是影响明显。各国在制定本国的双边投资范本，以及在与他国进行签订双边投资协定时，都会将本国的地缘政治现状及与两国之间的地缘政治关系考虑其中。地缘政治因素对双边投资协定的影响是双方面的，有的地缘政治关系能够促进双边投资协定的达成，有的双边投资协定则对双边投资协定的达成形成桎梏。此外，国际投资争端解决问题对于海外投资保护至关重要，随着国际地缘政治关系的变迁，其局限性逐渐呈现。以下通过分析中国与加拿大和美国签订双边投资协定面临的瓶颈、

---

❶　Karl P. Sauwant. Yearsbook on International Investment Law & Policy（2011—2012）［M］. Oxford：Oxford University Press，2013：710.

解读中国签订双边投资协定的成功范例——《中国—东盟投资协议》的签署，以及分析《解决国家与他国国民之间投资争端公约》的局限来阐释地缘政治视阈下中国海外投资保护的国际法体系的保护问题。

第一节 中国签订双边投资协定面临的瓶颈：
以中美、中加 BIT 为例

加拿大和美国都属于虽未与中国直接接壤，但是与中国政治经济联系密切的发达国家。中国与两国订立双边投资协定的过程，不乏南北国家关系的较量，也有具体地缘政治因素的考量，充满了利益的分歧与妥协。这种分歧与妥协体现着我国在双边投资协定订立过程中对海外投资的保护。

一、中加双边投资协定的瓶颈

中加两国虽未直接接壤，但是两国地缘政治关系密切，在能源领域表现得尤为突出。近年来两国之间双边投资发展迅速，双方亟待达成双边投资协定来促进和保护双边投资，特别是加强在能源投资方面的合作。经过双方的一直努力，终于在 2012 年签订《中华人民共和国政府和加拿大政府关于促进和相互保护投资的协定》（以下简称"中加 2012 年 BIT"）。在双边投资协定漫长的谈判过程中，不乏地缘政治因素的影响。通过分析中加两国的双边投资关系及双方在"中加 2012 年 BIT"谈判中的主要分歧，可以看出地缘政治因素对我国海外投资保护的影响。

（一）中加两国双边投资关系

中加两国在政治、经济、文化领域的合作关系良好，由于两国在经济上的互补性较强，因此两国的经贸合作在近年取得了长足发展。在双边投资领域，两国也积极谋求合作，特别是在能源投资领域，力求突破地缘政治的障碍，实现平等互惠基础上的共同发展。以下以地缘政治的重要因素之一——能源资源为例，分析两国的双边投资关系。

如前所述，能源与地缘政治的紧密关系毋庸置疑，当今世界上对石油等重要的能源资源竞争尤为激烈。目前我国的资源特别是能源资源严重匮乏，现代化建设对石油的需求急剧上升，导致我国对能源进口的依赖加剧。在中东石油地缘政治的动荡不安，亚太石油地缘政治冲突加剧且石油主要生产国较强的价格操控能力严重影响着世界石油价格的地缘政治背景下，从保障我国能源安全的角度出发，实现我国能源进口多元化显得尤为重要。而加拿大以其丰富的煤炭、原油、天然气等能源资源的出口为国民经济来源的支柱。加拿大油砂的探明储量接近 1.7×10^{11} 桶，约占世界石油储量的 10%。[1] 加拿大因此跻身为仅次于沙特阿拉伯、委内瑞拉的第三大石油资源大国。因此，加强中国和加拿大的能源合作，改善我国和加拿大的双边投资关系尤为重要。中加两国在能源领域有着巨大的互补性和合作潜力，用时任加拿大自然资源部部长加里·伦恩的话来说："加拿大是世界上少数几个能源出口不断增长、能源供应安全可靠的能源出口国之一。我们的总理阁下史蒂芬·哈珀展望，加拿大将成为世界能源供应大国。中国的经济增长迅速，对能源的需求非常大，而加拿大恰恰能满足中国不断增长的能源需求。因此，我们两国之间的合作可以称为天作之合。"[2] 由于加拿大与我国距离遥远，目前缺乏油气的成熟运输渠道，且石油开采具有投资金额大、难度高、风险大、周期长等特性，故两国在能源领域的合作形式以中国企业投资收购加拿大石油企业的股权、与其共同开发加拿大的石油资源（尤其是油砂资源）为主。近年来，中国在加拿大的投资取得了重大突破，这表现为我国大的石油企业对加拿大能源企业股份的收购。如中国石化在 2010 年和 2011 年分别以 46.5 亿美元和 22 亿美元收购辛克鲁德 9% 的股份以及日光能源公司，中国石油国际投资有限公司 2009 年及 2012 年以 25.8 亿元收购阿萨巴斯卡公司的麦凯河项目，中海油于 2011 年以 21 亿美元收购 OPTI。[3]

加拿大的外国直接投资主要来源加拿大法律体系相对完备，但有些法律仍涉及投资限制。加拿大总体上对外国的投资持开放态度，希望外国投资促进本国经济增长，也在一定程度上给予外国投资者国民待遇。但是仍然在一些方面存在限制，这表现为在一定程度上限制非加拿大籍人投资，要求外资对加拿大的"净收益"。其中《投资加拿大法》《电信法》等法律限制了外资在能源、渔业、采矿等领域的投资，这对中国投资者而言都是较为不利的因素。[4]

---

[1] 庞江竹. 加拿大油砂的开发和加工 [J]. 综述石油规划设计，2013（7）：5.

[2] 海松. 中加在能源领域的合作是天作之合——访加拿大自然资源部部长加里·伦恩 [J]. 国际石油经济，2006（11）：37.

[3] 张笑一. 中国和加拿大油砂合作项目的政治制约因素分析 [J]. 国际论坛，2014（3）：62.

[4] 夏天，魏姝敏. 加拿大投资环境分析 [J]. 对外经贸，2014（3）：36.

由于历史和地理位置的原因，加拿大对美国的经济依存度较高，这无疑对未来加拿大的经济发展带来不利因素。同时，纵观全球的发展，世界经济发展格局已悄然改变，亚太地区特别是中国正成为世界经济高速增长的区域。对于加拿大而言，扩大与中国在国际投资领域的合作有利于其经济健康发展。加拿大已经充分认识到了中国和亚太地区经济增长，将加强与中国的合作提到了新的高度。❶

（二）中加双边投资协定的瓶颈

2012 年 9 月 9 日，中国商务部部长陈德铭与加拿大国贸部部长埃德·法斯特在俄罗斯符拉迪沃斯托克签署了"中加 2012 年 BIT"。中国商务部条约法律司就其主要内容和意义进行了解读："中加 2012 年 BIT"涵盖了常规投资保护协定的主要内容和要素，共 35 条和 6 个附加条款，是中国迄今缔结的内容最为广泛的一个双边投资协定，并在重大问题上反映了国际投资协定的新发展和新趋势。并指出，"中国和加拿大双边投资保护协定的谈判自 1994 年就启动了，历经 18 年共 22 轮正式谈判和数轮非正式磋商，最终双方就一系列核心条款达成共识，这一结果来之不易。"❷ 不难想见，在漫长的 18 年间，由于中加两国在利益上存在冲突，两国在最终协议达成之前都为本国利益最大化进行着艰苦卓绝的争夺。由于双方在双边投资领域存在共同利益，为了促进双方双边投资合作，经过艰难和缓慢的谈判，双方互相让步妥协，最终成功签署"中加 2012 年BIT"。

在中加两国漫长而艰难的磋商和谈判过程中，"中加投资协定"的达成多次遭遇瓶颈，主要包括：关于"征收补偿"的分歧，关于"最惠国待遇"的分歧，对于"金融审慎措施"的局限，对于"税收措施"例外的分歧；关于"国家重大安全利益"及"用尽当地救济"问题的分歧。

1. 关于征收补偿的分歧

"就'征收补偿'而言，东道国因公共利益需要而采取合法手段把境内外投资者的财产收归国有，应当给予补偿，这在当代国际社会中已逐渐形成共

---

❶ 冯雅静，黄国祥. 中加双向投资战略思考及趋势分析［J］. 安徽农业科学，2007（4）：1147.

❷ 商务部就中加（拿大）双边投资保护协定进行解读［EB/OL］［2012 – 09 – 10］. http：//www. gov. cn/ gzdt/2012 – 09/10/content_2220644. htm.

识。"❶ 但就具体规则而言，中加两国的立场是有区别的，利益冲突也较为明显，这种分歧集中表现在"补偿标准"和"补偿额的估算"上。

中加两国在征收补偿问题上所面临的分歧首先表现为"补偿标准"的采用的分歧。从加拿大 2004 年 BIT 范本及加拿大与他国签订的 BIT 来看，加拿大采取的是"赫尔规则"。加拿大 2004 年 BIT 范本第 13 条第 1 款明确采用"充分、及时、有效"的补偿作为征收的补偿标准。按照"赫尔规则"，"充分补偿"是指赔偿金应相当于被征收财产的全部价值，并包括可预期的未来潜在利润，以及直至支付赔偿金时的利息，这时"赫尔规则"的核心标准，也是一直以来争议最大的一项补偿标准。及时补偿是指迅速地或毫无迟延地给予补偿；有效补偿则需要达到能够被全额兑现和自由转移的标准。❷

与加拿大所主张的征收补偿标准不同，发展中国家对于"赫尔规则"，特别是"赫尔规则"的"充分"标准一直以来持排斥态度。即使出于引进外资的强烈需求在一些 BIT 中接受了"赫尔规则"，也是出于利益妥协的表现，不足以体现发展中国家对待征收补偿标准问题的立场和一贯所持的态度。"中国支持以'适当'（Appropriate）补偿作为补偿标准，这种补偿原则上只是'部分'补偿。中国在 1986 年与瑞士联邦政府签订的 BIT 第 7 条中有关征收补偿的规定，就排斥'充分'补偿的字眼，转而规定补偿应是'适当'的。"❸

无论是采用"充分"的补偿标准，还是采用"适当"的补偿标准，都会涉及对补偿额如何估算的问题，这是中加谈判在征收补偿问题上遇到的第二个分歧。倘若按照发达国家的一贯主张，适用"充分"的补偿标准，东道国征收后将面临巨额赔偿；反之，如果适用"适当"的补偿标准，发达国家投资者获得的补偿额将会大大减少，"适当"的补偿实际上就变成了不充分的"部分"补偿。可见，有关征收补偿额的估算问题同补偿标准一样，具有重要的意义，两者互相呼应、密切相关。❹

中加两国对补偿额估算问题的争议主要围绕"Going Concern Value"展开。

---

❶ 陈安，谷婀娜."南北矛盾视角"应当"摒弃"吗？——聚焦"中—加 2012 BIT"［J］. 现代法学，2013（2）：139.

❷ 陈安，谷婀娜."南北矛盾视角"应当"摒弃"吗？——聚焦"中—加 2012 BIT"［J］. 现代法学，2013（2）：139.

❸ 陈安，谷婀娜."南北矛盾视角"应当"摒弃"吗？——聚焦"中—加 2012 BIT"［J］. 现代法学，2013（2）：140.

❹ 陈安，谷婀娜."南北矛盾视角"应当"摒弃"吗？——聚焦"中—加 2012 BIT"［J］. 现代法学，2013（2）：140.

加拿大2004年范本第13条第2款引用了NAFTA第1110条第3款的充分补偿标准，即决定公平市场价值❶的"评估标准应该包括持续经营价值、资产价值（包含有形资产的申报税收价值）和其他适合于确定公平市场价值的标准"。这表明，加拿大认为，征收补偿额应按照该企业的"兴旺企业持续经营总值"来计算，既应包括该企业自身的现有资本价值，也应包括该企业未来的、可预期的、潜在的利润。加方认为的"going concern value"应被理解为现有资产和未来预期利润的综合体。❷美国和加拿大所持的这种补偿额计算方法导致的结果就是计算出的赔偿金额大大超出了东道国的赔偿能力，从而使东道国行使主权、必要时征用外资以发展民族经济的合法权利形同虚设，在国际投资中的地位陷入被动。❸

而中国从自身利益及公平公正的角度出发，认为对被征收的外资企业给予补偿时，仅应补偿企业有形资产的损失，不应将未来预期利润计算在内，即采用"公平市场价值"标准。例如，在2006年中国与俄罗斯联邦政府签订的BIT中，双方就一致认为应按照征收或征收为公众所知的前一刻被征收投资的市场价值进行估算；在2004年中国与芬兰共和国政府签订的BIT中，也将"公平市场价值"作为征收补偿额估算的标准。由此可见，中国的立场和广大发展中国家一致，支持以客观和公平的方法估算被征收资企业的补偿额。❹中国的这种主张主要基于：未来预期利润含有较多的主观因素，而且也存在较多不确定因素。毕竟一个企业在未来所获得的利润由各种各样的因素决定。在这种预期利润转化成现实利润之前要求东道国对其进行赔偿并不合理。笔者认为，"现有资本＋预期利润"的赔偿标准基于的假设是"此外国企业在无其他不利因素干扰下最理想的发展状态"下所应得的补赔，而我们知道，这种没有任何不利因素干扰的"理想发展状态"存在的可能性是极小的。除此之外，这种"预期利润"的

---

❶ "公平市场价值"，国际投资仲裁庭普遍将其定义为"一个自愿的买方通常愿意支付给一个自愿的卖方的合理的资产价格"。但这毕竟只是来自模拟交易，一个实际投资者的主观价值与"一个假想的自愿买方"的客观价值之间可能出现巨大的差异，东道国政府在征收了一个业绩蒸蒸日上的公司后所给予股东的补偿可能永远达不到投资者的预期。

❷ 陈安，谷婀娜．"南北矛盾视角"应当"摒弃"吗？——聚焦"中—加2012 BIT"[J]．现代法学，2013（2）：135－148．

❸ 陈安，谷婀娜．"南北矛盾视角"应当"摒弃"吗？——聚焦"中—加2012 BIT"[J]．现代法学，2013（2）：140．

❹ 陈安，谷婀娜．"南北矛盾视角"应当"摒弃"吗？——聚焦"中—加2012 BIT"[J]．现代法学，2013（2）：141．

证明也存在一定的难度。

"中加2012年BIT"没有采纳加拿大2004年BIT范本和对于评估公平市场价值的进一步提法，而是趋于美国BIT范本的表述。❶ "中加2012年BIT"第10条对"征收补偿"问题作了详尽的规定。该条首先列举了实施征收行为的前提条件：基于公共目的，根据国内正当法律程序，不以歧视的方式，给予补偿。关于征收补偿的标准，该条规定："补偿的支付应可以有效实现、自由转移，且不得迟延。"这里明确排除了加拿大2004年BIT范本中所列举的"充分"（Adequate）补偿标准。关于征收补偿额的计算问题，该条明确排除了按照"兴旺企业持续经营总值"计算赔款的方法，转而适用"公平市场价值"标准，对被征收企业的有形资产进行客观公正的估算，但不赔偿企业未来预期利润损失，并按照通常的商业利率支付投资者一定的利息。❷

2. "最惠国待遇"例外的分歧

"国际投资条约中确立的'最惠国待遇'标准是指缔约一方给予另一方投资者的待遇不得低于其已经给予或将要给予任何第三方投资者的待遇，该项标准赋予了所有外国投资者以平等的待遇和在东道国公平竞争的机会。"❸ 由于"最惠国待遇"的特征，如果缔约国在签订BIT过程中不附加限定条款，该BIT不仅适用于缔约双方，而且可以适用于其他非缔约方。"然而，'最惠国待遇'不单单具有'传递性'，还具有'单向性'，对于施惠国来说，应缔约另一方的要求将其已经给予第三方的待遇无条件地写进条约中，使得受惠国'惠而不费'地享受同等待遇。"❹ 在"最惠国待遇"的适用范围上，关于能否适用于争端解决机制的争论由来已久，这一问题在两国双边投资合作中至关重要。目前大多数BIT对于"最惠国待遇"条款的这一例外条款无明确规定，由此，当事方及仲裁庭获得了在案件上的自由裁量权，对于具体案件上可以有不同解释。

投资国际仲裁的双方当事人分别为外国投资者和东道国。实际上，加拿大2004年BIT范本已经就投资争端解决问题进行了规定，从其表述来看，"最惠

❶ 美国BIT范本第6条对"充分"的解释是"与征收发生之前的即刻（'征收之日'）被征收投资的公平市场价值相等"，还要再加上征收之日起至实际支付补偿款之日的利息。

❷ 陈安，谷婀娜."南北矛盾视角"应当"摒弃"吗？——聚焦"中—加2012 BIT"[J].现代法学，2013（2）：141.

❸ 陈安.国际经济法学新论[M].第3版.北京：高等教育出版社，2012：345.

❹ 陈安，谷婀娜."南北矛盾视角"应当"摒弃"吗？——聚焦"中—加2012 BIT"[J].现代法学，2013（2）：142.

国待遇"同样适用于"争端解决机制"。当外国投资者遭受到或其认为自身遭受到东道国非法损害了其合法利益，可直接绕过东道国向国际仲裁庭申请救济，以解决投资争端，而无须东道国同意。可见，发达国家主导的多数 BITs 都给予了外国投资者在援用"最惠国条款"上的主动权，这样外国投资者就享有了第三方条约中更为有利的争端解决待遇。"中加 2012BIT"在其第 5 条中规定了"最惠国待遇"，然而其强调了"最惠国待遇"条款"不能适用于投资条约和其他贸易协定中的争端解决机制"，可见"中加 2012BIT"在这一问题上的规定相对谨慎，排除了"最惠国待遇"在争端解决中的适用。究其原因，中国经济的发展受世界市场和国家调控的双重控制。政府在进行宏观调控的过程中制定政策要与世界经济发展的步伐保持一致，时刻关注世界局势的风云变幻。这就决定了在政府政策的主导下某一行业或某一产业政策的变动有可能损害行业或产业内外国投资者的利益。当外国投资者认为自身利益受侵害时纷纷向 ICSID 申请仲裁，倘若中国全盘接受 ICSID 仲裁管辖权，当某一领域或某几个领域内的外国投资者纷纷向 ICSID 提请仲裁，要求中国按照"兴旺企业持续经营总值"来计算赔偿数额，中国将陷入极为被动的状态。如前所述，地缘政治与国民待遇是对立统一的，如果在"最惠国待遇"的使用上涵盖争端解决机制意味着我国在国家主权方面给予了更大程度上的让渡，而国家并无此项义务。再者，"一旦在任何一个中外 BIT 中同意将与投资有关的争端提交给 ICSID 解决，且在'最惠国待遇'条款中未明确规定 MFN 不得适用于争端解决机制，那就意味着所有的中外 BIT 一致同意接受 ICSID 仲裁管辖权，这无疑是对中国司法主权的公然挑战，更是对中国作为发展中国家理应享有的四大权利的公然剥夺。"❶

"中加 2012 年 BIT"中对"最惠国待遇"条款所做的这一处理表示我国在与发达国家签订双边投资协定的过程中开始坚持自我主张，而非被动接受，这既是我国在以往的南北国家的双边投资合作中吸取到的经验，也是世界地缘政治变化之下世界政治经济格局变换带来的影响之一。在"最惠国待遇"的适用上增加了这一例外条款，是对地缘政治与国民待遇对立统一关系的合理把握，有限度地让渡国家主权而又不损害我国的司法主权。此外，这也为中国在此后与他国进行双边投资协定的谈判树立了标杆，表明中国的基本立场，体现了中国在此问题上的原则和立场。

---

❶ 陈安，谷婀娜. "南北矛盾视角"应当"摒弃"吗？——聚焦"中—加 2012 BIT"［J］. 现代法学，2013（2）：142.

3. 关于"金融审慎措施"的局限

目前各国对国际金融危机谈虎色变，在进行 BIT 谈判时均建立起了较强的危机防范意识，因此都将"金融审慎措施"列入范本中作为 ICSID 或其他"投资者 vs 东道国仲裁庭"管辖权例外条款之一。其核心内容是：在国际投资法领域，它是指：缔约国在特定的形势下或特定的时期内，为了维护国内金融稳定，可以不受投资协定自由化条款或已作出承诺的束缚，自主决定采取某些特殊的金融监管或限制、纠正措施。"金融审慎措施"本质上是东道国采取的一种紧急避险措施，东道国政府在金融领域采取诸如冻结存款、停止兑付、限制资金转移、拆分业务直至对金融机构实行全面国有等措施来降低金融风险，避免金融危机带来的巨大冲击。其作为一种紧急避险措施，是以牺牲外国投资者的较小利益来避免东道国遭受包括由金融危机引发的巨大损失，所以，其不可避免会在一定程度上对投资者造成侵害。理论上，东道国对合理措施造成的损失可以免责。由于各方对风险的估量及损失的预计存在较大的主观性，对于不同时期的不同情况也有不同的对待，因此，东道国金融监管部门享有很大的自由裁量权，起到"安全阀"作用。"在实践中，多数 BITs 将关注点放在'金融审慎措施'的争端解决方面，尤其是在认定东道国所采取的'金融审慎措施'的合法性问题方面，不同 BITs 范本的规定不尽相同。"❶

"加拿大 2004 年 BIT 范本"关于"金融审慎措施"的规定比较明确。一旦外国投资者认为东道国采取的金融措施损害其利益而向国际仲裁庭提出诉请，东道国以"金融审慎措施"作为抗辩时，应首先通过两国的金融主管部门进行磋商，双方通过磋商或者另设的"仲裁小组"准备书面报告。此为 ICSID 对此项诉请进行审理的前置程序，此前 ICSID 不得在收到报告之前对此进行审理且审理受到此书面报告的约束。但如果 ICSID 在收到投资者诉请的 70 天内，两国既不设立"仲裁小组"，也无法达成共识，没有形成任何书面报告，ICSID 即取得了对东道国通过"金融审慎措施"抗辩能否成立这一事项进行审理和裁定的权力。❷

"中加 2012 年 BIT"共有三个条款对"金融审慎措施"进行了限定，为"金融审慎措施"的认定进行了明确，可称为"金融审慎措施"的例外条款。

---

❶ 陈安，谷婀娜."南北矛盾视角"应当"摒弃"吗？——聚焦"中—加 2012 BIT"[J]. 现代法学，2013（2）：143.

❷ 加拿大 2004 年 BIT 范本。

核心内容为：当对方国家投资者将争端诉诸国际仲裁中心解决时，若东道国以"金融审慎措施"作为抗辩理由，则要将此争端交由中加两国的金融主管部门进行磋商，共同决定此抗辩理由是否成立并形成书面报告。这一点与加拿大2004年BIT范本的规定是一致的。若中加两国的金融主管部门未在有效期内作出共同决定，中加两国都有权利将此争端提交"缔约国间的仲裁庭"进行审理和裁定，双方不再具有再行磋商之权利。"缔约国间的仲裁庭"所作出的裁定同样对ICSID具有约束力。对比"加拿大2004年BIT范本"与"中加2012年BIT"关于"金融审慎措施"的争端解决，不难发现，二者的明显区别在于ICSID能否取得对案件的处理权利。前者规定，当两国的金融主管部门在规定期限内不采取行动或者无法达成共识时，ICSID可以取得对案件独立的、直接的管辖、审理和裁决的权利。而后者则将处理的权利保留在两国之间，由此，东道国的立法、执法、司法主权得到了更大程度上的维护。

"中加2012年BIT"对于"金融审慎措施"的规定也存在一定不足。先由投资者母国金融主管部门与东道国金融主管部门进行专业磋商，如果未达成共识，则提交缔约国之间的专设仲裁庭，专设仲裁庭的裁决应转交给投资者与东道国间的仲裁庭。首先由于金融审慎措施争议只能由国与国之间的专设仲裁庭裁决，并且是终局性的，因此这种转交是无意义的，徒增争端解决的复杂程序。其次，"中加2012年BIT"对于"金融审慎措施"的规定通过一系列措施将投资者与东道国之间的争议引向资本输入国与资本输出国之间的争端，这不符合投资者东道国仲裁的核心价值。中加协定关于投资者与东道国"金融审慎措施"争议只能通过国与国之间的专设仲裁庭裁决的规定，增加了争端解决的成本，降低了争端解决的效率，显然也不利于投资者。❶

4. 关于"税收措施"的分歧

税收是国家财政收入的手段，保证了国家存在的物质条件，现代国家的税收都是国家凭借政治权力参与剩余价值分配所形成的国家收入，构成了国家财政最主要来源。❷与具有掠夺性的征收不同，"税收是我们为文明社会付出的代价"，所以税收是有偿征收的例外，即不需要补偿，这也就给了东道国以行使税收主权为名，而行征收之实并逃避对投资者责任的机会。

❶ 温先涛. 孰南？孰北？妥协还是共识？——评中国—加拿大投资保护协定［J］. 武大国际法评论，2014（1）：300.

❷ 丁晓东. 浅谈税收的作用［J］. 时代金融，2011（9）：26.

"现行 BIT 针对税收事项一般均设有专门的条款，主要包括两方面的内容：一则规定税收条款的适用范围，二则规定税收争议仲裁的程序性问题。但税收条款的核心问题是探讨税收措施的争端解决，涉及税收争议的仲裁程序，尤其是在是否强化缔约双方税务主管部门的作用方面，要有明确的表态。"❶

中国此前对于"税收措施"已有规定，例如，《中国哥伦比亚关于促进和保护投资的双边协定》第 14 条和《中国东南亚国家联盟全面经济合作框架协议投资协议》第 14 条都对此问题作了说明。"但是此前中国的 BIT 中对税收和征收的关系尤其是税收和'间接征收'的关系规定并不明确。这表现为，BIT 虽然没有将税收措施排除在征收范围之外，但也没能列举出'征收性税收措施'的具体标准。此外，BIT 在授权投资者可就税收争议提交国际仲裁解决的同时，又规定该种争议应优先适用税收协定中的实体规定。"❷

"加拿大 2004 年 BIT 范本"允许投资者单方对具有"间接征收"性质的税收措施向 ICSID 等国际仲裁机构提起申诉，但这种申诉应受筛选机制的监督。BIT 中有关征收的规定适用于税收措施，但投资者只有两种情况下才可以将争端提交国际仲裁：一是已经将税收措施是否构成"间接征收"的问题提交给缔约双方的税务机关；二是在收到诉请的 6 个月后，缔约双方的税务机关仍然未能就该争议税收措施是否构成征收达成一致的决定。此外，缔约双方在争议税收措施是否构成"间接征收"的问题上所作出的共同决定，对仲裁庭或仲裁小组均具有拘束力。这种规定实际上赋予了缔约国税务主管部门在税收实体问题上享有共同的决定权，从而排除了 ICSID 在税收争端解决方面的直接管辖权。❸

关于"税收措施"的例外，"中加 2012 年 BIT"同样作出了专门规定：一是规定当 BIT 中的条款与其他任何税收协定中的条款存在不一致的情况时，在不一致的范围内适用税收协定中的规定；二是对于税收措施的实体约束，仅限于 BIT 中的征收条款规定；三是突出缔约方税务主管部门的作用，在投资者就税收争议提出诉请时，应先由双方税务主管部门就争议税收措施是否构成征收联合作出决定，如一致认为不构成征收，则投资者不能提请国际仲裁；四是仅

---

❶ 陈安，谷婀娜. "南北矛盾视角"应当"摒弃"吗？——聚焦"中—加 2012 BIT"[J]. 现代法学，2013（2）：144.

❷ 陈安，谷婀娜. "南北矛盾视角"应当"摒弃"吗？——聚焦"中—加 2012 BIT"[J]. 现代法学，2013（2）：145.

❸ 陈安，谷婀娜. "南北矛盾视角"应当"摒弃"吗？——聚焦"中—加 2012 BIT"[J]. 现代法学，2013（2）：145.

在双方税务主管部门不能就前述问题达成一致意见时，投资者才可以向国际仲裁庭提交申诉。无论是"加拿大2004年BIT范本"，还是"中加2012年BIT"，均强调缔约国税务主管部门在对税收措施是否构成"间接征收"的问题上具有发言权和认定权。●

在此问题上，中加两国没有明显的利益冲突，"中加2012年BIT"使这一问题更加明确和细化，没有出现重大分歧。

5. 关于"用尽当地救济"例外的分歧

在加拿大与其他国家的投资争端通常采用国际仲裁的方式来解决，这一方式与通过东道国法院来解决排除了东道国政府的影响，仲裁庭较为中立，防止对东道国偏袒的发生，较为公平公正。根据加拿大2004年BIT范本，一旦东道国在BIT中表示同意，则意味着其投资者可以不经过东道国，直接把争端提请国际仲裁，不受"用尽当地救济"的约束。简而言之，东道国本国管辖优先，用尽当地救济的方式被排除。而发展中国家在签订双边投资协定时仍然沿用"用尽当地救济"原则，在投资争端发生后应首先提交给东道国国内法院进行诉讼或者通过行政复议的方式寻求其他东道国内的救济，只有在国内法院或者其他解决机构怠于行使这一权利时，或者这一解决未能得到外国投资者认可时，才能单方面将争端提请国际仲裁。作为最大发展中国家的中国是这类国家的典型代表。由此产生了中加两国关于"用尽当地救济"例外的分歧。

在"中加2012年BIT"的谈判中，中国坚持这一原则，加拿大将中国的这一做法认定为加拿大投资者在中国有可能遇到的投资风险之一，中国的司法审判和行政机关对争端处理的中立性受到质疑。但是，在中国的争取下，"中加2012年BIT"仍然坚持了这一原则。其在第21条中规定了投资者若想将争端提请国际仲裁必须先"用尽当地救济"，这是外国投资者单方面诉请国际仲裁的前提条件。详言之，在外国投资者把争端提交国际仲裁前，应首先通过东道国的行政复议程序解决，在提出复议申请4个月后，如果该投资者认为争端仍然存在，或者不存在可用的此种救济，则可将争端提交国际仲裁。该投资者如果已经就争端在东道国当地法院提起诉讼，则仅在该国法院作出判决前该投资者

---

❶ 陈安，谷婀娜．"南北矛盾视角"应当"摒弃"吗？——聚焦"中—加2012 BIT"［J］．现代法学，2013（2）：145.

撤诉的情况下，才可诉请国际仲裁。❶ 在"用尽当地救济"的问题上，中方代表在谈判和缔结"中加 2012 年 BIT"的过程中，坚持了中国的原则和主张，并未贸然接受发达国家关于争端解决的规定。

6. 关于"国家重大安全利益例外"的分歧

纵观以往加拿大与发展中国家签订的 BIT，惯常做法是一旦与外国投资者发生了投资争端，外国投资者可以直接采取国际仲裁的救济方式而不受东道国的限制。然而，进入 21 世纪以来，在《北美自由贸易协定》体制的实际运行中，加拿大政府也逐渐尝到了本国作为"被告"被外国投资者诉诸国际仲裁庭的"苦头"❷，因此逐渐倾向于对外国投资者的这一权利进行适当限制，防止境内投资者动辄向国际仲裁庭提出申诉，以此维护东道国政府行使宏观经济调控的权力，并减少加国频繁应对申诉的疲累。加拿大对其 2004 年 BIT 范本作了重大修改，增加了大量的例外，突出强调东道国为了国民健康、国家安全、金融稳定、货币信贷稳定、资源保护、环境保护等公共利益而采取的有关措施，外商不得视为"间接征收"并据以提交国际仲裁索赔。反观中国，直至 2003 年 12 月重新签订"中德 BIT"（2005 年 11 月生效），之前对外缔结的大量 BIT 中，条款都十分简单，特别是在大幅度"对外放权"❸的同时，对于保留"国家重大安全利益"的例外，即慎重"留权在手"事宜，多未予以应有的重视。阿根廷危机至今余波难平，令中国的海外投资者不得不小心提防。对此，中国学者早在 2006—2007 年间就语重心长地呼吁："中国如不增强忧患意识，居安思危，未雨绸缪，预先有所防范，则有朝一日，不排除可能会变成第二个阿根廷。"❹

二、中美签订 BIT 面临的踯躅

美国与他国签订 BIT 时多采用 2004 年 BIT 范本，但与中国谈判 BIT 时采用了 2010 年 BIT 范本。两国在进行双边投资协定的谈判中各持己见，尤其是在投资准入问题上展开了激烈的利益争夺，加上各种地缘政治因素的影响，中美双边投资协定历经多轮谈判，仍未达成最终意见，谈判过程尤其漫长和艰难。

---

❶ 陈安，谷婀娜. "南北矛盾视角"应当"摒弃"吗？——聚焦"中—加 2012 BIT"[J]. 现代法学，2013（2）：145.

❷ Gus Van Harten，谷婀娜. 中国—加拿大双边投资条约述评 [J]. 武大国际法评论，2013（4）：39.

❸ "对外放权"是指允许在华外商有权单方把境内投资争端直接提交国际仲裁管辖。

❹ 陈安，谷婀娜. "南北矛盾视角"应当"摒弃"吗？——聚焦"中—加 2012 BIT"[J]. 现代法学，2013（2）：147.

（一）中美两国地缘政治关系：合作与竞争

随着世界政治经济局势的复杂化，中美地缘政治关系也显示了其复杂性。虽然目前美国仍对中国持一定敌对态度，但面对复杂国际形势，也不得不建立与中国的合作关系。"合作"与"竞争"是中美地缘政治关系的两翼，分析中美问题不能脱离这两种基本关系。

1. 中美竞争关系

美国的地缘战略始终坚持陆权国家与海权国家的冲突与对立，将重点放在追求海洋空间上，企图控制亚欧大陆边缘地带，维持亚欧大陆力量均衡，从而遏制大陆陆权国家。因此，美国地缘战略的核心是海洋霸权加维持欧亚大陆均势，海洋霸权的地位系于控制欧亚大陆均势，而维持欧亚大陆均势依托于海上霸权。美国的地缘战略思想的目标是为了"控制全球"，为维持其唯一超级大国的霸权地位服务。❶

中国作为传统的陆权国家，且随着中国的崛起日益成为亚洲战略的核心地带。美国视中国为最大的潜在对手，防范的对象，二者构成了竞争关系。美国认为中国对其全球战略和霸权主义构成威胁，因此不论从军事上、政治上还是经济上都加强对中国的控制，企图遏制中国发展。在政治上，美国肆意干涉他国内政由来已久，在亚洲问题上更是肆意干涉他国与中国的关系，破坏中国周边的和平稳定。比如，其全面加强与越南的政治经济关系，加强军事合作，挑拨南海争端，扩大南海矛盾，甚至希望将越南作为其东亚战略中的战略支点。同时，美国在推动缅甸民主化改革的过程中全面改善与缅甸的关系，积极改善与老挝的冰冻关系。美国积极改善与中国周边国家的关系是在推行其新的地缘政治战略，力图在亚洲孤立中国。在军事上，通过推动日本发展军事力量，在日本部署尖端战斗舰，重返菲律宾苏比克海军基地，加强与越南的军事合作等措施，美国明显加强了在东亚的前沿部署。与此同时，美国将部分海军陆战队从日本后撤至关岛，加强关岛和夏威夷的基地建设以提升其战略作用，在澳大利亚建陆战队和舰艇基地，其目的就是使相当部分的军事力量处于中国导弹射程之外以保存二次打击的能力，完善和加强自美国西海岸直到东亚的战略梯队，为控制南海和西南太平洋建立新的战略基地。美国还通过部署濒海战斗舰等方

---

❶ 殷宗华. 中美印地缘政治博弈与中国的战略选择 [D]. 南京：南京师范大学，2012：14.

式，力图将新加坡纳入美国的军事同盟体系，鼓励印度发挥大国作用以加强从南亚方向对中国的牵制，甚至与长期被其忽视的各太平洋岛国也加强了关系。❶应该说，美国的军事扩张已经威胁到了中国的周边安全。在经济上，亚洲各个国家加强了经济自主合作，同时积极促进区域经济一体化，以适应全球经济区域一体化趋势。中国在此过程中起到了积极推动作用，不仅加强双边经济合作，同时积极推动中国—东盟自由贸易区的建立，努力争取中日韩自由贸易区的建成并积极推动"一带一路"战略的实施。因此，美国对东亚经济的干预减弱。为了重新控制东亚经济秩序，美国大力推销跨太平洋战略伙伴关系协定，并将中国排除在外，目的是孤立中国在经济体系中的地位，减少中国的经济参与，削弱东亚凝聚力，将亚太特别是东亚国家的经济合作方向拉向美国。

美国对中国的这种政治、军事、经济上的遏制政策的影响是双重的。一方面，美国通过这一系列措施，将中国作为其竞争对手来看待，压制中国发展，迫使中国在某些领域作出让步。这有利于其维护自身安全利益，有利于其全球战略的推行，实现其主导世界的目标。另一方面，如果美国忽略与中国建立一种良性的大国之间的关系，也会给美国带来负面影响。其不仅会遭受经济利益的损失，也会在政治上过度树敌，毕竟其全球战略的实施已经使美国的国际声誉岌岌可危。一旦反美情绪高涨到一定程度，美国遏制政策的效果会事与愿违，不仅不会达到预期目标，反而会为其全球战略设置障碍。❷因此美国虽然将中国视为其最大的竞争对手，但是遏制政策也不是无限度的，否则效果会适得其反。这种遏制政策的双重后果也给中国的发展和图为提供了契机。

2. 中美合作关系

中美地缘政治关系的另一个关键词使"依赖"，双方在竞争中也互相依赖，这就导致了中美两国的关系离不开"合作"。中美两国都是安理会常任理事国，在国际事务中拥有重要的否决权，在维护世界和平和稳定方面都负有重要的责任。中国的发展促进了亚太的稳定与安全，美国同崛起的中国发展关系，符合双方的共同利益，有利于亚太地区的安全与稳定。美中两国在反恐、反核扩散、经贸、环保、维护南亚稳定等诸多领域有着共同的利益，需要加强合作。中、美是能在重大外交问题上影响南亚局势的主要大国，因此两国需要加强合作，

---

❶ 任卫东. 美国实施再平衡战略以来的亚太地缘政治形势 [J]. 国家智库，2014（1）：26 – 27.
❷ 卫灵. 关于当前中国安全环境变化的分析 [J]. 中国人民大学学报，2003（3）：135.

来实现南亚的和平稳定。❶

美国著名学者罗伯特·基欧汉和约瑟夫·奈指出"世界政治中的相互依赖，指的是以国家之间或不同国家行为体之间相互影响为特征的情形。"他们认为"当交往产生需要有关各方付出代价的相互影响时这些影响并不必然是对等的，相互依存便出现了。如果交往并没有带来显著的需要各方都付出代价的结果，则它不过是相互联系而已。这种区别对我们理解相互依存的政治至关重要。"❷美国之所以实施全球战略，目的是维护美国作为世界唯一超级大国在现行国际政治经济秩序中地位和利益。为了实现这一目的，美国就必须谨慎处理与世界上其他大国的关系，如前所述，一味地排挤他国后果很有可能会适得其反。随着全球一体化程度加深，世界"单极化"的时代一去不返，美国试图维持住其作为唯一超级大国的地位，就必须付出更多代价。而且在传统不安全因素持续存在，非传统不安全因素持续涌现的当今世界，这种单极化重现的可能性微乎其微。美国必须通过与世界上其他政治力量合作来共同抵御风险，对抗不安全因素，通过与其他大国的合作机制来维持对全球事务的管理，从而最大限度的维护和扩展美国的国家利益。而中国作为飞速发展的大国，必须加强与世界的政治合作，维护稳定发展的国际环境。同时，必须加强与美国的经济合作，建立广泛合作关系，抓住发展机会，适应并积极参与制定世界经济规则。❸

中美的合作关系主要有如下表现：在安全方面，中美两国在面对重大安全问题时必须加强沟通，广泛合作，发挥大国作用。中美两国在解决朝核问题方面的合作即为一例。中美在朝鲜半岛稳定和实现无核化目标上有一定的共同利益。朝核问题发生后，中美两国积极应对，合作努力在六方会谈框架下解决朝核问题。另一个例子是中美在维持南亚次大陆稳定和防止印巴发生战争方面的合作。印巴在克什米尔地区爆发较大规模武装冲突后，中美两国协同国际社会积极调节，从中斡旋，为缓和印巴关系作出了重大贡献。近年来，随着非传统影响安全因素的涌现，中美双方建立了广泛的合作关系，为世界各国联合起来应对世界紧张局势作出了表率。❹在经济方面，对于美国来讲，与中国进行合作

---

❶ 万雪芬. 中美印三边互动关系及其特点 [J]. 世界经济与政治论坛, 2003 (4)：57.

❷ 罗伯特·基欧汉, 约瑟夫·奈. 权力与相互依赖 [M]. 北京：北京大学出版社, 2002：9.

❸ 于玉宏. 冷战后中国对外关系中的地缘战略分析 [J]. 重庆社会主义学院学报, 2010 (5)：60 - 61.

❹ 夏立平. 21 世纪初的中美关系——非对称性相互依存 [J]. 当代亚太, 2005 (12)：4 - 5.

一方面可以获得经济利益。作为发展最为迅速的发展中国家，人口众多，消费能力强，有着潜力巨大且具活力的国内市场。加强与中国的合作，改善与中国的双边投资合作，对于开拓在中国的市场，增加其资本和贸易输出具有重要意义，有利于改善美国经济不景气的现状。另一方面，借经济交流之机，增强其文化和价值观等输出，对于其对世界的影响力和渗透力，稳固其大国地位，保证其全球战略的实施。一言以蔽之，加强与中国的合作符合美国的利益。因此，即使在历史上中美关系多次沉陷波折甚至遭受重创，美国也没有停止与中国的接触，谋求某些领域的合作。在世界地缘政治局势发生变化，世界各方力量对比改变的今天，美国更是积极与中国加强经济等方面联系，攫取利益。

中国的发展环境变化在很大程度上受到美国全球战略的影响，目前竞争与合作时中美关系的主线，这两者随着国际局势的变化在不同时期会有不同的侧重，表现为一定时期内中美关系的紧张或者缓和。我国必须在这种竞争与合作的关系之间把握中美关系走向，增强对美战略调整的应变能力，在合作与竞争中推动中美关系健康发展，从而为中国的发展营造良好环境，创造发展机会。中美在许多领域存在广阔的合作空间，进一步增强中美合作和相互依赖，是中国对美国挤压中国地缘发展空间的地缘战略的必要选择。

近年来，中美经贸关系突飞猛进，经济合作加强，在双边投资领域，也取得了重大突破。面对双边投资突飞猛进的发展趋势，中美两国开展双边投资协定的谈判，为两国的双边投资创造机遇，铺平道路。

（二）中美双边投资协定谈判的瓶颈

2014 年以来，中美双边投资协定谈判进入新的发展阶段。党的十八届三中全会相关规定强化了中美双边投资协定的意义，并为文本谈判指明了方向；中美、中欧双边投资协定谈判的同时进行，为中国在全球新一轮贸易投资规则重塑中由被动转向主动提供了机遇。2014 年 1 月、3 月和 6 月的三轮中美 BIT 谈判开始文本谈判。在中美谈判中，主要面临的瓶颈有：关于"投资"定义的分歧，关于投资准入的分歧，关于资本自由转移的分歧，关于征收及补偿问题的分歧等。❶

---

❶ 梁勇，东艳. 中国应对中美双边投资协定谈判 [J]. 国际经济评论，2014（4）：54.

1. 关于"投资"定义的分歧

中国 2010 年 BIT 范本和美国 2004 年 BIT 范本都选择了压缩投资定义，但采用的具体方式有所区别。具体的分歧表现如下：首先，中国 2010 年 BIT 范本在保留"依照东道国法律和法规"的基础上借鉴了投资三特征，而美国 2004 年 BIT 范本奉行不违法即无过的原则，没有"依照东道国法律和法规"的要求，仅描述了投资三特征。温先涛指出：美国范本看似透明，但"撒手锏"在其后的"根本安全（Essential Security）例外"条款。从实施力度评估，美国政府只需在仲裁庭上举出"其认为"危及根本安全利益的判断标准，中国政府则须向仲裁庭提供国内法律和法规。❶ 实际上，在中国范本中，"依照缔约另一方的法律和法规在缔约另一方领土内所投入的具有投资特征的各种财产"这种表述的实质在于强调对投资准入阶段的管制，而对准入后的投资则仅依据投资特征进行判断。换言之，仅对"合法进入的"且具有投资特征的投资给予保护，而对"非法进入的"投资，即便具有投资特征，也不给予保护。而美式范本强调投资自由化，自然不存在区别对待准入后和准入前投资的问题了。

其次，中国范本中"投资特征"的限制效果更强，而美国范本中的"投资特征"更多的是发挥一种导向作用。如前，中国范本在适用投资特征时采用的是累计标准，而美国范本采用的是选择性标准。也就是说，按照中国范本，构成一项投资需同时满足其 BIT 范本所列所有投资特征；而按照美国范本，只需最少满足范本所列投资特征之一即可成立一项投资。此外，中国范本在定义投资特征时使用的"等"字暗示仲裁庭可根据具体情况要求构成一项"投资"要具备更多的投资特征，而美国范本列举的投资特征是封闭式的，即否认了仲裁庭扩充投资特征的权利。而美国在这个问题上的做法，似乎是想要引导仲裁庭在解释投资时采用客观标准，但又害怕仲裁庭在行使自由裁量权时给投资过多的限制从而不利于维护本国海外投资者的利益。❷

最后，为进一步明确投资定义，中国新范本在投资定义之后采用了开放式列表加具体排除的方式，而美国新范本采用的是封闭式列表加脚注说明的方式。如此可见，美国范本所定义的"投资"比中国范本所定义的"投资"范围更广，中国以"符合东道国法律法规所投入的投资"来保留自己在投资准入阶段

---

❶ 温先涛. 中国投资保护协定范本（草案）论稿［EB/OL］［2015 - 07 - 25］. http：//www. cnarb. com/Item/7468. aspx.

❷ 程莉. 中外双边投资条约中投资定义的新发展［J］. 商品与质量，2011（S8）：165.

的自由裁量权显然会在谈判时受到美方代表团的指责。在对"投资"的判断标准上，中国的做法更为谨慎，强调投资特征的整体适用，以控制被投资者诉至国际仲裁庭的风险；而美国则更强调灵活适用，力求在维护国家利益与海外投资者利益之间达到平衡。在新一轮的中美双边投资协定谈判中，"投资定义"条款将是双方争执的焦点之一，如何确定一个符合双方利益的"投资定义"条款考验的不仅仅是双方谈判人员的技巧更是中美两国的实力较量。

2. 关于投资准入的分歧

在中美 BIT 谈判过程中，双方最根本的分歧就是"国民待遇"问题。"国民待遇"问题也是中美 BIT 最关键的问题。这种分歧表现在"国民待遇"适用阶段、外资准入方式以及"国民待遇"效率的分歧。

第一，"国民待遇"适用阶段的分歧。国民待遇问题包括准入前和准入后的国民待遇条款。中美在"国民待遇"上的分歧首先表现为"国民待遇"原则适用阶段的问题，按照美国意愿，"国民待遇"原则应当不仅适用外资准入之后，还应拓展至外资准入之前。从而使外国投资者在东道国设立企业或者并购之前就享有不低于东道国投资者所拥有的涉及法律地位与权利义务、投资权益保护以及征收与国有化补偿等方面的待遇。美国 2004 年 BIT 范本明确包括准入前国民待遇条款，美中贸易全国委员会副会长溥乐伯曾强调，希望 BIT 能列出中国"禁止投资项目名单"，并在准入阶段就享受跟中国公司一样的待遇。这意味着，美国要求中美双边投资协定不仅要求双方保护投资者在投资后的利益，投资者在投资准备阶段的利益也受到保护，首先就是保障投资者进入东道国市场的权利。换言之，按照美国的标准，这种有效的市场准入的应有之意是东道国政府不能对美国投资者提出比对国内投资者或第三国投资者更多的限制或条件。而中国政府在国民待遇给予上的谨慎态度出来已久，按照中国与他国签订 BIT 的惯例，一般只给予外国投资者准入后国民待遇，不给予外资准入前的国民待遇。中国在早期签订的 BIT 中基本上不给予外资国民待遇，21 世纪以来，才开始在少数 BIT 中给予外资有限的笼统的国民待遇。这种"有限的笼统的国民待遇"不包含准入前国民待遇。在中国和加拿大 BIT 谈判中，加方曾提出对准入前国民待遇的要求，要求将国民待遇的适用阶段包含外资准入前和准入后。最终折中妥协的结果是，"国民待遇"虽然适用于投资的"扩大"阶段，似乎是给予了准入前的国民待遇，但该条第 3 款对"扩大"进行了界定，只指在无须审批的那些部门的扩大投资。因此，这并不属于实质意义上的准入前国民待遇。况且，中加 BIT 还将现有的不符措施排除在国民待遇之外。在《中日韩三方投资协议》谈判中，日本和韩国也要求准入前和准入后的国民待遇，并要求以"负面清单"的方式列出不给予国民待遇的行业和部门。中国政府坚持只给予准入后的国民待遇，且用"正面清单"的方式。谈判结果是，《中日韩三方投资协议》第 3 条"国民待遇"虽然笼统规定对投资活动要给予国民待遇，似乎包括了投资的设立、取得和扩大，但第 2 款马上说该国民待遇不适用于现有的不符措施，而中国现有的不符措施就是不给予准入前的国民待遇。可见，《中日韩三方投资协议》既不用正面清单也不用负面清单，只笼统地将现有的不符措施排除在外。如果给予准入前的国民待遇则要求中国的外资管理体制作出重大调整，改革成本较大且风险巨大。目前中国政府的基本立场是，仅限于同意给予准入后的国民待遇，而且将现有的不符措施排除在外。

第二，准入方式的分歧。我国在投资准入方面采取了选择性的准入方式，对不同类型的产业所持的态度迥异。一方面，对于高新技术产业、现代服务业、新能源行业都持鼓励外资进入的态度。另一方面，对于产能过剩行业、高耗能、高物耗、高污染的产业的外资准入进行限制或者直接禁止外资进入。此外，对涉及国家经济安全的战略性和敏感性行业，保持谨慎开放的态度。从《外商投资产业指导目录》对外资准入实际限制程度来看，中国实际的禁止类投资项目主要集中于国防、传统医药行业和文化、体育娱乐等涉及国家安全、传统产业保护以及文化出版等敏感行业，对外资准入的实际限制作用并不明显。❶ 所以，虽然中国一直没有给予外资准入前的国民待遇，但纵观外国投资者在我国投资的现实情况，中国的开放范围实为广泛而开放的。而对于那些限制类和禁止类的投资项目，根据中美双边投资的现实情况和利益点，即使不加限制，美国跨国投资企业也不会将其作为投资的重点和兴趣点，因此我国《外商投资产业指导目录》并未构成对美国投资者的实质性限制。美国跨国公司对华投资的重点是高端制造业和金融业，因此对美国跨国企业而言，是否给予准入前的国民待遇，对于扩大中国的投资准入范围的作用并不明显。而且美方在此问题上，则是通过"国家安全审查"的方式对于危害本国安全的事项进行投资的严格限制，以此构成我国投资者的投资壁垒。美国政府在给予外国投资者准入前的国民待遇的方式上，推行"负面清单"方法。"负面清单"是东道国明确投资准

---

❶ 桑百川，靳朝晖．中美双边投资协定前景分析 [J]．国际经济合作，2011 (11)：28．

入范围的一种方式，即东道国在"负面清单"中列明不允许外资进入的行业和领域，并对外公布，除"负面清单"所列明的行业和领域之外，其他的行业和领域均视为外国投资者可以自由进入。通过近年来美国与他国签订的 BIT 以及北美自由贸易区实行的准入方式来看，美国对"负面清单"极为重视，正如美国贸易代表办公室的一位官员所述，在中美 BIT 中包含市场准入要求，并在"负面清单"基础上谈判，是"核心要素"。这种分歧的根源在意，在外国投资者在本国进行投资的阶段和行业限制上，东道国出于保护本国利益，实施特定产业政策的考虑，希望维持一定的灵活性，而美国投资者认为这种灵活性带来了其在东道国投资的不确定性和风险性，因此在市场准入之初甚至之前就希望得到确定且强有力的来自东道国的承诺。

这一所谓的"市场准入"义务，让中国陷入了两难境地，因为中国禁止或限制外资进入某些行业，要求外国投资者与中国企业合资（中资占多数股或少数股），或以其他方式限制投资方式、行业或对象。例如，中国要求美国投资者必须与中国企业合资生产生物燃料、汽车、民用飞机和发电设备。因此，在截至目前的双边投资协定谈判中，中国拒绝承担任何形式的"市场准入"义务，以便在投资审批上保持完全的自由度，并坚持所有对投资者加以限制的现行规则和规定仍然适用，但并没有作出具体说明。❶

第三，国民待遇效力的分歧。虽然中美两国的投资范本在国民待遇的效力问题上都采用了"不低于"的表述，但中国范本回避了具体参照国有企业的待遇还是参照民营企业的待遇这一问题，而美国范本则对联邦政府与州政府的国民待遇分开考虑，认为州政府可以给予本州的投资者和投资更优惠的待遇，但矛盾的是，美国认为中国政府不能给予国有企业特殊保护，这种"双重标准"的做法令人大跌眼镜。笔者认为：虽然美国范本的规定距离经济一体化的要求尚有距离，并且存在"双重标准"对待本国和中国的事实，但贵在不回避问题，为投资者提供了尽可能透明的投资环境。而中国回避问题且动辄以"依照东道国法律法规"作为搪塞实际上并未解决谈判双方在具体问题上的法律分歧和文化冲突。最后，中国范本认为应在"相同情况"下适用国民待遇，而美国范本规定在"相似情况"下适用国民待遇。中国范本明显严于美国范本，但在实践中，中国并未严格的要求"相同"。

---

❶ 丹尼尔·普莱斯，迈克尔·斯马特. 双边投资协定：加强中美经济关系之道［J］. 全球化，2014 （5）：75.

复旦大学美国研究中心教授潘锐认为：如果允许美国资本在准入阶段就享受"国民待遇"，美国资本可能从一开始就处于优势，中国企业难以得到有效保护。中国 2010 年范本和美国 2004 年范本作为双方进行 BIT 谈判的基础，在国民待遇问题上最大的分歧在于是否给予外国投资者准入阶段的国民待遇。❶ 显然，中国范本以对投资准入阶段不作规定的方式排除了准入阶段的国民待遇，且强调仅对"境内投资"给予国民待遇的保护。与此相对的是，美国范本则明确提出给予准入阶段的投资以国民待遇，同时附以"负面清单"作为国民待遇的例外。笔者认为，中国范本中既已具体规定给予国民待遇的阶段——投资准入后阶段，那么再以"东道国法律法规"对国民待遇的适用加以限制的做法实际上对否认准入前国民待遇是"画蛇添足"，而对肯定准入后国民待遇是"自相矛盾"，且不利于提供一个稳定、透明、可预见的资环境。在这一点上，可以考虑借鉴美国"根本安全例外"条款取而代之。当前中国境内企业海外投资热情高涨，事实上中国也有采用准入前国民待遇的动力了，在中美 BIT 谈判过程中，双方的分歧实际上是一步到位的实行全面的准入前国民待遇还是循序渐进的实行准入前国民待遇。

此外，美国范本认为州政府给予本州投资者及其投资更优惠的待遇不违反国民待遇，而中国范本对究竟是以国有企业还是民营企业享有的待遇作为国民待遇参照标准未作规定。在适用的具体情况问题上，美国的要求较中国宽松。总的来说，美国 2004 年 BIT 范本规定了一个高标准的国民待遇条款，而中国 2010 年 BIT 范本的国民待遇仍有诸多限制，因而带来了两国的分歧以及漫长而艰苦卓绝的谈判历程。

3. 关于资本转移的分歧

美国 2004 年 BIT 范本对于资本转移的规定主要从三个方面进行。首先，要求缔约方允许外国投资者将其投资的资本"自由且无延迟"地进出本国。其次，缔约方保证外国投资者自由转移资本时可按照转移时的市场兑换率转换为可自由使用的货币。再次，东道国队资本流通的限制仅限于银行破产、交易安全、金融秩序与监管等有正当理由的情况下，而这种限制必须以公平、非歧视且诚信为前提。

金融危机爆发前后，中国、印度等发展中国家为了抑制资产泡沫，纷纷采

---

❶ 潘锐，娄亚萍. 中美双边投资保护协定谈判的演进与发展［J］. 国际观察，2010（1）：63.

取限制资本流入的措施，但在美国 BIT 2004 范本第 7 条转移条款中明确禁止限制资金转移，要求与投资相关的资金可以自由与无延迟地进出其领土。如果按照美国做法，在我国取消对资本流入的限制之后，投机性短期资金很有可能大举涌入我国，或者资本大量且迅速外逃，由于国家缺乏足够的应对手段且缺乏应对经验，将会危及国家的金融稳定。所幸该范本同时在第 18 条基本安全条款中规定，"本条约不得解释为阻止……一方为保护其基本安全利益而采取其认为的必要措施"，第 20 条金融服务条款也规定，"本条约的任何条款都不得阻止一方出于审慎原因而采取或维持有关金融服务的措施……或者是确保金融系统完整或稳定的措施"。对此，国际法学界也普遍认为，其内容可以视为包括在允许一国遭遇国际收支危机时，为了维护国家的基本安全利益或金融系统稳定采取资本控制措施，限制资本自由进入和流出该国领土。因此，从协议的内容看，对于国家遭遇金融危机时采取资本限制的措施并不构成对条约的违背。❶

从中国国际收支状况来看，从中国国际收支状况来看，截至 2014 年年末，对外金融资产 64087 亿美元，对外负债 46323 亿美元，对外净金融资产为 17764 亿美元，我国外汇储备余额达 38430 亿美元。❷ 我国在国际资本是市场上是净资本贷出国而非净资本借入国，在中国还没有实行资本账户自由化的情况下，中国充足的外汇资产完全可以抵御资本流动冲击。因此，从条约内容和中国当前实际国际收支状况看，中国不必过度担心中美签署 BIT 会引起外资冲击，危及金融稳定。值得注意的是，2009 年国际经济政策咨询委员会向美国国务院提交的 2004 年 BIT 范本审议报告建议，在资本转移条款中明确加入例外措施，允许条约一方在遭遇国际收支危机时实行资本控制。当前，美国国债规模持续扩张，违约风险增大，如果在中美 BIT 中加入这些条款，中国持有的美国国债的使用就有可能受到美国政府的管制，无法及时变现或者汇出，影响到中国对外金融资产的安全。❸

基于中国的资本账户尚未完全放开，金融体系仍待完善的现实情况，我国目前应当保留基本安全条款和金融服务条款中的例外措施，或者通过在资金转移条款中明确加入国际收支危机例外条款的方式，保留东道国在国际收支危机

---

❶ 桑百川，靳朝晖. 中美双边投资协定前景分析 [J]. 国际经济合作，2011（11）: 29.

❷ 国家外汇管理局. 2014 年中国国际收支报告 [EB/OL]. [2015 – 3 – 31]. http://www.safe.gov.cn/wps/wcm/connect/Safe_WEB_Store/Safe_WEB/whxw/sjjd/node_news_sjjd_store/2454c18047d6ddf6912ab1eee2a1794d? digest = riyiFMOyFoPTDXG_4sdCzw.

❸ 桑百川，靳朝晖. 中美双边投资协定前景分析 [J]. 国际经济合作，2011（11）: 29.

发生时对资本进行管制的权利，以确保本国的金融安全。"对于中国对外投资中的巨额美国国债资产安全问题，可以考虑在协定的投资定义中明确，不包含主权债务投资，这部分投资引发的问题可以通过国家争端程序解决，以更好地保证中国持有的美国国债资产的安全。"❶

4. 关于征收及补偿问题的分歧

美国 2004 年 BIT 范本规定，仅在出于公共目的、以非歧视的方式、依据正当法律程序且可给予及时有效的赔偿四个前提条件下，"缔约一方才可对境外投资者所涉投资进行征收与国有化。这使得未达到前提条件的征收与国有化极有可能产生国家责任与附带经济赔偿"❷。

5. 关于投资争端解决的分歧

根据美国 2004 年 BIT 范本，如果外国投资者和东道国其中一方认为投资争端已经不能通过磋商和谈判的方式得到解决，其可以将投资争端提请仲裁。如果在中美 BIT 中接受美国 2004 年 BIT 范本对投资争端解决问题的规定，一旦双方发生投资争端，在不作出任何其他表示的情况下，中国即被视为同意接受仲裁，当然排除了"当地救济优先"等权利。这与中国一贯坚持的"用尽当地救济"原则相悖。而一旦采用了美国的主张，意味着我国在司法主权上的大幅度让渡，而且中方将面临大量的仲裁案件，从而使我国在美投资者陷入极为被动的地位。

除上述分歧之外，中美双边投资谈判还面临金融危机后的经济复苏与区域合作、气候变化、能源问题、劳工标准、知识产权保护等方面的分歧。比如，在环境保护方面，按照美国的主张，东道国不能为了吸引外资而故意降低环境保护标准，若投资协议一国发现另一国存在此类行为，双方需要就此问题进行协商以避免单纯为了吸引外资而对东道国的环境造成破坏。在劳工标准方面，美国范本要求对劳工权利的保护不得低于现有法律法规规定的标准，并将所指法律法规的范围拓展至包含缔约国制定的与"结双多边合作社、集体议价、非强制性劳动、最低工资标准、禁止使用童工、职业安全与健康"等国际劳工权利直接相关的其他条款与规定。在知识产权保护方面，范本在 WTO 的《与贸易有关的知识产权协定》为各成员国所创设的最低知识产权保护标准的基础上，制定了更为严格的保护标准，体现为"TRIPS-plus"的形式。❸

❶ 桑百川，靳朝晖. 中美双边投资协定前景分析［J］. 国际经济合作，2011（11）：29.
❷ 王璐瑶. 中美双边投资协定核心议题与中国对策［J］. 国际经济合作，2011（11）：31.
❸ 李凤琴. 双边投资协定中的 TRIPS-plus 标准研究［J］. 世界贸易组织动态与研究，2009（3）：12.

第二节 成功范例:《中国—东盟
投资协议》的签署

《中国—东盟投资协议》的签署,是我国敏锐感知周边地缘政治关系变化,适应世界局势所作出的正确选择,有利于我国妥善处理周边关系,加强在区域合作中的地位,营造稳定发展环境。虽然《中国—东盟投资协议》也存在种种不足,但就我国的地缘政治选择而言,其可称我国签订双边投资协定的成功范例,即加强了区域合作,又保护了我国的海外投资。

一、中国与东盟的地缘政治关系及中国战略

"二战"后,特别是 20 世纪 70 年代以来,亚洲经济迅速发展,80 年代后,"亚洲世纪"到来。ACI 是东盟(ASEAN)、中国(China)和印度(India)三个经济体首字母的缩写。据亚洲开发银行和亚洲开发银行研究所 2014 年联合发布的《中国、东盟与印度:伟大的转变》报告,按市场汇率计算,ACI 占全球 GDP 的比重将从 2010 年的 15.6% 增至 2030 年的 28.8%,而日本将从 2010 年的 8.8% 降至 2030 年的 5.4%。如果按照购买力平价计算,ACI 占全球 GDP 的比重将从 2010 年的 23.6% 增至 2030 年的 39.4%,而日本将从 2010 年的 5.9% 降至 2030 年的 3.2%。[1] 可见,ACI 经济的腾飞已达到举世瞩目的程度,而作为其中重要组成部分的中国和东盟无疑是 ACI 经济增长中的重要力量。

随着经济的腾飞,亚洲的地缘政治重要性迅速上升从而带来了中国地缘政治格局的改变。美国分别在澳大利亚达尔文港和科科斯岛上驻防海军陆战队以及建立军事设施,与美国有密切关系的国家和地区牢牢把握着亚洲的军事威慑力量。这一系列军事措施目的是遏制中国的得发展,牵制中国在印度洋的势力。美日联盟关系继续巩固,在各个方面压制中国发展,并利用 TPP 谈判的契机,企图将中国排除在跨太平洋战略合作之外,分化中国积极推动的亚洲区域一体化进程。另一方面,世界上的其他国家和地区积极开展区域合作,欧盟、北美

---

[1] 钟飞腾. 超越地缘政治的迷思:中国的新亚洲战略 [J]. 外交评论,2014(6):30. 转引自:Asian Development Bank /Asian Development Bank Institute,ASEAN,PRC,and India:The Great Transformation,Tokyo:Asian Development Bank Institute,2014,p28 Table2. 1,p29 Table2. 2.

自由贸易区相继成立并运作良好。亚洲的一些国家，特别是东盟各国鉴于此，亦谋求一体化发展，期待在经济发展大潮中占据有利地位。东盟各国虽大多面积狭小，但是地理位置关键且拥有丰富的能源，一旦联合起来，就能在与大国博弈过程中取得更大发言权。在地区热点如南海问题上，东盟都可以被看作一个有效的平台，"冷战的结束使东盟为了获得安全寻求一个更新的组织原则并建立各种平台来应对当代的挑战"。❶

中国清楚地认识到了亚太地区地缘政治关系的变化，一方面稳定与世界上霸权国家的关系，一方面加强与周边国家的睦邻友好与区域合作，只有处理好这两种关系，中国才能为自身发展赢得有利机会和途径。而就目前中国的地缘政治现实而言，立足于亚洲崛起思考中国的地缘政治布局是摆脱霸权国家压力的一个思路。开展区域合作，坚持区域主义尤为重要。学者倪世雄、赵可金指出，区域主义"主要是指地理位置相邻的国家，由于有着较高程度的政治经济相互依存关系和许多共同特性，在相互交往中不断寻求扩大区域事务上的共识和共同安排的一种多边主义观念、制度与价值"❷。根据区域主义的内涵，区域主义强调区域内国家在外交上形成与其他国家共同的行为约束条件，涵盖政治、经济、文化各个领域。国家在进行对外活动时的行为受这些约束条件的影响。通过强化区域主义意识，中国在面对域外地缘政治力量的冲击时，可以与区域内利益攸关的他国形成合力，从而增强自身抵御这一冲击的能力。从被动的角度来讲，即使中国自身不积极参与区域主义，也不可能在区域主义潮流中置身事外，中国的迅速发展使其成为亚太地区的重要力量，甚至成为区域内"核心大国"，其重要性决定了在周边地区区域一体化的进程中必然将中国卷入其中，其他地缘政治力量对待这一区域主义倾向时也不会把中国周边其他国家割裂开来。

中国目前针对东盟地区的地缘政治战略主要包括以下几点：一方面积极构筑稳定的周边环境。东盟地区合中国是 ACI 中的两支重要力量，是中国在稳定周边关系，打造和平稳定亚太关系的关键。加强与东盟各国以及与东盟整体的合作时中国重要的战略选择。处理好与东盟的关系意味着中国建立起稳定的地缘战略依托，事关中国周边关系的稳定与和平发展。另一方面，以地缘经济为

---

❶ Isabella Bennett. ASEAN：The Association of Southeast Asian Nations［J/OL］. COUNCIL on FOREIGNRE-LATIONS，2012（7）.

❷ 倪世雄，赵可金. 地缘政治与中国周边外交新思维［J］. 复旦国际关系评论，2006（10）：216.

依托，以东盟和上合组织为支柱，拓展战略大周边。这一战略大周边不仅涵盖了与中国地理位置上接壤的国家，也包括虽不直接相邻但地理位置接近，政治经济关系密切的国家。东盟地区与中国利益紧密相关，对于中国来说，东盟地区是经济发展的依托，贸易往来与能源供应的主要渠道。东盟一向是中国周边外交的首要地区，通过东盟地区论坛和"10＋1""10＋3"机制，双方定期进行政治、经济、文化、非传统安全问题上的合作。上合组织和东盟已成为中国周边环境的稳定两翼，是中国经略周边的两大支柱。参与和推动周边地区多边外交，有利于扩大中国的国际影响力，有利于塑造良好的地缘战略态势。❶

二、《中国—东盟投资协议》签署的成功范例

从地缘政治角度出发，积极构建与东盟地区的合作机制是中国的必然选择，而与中国开展良好的战略合作，也是东盟提高地位的必然之路。在经济上，中国提议建立中国—东盟自由贸易区，逐步建立起与东盟地区在区域经济、贸易、投资、安全上的合作。密切与东盟国家的经济联系，破解美国 TPP 以及"重返亚太"带来的安全问题，实现整个亚洲经济的互联互通，带动整个周边国家加强全面合作。

时任中国商务部部长陈德铭与东盟国经贸部部长在经过六年的接触和协商后，于第八次中国—东盟经贸部长级会议上签署了《中国—东盟投资协议》。《中国—东盟投资协议》的签署，是成立以来，继服务贸易、货物贸易、争端解决领域的制度建构之路上的又一里程碑式的壮举。它在制度的层面上确认了投资自由化，在实践的层面上践行了投资自由化，不仅繁荣了国内经济，而且拉动了国际国内两个市场，稳固了中国—东盟的战略伙伴关系，为东南亚地区，乃至全球经济的回暖与复苏作出重大的贡献。《中国—东盟投资协议》包含 27 个条款，内容体现中国—东盟自贸区的特点，不仅涵盖了双边投资协定的基本要素，并且有所拓展，主要规定了投资待遇、征收与损失补偿、争端解决等内容。❷ 根据《中国—东盟投资协议》第 2 条，该协议的目的在于促进中国与东盟之间投资的流动，建立自由、便利、透明并且具有竞争性的投资体制。

---

❶ 殷宗华. 中美印地缘政治博弈与中国的战略选择［D］. 南京：南京师范大学，2012：11－12.
❷ 张智勇. 解析中国—东盟自由贸易区《投资协议》［J］. 甘肃政法学院学报，2011（1）：86.

（一）广泛和开放的"投资者"和"投资"的界定

根据《中国—东盟投资协议》第1条，可以将"投资"定义为"一方投资者根据另一缔约方相关法律、法规和政策在后者境内投入的各种资产"。❶ 这种界定并没有规定的十分细致具体，其原因在于方便投资者在自贸区以内运用多种方式进行投资。而对于投资者的界定，《中国—东盟投资协议》规定协议的适用主体包括法人和自然人。从该协议第1条可知，自然人不仅包括缔约方的本国人民，还包括拥有永久居民权的外国人。而法人是在法律上人格化了的、依法具有民事权利能力和民事行为能力并独立享有民事权利、承担民事义务的社会组织，包括公司、信托、合伙企业、个人独资企业或协会在内的任何实体。因此，自贸区是开放的而并非封闭的，自贸区外的自然人或者公司都有机会在自贸区内享受《中国—东盟投资协议》下的优惠进行投资，这也反映了中国—东盟自贸区成员吸引区域外投资的需求的现状。当然，这样一来就可能出现自贸区外的投资者搭便车的情况，对此，《中国—东盟投资协议》规定区域外投资者必须在缔约方境内开展实质的经营。

（二）提高投资者待遇

《中国—东盟投资协议》规定，投资者可以享受公平和公正待遇、最惠国待遇和国民待遇。协议的第四条规定了国民待遇原则，第五条则规定了最惠国待遇原则。《中国—东盟投资协议》把国民待遇列在最惠国待遇之前，这不仅表示了缔约方对于国民待遇的重视，亦是对缺乏国民待遇的双边投资协定的重要补充。《中国—东盟投资协议》第4条规定，从一个缔约方的投资者的投资进入到另一缔约方境内开始直至清算，投资者及其投资都享受国民待遇。❷ 这可以说是比较全面的准入后国民待遇，不过对于投资准入之前并不适用。与其相比，最惠国待遇的适用范围则大了许多，不仅适用于投资准入后，也适用于投资准入前。《中国—东盟投资协议》第7条则规定了公平和公正待遇的适用，与最惠国待遇和国民待遇并列，这与以往我国与东盟成员国间双边投资协定的体例不同。❸

---

❶ 《中国—东盟投资协议》第1条。
❷ 《中国—东盟投资协议》第4条。
❸ 丘丽璟. 中国—东盟自由贸易区投资法律制度研究［D］. 南宁：广西民族大学，2014：14.

1. 国民待遇

在东盟十国与中国订立的双边投资协定中，并没有与国民待遇相关的规定，不过在《中国—东盟投资协议》中则对国民待遇原则作了如下规定："各方在其境内，应当给予另一方投资者及其投资，在管理、经营、运营、维护、使用、销售、清算或此类投资其他形式的处置方面，不低于其在同等条件下给予其本国投资者及其投资的待遇。"❶

协议中所规定的国民待遇原则，是适用于中国与东盟各国的外国投资者及其投资，其目的是为了保障中国—东盟自由贸易区区域内各成员国之间相互投资的平等。本条中的外国投资者指的是在区域内一缔约方境内进行投资的，属于区域内另一缔约方的自然人或法人；而外国投资指的是依据区域内另一缔约方相关法律法规规定，区域内缔约一方在另一缔约方境内投入的资产。对于该原则，《中国—东盟投资协议》规定了外国投资者及投资不能低于本国投资者及投资的待遇，但这并不意味着外国投资者及投资不可能获得高于本国投资者及投资的待遇，亦可以说，在中国—东盟自由贸易区内外国投资者及投资可以获得超国民待遇。❷

协议中所规定的国民待遇原则，主要适用于与投资相关的活动。这些与投资相关的活动可以表现为销售清算、运营维护、经营管理以及与投资相关的其他形式的处理。但不适用于缔约方境内修改的、延续的不符措施，或是新增的、现存的不符措施。就是说，缔约方出于公共利益的需要对本国投资和外国投资区别对待的措施，这类措施不适用国民待遇原则。

2. 最惠国待遇

《中国—东盟投资协议》规定的最惠国待遇原则是："各缔约方在准入、设立、获得、扩大、管理、经营、运营、维护、使用、清算、出售或对投资其他形式的处置方面，应当给予另一缔约方投资者及其相关投资，不低于其在同等条件下给予任何其他缔约方或第三国投资者及其投资的待遇。"❸

根据协议中的规定，最惠国待遇原则的内容要比国民待遇原则要广泛一些，其中包括获得准入，经营管理，设立扩大，运营维护，清算出售，及与

---

❶ 《中国—东盟投资协议》第4条。
❷ 超国民待遇通常体现为：税收优惠，投资优惠，外汇管理优惠。
❸ 《中国—东盟投资协议》第5条。

投资相关的其他形式的处理。❶ 此外，除协议中规定的争端解决程序，即协议的第 13 条和第 14 条，可以适用最惠国待遇原则，此外的任何争端解决程序，都不能适用协议中的最惠国待遇原则。《中国—东盟投资协议》对于最惠国待遇原则还规定了两种例外情况，即，（1）中国或东盟各国之间，以及其他单独关税区之间，现有的或将来可能有的优惠待遇，不适用最惠国待遇原则；（2）缔约方与非缔约方之间，存在的有关投资者及其投资的任何优惠待遇，均不适用最惠国待遇原则。这两项例外情况的规定表明，协议中的最惠国待遇原则对于中国—东盟自由贸易区任一成员国将来会给予第三国的优惠待遇，并不当然适用《中国—东盟投资协议》规定的最惠国待遇原则，而主要是适用于《中国—东盟投资协议》签订时已经存在的优惠待遇。如《中国—东盟投资协议》订立之后，中国大陆与台湾地区于 2010 年签订的《海峡两岸投资保护和促进协议》里面规定的优惠待遇当然不能适用《中国—东盟投资协议》。

与国民待遇一样，最惠国待遇亦是非歧视性措施，同样不适用于缔约方境内现存的、新增的不符措施，或是延续的、修改的不符措施。即缔约国出于公共利益的需要对本国投资和外国投资区别对待的措施，这类措施不适用最惠国待遇原则。

3. 公正与公平待遇

在中国与东盟各国的双边投资协定中也提及了公平和公正待遇，而在《中国—东盟投资协议》中对于公平和公正待遇的规定是，各缔约方应给予另一缔约方投资者的投资以公平和公正待遇，并全面保护其投资的安全。❷

协议为了确保东道国对外国投资予以保护而规定了公平和公正待遇，即在确保外国投资安全方面采取必要合理措施，在行政和法定程序中不能拒绝给予公正待遇。各缔约方即使违反了本协议的其他规定或是国际协定中的规定，也不能以此作为公平和公正待遇不予适用的理由。由于《中国—东盟投资协议》中并没有规定公平和公正待遇的具体内容，为了保护外国投资者及其投资，实践中其待遇的内容一般不能低于最惠国待遇或国民待遇。

---

❶ 刘卉. 交易费用视角下的《中国—东盟自由贸易区投资协议》的 FDI 效应 [J]. 湖南社会科学，2013 (6)：187.

❷ 《中国—东盟投资协议》第 7 条。

（三）细化征收及国有化和投资转移的规定

1. 关于征收及国有化的规定

《中国—东盟投资协议》中第 8 条与双边投资协定关于国有化和征收的条件的内容基本一致。而《中国—东盟投资协议》对于拖延支付补偿和补偿标准方面的规定更加明确。在补偿标准方面，该协议明确了补偿应以征收发布时或征收发生时被征收投资的公平市场价值计算，先者为准。❶ 虽然《中国—东盟投资协议》没有进一步解释如何认定"公平市场价值"，但至少为投资者提供了法律上的预期并为补偿设定了标准。该协议还规定了不能不合理地拖延清偿和支付补偿。一旦拖延发生，补偿中还应包括从征收发生日起到支付日之间，按主要商业利率计算的利息。

《中国—东盟投资协议》在投资的损失补偿方面规定：当投资者在东道国的投资由于东道国境内的战争、武装冲突、革命、国家紧急状态、叛乱、起义或骚乱而遭受损失时，东道国在恢复原状、赔偿、补偿或其他解决措施方面，在同等条件下，给予投资者的待遇应不低于其给予任何第三国投资者或本国国民的待遇，并从优适用。❷ 换而言之，此时国民待遇和最惠国待遇都可以适用，而且选其中对投资者更有利的待遇适用。与在这方面仅适用最惠国待遇标准的双边投资协定相比，《中国—东盟投资协议》对投资者和投资的保护水平更高。在该协议的规定中，缔约方若要对另一缔约方的投资者实施国有化或征收，必须符合如下条件："（一）为公共目的；（二）符合可适用的国内法包括法律程序；（三）以非歧视的方式实施；（四）按照第二款规定给予补偿。"可以实施征收或国有化的条件，《中国—东盟投资协议》规定了 1 至 4 项。第 1 项所指的公共目的、公共利益，《中国—东盟投资协议》并没有规定判断标准，是否符合公共利益将由各缔约国自行判断。第 2 项规定的国内法，是指各缔约国国内法规关于征收和国有化规定的内容，如中国将征收和国有化的相关内容规定在我国《宪法》及《物权法》等法律中。第 3 项非歧视性是指缔约国实行征收和国有化时必须是公平的，不带有歧视性的，一旦缔约国决定对另一缔约国投资者及其投资实行征收和国有化，需遵守国民待遇、最惠国待遇原则。第四项的关于征收的补偿，发达国家一般是典型的"赫尔模式"，但中国—东盟自由贸

---

❶ 张智勇. 解析中国—东盟自由贸易区《投资协议》[J]. 甘肃政法学院学报, 2011（1）：87.

❷ 《中国—东盟投资协议》第 9 条。

易区内经济发展不平衡，充分、及时、有效的赔偿不符合各缔约国的实际情况，因此《中国—东盟投资协议》规定征收的补偿是，按照征收发生时的公平市场价值进行补偿。所谓公平市场价值，是指征收公布或进行时的市场价值。即《中国—东盟投资协议》中规定征收补偿的标准是适当补偿，根据实行征收缔约国自身的赔偿能力，酌情予以补偿。同时考虑到本协定的各个发展中国家法制发展不均衡，对于征收的措施是基于本国国内经济发展水平进行不同的规定，在第8条的第4款中规定，任何有关土地征收的措施，应由各缔约方现有的国内法律、法规及任何修正案进行解释，对于补偿金额也应依据上述法律、法规解释确定。有关土地的征收是一国经济主权的重要体现，同时是国内行政管理的重要内容之一，也是投资者利益的重要载体，涉及巨大经济利益，因此各国对土地征收均进行了谨慎的规定，依国内法进行土地征收并无不妥，但是将土地征收的措施放置在的大背景下，为了保护自贸区这一超国家组织的利益，各国作出一定的主权让渡亦是明智之举，考虑到目前自贸区的现状，短期内作出巨大让步并不现实，但是各国规定丛生造成的投资障碍，必将是一大隐患，会给投资自由化带来很多不便，因此，应通过沟通和协商谈判的方法，尽快将土地征收措施细化，短期内可确定一个最低标准，各国均不得低于此标准采取措施，给投资者吃一颗定心丸。

2. 关于投资转移的规定

《中国—东盟投资协议》对于投资转移方面的规定不仅涵盖了双边投资协定中"应允许投资者自由转移其投资及其收益"的表述，还对东道国延迟或阻止转移作出了详细规定。第10条第3款规定，东道国在善意实施和公平、非歧视与特定事项相关的法律法规基础上，可以延迟或阻止某项转移。然而，本协议又在第10条第5款规定，既是国际货币基金组织成员国的自贸区成员国又是本协议缔约国的国家权利和义务不受本协议的影响，除了几种情况，成员国不可以对任何资本交易设置与其在本协议中具体承诺不一致的限制。[1]《中国—东盟投资协议》第10条是有关转移和利润收回的规定，可自由转移的投资包括：净利润、资本所得、分红、初始投资、追加投资（所指仅适用于成功完成审批程序的资本流入）、专利使用费、许可费、技术及管理费、技术支持、利息及其他现金收入、清算所得款项、偿付的贷款和借款、征收的补偿和损失补偿。同

---

❶ 《中国—东盟投资协议》第10条。

时规定也在善意实施和公平、非歧视的基础上规定了例外情况。

（四）争端解决机制更加完善

《中国—东盟投资协议》中关于缔约方之间的争端解决的规定，适用 2004 年 11 月 29 日于老挝万象签订的《中国—东盟争端解决机制协议》。根据争端解决机制协议的规定，缔约方之间的投资争端主要是国家与国家以及各级政府之间的争端，是公权力主体间的争端，而不涉及自然人、法人等私主体。投资争端的内容主要是各缔约国依据《中国—东盟框架协议》规定的权利和义务之间的争端，以及各缔约国、各级政府为确保《中国—东盟框架协议》实施采取的措施的争端。争端解决包括磋商，调解或调停，和仲裁三种方式。磋商是争端解决的前置程序，是设立专家组或仲裁庭的前提条件，因此若要进入仲裁程序则必须经过磋商。与磋商不同，调解或调停程序可以由争端的当事方同意并自愿选择，只有当争端当事方都同意并选择时才进入调解或调停程序。调解或调停程序相对自由，可选经过争端方同意的任何人或组织主持程序进行，也可在争端当事方的要求下结束。仲裁则是在磋商、调解或调停程序均不能解决争端后的选择，也是争端解决机制的核心机制。争端解决机制协议中规定的仲裁，是一裁终审，只进行一次裁决并不设复核程序。❶

如果一个缔约方与另一缔约方投资者发生了因对某一投资的管理、经营、运营、销售或他处置等行为给投资者造成损失或损害的投资争端，而这种争端是因为前一缔约方违反《中国—东盟投资协议》第 4 条（国民待遇）、第 5 条（最惠国待遇）、第 7 条（投资待遇）、第 8 条（征收）、第 9 条（损失补偿）、第 10 条（转移和利润汇回）。在这种情形下，协议第 14 条的争端解决机制可以适用。具体包括因东道国违反国民待遇、最惠国待遇等投资待遇，引发的争端；因东道国采取征收，而引发的损失补偿争端；因东道国干预投资者及其投资的转移、利润汇回，而引发的争端；以及因东道国针对某一投资采取经营管理、运营销售等处置行为，给投资者造成损失而引发的争端。上述争端在当事人协商未果的情况下，投资者可以向东道国寻求救济或者提交国际仲裁解决。《中国—东盟投资协议》对国际仲裁的规定赋予了投资者更多的自由选择，投资者可以：（1）提交解决投资争端国际中心；或（2）根据联合国国际贸易法委员会

---

❶ 别清涛. 中国—东盟自由贸易区争端解决机制与 WTO 争端解决机制比较研究 [D]. 青岛：中国海洋大学，2007：10 – 14..

规则进行仲裁；或（3）由争端当事方同意的其他仲裁机构或根据其他仲裁规则仲裁。此外《协议》还规定，在投资者将争端提交缔约方国内法院的情况下也可以提交国际争端解决机构，只要投资者在最终裁决作出前从国内法院撤回申请即可。上述规定体现了《中国—东盟投资协议》对投资者利益保护，以及对国际仲裁的重视。

根据《中国—东盟投资协议》的规定，如果投资协议生效之前已发生、已解决、已进入司法或仲裁程序的争端，不适用《中国—东盟投资协议》，只有在协议生效之后发生的争端才可以适用。如果出现与缔约方发生争端的投资者是该缔约方的公民，或拥有该缔约方的国籍，此种情况也不适用《中国—东盟投资协议》，而应通过该缔约方的国内法寻求解决。

《中国—东盟投资协议》规定争端解决方式同样是三种，分别是磋商、调解或调停、仲裁。❶ 协议鼓励投资争端尽可能适用磋商方式解决，但并不要求强制适用。如果磋商不成，争端方可以选择调解或者仲裁解决。如果争端双方均为《华盛顿公约》成员，可提交国际投资争端解决中心（ICSID）仲裁；如争端双方一方是《华盛顿公约》成员，也可根据 ICSID 便利规则提交仲裁。如马来西亚是《华盛顿公约》成员，新加坡也是该公约成员，而泰国则不是。则马来西亚公民若在新加坡投资，与新加坡政府因为投资起了争端，由于马来西亚和新加坡均是《华盛顿公约》成员，此争端可以提交国际投资争端解决中心仲裁。如果马来西亚公民在泰国投资，与泰国政府发生争端，由于泰国并不是《华盛顿公约》成员国，根据《中国—东盟投资协议》的规定，此争端依然可以提交给国际投资争端解决中心仲裁。在提交 ICSID 解决争端的问题，《协议》中对菲律宾进行了特别的规定。菲律宾是《华盛顿公约》的成员国，但涉及菲律宾的投资争端要提交 ICSID 仲裁，必须争端双方书面同意，才能提交仲裁。"在投资者与另一缔约方发生投资争端时，缔约方原则上不能对本国投资者与另一缔约方的争端提供外交保护"❷，只可以解决争端为目的进行非正式外交交涉。当仲裁裁定出来，另一缔约方不履行裁定时，缔约方方可提供外交保护。若中方企业在菲律宾投资，由于和菲律宾当地政府发生争端，导致中方企业的投资无法进行。此时，中国政府是不能采用外交手段解决争端的。如之后中方企业将争端提交国际投资争端解决中心，得到仲裁结果后，菲律宾方面以国内

❶ 孙志煜. CAFTA 争端解决机制初论［J］. 湖南科技学院学报，2013（5）：124 – 125.
❷ 姜德水. 中国自由贸易区：客观公正有效的争端解决机制［J］. 中国经贸，2013（3）：40 – 41.

法规为由拒绝履行仲裁裁定。这时中国政府可以采用外交手段，在外交上给菲律宾政府压力，以期其履行仲裁裁定早日解决争端。

（五）透明度的要求

如果不了解对方的相关法律、政策，就无法进行合作型法律博弈，当然最终也就不能达到经济协调。这方面的工作，包括公布、翻译、提供信息，还需改进和加强。《中国—东盟投资协议》第 19 条规定缔约方投资法律法规需要具有透明度。协议第 19 条要求缔约方公布会对投资产生影响的或者关于投资的所有相关法律、法规、政策和普遍使用的行政指南，至少每年一次向其他缔约方通报其境内有关投资的新法规及作出的重大修改，同时应当建立或指定一个咨询点，将有关的政策、法规信息收集汇总，以供查询，其他缔约方的任何人均可随时查询并及时获取相关的信息，不得附加任何条件，每年至少一次通过东盟秘书处向其他缔约方通报未来的与投资相关的协议或安排，其中，准备给予的优惠待遇是通报的重点内容。因此，透明度的规定能够为投资者的投资决策和经营提供便利。❶ 透明度是一项原则。它要求未经公布的涉外经贸法律、法规和部门规章不得执行。与相关协定有关的法律、法规应当通知。如果成员国有需要，在涉外经贸法律、法规颁布后，应提供译成正式语言的文本。对有关成员的咨询应给予完整的答复，对企业、个人也应提供准确、可靠的贸易政策的信息。

（六）投资促进和投资便利化

"投资促进和便利化是《中国—东盟投资协议》的目标，也是其超越一般投资协定之处。"❷ 为促进投资，中国—东盟投资区的概念在协议第 22 条明确提出，并要求缔约方加强中国—东盟投资区的意识，比如采取组织促进投资的活动、组织并支持多样化的和投资机遇和投资法律相关的发布会或者研讨会等措施。

《中国—东盟投资协议》第 23 条在促进投资便利化方面作出了规定，缔约方应当展开如下合作：一是创造必要的投资环境；二是简化投资手续；三是促进包括投资法律、法规、政策和程序在内的投资信息的发布；四是建立一站式投资中心，为商界提供包括便利营业执照和许可发放的支持与咨询服务。上述

---

❶ 张智勇. 解析中国—东盟自由贸易区《投资协议》[J]. 甘肃政法学院学报，2011（1）：88.
❷ 张智勇. 解析中国—东盟自由贸易区《投资协议》[J]. 甘肃政法学院学报，2011（1）：88.

规定提出了较为具体的合作方式，指引缔约方如何采取措施促进投资和投资便利化，然而笼统的规定与缺乏具体的时间表或行动规划是上述规定的弊端。事实上，有关投资待遇和保护、争端解决等方面的内容是缔约方为投资提供的静态保护，而投资促进和便利化则是对中国—东盟投资区的动态培育。

（七）总结

1. 在中国—东盟自由贸易区创建了统一的国际投资保护法制

"纵观《中国—东盟投资协议》内容，其在中国—东盟自由贸易区范围内创建了统一的国际投资保护法制。从 20 世纪 80 年代开始，中国与东盟国家便通过缔结国际投资协议的方式加强彼此之间的投资保护。截至 2001 年，中国与东盟 10 国间均分别缔结了双边投资协议。"[❶] 然而上述 10 个双边投资协议中的投资保护水平参差不齐，主要是因为缔约时国家间理念的差异和我国对于双边投资协议核心条款上态度的变化。鉴于投资者与东道国之间的争端解决条款是有关投资保护水平高低的关键性条款之一，我们不妨以该条款为例，分析上述 10 个双边投资协议的投资保护水平参差到何种程度。考察这 10 个双边投资协议可以发现，其有关投资仲裁，专指投资者与东道国之间因投资争端而引起的国际仲裁，其规定非常复杂。有的双边投资协议不但允许投资者就东道国违反该协议义务的所有争端提起投资仲裁，甚至还允许投资者就东道国违反国内法意义上的合同义务的所有争端提起投资仲裁，如 2000 年中国—文莱投资协议、2001 年中国—缅甸投资协议。这意味着投资者可以随时通过投资仲裁的方式迫使东道国履行国际投资协议义务，投资协议中的每一个条款对投资者都有直接的意义。有的双边投资协议则仅允许投资者就征收、国有化的补偿款额争端提起投资仲裁，如 1992 年中国—越南投资协议、1988 年中国—马来西亚投资协议。这意味着就该协议其他条款而言，在东道国违反相关国际义务的情况下，投资者只能请求母国出面，按照国家间争端的模式来酌情处理。由于投资者与其母国间利益取向的差异，母国完全可能出于政治修好等其他方面的考虑而不肯替投资者讨还公道。有的双边投资协议甚至完全不允许投资者对东道国提起任何投资仲裁，如 1985 年中国—泰国投资协议。上述国际投资保护水平上的参差不齐将令在中国—东盟自由贸易区范围内投资的企业如入国际法迷宫，难以

---

❶ 魏艳茹. 中国—东盟框架下国际投资法律环境的比较研究——以《中国—东盟投资协议》的签订与生效为背景 [J]. 广西大学学报（哲学社会科学版），2011（1）：73.

安全、便捷地进行商业筹划，其显然阻碍了整个区域内的国际直接投资的流动。令人欣慰的是，新签订的《中国—东盟投资协议》恰好弥补了上述不足，统一了国际投资保护标准。

2. 保护外国投资者私益的同时试图兼顾东道国国家主权

此外，《中国—东盟投资协议》在保护外国投资者私益的同时试图兼顾东道国国家主权，这一点尤为可贵。尽管外资能给东道国带来资金、技术、管理经验等方面的益处，但也可能对东道国的国民经济、国家安全造成不利影响，尤其对经济结构欠佳、抗风险能力弱的资本输入国而言，情况更是如此，故资本输入国莫不保留外资管制权以维护国家主权。然而，现今世界各国所签订的国际投资协议，虽措施、内容不尽相同，但皆或来源于美国式模板，或来源于欧洲式模板。这两大模板的核心条款均系发达国家拟定，且此种包含投资仲裁的国际投资协议长期以来主要在发达国家与发展中国家之间，以及发展中国家之间签订，发达国家之间并不签订这种协议，故投资仲裁的"被申请人"（通常为东道国）角色传统上都是由发展中国家扮演的，申请人（通常为外国投资者）的母国这一角色几乎固定地由发达国家扮演。这种模式产生的结果便是，发达国家将注意力全部放在保护外国投资者私有财产权方面，并不关注东道国主权的维护。这就形成了国际投资协议片面保护外国投资者私人权益，不维护东道国主权的局面。我国与东盟国家签订的 10 个双边投资协议都存在这种问题，即并未设立维护东道国主权的必要条款。

从国际投资仲裁实践看，在国际投资协议缺乏必要的保障东道国主权条款的情况下，投资者可能仅因东道国保护公众健康、保障金融安全、保护环境、贯彻执行条约等行为而提起投资仲裁，声称东道国的这些措施损害了其投资利益，违反了国际投资协议中的征收条款、公平公正待遇条款等，而崇尚"私有财产神圣不可侵犯"理念的投资仲裁庭则倾向于僵化地理解"有约必守"，支持投资者的主张，认定东道国确系违反了上述条约义务，从而有必要予以赔偿。由于《北美自由贸易协议》首次在发达国家之间引入投资仲裁机制，而美国、加拿大两国的海外投资者又具有非常强的诉讼意识，因此，美国、加拿大等一向倡导投资仲裁的发达国家不得不亲自体会作为被申请人（东道国）的苦衷，这一经历使得美国、加拿大等开始有意识地在投资协议中增加旨在保护东道国主权的新条款，如税收措施例外条款、一般例外条款、安全例外条款等，以确保东道国有权在不受羁绊的情况下保障此类主权利益。

第三节 《华盛顿公约》的局限

双边投资保护的一个重要方面是投资争端解决，当他国投资者的利益受到来自东道国的侵害时能够通过公平、合理、及时的争端解决方式获得救济对于投资者来说几乎和投资权力得到确认和保护同等重要。《华盛顿公约》提供了这一解决机制，长久以来承担着解决国家与他国国民之间投资争端的职能。然而，随着世界经济的发展，地缘政治的变化，其提供的解决机制的局限性也逐渐体现出来，而且遇到了前所未有的挑战。

一、《华盛顿公约》的产生及特点

如果说雅尔塔体系的建立为第二次世界大战结束后的世界政治格局定下了发展蓝图，那么《华盛顿公约》则建立了世界经济发展的新秩序。第二次世界大战结束后，许多发展中国家纷纷独立，地缘政治格局发生了巨大的变化，发展中国家为了掌握本国经济的支配权和控制权，在关系到国计民生的行业开展了针对外资企业的国有化运动，这股针对外资企业的国有化浪潮也使得海外投资者同东道国之间争端不断。这类争端的特殊之处就在于主体双方的不对等，一个外国投资者，对应的是一个国家，因为主体的特殊性，一旦产生争端，涉事的东道国，外国投资者所属国即资本输出国，还有外国投资者；关乎的是东道国的经济主权及司法主权，加上资本输出国的干预，就是经济问题加政治问题，争端也由此升级。为了便于解决该类争端，1965 年世界银行于美国华盛顿制定了《华盛顿公约》，由此设立了"解决投资争议国际中心"（ICSID）作为实施该公约的常设机构，具有独立的国际法人地位，但仍然保持着与世界银行的密切关系。《华盛顿公约》第 67 条规定，世界银行或者国际法院的成员国，或者经理事会 2/3 多数同意的其他国家方有权加入公约。而根据公约第 5 条，ICSID 的理事会由各国指派的世界银行理事组成，世界银行的行长担任理事会主席。❶

1990 年 2 月 9 日，我国签署了《华盛顿公约》，并于 1993 年 1 月 7 日正式

---

❶ 郭楠. 中国境外并购的法律问题及对策研究 [D]. 郑州：郑州大学，2011：25.

核准。在批准文件中，中国指出"中国仅考虑把由征收和国有化产生的有关补偿的争议提交'中心'管辖"，可见虽然作为中心的成员国，但中国对 ICSID 的管辖范围还是有所保留的。解决投资争议国际中心以发生争端的各缔约国和缔约国国民提供调停和仲裁为宗旨，从中协调促进双方互信，为争端的解决提供便利。这种争端解决机制的形成缓解了投资者与发展中国家资本合作的顾虑，保护投资者的经济利益，与此同时也打开了发展中国家的经济合作之门，在国际投资中促进资本的国际化流动，为发展中国家的资本引进提供机会。

依《华盛顿公约》第 25 条规定："中心的管辖权只限于缔约国和另一缔约国国民之间直接因投资而产生的任何法律争端。"具体而言，中心所解决的投资争端有以下的特点：第一，此类争端的主体一方为公约缔约国，另一方为另一缔约国国民。而国家与个人在国际法中的法律地位是不平等的，国家作为国际法中的基本主体，直接享有国际法上的权利和义务，在国际社会中具有独立权和平等权。第二，此类争端的客体为一缔约国与另一缔约国国民直接因投资引起的法律争端。对于何谓"法律争端"，《关于〈解决国家与他国国民间投资争端公约〉告书》解释道："法律争端是关于法律权利与义务的存在或其范围，或是关于因违反法律义务而实行赔偿的性质或限度。"此类争端通常非但涉及投资者位于东道国境内的财产权利或契约权利、对企业的控制权、外汇汇出权等问题，还涉及东道国对本国境内的外资企业的管理权和征收权，以及东道国对其自然资源的控制权等，主权权力和国民经济利益等问题。❶

二、《华盛顿公约》的局限性

《华盛顿公约》开创了一个各争端方均能接受且相对中立的国际投资争端解决机制。但是，这毕竟是发达国家与发展中国家间妥协的结果，在争端解决过程中往往出现一些新问题，自然而然地显现出了其不足之处。在争端解决中，当事人利益冲突平衡存在不公平、管辖范围不清、裁决不一致、程序不透明、监控机制缺失以及缺乏实质性审查等问题。

（一）裁决不公

国际商事仲裁历来注重保护私人财产利益，《华盛顿公约》继承和发扬了

---

❶ 徐珊珊. 论 ICSID 关于私人投资者与东道国国际投资争端解决机制 [J]. 华章，2007（2）：13.

这一传统的价值取向。ICSID 仲裁庭倾向于保护来自发达国家的外国私人投资者的利益，容易忽视多为发展中国家的东道国的国家利益和公共利益。导致这一现象的根源，可以追溯到 ICSID 仲裁员的价值观存在差异，由于个人的宗教信仰和生活学习经历的不同，ICSID 中仲裁员多数来自发达国家，其立场和评判标准更贴近西方的价值观。如"私有财产权神圣不可侵犯"的价值观被普遍接受，在国家投资的实践中，仲裁员在这一偏差性价值判断的引导下，往往只狭隘地考虑外国私人投资者的个体经济利益，不考虑或很少考虑东道国的主权利益、公共利益等社会价值，以至于只要东道国的宏观管理行为触及外国投资者的私人利益，就裁决东道国承担国家责任。❶ 外国私人投资者向"中心"仲裁庭提出仲裁申请的中心目的就是挽救自己由于投资争端遭受的投资损失而根本不会考虑东道国利益。

毋庸置疑，ICSID 所解决的争端往往是发达国家的私人投资者与发展中国家之间的投资争端，被诉方往往是发展中国家政府，经过中心仲裁庭审理裁决后，又往往是东道国政府败诉。因此，《华盛顿公约》实质上是偏向保护发达国家投资者的权益的。而作为发达国家的投资者母国，由于投资者的利益得到了维护，因而对于这一格局大都秉承积极的认可态度。然而随着北美自由贸易区的建立及运作，美国、加拿大两国的海外投资者分别针对对方国家提起国际投资仲裁成为可能。而随着时间的推移，两国的海外投资者频频向对方国家提起投资仲裁，对对方国家的诸多立法、行政、司法行为提出质疑，这使得美国、加拿大这样的发达国家转变了对国际投资仲裁的态度，猛烈抨击这一制度的合法性缺失。仲裁由于在解决国际投资争议方面不胜任而遭遇前所未有的信任危机。❷

可以认为，《华盛顿公约》之下的 ICSID 之所以设立机制，其目的在很大程度上是保障资本输出国海外投资者的利益，把原本属于东道国对其境内涉外投资争端的管辖权交给"中心"管辖，并为这些外国投资者起诉东道国政府提供了国际法上的根据。如《华盛顿公约》第 25 条第 2 款第 2 项中"同意"形式的认定，阿姆科案使 ICSID 中心仲裁庭承认了默示同意的效力。《华盛顿公约》第 25 条的扩大解释，意味着东道国管辖权范畴的缩小，存在过度保护外国投资者的倾向，偏离中心宗旨。因此，当作为发展中国家的东道国政府看到机制的

---

❶ 马晓婧. 解决投资争议国际中心仲裁机制研究 [D]. 南昌：南昌大学，2009：24 – 25.
❷ 李楠楠. ICSID 上诉机制研究 [D]. 大连：大连海事大学，2011：12.

实质后，他们借助仲裁解决与投资者间的争端的积极性便逐渐消退，长此以往，发展中国家甚至对审理表示出不信任感。何况任命的仲裁员和调解员大都来自于发达国家，他们往往先入为主，对来自发达国家的投资者过于保护和偏袒，经常损害作为发展中国家的东道国的利益，更容易引起发展中国家的不满情绪。最终，审理的案件结果无法实现实质性公平，致使争议案件的管辖数量一直没有突破。

（二）强制管辖权的肆意扩大

中心在裁决争端案件中，有肆意扩大管辖权的趋势，使得其强制管辖权的范围不断扩大。依据 ICSID 设立之初的本意，管辖权本来是有限的、严格的。然而，实际 ICSID 却不断扩大自己的强制管辖权，无形之中将 ICSID 强加在争端方身上，严重损害了争端方的自主选择权。同时，ICSID 还通过各种手段排除东道国（主要是发展中国家）政府的管辖权，使得本属于东道国司法管辖的案件变成由其管辖，这严重损害了东道国国内司法主权。例如，在近年的实践中，仲裁庭曾作出对未选择适用仲裁管辖条款的协议的投资争端仲裁，另外还曾对一方为非缔约国的国民的投资争端行使了管辖权。在管辖权方面，ICSID仲裁存在扩大倾向，并造成仲裁管辖的不确定性及不可预见性，主要表现在对法人国籍判定标准的个案差异、对《华盛顿公约》第25条第2款第2项中"外国控制"认定方面。

首先，在法人国际判定标准的个案差异方面。判断法人国籍有多种标准，但公约并没有进一步对判断法人国籍的标准作出具体规定。公约之所以没有作统一规定，一是因为在制定公约过程中，对采用何种标准意见分歧很大，难以得出结论；二是起草者认识到，既然公约的适用依赖于双方的同意，也就不必作强行规定，这样可以留给双方最大可能的余地以根据具体情况约定一个公司的国籍。针对 ICSID 中心仲裁的不同案件，确定不同的法人国籍标准。一般来说，中心仲裁采用传统的成立地标准或管理中心所在地标准，在阿姆科公司诉印度尼西亚案及西非混凝土工业公司诉塞内加尔案中均采用了该标准，并在后者裁决中认为"股东国籍或对公司实际控制的外国人国籍通常情况下不得作为确定法人国籍的判定标准"。[1] 然而，在国际海运代理公司诉几内亚案中，国际

---

[1] 王海浪. ICSID 管辖权新问题与中国新对策研究［D］. 厦门：厦门大学，2006：32.

海运代理公司设立于列支敦士登，其控股股东为瑞士国民，成立地列支敦士登不是《华盛顿公约》缔约国，而瑞士为《华盛顿公约》缔约国，中心仲裁庭受理了该案，但并未明确说明依据何种法人国籍判定标准而取得管辖权。针对该案的管辖标准判定，不同学者有着不同的观点。有学者认为，中心仲裁庭采用的是控制标准；也有学者认为，《华盛顿公约》第 25 条第 2 款第 2 项排除了控制标准；著名学者陈安教授则认为，在此案中，仲裁庭在对待国际海运公司是否具有缔约国国籍这一问题上，实际是采取了广泛、灵活的态度，而非局限于某一特定的法人国籍判定标准，其中所反映的是中心扩大其管辖权进而扩大《华盛顿公约》适用范围的倾向。❶

其次，在"外国控制"的认定方面。《华盛顿公约》并未对外国控制的控制标准作明确规定，对于控制方式、控制层次均未达成统一意见。在实践操作中，中心仲裁庭对"控制"采取了尽可能有利于扩大其管辖权的宽泛解释。❷在前文提到的阿姆科公司诉印度尼西亚案中，仲裁庭采取了直接控制标准，即无须揭开公司面纱，即追及公司第一层控制者；而在西非混凝土公司诉塞内加尔案中，则采用间接控制标准，即主张二次揭开公司面纱，追及公司的真正控制者。在随后的案件中，中心仲裁庭延续了二次揭开公司面纱的做法，而在委内瑞拉案中，中心则采取了直接控制标准。在不同争端中所适用的标准不统一，导致了公约参加国的不满，也成了 2012 年委内瑞拉退出 ICSID 的导火索。可见，《华盛顿公约》规定的"外来控制"可以是任何形式的外来控制，即在控制的程度上以有效控制为准，考虑到多种实施控制的因素，而非限于某一种考虑因素；在控制层次上，同时采取直接控制和间接控制，但是在具体案件中究竟采取何种控制层次，则是按照最有利于确定中心管辖权的方向决定。❸中心仲裁庭如此反复的做法，仅以是否有利于扩大中心管辖权为认定标准，而使得控制标准对争端当事国具有不可预见性。

（三）仲裁裁决不一致

在 ICSID 生效裁决中，就实质相同的争端作出不一致的裁决的为数不少。导致裁决不一致的原因是多方面的：首先，从国际法律秩序的角度来说，国际

---

❶ 江晓春. 解决投资争议国际中心管辖权扩大倾向研究 [D]. 上海：华东政法大学, 2006：9.
❷ 江晓春. 解决投资争议国际中心管辖权扩大倾向研究 [D]. 上海：华东政法大学, 2006：9.
❸ 周林. ICSID 管辖权问题研究 [J]. 黑龙江对外经贸, 2008 (1)：63.

法并没有一种统一的标准去要求如何判决，同时在裁决中也缺乏遵循先例的制度，ICSID 虽然是一个常设性的机构，但其仲裁庭人员的组成却是由成员国选择而任命的，也就意味着每一个案件的仲裁庭的组合几乎不会相同，基于仲裁员的水平和对案件的不同理解，对实质相同的争端作出不同的裁决也是情有可原的。

其次，国家间签订的双边投资条约的规定模糊，也是裁决缺乏一致性的原因所在。BIT 规定模糊是大多数国家签订条约时所采取的策略，如此规定的好处是一旦发生争议，可以保留较大的余地，但同时也造成了其确定性较差，使人们无法精确把握其适用标准和法律的内涵，无法预测争端解决的结果和走向。

最后，国际投资仲裁制度尚不成熟，投资仲裁争端的案件近些年才开始激增，处理案件经验的不足也会导致出现判决不一致的情况。《华盛顿公约》所涉及的当事人远远多于签订协议的当事人，ICSID 仲裁所处理的争端往往涉及东道国政府特定的公共管理行为是否违反了条约义务，而东道国政府的公共管理行为通常又涉及众多个体的利益，由于仲裁依据从以仲裁协议为基础转化为主要以投资保护条约为基础，因此会造成受东道国政府同一公共管理行为影响的众多外国投资者分别针对东道国政府提起国际投资仲裁并均被 ICSID 受理的情况。情况类似的案件不一定由相同的仲裁庭裁决，而且基于仲裁秘密性的原则，一个仲裁庭的仲裁员无法得知另一仲裁庭的仲裁意见，后续的仲裁庭也无法得知先前的仲裁庭的仲裁意见。这种仲裁庭间相互独立的情况很容易造成前后的仲裁裁决结果不相一致的后果。同时，由于可提起仲裁的主体资格范围不断扩大，可能存在多个适格主体对同一具体争端提起仲裁请求，因此存在多重仲裁但仲裁结果不一致的混乱局面。❶

可以认为，争端解决机制的核心任务是解决国际投资中的纠纷和争议，仲裁裁决之间的不一致性和不连续性，在一定程度上削弱了裁决的公信力，极大地损害了 ICSID 仲裁裁决的严肃性和公正性。可想而知，一个第三方的裁决组织，自身的裁决标准都不一致，又如何让委托当事人信服自身权利能够得到公平保护。争端解决机构的裁决标准和程序不够统一或透明，更多的依赖仲裁员的专业知识和主观意识的评判，这不是国际投资法治化所应有的争端解决机制，不利于中心的可持续发展。

---

❶ 李楠楠. ICSID 上诉机制研究［D］. 大连：大连海事大学，2011：10 - 11.

（四）仲裁程序不透明

国际商事仲裁的保密性被视为仲裁的一种优势所在，有利于保护商业信誉和秘密，有利于迅速快捷地解决纠纷。通过防止外国投资者商业秘密泄漏，从而有利于其市场信誉的维护，这是外国投资者选择仲裁方式的重要理由之一。如果是私人间的纠纷，其作用毋庸置疑。但是涉及的是国家和外国投资者之间的纠纷，使得此类争议往往涉及国家主权和公共利益问题，其影响力不同于一般国际商事仲裁裁决结果，也使得此类纠纷较为敏感。如果遵循保密性原则，存在不利于东道国的裁决结果由其国民承担的情况，缔约国的国民无从知晓有关仲裁的一切事项，而这一点是不被东道国所接受的，如果结果不利于东道国，必然无法让东道国国民信服，甚至有可能让东道国为保密性买单，损害国家的司法主权。而作为最终义务承担者的东道国国民却无法了解整个案件审理过程，缺少了重要的监督力量。公正是法律的一大价值所在，也是人们不懈追求的目标。公正的价值必然要求程序的公开，只有程序透明了，才会被有效监督，一个缺失外部监督的裁决程序很难得到公众的信任。由此可见，仲裁的保密性在很大程度上削弱了程序的透明度。ICSID 为此也作出了努力，在晚近的改革中，将透明度列为重要的改革内容。❶

（五）内部监督机制救济不力

ICSID 监督体制是内部化的体制，包括获得仲裁裁决的撤销申请权，解释申请权和再审请求权。该项制度设立的初衷是维护其作出的仲裁裁决的终局性和独立性，以排除国内法院的司法干预。这样导致的间接结果是缔约国法院无权审查中心所作出的裁决，只能给予承认和执行。然而，如前所述，出现错误裁决是有可能的，任何仲裁庭都无法保证其作出的每一项判决都是正确无误的。实践中由于种种原因仲裁裁决有可能出现错误，如由于仲裁员自身的专业水平和对法律的理解的差异性，可能作出有明显错误的裁判；或者仲裁员由于自身意识形态和喜好的不同，可能出现偏袒的现象，造成对另一当事方的不公正待遇；或者由于多重仲裁的存在，可能造成前后情况相同或极其相似的案件出现大相径庭的裁决结果。而一旦出现错误判决，则其影响是较为巨大的。这些错

---

❶ 李楠楠. ICSID 上诉机制研究［D］. 大连：大连海事大学，2011：11－12.

误都会不同程度地影响"中心"仲裁裁决的公信力。❶

ICSID 仲裁处理的争端一方当事人为代表社会公共利益的主权国家，此类社会公共利益在与外国私人投资者的个人经济利益对峙之时由于上述种种原因往往处于劣势并导致最后承担一定的不利后果比如承担巨额的赔偿费用，被迫取消某些关于环境保护、公共健康，人权保护、劳工待遇及调整经济结构等方面法律法规等后果，社会公共利益遭受严重的挑战。由此可见，在《华盛顿公约》下，ICSID 导致不公正待遇的因素是存在的，但是对于其救济的手段确略显单一，且其救济只是针对程序性错误而设立。实践中 ICSID 内部监督机制仅限于对仲裁裁决中的程序性错误进行纠正，而对法律上和事实上的错误则没有相应的监督和补救机制，这对于承担不利后果的争端一方当事人来说是极其不公平的。因此，在透明性缺失以及仲裁裁决的公平性存疑的同时，又缺少了有力的内部监督制度，使得仲裁裁决的公信力雪上加霜。

另外，《华盛顿公约》规定的裁决撤销制度很容易被滥用。从实际情况看，该制度经常被败诉方作为拒绝执行裁决的理由，导致审理案件的时限一再延迟，大大降低了仲裁庭审理案件的效率。更为严重的是，这种滥用在很大程度上损害了裁决终局性的特征，裁决所具有的拘束力受到挑战，机制的预期作用难以实现，机制实际上被架空了。最后的结果是争端解决机制无法满足海外投资主体的期望值，逐渐被取而代之。在实践中，"有诸多学者认为，这些撤销决定给了中心仲裁致命的一击，没有人会再拟定中心仲裁的条款，因为中心裁决是如此缺乏终局性，当事人将会被中心冗长且耗资巨大的程序击退，即使再次诉诸中心也是冒险，因为这也许又是一次徒劳。另外，还有学者认为，机制这个可行与有用的争端解决机制正在变成一个"鸡肋"，因为它的控制体制已失去了控制。"❷ 因此，ICSID 原有的程序和机制需要与时俱进，与世界经济发展同步，在改革中寻找新的动力，真正做到维护国际投资秩序。

（六）缺乏实质性审查

审查程序是争端解决机制中不可或缺的重要环节，也是制约机构腐败妄为的有效手段，作为独立的 ICSID 仲裁机制中唯一的裁决审查制度，仅审查重大

❶ 钟菁. ICSID 争端解决机制之评介 [EB/OL] [2013 - 06 - 08]. http：//gzzy. chinacourt. org/public/detail. php? id =34767.

❷ 黎四奇. ICSID、MIGA、WTO 争端解决机制评述 [J]. 云梦学刊，2004（4）：50.

程序错误、维护裁决的程序公正是远远无法满足现实需求的。ICSID 仲裁机制下的争议均是依据争议所涉国家间签署的条约而提起的，所涉纠纷也主要是东道国是否违反了条约义务，尤其是东道国是否给予了外国投资者国民待遇、公平与公正待遇或最惠国待遇，或者东道国是否非法征收了外国投资者的资产。因此，在处理案件中，不仅要处理当事人协议，还要解释国家与国家间的双边或多边协议，由此，ICSID 中心的解释不仅关乎当事人的利益关系，而且涉及涉案国家的公共政策与公共利益，影响重大。中心仲裁解释依据的准据法通常是国际法规则，可是有关投资者待遇、征收的法律规定均是在不断平衡众多国际法主体间的利益的过程中成形的，为了达成共识，本身就含义模糊。没有统一的解释准则，中心各个仲裁庭在处理相同的情况时，作出不同的处理结果，显然是缺乏实质性审查所导致的，应该在未来的改革中完善审查制度。

第七章
地缘政治视阈下中国海外投资
法律保护理论与制度完善

在西方地缘政客的大肆鼓吹下，坊间甚嚣尘上的种种"中国威胁论"层出不穷、咄咄逼人，超出了国人能够承受的底线。我国海外投资如何实现峰回路转，有效地抵御和规避此类风险，学者们的观点莫衷一是。"工欲善其事，必先利其器。"只有扩大我国在多边、双边谈判中的话语权，在法律框架下确保投资者在投资准入阶段享有国民待遇，以及充分利用行政救济机制拾遗补阙的作用，方能有效地规避地缘政治之类的海外投资风险，为投资者提供更加安全的投资环境。

第一节　应对国家安全审查的对策

中国的地缘政治问题既是经济问题，又是法律问题。既然中国在新的世界地缘政治博弈格局中不能独善其身，两害相权取其轻，有必要在维护中国核心利益的前提下求同存异，解脱地理要素的缠结，追求跨越国境、角色和环境的稳定性，同时保持一定的前瞻性与开放性，积极参加自由贸易区和双边投资保护协定的谈判，走出偏激、脱离狭隘，并且真正地冲出亚洲、走向世界。

一、中国参加 BIT 谈判并订立"根本安全例外条款"的对策

建议在 BIT 中明确规定"根本安全例外条款"。在中国的 BIT 实践中，除了极少数的 BIT 含有"根本安全例外条款"之外，绝大多 BIT 并无这一条款，甚至涉及根本安全利益的只言片语亦较少见。由此可见，我国在 BIT 谈判中，并

没有对根本安全例外条款引起足够的重视，也没有认识到其"安全阀"的重要作用。提高对 BIT 中"根本安全例外条款"重要性的认识，重视"根本安全例外条款"的作用是十分必要的。

建议在我国的 BIT 范本中专门设置一个"根本安全例外条款"。有必要将"根本安全例外条款"作为 BIT 的必备条款之一。在具体的条文设置上，从适用范围、目的和关联性等方面加以规定，以便在投资争端时有法可依，有利于保护本国的利益。

"根本安全利益"的含义可以采取概括式和列举式的方法。用列举的方法将政治安全、经济安全、环境安全、公共健康、社会公共安全与秩序、公共道德等利益包含在"根本安全利益"的范围之中，并利用概括的方式设置兜底条款，将其他未尽事项纳入"根本安全利益"的范围之中，例如，严重危机、社会动荡、重大环境污染、恐怖主义袭击等足以影响到一国人民生存的严重情形。上述做法可以避免扩大"根本安全利益"的适用范畴，防止仲裁庭滥用自由裁量权。

二、签署准入前国民待遇加负面清单模式的区域性投资协定

以区域性协定的形式赋予外资准入前的国民待遇或最惠国待遇，彰显了不可逆转的区域投资自由化的发展趋势。

（一）吸取《北美自由贸易协定》和《多边投资协定》的经验

地缘政治与外资准入前国民待遇之间呈现出高度的统一性，两者异曲同工、相互呼应，亦相辅相成、相得益彰。北美自由贸易区被视为一个成功的典范。由彼此接壤的美国、加拿大和墨西哥于 1992 年 3 国 12 月 17 日正式签署《北美自由贸易协定》（NAFT），彼此必须遵守协定规定的原则和规则，如国民待遇、最惠国待遇及程序上的透明化等来实现其宗旨，借以消除贸易和投资壁垒。根据 NAFT 第 1104 条规定，每一个成员国在投资的设业方面给予另一缔约方成员国投资者以国民待遇和最惠国待遇，更以其中更优惠的待遇为准。不过以己之见，上述实践仍未脱离传统的、以地理为中心的国际投资环境，其关税同盟或投资协定均建立在相似的地质地貌、相邻的空间地域和共同的宗教信仰，以及高度的政治认同与民族归属基础之上，可谓"半超越地缘政治"的实证。

在充分吸收和借鉴 NAFT 文本的基础上，历经三年的立法工作，经济合作

与发展组织（经合组织，OECD）于 1998 年完成了一份《多边投资协定》
（Multilateral Agreement on Investment，MAI）的起草。NAFT 和 MAI 的一个重要
共同之处在于，倡导外国投资和投资者所享受的国民待遇提前至投资准入阶段，
甚至健康、教育、社会服务、文化产业及交通运输等敏感行业均可开放，除非
缔约方在保留清单上声明哪些领域作出保留。❶ 尽管 OECD 被世人喻为"富人
俱乐部"，其内部并非坚如磐石，由于各国分歧较大，最终 MAI 未能通过，但
其立法理念无疑在较长一段时期影响着区域一体化协定和双边投资协定的发展
方向。仔细研读 MAI 设计的国民待遇条款"每一缔约方给予另一缔约方投资者
及其投资的待遇应不低于同等情形下就投资的设立、采购、扩大、经营、管理、
维持、使用、出售及其他对投资的处分方面给予本国投资者及投资的待遇"，就
会发现，其中的"设立"等同于准入阶段，包含设立前的审批和设立时的活
动。值得一提的是，NAFT 和 MAI 的例外条款亦称为"非排除措施"（Non-pre-
cluded Measures，NPM），无疑起到拾遗补阙的作用，基于维护国家基本安全利
益、维护国家公共秩序以及为履行《联合国宪章》维护国际和平与安全的义
务，缔约方均可背离 MAI 的国民待遇义务。被美国、德国和印度等国家作为投
资保护例外广泛使用。❷ 对于今天"走出去"的中国投资者而言，改变长期以

❶ Alan M Rugman. The Multilateral Agreement On Investment Is Ten Years Old March, 1998, Volume 6,
Number 2, Research Project：Watch Canada, Centre for Public Law and Public Policy, Osgoode Hall the
Robarts Centre for Canadian Studies.

❷ 北美自由贸易协定有关服务贸易的规则"2、国民待遇和最惠国待遇"，其第 2 款内容被视为"非排
除措施"：各成员国在协定生效或生效后的一段时间内，要消除与国民待遇原则和最惠国待遇原则相
抵触的限制服务贸易自由的措施。第十一章"投资"、第十二章"跨境服务贸易"、第十三章"电讯
服务"、第十四章"金融服务"均规定了国民待遇原则和最惠国待遇原则。现以第十二章为例加以
说明。该章国民待遇原则规定：每一协定成员国应像对待本国的服务提供者一样对待另一协定成员
国的服务提供者。关于省级及州级的措施，国民待遇是指向另一协定成员国服务提供者提供的待遇
应不低于本国、省或州对本地服务提供者提供的待遇。最惠国待遇原则要求一协定成员国对待另一
协定国服务提供者应不低于向任何一国服务提供者提供的待遇。此外，该章还规定了成员国不能以
在该国设立代办处、代表处、分支机构及任何形式的企业，作为另一协定成员国服务提供者提供服
务的前提条件。尽管各成员国承诺根据上述原则取消限制服务贸易自由的措施，但第十二章也明确
允许成员国对某些服务部门或服务活动不给予这些待遇。该章连同有关附列举了成员国可对上述
原则提出保留的服务部门或活动。但对于新制定的措施，各成员国必须保证其与协定的一般性义务
相一致。
　　该协定要求成员国遵守上述原则的规定，较之 GATS 项下之规定有过之而无不及。协定对各成
员国采取或维持的与上述原则不一致的措施采用了"否定清单"的规定方式，使未列入该清单的部
门和措施均属应实行自由化的范围。在金融服务、陆地运输服务、投资、特种航空服务、专业服务
和某些商业服务领域适用"禁止回退（Rollback）"原则，即所有的保留或例外只能朝着自由化方向
发展，而不能更趋严格。

来针对 MAI 的排斥，客观冷静地分析其中利弊，特别借鉴其"超越地缘政治"式的大胆尝试是终南捷径。

（二）"非排除措施"适用外资准入阶段的分析

关于此问题的必要性，笔者早已作过相关阐述："表面看来，NAFT 和 MAI 的例外条款与投资准入国民待遇条款彼此冲突、互不兼容，其实不然，所发挥的是拾遗补阙的作用。究其原因，绝对的国民待遇是不存在的，存在的均是相对的国民待遇。国民待遇本来就以不侵害东道国的利益为前提，是受限制的和有条件的。但这种限制并非意味着东道国可以滥用权力，不透明、无节制地审查外资。只有基于维护国家基本安全利益、维护国家公共秩序以及为履行《联合国宪章》维护国际和平与安全的义务，缔约方可背离国民待遇义务。非排除措施条款的内容涵盖恐怖主义、金融危机、瘟疫流行等事由，已被越来越多的 BIT 范本作为投资保护例外广泛使用。美国 2004 年 BIT 范本第 18 条、德国 2005 年 BIT 范本第 3 条，印度 2003 年 BIT 范本第 12 条均规定了非排除措施条款。除此之外，《能源宪章条约》第 24 条、《服务贸易总协定》第 14 条亦有类似规定。"[1]

针对"非排除措施"内涵的准确定义的抗辩，在 ICSID 针对阿根廷的多个裁决中成为争论的焦点。"CMS vs Argentina"和"LG&E vs Argentina"等案例并非针对外资准入之前的国民待遇审查、而是准入后的国家征收行为。CMS 案例中的仲裁庭驳回了阿根廷危急情况的抗辩，而在几年之后的 LG&E 案件中，仲裁庭又作出相反的裁定，接受其危机情况的抗辩，而两次抗辩却基于相似的事由。在其他类似案件中，仲裁庭又驳回了基于紧急情况的抗辩，如 2007 年的"Sempra vs Argentina"案[2]。但在 2010 年 6 月 10 日，ICSID 专门委员会撤销了此案裁决。令人遗憾的是，迄今笔者尚未发现 ICSID 裁决的、有关准入前和准入时的投资争端案例。

值得一提的是，美国总统奥巴马于 2009 年提议修改 2004 年美国 BIT 范本。他希望新范本"严格限制外国投资者的权利，此种限制只有法律法规可

---

[1] 王淑敏. 地缘政治视阈下的中国海外投资准入国民待遇保护［J］. 法商研究，2012（2）：118.

[2] Sempra Energy Int'l v. Argentina Republic. ICSID Case No. ARB/02/16，Award Oct. 28，2007. Sempra Energy International v. Argentine Republic（ICSID Case No. ARB/02/16）. Decision on Annulment June 29，2010，p222.

以豁免，这一行为是为了确保公共安全和公共利益"。美国国际经济顾问委员会分委员会（ACIEP）负责制定一个"全新面貌的范本"。范本的修订征求了包括环境保护部、内政部、司法部和劳工部在内的政府机构意见。修订后的范本将增加政府依据国际经济法，为了健康、安全和环境保护所实施的措施作为例外条款的内容。美国国际环境法研究中心的律师马可思（Marcos Orellana）声称："环境保护法对于 BIT 范本而言是一个崭新的领域，归咎于日益恶化的全球和当地环境，新范本应当付出更多努力再平衡和顺应保护环境的发展趋势。新范本并非减少对投资者的保护，而是确保政府可以高效率地运转，用于公共福祉和改善环境。"❶ 上述言辞预示着一个不好的征兆：美国似乎在重新权衡投资准入自由与国家安全两个砝码，天平有可能倒向后者一边。

（三）推行《中国—东盟投资协议》准入前国民待遇加负面清单模式

尽管中国与东盟唇齿相依，地缘政治关系血浓于水，但亚洲幅员辽阔，国家众多，在经济发展、社会制度、意识形态和宗教信仰等方面无法与欧盟的地缘政治环境媲美，加之南沙群岛等领土恩怨的历史隔阂，东亚的政治经济一体化进程长期滞后于北美和欧洲。1997 年东南亚金融危机"多米诺骨牌效应"促使各国深刻地反省建立东亚区域一体化、同舟共济对抗金融风险的紧迫性。十多年来，中国更与东盟开展了广泛、密切的经济贸易合作关系，2009 年 8 月 15 日，中国与东盟 10 国共同签署的《中国—东盟投资协议》是借鉴 NAFT 区域一体化的一大进步。该协议致力于在中国—东盟自由贸易区下建立一个自由、便利、透明及公平的投资体制，通过双方相互给予投资者国民待遇、最惠国待遇和投资公平公正待遇，提高投资相关法律法规的透明度，为双方创造更为有利的投资条件和良好的投资环境，并为双方的投资者提供充分的法律保护，从而进一步促进双方投资便利化和逐步自由化，双方开始开放投资市场。尽管如此，对照该协议的第 4 条"国民待遇"和第 5 条"最惠国待遇"条款，不言而喻，两者在对待外资准入这一核心利益的态度上相去甚远。第 4 条"国民待遇"授予的是外资准入后的待遇，即给予外资在管理、经营、运营、维护、使用、销售、清算或此类投资其他形式的处置方面不低于其在同等条件下给予其本国投

---

❶ Damon Vis-Dunbar, United States Reviews Its Model Bilateral Investment Treaty, June 5, 2009. Investment Treaty News, 5 June 2009, available here: http://www.investmenttreatynews.org/cms/news/archive/2009/06/05/united-states-reviews-its-model-bilateral-investment-treaty. aspx.

资者及其投资的待遇；而第 5 条"最惠国待遇"则适用准入前和准入时的待遇，即各缔约方在准入、设立、获得、扩大、管理、经营、运营、维护、使用、清算、出售或对投资其他形式的处置方面，应当给予另一缔约方投资者及其相关投资不低于其在同等条件下给予任何其他缔约方或第三国投资者及/或其投资的待遇。上述差距表明，缺乏共同的政治意愿、宗教上的广泛认同和必要的民族凝聚力仍是东盟国家实践外资准入国民待遇的最大羁绊。值得关注的是，根据1987 年东盟国家签订的《东盟投资区域框架协议》，协议成员方必须承诺，在2010 年和 2020 年分别给予东盟成员国和其他国家的投资者在准入和设立阶段以国民待遇。既然"一带一路"是中国—东盟自贸区升级版建设最重要的黏合剂和助推器，而且中国已经明确表明了立场——以准入前国民待遇加负面清单模式与东盟进行自由贸易协定（FTA）升级谈判，那么尽快廓清负面清单的外延是我们亟待解决的问题。

三、改善双边投资协定的路径

（一）BIT 中植入投资准入加负面清单

美国范本率先解决了准入前与准入后一致的问题。继美国之后，越来越多的国家推出了类似的双边条约。如日本与韩国于 2002 年签订了含有准入前国民待遇条款的双边投资条约。基于韩国位于朝鲜半岛南部，东部濒临韩国东海，与日本隔海相望，加之日本曾对朝鲜半岛实行长达三十余年的殖民统治，这两个国家之间存在错综复杂的地缘政治关系。

迄今中国与 130 个国家和地区签订了双边投资保护协定，与东盟、智利等 7个国家和地区签署了自贸协定。中国中央政府与香港特区政府签署了《内地与香港关于建立更紧密经贸关系的安排》，与澳门特区政府签署了《内地与澳门关于建立更紧密经贸关系的安排》，大陆与台湾地区签署了《海峡两岸经济合作框架协议》。成立了 30 个投资工作组，签署了 11 个基础设施领域合作协定或备忘录、14 个劳务合作协定或备忘录。商务部投资促进事务局与 36 个国家和地区的 71 家投资促进机构建立了合作机制，签署了 67 个投资促进备忘录。❶ 在上述协定中，大部分文本特别是改革开放初期所拟定的外资准入前待遇条款，

---

❶ 数据来源：商务部. 已与 130 个国家签订了双边投资保护协定［EB/OL］［2015 – 07 – 25］，http：//www. fdi. gov. cn/pub/FDI/tzdt/dt/t20101101_127860. htm.

均采用最惠国待遇，如中日于 1988 年 8 月 27 日签订、1989 年 5 月 14 日生效的《中华人民共和国和日本国关于鼓励和相互保护投资协定》。值得关注的是，第 7 轮中美战略与经济对话于 2015 年 6 月 23 日至 24 日在美国华盛顿举行。美国专家称，"双边投资协定"谈判将成为此番对话的重要议题，中美双方应抓住机遇在奥巴马 2017 年 1 月卸任前完成中美双边投资协定谈判。❶ 早在 2013 年 11 月 21 日，在北京举行的第十六次中欧领导人会晤期间，双方宣布了启动双边投资协定谈判。欧盟理事会主席范龙佩曾表示，中欧投资协定谈判将涵盖投资保护和市场准入两个方面。中欧贸易规模较大，但双向投资总量较小，与双方经济的高度融合不相匹配。中欧启动投资协定谈判意义重大，协定一旦谈成，将极大地推动中欧之间的投资合作。❷ 中国的学者认为：中欧双边投资协定谈判的难点可能在于欧盟会对环境、劳工标准、人权、国有企业等方面向中国施压，双方也会就准入前国民待遇与负面清单的问题展开争论。双方的期望值都应该是既保护自己海外投资企业的利益，又保护自己作为东道国的利益。❸ 欧盟成员国于 2013 年 10 月 18 日正式授权欧盟委员会与中国展开双边投资协定谈判。欧盟驻华使团提供的信息指明，欧方对投资协定谈判的主要目标包括：降低在中国投资的壁垒，以期增加双边投资额；提升欧盟在华以及中国在欧投资所受到的保护；提升欧盟投资者在华待遇的法律确定性。尽管欧盟 26 个成员国都与中国签署过投资协议，根据《里斯本条约》，欧盟委员会有权利代表 27 个成员国统一进行投资领域谈判，达成一份统一协议。协议将主要解决两个问题，一是减少对投资的限制，二是增加市场准入。当然，无论是美国，还是欧盟，对于"非排除措施"条款这一问题的认识，双方之间存在巨大的鸿沟。❹

（二）中国 2015 版自贸区负面清单内容的借鉴

早在上海自贸区成立初期，学者们围绕着负面清单的概念与性质、国民待遇的参照标准、谁制定负面清单、负面清单的措施是否充分、清晰，如何确保负面清单的回应性，以及负面清单的行为分类代码与联合国《全部经济活动的国际标准产业分类》（International Standard Industrial Classification of All Economic

---

❶ 刘秀红. 中美对话"双边投资协定"成焦点 [EB/OL] [2015 - 06 - 24]. http：//edu. sina. com. cn/en/2015 -06 -24/103790361. shtml.

❷ 杨楠.《中欧双边投资协定》谈判将再开 [N]. 中国产经新闻，2015 -03 -03.

❸ 杨楠.《中欧双边投资协定》谈判将再开 [N]. 中国产经新闻，2015 -03 -03.

❹ 杨楠.《中欧双边投资协定》谈判将再开 [N]. 中国产经新闻，2015 -03 -03.

Activities，ISIC）的衔接，如何应对负面清单设置的安全阀等问题展开了激烈的讨论。《自由贸易试验区外商投资准入特别管理措施（负面清单）》（以下简称《自贸试验区负面清单》，见表 7 - 1）的出台明晰了某些问题。经国务院批准，该负面清单于 2015 年 4 月 20 日正式对外发布，也就意味着清单的制定和发布者是国务院。至于负面清单的概念，可以界定为负面清单列明了不符合国民待遇等原则的外商投资准入特别管理措施；适用范围包括上海、广东、天津、福建四个自由贸易试验区（以下统称自贸试验区）。《自贸试验区负面清单》依据《国民经济行业分类》（GB/T4754—2011）划分为 15 个门类、50 个条目、122 项特别管理措施。其中特别管理措施包括具体行业措施和适用于所有行业的水平措施。《自贸试验区负面清单》中未列出的与国家安全、公共秩序、公共文化、金融审慎、政府采购、补贴、特殊手续和税收相关的特别管理措施，按照现行规定执行。自贸试验区内的外商投资涉及国家安全的，须按照《自由贸易试验区外商投资国家安全审查试行办法》进行安全审查。

《自贸试验区负面清单》之外的领域，在自贸试验区内按照内外资一致原则实施管理，并由所在地省级人民政府发布实施指南，做好相关引导工作。香港特别行政区、澳门特别行政区、台湾地区投资者在自贸试验区内投资参照《自贸试验区负面清单》执行。内地与香港特别行政区、澳门特别行政区关于建立更紧密经贸关系的安排及其补充协议，《海峡两岸经济合作框架协议》，我国签署的自贸协定中适用于自贸试验区并对符合条件的投资者有更优惠的开放措施的，按照相关协议或协定的规定执行。

表 7 - 1　自由贸易试验区外商投资准入特别管理措施（负面清单）

序号	领域	特别管理措施
一、农、林、牧、渔业		
（一）	种业	1. 禁止投资中国稀有和特有的珍贵优良品种的研发、养殖、种植以及相关繁殖材料的生产（包括种植业、畜牧业、水产业的优良基因）
		2. 禁止投资农作物、种畜禽、水产苗种转基因品种选育及其转基因种子（苗）生产
		3. 农作物新品种选育和种子生产属于限制类，须由中方控股
		4. 未经批准，禁止采集农作物种质资源

（续表）

序号	领域	特别管理措施
（二）	渔业捕捞	5. 在中国管辖水域从事渔业活动，须经中国政府批准
		6. 不批准以合作、合资等方式引进渔船在管辖水域作业的船网工具指标申请
二、采矿业		
（三）	专属经济区与大陆架勘探开发	7. 对中国专属经济区和大陆架的自然资源进行勘查、开发活动或在中国大陆架上为任何目的进行钻探，须经中国政府批准
（四）	石油和天然气开采	8. 石油、天然气（含油页岩、油砂、页岩气、煤层气等非常规油气）的勘探、开发，限于合资、合作
（五）	稀土和稀有矿采选	9. 禁止投资稀土勘查、开采及选矿；未经允许，禁止进入稀土矿区或取得矿山地质资料、矿石样品及生产工艺技术
		10. 禁止投资钨、钼、锡、锑、萤石的勘查、开采
		11. 禁止投资放射性矿产的勘查、开采、选矿
（六）	金属矿及非金属矿采选	12. 贵金属（金、银、铂族）勘查、开采，属于限制类
		13. 锂矿开采、选矿，属于限制类
		14. 石墨勘查、开采，属于限制类
三、制造业		
（七）	航空制造	15. 干线、支线飞机设计、制造与维修，3吨级及以上民用直升机设计与制造，地面、水面效应飞机制造及无人机、浮空器设计与制造，须由中方控股
		16. 通用飞机设计、制造与维修限于合资、合作
（八）	船舶制造	17. 船用低、中速柴油机及曲轴制造，须由中方控股
		18. 海洋工程装备（含模块）制造与修理，须由中方控股
		19. 船舶（含分段）修理、设计与制造属于限制类，须由中方控股
（九）	汽车制造	20. 汽车整车、专用汽车制造属于限制类，中方股比不低于50%；同一家外商可在国内建立两家（含两家）以下生产同类（乘用车类、商用车类）整车产品的合资企业，如与中方合资伙伴联合兼并国内其他汽车生产企业可不受两家的限制
		21. 新建纯电动乘用车生产企业生产的产品须使用自有品牌，拥有自主知识产权和已授权的相关发明专利

（续表）

序号	领域	特别管理措施
（十）	轨道交通设备制造	22. 轨道交通运输设备制造限于合资、合作（与高速铁路、铁路客运专线、城际铁路配套的乘客服务设施和设备的研发、设计与制造，与高速铁路、铁路客运专线、城际铁路相关的轨道和桥梁设备研发、设计与制造，电气化铁路设备和器材制造，铁路客车排污设备制造等除外）
		23. 城市轨道交通项目设备国产化比例须达到70%及以上
（十一）	通信设备制造	24. 民用卫星设计与制造、民用卫星有效载荷制造须由中方控股
		25. 卫星电视广播地面接收设施及关键件生产属于限制类
（十二）	矿产冶炼和压延加工	26. 钨、钼、锡（锡化合物除外）、锑（含氧化锑和硫化锑）等稀有金属冶炼属于限制类
		27. 稀土冶炼、分离属于限制类，限于合资、合作
		28. 禁止投资放射性矿产冶炼、加工
（十三）	医药制造	29. 禁止投资列入《野生药材资源保护管理条例》和《中国稀有濒危保护植物名录》的中药材加工
		30. 禁止投资中药饮片的蒸、炒、炙、煅等炮制技术的应用及中成药保密处方产品的生产
（十四）	其他制造业	31. 禁止投资象牙雕刻、虎骨加工、宣纸和墨锭生产等民族传统工艺

四、电力、热力、燃气及水生产和供应业

序号	领域	特别管理措施
（十五）	原子能	32. 核电站的建设、经营，须由中方控股
		33. 核燃料、核材料、铀产品以及相关核技术的生产经营和进出口由具有资质的中央企业实行专营
		34. 国有或国有控股企业才可从事放射性固体废物处置活动
（十六）	管网设施	35. 城市人口50万以上的城市燃气、热力和供排水管网的建设、经营属于限制类，须由中方控股
		36. 电网的建设、经营须由中方控股

五、批发和零售业

序号	领域	特别管理措施
（十七）	专营及特许经营	37. 对烟草实行专营制度。烟草专卖品（指卷烟、雪茄烟、烟丝、复烤烟叶、烟叶、卷烟纸、滤嘴棒、烟用丝束、烟草专用机械）的生产、销售、进出口实行专卖管理，并实行烟草专卖许可证制度。禁止投资烟叶、卷烟、复烤烟叶及其他烟草制品的批发、零售

（续表）

序号	领域	特别管理措施
		38. 对中央储备粮（油）实行专营制度。中国储备粮管理总公司具体负责中央储备粮（含中央储备油）的收购、储存、经营和管理
		39. 对免税商品销售业务实行特许经营和集中统一管理
		40. 对彩票发行、销售实行特许经营，禁止在中华人民共和国境内发行、销售境外彩票

六、交通运输、仓储和邮政业

序号	领域	特别管理措施
（十八）	道路运输	41. 公路旅客运输公司属于限制类
（十九）	铁路运输	42. 铁路干线路网的建设、经营须由中方控股
		43. 铁路旅客运输公司属于限制类，须由中方控股
（二十）	水上运输	44. 水上运输公司（上海自贸试验区内设立的国际船舶运输企业除外）属于限制类，须由中方控股，且不得经营以下业务：（1）中国国内水路运输业务，包括以租用中国籍船舶或者舱位等方式变相经营水路运输业务；（2）国内船舶管理、水路旅客运输代理和水路货物运输代理业务
		45. 船舶代理外资比例不超过51%
		46. 外轮理货属于限制类，限于合资、合作
		47. 水路运输经营者不得使用外国籍船舶经营国内水路运输业务，经中国政府许可的特殊情形除外
		48. 中国港口之间的海上运输和拖航，由悬挂中华人民共和国国旗的船舶经营。外国籍船舶经营中国港口之间的海上运输和拖航，须经中国政府批准
（二十一）	公共航空运输	49. 公共航空运输企业须由中方控股，单一外国投资者（包括其关联企业）投资比例不超过25%
		50. 公共航空运输企业董事长和法定代表人须由中国籍公民担任
		51. 外国航空器经营人不得经营中国境内两点之间的运输
		52. 只有中国指定承运人可以经营中国与其他缔约方签订的双边运输协议确定的双边航空运输市场
（二十二）	通用航空	53. 允许以合资方式投资专门从事农、林、渔作业的通用航空企业，其他通用航空企业须由中方控股
		54. 通用航空企业法定代表人须由中国籍公民担任
		55. 禁止外籍航空器或者外籍人员从事航空摄影、遥感测绘、矿产资源勘查等重要专业领域的通用航空飞行

（续表）

序号	领域	特别管理措施
（二十三）	民用机场与空中交通管制	56. 禁止投资和经营空中交通管制系统
		57. 民用机场的建设、经营，须由中方相对控股
（二十四）	邮政	58. 禁止投资邮政企业和经营邮政服务
		59. 禁止经营信件的国内快递业务

七、信息传输、软件和信息技术服务业

序号	领域	特别管理措施
（二十五）	电信传输服务	60. 电信公司属于限制类，限于中国入世承诺开放的电信业务，其中：增值电信业务（电子商务除外）外资比例不超过50%，基础电信业务经营者须为依法设立的专门从事基础电信业务的公司，且公司中国有股权或者股份不少于51%
（二十六）	互联网和相关服务	61. 禁止投资互联网新闻服务、网络出版服务、网络视听节目服务、网络文化经营（音乐除外）、互联网上网服务营业场所、互联网公众发布信息服务（上述服务中，中国入世承诺中已开放的内容除外）
		62. 禁止从事互联网地图编制和出版活动（上述服务中，中国入世承诺中已开放的内容除外）
		63. 互联网新闻信息服务单位与外国投资者进行涉及互联网新闻信息服务业务的合作，应报经中国政府进行安全评估

八、金融业

序号	领域	特别管理措施
（二十七）	银行业股东机构类型要求	64. 境外投资者投资银行业金融机构，应为金融机构或特定类型机构。具体要求： （1）外商独资银行股东、中外合资银行外方股东应为金融机构，且外方唯一或者控股/主要股东应为商业银行； （2）投资中资商业银行、信托公司的应为金融机构； （3）投资农村商业银行、农村合作银行、农村信用（合作）联社、村镇银行的应为境外银行； （4）投资金融租赁公司的应为金融机构或融资租赁公司； （5）消费金融公司的主要出资人应为金融机构； （6）投资货币经纪公司的应为货币经纪公司； （7）投资金融资产管理公司的应为金融机构，且不得参与发起设立金融资产管理公司； （8）法律法规未明确的应为金融机构

（续表）

序号	领域	特别管理措施
（二十八）	银行业资质要求	65. 境外投资者投资银行业金融机构须符合一定数额的总资产要求，具体包括： （1）外资法人银行外方唯一或者控股/主要股东、外国银行分行的母行； （2）中资商业银行、农村商业银行、农村合作银行、农村信用（合作）联社、村镇银行、信托公司、金融租赁公司、贷款公司、金融资产管理公司的境外投资者； （3）法律法规未明确不适用的其他银行业金融机构的境外投资者
		66. 境外投资者投资货币经纪公司须满足相关业务年限、全球机构网络和资讯通信网络等特定条件
（二十九）	银行业股比要求	67. 境外投资者入股中资商业银行、农村商业银行、农村合作银行、农村信用（合作）联社、金融资产管理公司等银行业金融机构受单一股东和合计持股比例限制
（三十）	外资银行	68. 除符合股东机构类型要求和资质要求外，外资银行还受限于以下条件： （1）外国银行分行不可从事《中华人民共和国商业银行法》允许经营的"代理发行、代理兑付、承销政府债券"、"代理收付款项"、"从事银行卡业务"，除可以吸收中国境内公民每笔不少于100万元人民币的定期存款外，外国银行分行不得经营对中国境内公民的人民币业务； （2）外国银行分行应当由总行无偿拨付营运资金，营运资金的一部分应以特定形式存在并符合相应管理要求； （3）外国银行分行须满足人民币营运资金充足性（8%）要求； （4）外资银行获准经营人民币业务须满足最低开业时间要求
（三十一）	期货公司	69. 期货公司属于限制类，须由中方控股
（三十二）	证券公司	70. 证券公司属于限制类，外资比例不超过49%
		71. 单个境外投资者持有（包括直接持有和间接控制）上市内资证券公司股份的比例不超过20%；全部境外投资者持有（包括直接持有和间接控制）上市内资证券公司股份的比例不超过25%

（续表）

序号	领域	特别管理措施
（三十三）	证券投资基金管理公司	72. 证券投资基金管理公司属于限制类，外资比例不超过49%
（三十四）	证券和期货交易	73. 不得成为证券交易所的普通会员和期货交易所的会员
		74. 不得申请开立A股证券账户以及期货账户
（三十五）	保险机构设立	75. 保险公司属于限制类（寿险公司外资比例不超过50%），境内保险公司合计持有保险资产管理公司的股份不低于75%
		76. 申请设立外资保险公司的外国保险公司，以及投资入股保险公司的境外金融机构（通过证券交易所购买上市保险公司股票的除外），须符合中国保险监管部门规定的经营年限、总资产等条件
（三十六）	保险业务	77. 非经中国保险监管部门批准，外资保险公司不得与其关联企业从事再保险的分出或者分入业务
九、租赁和商务服务业		
（三十七）	会计审计	78. 担任特殊普通合伙会计师事务所首席合伙人（或履行最高管理职责的其他职务），须具有中国国籍
（三十八）	法律服务	79. 外国律师事务所只能以代表机构的方式进入中国，在华设立代表机构、派驻代表，须经中国司法行政部门许可
		80. 禁止从事中国法律事务，不得成为国内律师事务所合伙人
		81. 外国律师事务所驻华代表机构不得聘用中国执业律师，聘用的辅助人员不得为当事人提供法律服务
（三十九）	统计调查	82. 实行涉外调查机构资格认定制度和涉外社会调查项目审批制度
		83. 禁止投资社会调查
		84. 市场调查属于限制类，限于合资、合作，其中广播电视收听、收视调查须由中方控股
		85. 评级服务属于限制类
（四十）	其他商务服务	86. 因私出入境中介机构法定代表人须为具有境内常住户口、具有完全民事行为能力的中国公民

(续表)

序号	领域	特别管理措施
十、科学研究和技术服务业		
（四十一）	专业技术服务	87. 禁止投资大地测量、海洋测绘、测绘航空摄影、行政区域界线测绘，地形图、世界政区地图、全国政区地图、省级及以下政区地图、全国性教学地图、地方性教学地图和真三维地图编制，导航电子地图编制，区域性的地质填图、矿产地质、地球物理、地球化学、水文地质、环境地质、地质灾害、遥感地质等调查
		88. 测绘公司属于限制类，须由中方控股
		89. 禁止投资人体干细胞、基因诊断与治疗技术开发和应用
		90. 禁止设立和运营人文社会科学研究机构
十一、水利、环境和公共设施管理业		
（四十二）	动植物资源保护	91. 禁止投资国家保护的原产于中国的野生动植物资源开发
		92. 禁止采集或收购国家重点保护野生植物
十二、教育		
（四十三）	教育	93. 外国教育机构、其他组织或者个人不得单独设立以中国公民为主要招生对象的学校及其他教育机构（不包括非学制类职业技能培训）
		94. 外国教育机构可以同中国教育机构合作举办以中国公民为主要招生对象的教育机构，中外合作办学者可以合作举办各级各类教育机构，但是： （1）不得举办实施义务教育和实施军事、警察、政治和党校等特殊领域教育机构； （2）外国宗教组织、宗教机构、宗教院校和宗教教职人员不得在中国境内从事合作办学活动，中外合作办学机构不得进行宗教教育和开展宗教活动； （3）普通高中教育机构、高等教育机构和学前教育属于限制类，须由中方主导（校长或者主要行政负责人应当具有中国国籍，在中国境内定居；理事会、董事会或者联合管理委员会的中方组成人员不得少于1/2；教育教学活动和课程教材须遵守我国相关法律法规及有关规定）
十三、卫生和社会工作		
（四十四）	医疗	95. 医疗机构属于限制类，限于合资、合作

（续表）

序号	领域	特别管理措施
十四、文化、体育和娱乐业		
（四十五）	广播电视播出、传输、制作、经营	96. 禁止投资设立和经营各级广播电台（站）、电视台（站）、广播电视频率频道和时段栏目、广播电视传输覆盖网（广播电视发射台、转播台〔包括差转台、收转台〕、广播电视卫星、卫星上行站、卫星收转站、微波站、监测台〔站〕及有线广播电视传输覆盖网等），禁止从事广播电视视频点播业务和卫星电视广播地面接收设施安装服务
		97. 禁止投资广播电视节目制作经营公司
		98. 对境外卫星频道落地实行审批制度。引进境外影视剧和以卫星传送方式引进其他境外电视节目由新闻出版广电总局指定的单位申报
		99. 对中外合作制作电视剧（含电视动画片）实行许可制度
（四十六）	新闻出版、广播影视、金融信息	100. 禁止投资设立通讯社、报刊社、出版社以及新闻机构
		101. 外国新闻机构在中国境内设立常驻新闻机构、向中国派遣常驻记者，应当经中国政府批准
		102. 外国通讯社在中国境内提供新闻的服务业务须由中国政府审批
		103. 禁止投资经营图书、报纸、期刊、音像制品和电子出版物的出版、制作业务；禁止经营报刊版面
		104. 中外新闻机构业务合作、中外合作新闻出版项目，须中方主导，且须经中国政府批准（经中国政府批准，允许境内科学技术类期刊与境外期刊建立版权合作关系，合作期限不超过 5 年，合作期满需延长的，须再次申请报批。中方掌握内容的终审权，外方人员不得参与中方期刊的编辑、出版活动）
		105. 禁止从事电影、广播电视节目、美术品和数字文献数据库及其出版物等文化产品进口业务（上述服务中，中国入世承诺中已开放的内容除外）
		106. 出版物印刷属于限制类，须由中方控股
		107. 未经中国政府批准，禁止在中国境内提供金融信息服务
		108. 境外传媒（包括外国和港澳台地区报社、期刊社、图书出版社、音像出版社、电子出版物出版公司以及广播、电影、电视等大众传播机构）不得在中国境内设立代理机构或编辑部。如需设立办事机构，须经审批

（续表）

序号	领域	特别管理措施
（四十七）	电影制作、发行、放映	109. 禁止投资电影制作公司、发行公司、院线公司
		110. 中国政府对中外合作摄制电影片实行许可制度
		111. 电影院的建设、经营须由中方控股。放映电影片，应当符合中国政府规定的国产电影片与进口电影片放映的时间比例。放映单位年放映国产电影片的时间不得低于年放映电影片时间总和的2/3
（四十八）	非物质文化遗产、文物及考古	112. 禁止投资和经营文物拍卖的拍卖企业、文物购销企业
		113. 禁止投资和运营国有文物博物馆
		114. 禁止不可移动文物及国家禁止出境的文物转让、抵押、出租给外国人
		115. 禁止设立与经营非物质文化遗产调查机构
		116. 境外组织或个人在中国境内进行非物质文化遗产调查和考古调查、勘探、发掘，应采取与中国合作的形式并经专门审批许可
（四十九）	文化娱乐	117. 禁止设立文艺表演团体
		118. 演出经纪机构属于限制类，须由中方控股（为本省市提供服务的除外）
		119. 大型主题公园的建设、经营属于限制类
十五、所有行业		
（五十）	所有行业	120. 不得作为个体工商户、个人独资企业投资人、农民专业合作社成员，从事经营活动
		121.《外商投资产业指导目录》中的禁止类以及标注有"限于合资""限于合作""限于合资、合作""中方控股""中方相对控股"和有外资比例要求的项目，不得设立外商投资合伙企业
		122. 外国投资者并购境内企业、外国投资者对上市公司的战略投资、境外投资者以其持有的中国境内企业股权出资涉及外商投资项目和企业设立及变更事项的，按现行规定办理

（三）中国新 BIT 范本的设计

与美国等国的 BIT 范本相比，中国与有关国家签署的大部分文本多采用的是最惠国待遇或者最低待遇，如中日两国于 1988 年签订的《中华人民共和国和日本国关于鼓励和相互保护投资协定》。这种立法表象值得探究。尽管有学者指出："从纵向层面观察，中国对外签订 BIT 的内容已历经多次更新，并大致以1998 年为临界分为两个发展阶段，亦即一些国内外学者所谓的两代 'BITs'。"❶但略陈管见，有关投资准入的待遇条款仍停滞在改革开放初期的法律背景，与中国日益发展的海外投资大潮严重脱节。

在中国面临引资大国和投资大国"身份混同"的情形下，特别是与资源型国家商签双边投资协定时，对东道国投资的环境越来越提出较高的期待和要求。为此建议新范本设计以下条款——"国民待遇"和"非排除措施"的融合："每一缔约方给予另一缔约方投资者及其投资的待遇应不低于同等情形下就投资的设立、采购、扩大、经营、管理、维持、使用、出售及其他对投资的处分方面给予本国投资者及投资的待遇。""各成员国采取或维持不符合国民待遇等原则的外商投资准入特别管理措施——'负面清单'的规定方式，未列入该清单的部门和措施均属应实行国民待遇。"在此的国民待遇含义与温先涛发表的《〈中国投资保护协定范本〉（草案）讨论稿》有所不同。在此讨论稿中，"第三条 国民待遇"表述为："在不损害缔约一方可适用的法律法规的前提下，对在其境内投资的运营、管理、维持、使用、享有、出售或处分，缔约一方确保给予缔约另一方的投资者及其投资的待遇应不低于其在相同情势下给予本国投资者及其投资的待遇。"❷温先涛解释：本条有意避开了"设立（Establishment）、购置（Acquisition）、扩大（Expansion）"三项具准入含义的内容。只要有"依照东道国法律和法规"或"不损害东道国的法律法规"这一"金钟罩"，区分准入前（Pre-establishment）和准入后（Post-establishment）并无意义，避而不谈，倒不如像美式范本明确指明"国民待遇"都包括哪些内容。关于准入前，中国法律法规有《外商投资产业指导目录》和外国投资者并购境内企业安全审查制度。中国目前对设立外商投资公司普遍实行行政许可制；准入后，则未见对依法设

---

❶ 季烨. 中国双边投资条约政策与定位的实证分析 [J]. 中国经济法学刊，2009，16（3）：180.
❷ 温先涛. 中国投资保护协定范本（草案）论稿 [EB/OL] [2015-07-25]. http://www.cnarb.com/Item/7468.aspx.

立后的外商投资企业在运营、管理、维持、使用、享有、出售或处分方面有何法律制度上的歧视。❶

对此笔者持有异议。是否缀上"设立",意义可谓"冰火两重天"。前已述及,美国的国家安全审查制度令中国海外投资者输在了起跑线上,由此可见,投资准入待遇就是"阿喀琉斯之踵"。与吸引外资相比,海外投资更需要"设立"前或"设立"时的国民待遇。温先涛又指出:美国 BIT 范本的负面清单以三种附件形式体现,根据"不符措施"条款设计,附件 1 和附件 3 属于棘轮条款性质,包括指明维持不符措施的行业、法律依据和对现行限制性措施的简单描述。如在原子能行业,美国政府部门实行准入许可制,有权拒绝外资介入。附件 3 专为金融服务行业设计,外资银行不得成为联邦储备系统成员,该限制属于不符合准入后国民待遇原则的措施。附件 2 所列行业(如航空、渔业、海事、电信)则不受"维持现状"的限制,美国政府在这些行业可以根据具体情况实行差别待遇,或保留进一步限制的权利……笔者赞同温先生的观点——美国的上述做法值得我们借鉴。

经国务院批准,《外商投资产业指导目录(2015 年修订)》(以下简称《目录》)自 2015 年 4 月 10 日起施行。2011 年 12 月 24 日,国家发改委、商务部发布的《外商投资产业指导目录(2011 年修订)》同时废止。❷ 国家发改委有关负责人对新修订的目录作了权威的解读。❸ 关于修订的背景:"根据十八届三中全会《关于全面深化改革若干重大问题的决定》,构建开放型经济新体制,放宽投资准入,促进国际国内要素有序自由流动、资源高效配置。也就是说,要在全面深化改革的同时,积极推进新一轮对外开放,做到改革和开放两个轮子一起转,这是 30 多年来我国经济发展的重要经验。为贯彻落实党的十八届三中全会精神,根据利用外资新形势、新情况,国家发改委会同商务部等部门对《目录》进行了修订……新《目录》将对促进外商投资、优化投资结构起到积极作用""此次《目录》修订主要有四方面的原则。一是积极主动扩大开放。进一步推进第一、第二、第三产业开放,重点扩大服务业和一般制造业开放,复制推广中国(上海)自由贸易试验区试点经验。二是转变外资管理方式。充

❶ 温先涛. 中国投资保护协定范本(草案)论稿 [EB/OL] [2015 – 07 – 25]. http://www.cnarb.com/Item/7468.aspx.
❷ 中华人民共和国国家发展和改革委员会、中华人民共和国商务部令第 22 号。
❸ 俞岚. 国家发改委详解新版《外商投资产业指导目录》[EB/OL] [2015 – 07 – 26]. http://www.chinanews.com/cj/2011/12 – 31/3576418.shtml.

分发挥市场在资源配置中的决定性作用，通过节能、环保、技术、安全等措施能够实现内外资一致监管的条目不列入限制类。三是调整优化经济结构。鼓励外商投资现代农业、高新技术、先进制造、节能环保、新能源、现代服务业等领域，承接高端产业转移。鼓励外商投资研发环节。四是进一步增加透明度。按照负面清单管理模式要求，允许类项目原则上不再保留外资股比限制，所有外资股比规定在《目录》中列明。限制类条目从 79 条减少到 38 条，一般制造业基本放开"。新《目录》的变化主要体现在："《目录》自 1995 年首次颁布以来，根据经济发展和对外开放需要，每隔一段时间适时进行修改，本次是第六次修订，也是历次修订中开放幅度最大的一次。从条目上看，一是大幅减少限制类条目，限制类条目从 2011 年版《目录》的 79 条减少到 38 条。二是放宽外资股比限制，'合资、合作'条目从 2011 年版《目录》43 条减少到 15 条，'中方控股'条目从 2011 年版《目录》44 条减少到 35 条。三是鼓励类条目数量基本不变，保持政策总体稳定性和连续性。鼓励类修改了 76 个条目，主要是调整指标和优化结构，促进外商投资使用新技术、新工艺、新材料、新设备，进一步提高利用外资质量。从行业上看，在制造业领域，主要是取消钢铁、乙烯、炼油、造纸、起重机械、船舶舱室机械、输变电设备、煤化工设备、轻型直升机、汽车电子集成系统、名优白酒等股比要求，有色金属冶炼、小型工程机械、普通轴承、感光材料、氯霉素等不再列入限制类，基本放开了一般制造业。在服务业领域，主要是取消和放宽了电子商务、连锁经营、支线铁路、地铁、轻轨、海上运输、演出场所等股比要求，直销、邮购、进出口商品检验认证、铁路货物运输、保险经纪公司、财务公司、信托公司、货币经纪公司等不再列入限制类，并将建筑设计、养老机构列入鼓励类。"

据此，《目录》规定了鼓励类、限制类、禁止类领域，其他属于允许类，是外商投资适用有关政策的依据。目前，我国对外商投资项目实行普遍备案和有限核准相结合的管理方式，除《目录》中有中方控股（含相对控股）要求的鼓励类项目、限制类项目需要核准外，其他按照内外资一致的原则实行备案管理，绝大多数由地方办理备案手续。对于外商投资鼓励类项目，可以享受进口设备免关税等优惠政策，西部地区的鼓励类项目减按 15% 的税率征收企业所得税。

1. 鼓励外商投资产业目录

目录中关于限制和禁止外资准入的具体行业体现了负面清单的实质。鼓励外商投资产业目录包括以下行业：

（1）农、林、牧、渔业

木本食用油料、调料和工业原料的种植及开发、生产；绿色、有机蔬菜（含食用菌、西甜瓜）、干鲜果品、茶叶栽培技术开发及产品生产；糖料、果树、牧草等农作物栽培新技术开发及产品生产；花卉生产与苗圃基地的建设、经营；橡胶、油棕、剑麻、咖啡种植；中药材种植、养殖；农作物秸秆还田及综合利用、有机肥料资源的开发生产；水产苗种繁育（不含我国特有的珍贵优良品种）；防治荒漠化及水土流失的植树种草等生态环境保护工程建设、经营；水产品养殖、深水网箱养殖、工厂化水产养殖、生态型海洋增养殖。

（2）采矿业

石油、天然气（含油页岩、油砂、页岩气、煤层气等非常规油气）的勘探、开发和矿井瓦斯利用（限于合资、合作）；提高原油采收率（以工程服务形式）及相关新技术的开发应用；物探、钻井、测井、录井、井下作业等石油勘探开发新技术的开发与应用；提高矿山尾矿利用率的新技术开发和应用及矿山生态恢复技术的综合应用；我国紧缺矿种（如钾盐、铬铁矿等）的勘探、开采和选矿。

（3）制造业

第一，农副食品加工业，包括绿色无公害饲料及添加剂开发；水产品加工、贝类净化及加工、海藻保健食品开发；蔬菜、干鲜果品、禽畜产品加工。

第二，食品制造业，包括婴儿、老年食品及保健食品的开发、生产；森林食品的开发、生产；天然食品添加剂、天然香料新技术开发与生产。

第三，酒、饮料和精制茶制造业，包括果蔬饮料、蛋白饮料、茶饮料、咖啡饮料、植物饮料的开发、生产。

第四，纺织业，包括采用非织造、机织、针织及其复合工艺技术的轻质、高强、耐高/低温、耐化学物质、耐光等多功能化的产业用纺织品生产；采用先进节能减排技术和装备的高档织物印染及后整理加工；符合生态、资源综合利用与环保要求的特种天然纤维（包括山羊绒等特种动物纤维、竹纤维、麻纤维、蚕丝、彩色棉花等）产品加工。

第五，纺织服装、服饰业，包括采用计算机集成制造系统的服装生产；功能性特种服装生产。

第六，皮革、毛皮、羽毛及其制品和制鞋业，包括皮革和毛皮清洁化技术加工；皮革后整饰新技术加工；皮革废弃物综合利用。

第七，木材加工和木、竹、藤、棕、草制品业，包括林业三剩物，"次、小、薪"材和竹材的综合利用新技术、新产品开发与生产。

第八，文教、工美、体育和娱乐用品制造业，包括高档地毯、刺绣、抽纱产品生产。

第九，石油加工、炼焦和核燃料加工业，指酚油加工、洗油加工、煤沥青高端化利用（不含改质沥青）。

第十，化学原料和化学制品制造业，包括聚氯乙烯和有机硅新型下游产品开发与生产；合成材料的配套原料：过氧化氢氧化丙烯法环氧丙烷、萘二甲酸二甲酯（NDC）、1,4-环己烷二甲醇（CHDM）、5万吨/年及以上丁二烯法己二腈、己二胺生产；合成纤维原料：尼龙66盐、1,3-丙二醇生产；合成橡胶：异戊橡胶、聚氨酯橡胶、丙烯酸酯橡胶、氯醇橡胶，以及氟橡胶、硅橡胶等特种橡胶生产；工程塑料及塑料合金：6万吨/年及以上非光气法聚碳酸酯（PC）、均聚法聚甲醛、聚苯硫醚、聚醚醚酮、聚酰亚胺、聚砜、聚醚砜、聚芳酯（PAR）、聚苯醚及其改性材料、液晶聚合物等产品生产；精细化工：催化剂新产品、新技术，染（颜）料商品化加工技术，电子化学品和造纸化学品，皮革化学品（N-N二甲基甲酰胺除外），油田助剂，表面活性剂，水处理剂，胶黏剂，无机纤维、无机纳米材料生产，颜料包膜处理深加工；环保型印刷油墨、环保型芳烃油生产；天然香料、合成香料、单离香料生产；高性能涂料，高固体分、无溶剂涂料，水性工业涂料及配套水性树脂生产；高性能氟树脂、氟膜材料，医用含氟中间体，环境友好型含氟制冷剂和清洁剂、发泡剂生产；从磷化工、铝冶炼中回收氟资源生产；林业化学产品新技术、新产品开发与生产；环保用无机、有机和生物膜开发与生产；新型肥料开发与生产：高浓度钾肥、复合型微生物接种剂、复合微生物肥料、秸秆及垃圾腐熟剂、特殊功能微生物制剂；高效、安全、环境友好的农药新品种、新剂型、专用中间体、助剂的开发与生产，以及相关清洁生产工艺的开发和应用（甲叉法乙草胺、水相法毒死蜱工艺、草甘膦回收氯甲烷工艺、定向合成法手性和立体结构农药生产、乙基氯化物合成技术）；生物农药及生物防治产品开发与生产：微生物杀虫剂、微生物杀菌剂、农用抗生素、昆虫信息素、天敌昆虫、微生物除草剂；废气、废液、废渣综合利用和处理、处置；有机高分子材料生产：飞机蒙皮涂料、稀土硫化铈红色染料、无铅化电子封装材料、彩色等离子体显示屏专用系列光刻浆料、小直径大比表面积超细纤维、高精度燃油滤纸、锂离子电池隔膜、表面处理自我修复材料、超疏水纳米涂层材料。

第十一，医药制造业，包括新型化合物药物或活性成分药物的生产（包括原料药和制剂）；氨基酸类：发酵法生产色氨酸、组氨酸、蛋氨酸等生产；新型抗癌药物、新型心脑血管药及新型神经系统用药的开发及生产；采用生物工程技术的新型药物生产；艾滋病疫苗、丙肝疫苗、避孕疫苗及宫颈癌、疟疾、手足口病等新型疫苗生产；海洋药物的开发及生产；药品制剂：采用缓释、控释、靶向、透皮吸收等新技术的新剂型、新产品生产；新型药用辅料的开发及生产；动物专用抗菌原料药生产（包括抗生素、化学合成类）；兽用抗菌药、驱虫药、杀虫药、抗球虫药新产品及新剂型生产；新型诊断试剂的开发及生产。

第十二，化学纤维制造业，包括差别化化学纤维及芳纶、碳纤维、高强高模聚乙烯、聚苯硫醚（PPS）等高新技术化纤（黏胶纤维除外）生产；纤维及非纤维用新型聚酯生产：聚对苯二甲酸丙二醇酯（PTT）、聚萘二甲酸乙二醇酯（PEN）、聚对苯二甲酸环己烷二甲醇酯（PCT）、二元醇改性聚对苯二甲酸乙二醇酯（PETG）；利用新型可再生资源和绿色环保工艺生产生物质纤维，包括新溶剂法纤维素纤维（Lyocell）、以竹和麻等为原料的再生纤维素纤维、聚乳酸纤维（PLA）、甲壳素纤维、聚羟基脂肪酸酯纤维（PHA）、动植物蛋白纤维等；尼龙11、尼龙1414、尼龙46、长碳链尼龙、耐高温尼龙等新型聚酰胺开发与生产；子午胎用芳纶纤维及帘线生产。

第十三，橡胶和塑料制品业，包括新型光生态多功能宽幅农用薄膜开发与生产；废旧塑料的回收和再利用；塑料软包装新技术、新产品（高阻隔、多功能膜及原料）开发与生产。

第十四，非金属矿物制品业，包括节能、环保、利废、轻质高强、高性能、多功能建筑材料开发生产；以塑代钢、以塑代木、节能高效的化学建材品生产；年产1000万平方米及以上弹性体、塑性体改性沥青防水卷材，宽幅（2米以上）三元乙丙橡胶防水卷材及配套材料，宽幅（2米以上）聚氯乙烯防水卷材，热塑性聚烯烃（TPO）防水卷材生产；新技术功能玻璃开发生产：屏蔽电磁波玻璃、微电子用玻璃基板、透红外线无铅玻璃、电子级大规格石英玻璃制品（管、板、坩埚、仪器器皿等）、光学性能优异多功能挡风玻璃、信息技术用极端材料及制品（包括波导级高精密光纤预制棒石英玻璃套管和陶瓷基板）、高纯（≥99.998%）超纯（≥99.999%）水晶原料提纯加工；薄膜电池导电玻璃、太阳能集光镜玻璃、建筑用导电玻璃生产；玻璃纤维制品及特种玻璃纤维生产：低介电玻璃纤维、石英玻璃纤维、高硅氧玻璃纤维、高强高弹玻璃纤维、陶瓷纤维等及其制品；光学纤维及制品生产：传像束及激光医疗光纤、超二代和超三代微通道板、光学纤维面板、倒像器及玻璃光锥；陶瓷原料的标准化精制、陶瓷用高档装饰材料生产；水泥、电子玻璃、陶瓷、微孔碳砖等窑炉用环保（无铬化）耐火材料生产；氮化铝（AlN）陶瓷基片、多孔陶瓷生产；无机非金属新材料及制品生产：复合材料、特种陶瓷、特种密封材料（含高速油封材料）、特种摩擦材料（含高速摩擦制动制品）、特种胶凝材料、特种乳胶材料、水声橡胶制品、纳米材料；有机–无机复合泡沫保温材料生产；高技术复合材料生产：连续纤维增强热塑性复合材料和预浸料、耐温>300℃树脂基复合材料成型用工艺辅助材料、树脂基复合材料（包括体育用品、轻质高强交通工具部件）、特种功能复合材料及制品（包括深水及潜水复合材料制品、医用及康复用复合材料制品）、碳/碳复合材料、高性能陶瓷基复合材料及制品、金属基和玻璃基复合材料及制品、金属层状复合材料及制品、压力≥320MPa超高压复合胶管、大型客机航空轮胎；精密高性能陶瓷原料生产：碳化硅（SiC）超细粉体（纯度>99%，平均粒径<1μm）、高纯超细氧化铝微粉（纯度>99.9%，平均粒径<0.5μm）、低温烧结氧化锆（ZrO_2）粉体（烧结温度<1350℃）、高纯氮化铝（AlN）粉体（纯度>99%，平均粒径<1μm）、金红石型TiO_2粉体（纯度>98.5%）、白炭黑（粒径<100nm）、钛酸钡（纯度>99%，粒径<1μm）；高品质人工晶体及晶体薄膜制品开发生产：高品质人工合成水晶（压电晶体及透紫外光晶体）、超硬晶体（立方氮化硼晶体）、耐高温高绝缘人工合成绝缘晶体（人工合成云母）、新型电光晶体、大功率激光晶体及大规格闪烁晶体、金刚石膜工具、厚度0.3mm及以下超薄人造金刚石锯片；非金属矿精细加工（超细粉碎、高纯、精制、改性）；超高功率石墨电极生产；珠光云母生产（粒径3~150μm）；多维多向整体编制织物及仿形织物生产；利用新型干法水泥窑无害化处置固体废弃物；建筑垃圾再生利用；工业副产石膏综合利用；非金属矿山尾矿综合利用的新技术开发和应用及矿山生态恢复。

第十五，有色金属冶炼和压延加工业，包括直径200mm以上硅单晶及抛光片生产；高新技术有色金属材料生产：化合物半导体材料（砷化镓、磷化镓、磷化铟、氮化镓），高温超导材料，记忆合金材料（钛镍、铜基及铁基记忆合金材料），超细（纳米）碳化钙及超细晶（纳米）硬质合金，超硬复合材料，贵金属复合材料，轻金属复合材料及异种材结合，散热器用铝箔，中高压阴极电容铝箔，特种大型铝合金型材，铝合金精密模锻件，电气化铁路架空导线，超薄铜带，耐蚀热交换器铜合金材，高性能铜镍、铜铁合金带，铍铜带、线、管及棒加工材，耐高温抗衰钨丝，镁合金铸件，无铅焊料，镁合金及其应用产品，泡沫铝，钛合金冶炼及加工，原子能级海绵锆，钨及钼深加工产品。

第十六，金属制品业，包括航空、航天、汽车、摩托车轻量化及环保型新材料研发与制造（专用铝板、铝镁合金材料、摩托车铝合金车架等）；轻金属半固态快速成形材料研发与制造；用于包装各类粮油食品、果蔬、饮料、日化产品等内容物的金属包装制品（厚度0.3毫米以下）的制造及加工（包括制品的内外壁印涂加工）；节镍不锈钢制品的制造。

第十七，通用设备制造业，包括高档数控机床及关键零部件制造：五轴联动数控机床、数控坐标镗铣加工中心、数控坐标磨床、五轴联动数控系统及伺服装置、精密数控加工用高速超硬刀具；1000吨及以上多工位镦锻成型机制造；报废汽车拆解、破碎及后处理分选设备制造；FTL柔性生产线制造；垂直多关节工业机器人、焊接机器人及其焊接装置设备制造；特种加工机械制造：激光切割和拼焊成套设备、激光精密加工设备、数控低速走丝电火花线切割机、亚微米级超细粉碎机；400吨及以上轮式、履带式起重机械制造；工作压力≥35MPa高压柱塞泵及马达、工作压力≥35MPa低速大扭矩马达的设计与制造；工作压力≥25MPa的整体式液压多路阀，电液比例伺服元件制造；阀岛、功率0.35W以下气动电磁阀、200Hz以上高频电控气阀设计与制造；静液压驱动装置设计与制造；压力10MPa以上非接触式气膜密封、压力10MPa以上干气密封（包括实验装置）的开发与制造；汽车用高分子材料（摩擦片、改型酚醛活塞、非金属液压总分泵等）设备开发与制造；第三代及以上轿车轮毂轴承、高中档数控机床和加工中心轴承、高速线材和板材轧机轴承、高速铁路轴承、振动值Z4以下低噪音轴承、各类轴承的P4和P2级轴承、风力发电机组轴承、航空轴承制造；高密度、高精度、形状复杂的粉末冶金零件及汽车、工程机械等用链条的制造；风电、高速列车用齿轮变速器，船用可变桨齿轮传动系统，大型、重载齿轮箱的制造；耐高温绝缘材料（绝缘等级为F、H级）及绝缘成型件制造；蓄能器胶囊、液压气动用橡塑密封件开发与制造；高精度、高强度（12.9级以上）、异形、组合类紧固件制造；微型精密传动联结件（离合器）制造；大型轧机连接轴制造；机床、工程机械、铁路机车装备等机械设备再制造及汽车零部件再制造；1000 万像素以上数字照相机制造；办公机械制造：多功能一体化办公设备（复印、打印、传真、扫描），彩色打印设备，精度 2400dpi 及以上高分辨率彩色打印机头，感光鼓；电影机械制造：2K、4K 数字电影放映机，数字电影摄像机，数字影像制作、编辑设备。

第十八，专用设备制造业，包括矿山无轨采、装、运设备制造：200 吨及以上机械传动矿用自卸车，移动式破碎机，5000 立方米/小时及以上斗轮挖掘机，8 立方米及以上矿用装载机，2500 千瓦以上电牵引采煤机设备等；物探（不含重力、磁力测量）、测井设备制造：MEME 地震检波器，数字遥测地震仪，数字成像、数控测井系统，水平井、定向井、钻机装置及器具，MWD 随钻测井仪；石油勘探、钻井、集输设备制造：工作水深大于 1500 米的浮式钻井系统和浮式生产系统及配套海底采油、集输设备；口径 2 米以上深度 30 米以上大口径旋挖钻机、直径 1.2 米以上顶管机、回拖力 300 吨以上大型非开挖铺设地下管线成套设备、地下连续墙施工钻机制造；520 马力及以上大型推土机设计与制造；100 立方米/小时及以上规格的清淤机、1000 吨及以上挖泥船的挖泥装置设计与制造；防汛堤坝用混凝土防渗墙施工装备设计与制造；水下土石方施工机械制造：水深 9 米以下推土机、装载机、挖掘机等；公路桥梁养护、自动检测设备制造；公路隧道营运监控、通风、防灾和救助系统设备制造；铁路大型施工、铁路线路、桥梁、隧道维修养护机械和检查、监测设备及其关键零部件的设计与制造；（沥青）油毡瓦设备、镀锌钢板等金属屋顶生产设备制造；环保节能型现场喷涂聚氨酯防水保温系统设备、聚氨酯密封膏配制技术与设备、改性硅酮密封膏配制技术和生产设备制造；高精度带材轧机（厚度精度 10 微米）设计与制造；多元素、细颗粒、难选冶金属矿产的选矿装置制造；100 万吨/年及以上乙烯成套设备中的关键设备制造：年处理能力 40 万吨以上混合造粒机，直径 1000 毫米及以上螺旋卸料离心机，小流量高扬程离心泵；金属制品模具（铜、铝、钛、锆的管、棒、型材挤压模具）设计、制造；汽车车身外覆盖件冲压模具，汽车仪表板、保险杠等大型注塑模具，汽车及摩托车夹具、检具设计与制造；汽车动力电池专用生产设备的设计与制造；精密模具（冲压模具精度高于 0.02 毫米、型腔模具精度高于 0.05 毫米）设计与制造；非金属制品模具设计与制造；6 万瓶/小时及以上啤酒灌装设备、5 万瓶/小时及以上饮料中温及热灌装设备、3.6 万瓶/小时及以上无菌灌装设备制造；氨基酸、酶制剂、食品添加剂等生产技术及关键设备制造；10 吨/小时及以上的饲料加工成套设备及关键部件制造；楞高 0.75 毫米及以下的轻型瓦楞纸板及纸箱设备制造；单张纸多色胶印机（幅宽≥750 毫米，印刷速度：单面多色≥16000 张/小时，双面多色≥13000 张/小时）制造；单幅单纸路卷筒纸平版印刷机印刷速度大于 75000 对开张/小时（787 毫米×880 毫米）、双幅单纸路卷筒纸平版印刷机印刷速度大于 170000 对开张/小时（787 毫米×880 毫米）、商业卷筒纸平版印刷机印刷速度大于 50000 对开张/小时（787 毫米×880 毫米）制造；多色宽幅柔性版印刷机（印刷宽度≥1300 毫米，印刷速度≥350 米/秒），喷墨数字印刷机（出版用：印刷速度≥150 米/分，分辨率≥600dpi；包装用：印刷速度≥30米/分，分辨率≥1000dpi；可变数据用：印刷速度≥100 米/分，分辨率≥300dpi）制造；计算机墨色预调、墨色遥控、水墨速度跟踪、印品质量自动检测和跟踪系统、无轴传动技术、速度在 75000 张/小时的高速自动接纸机、给纸机和可以自动遥控调节的高速折页机、自动套印系统、冷却装置、加硅系统、调偏装置等制造；电子枪自动镀膜机制造；平板玻璃深加工技术及设备制造；新型造纸机械（含纸浆）等成套设备制造；皮革后整饰新技术设备制造；农产品加工及储藏新设备开发与制造：粮食、油料、蔬菜、干鲜果品、肉食品、水产品等产品的加工储藏、保鲜、分级、包装、干燥等新设备，农产品品质检测仪器设备，农产品品质无损伤检测仪器设备，流变仪，粉质仪，超微粉碎设备，高效脱水设备，五效以上高效果汁浓缩设备，粉体食品物料杀菌设备，固态及半固态食品无菌包装设备，碟片式分离离心机；农业机械制造：农业设施设备（温室自动灌溉设备、营养液自动配置与施肥设备、高效蔬菜育苗设备、土壤养分分析仪器），配套发动机功率 120 千瓦以上拖拉机及配套农具，低油耗低噪音低排放柴油机，大型拖拉机配套的带有残余雾粒回收装置的喷雾机，高性能水稻插秧机，棉花采摘机及棉花采摘台，适应多种行距的自走式玉米联合收割机（液压驱动或机械驱动），花生收获机，油菜籽收获机，甘蔗收割机，甜菜收割机；林业机具新技术设备制造；农作物秸秆收集、打捆及综合利用设备制造；农用废物的资源化利用及规模化畜禽养殖废物的资源化利用设备制造；节肥、节（农）药、节水型农业技术设备制造；机电井清洗设备及清洗药物生产设备制造；电子内窥镜制造；眼底摄影机制造；医用成像设备（高场强超导型磁共振成像设备、X 射线计算机断层成像设备、数字化彩色超声诊断设备等）关键部件的制造；医用超声换能器（3D）制造；硼中子俘获治疗设备制造；图像引导适型调强放射治疗系统制造；血液透析机、血液过滤机制造；全自动生化监测设备、五分类血液细胞分析仪、全自动化学发光免疫分析仪、高通量基因测序系统制造；药品质量控制新技术、新设备制造；天然药物有效物质分析的新技术、提取的新工艺、新设备开发与制造；非 PVC 医用输液袋多层共挤水冷式薄膜吹塑装备制造；新型纺织机械、关键零部件及纺织检测、实验仪器开发与制造；电脑提花人造毛皮机制造；太阳能电池生产专用设备制造；大气污染防治设备制造：耐高温及耐腐蚀滤料、低 NO_x 燃烧装置、烟气脱氮催化剂及脱氮成套装置、工业有机废气净化设备、柴油车排气净化装置、含重金属废气处理装置；水污染防治设备制造：卧式螺旋离心脱水机、膜及膜材料、50 千克每小时以上的臭氧发生器、10 千克每小时以上的二氧化氯发生器、紫外消毒装置、农村小型生活污水处理设备、含重金属废水处理装置；固体废物处理处置设备制造：污水处理厂污泥处置及资源利用设备、日处理量 500 吨以上垃圾焚烧成套设备、垃圾填埋渗滤液处理技术装备、垃圾填埋场防渗土工膜、建筑垃圾处理和资源化利用装备、危险废物处理装置、垃圾填埋场沼气发电装置、废钢铁处理设备、污染土壤修复设备；铝工业赤泥综合利用设备开发与制造；尾矿综合利用设备制造；废旧塑料、电器、橡胶、电池回收处理再生利用设备制造；废旧纺织品回收处理设备制造；废旧机电产品再制造设备制造；废旧轮胎综合利用装置制造；水生生态系统的环境保护技术、设备制造；移动式组合净水设备制造；非常规水处理、重复利用设备与水质监测仪器；工业水管网和设备（器具）的检漏设备和仪器；日产 10 万立方米及以上海水淡化及循环冷却技术和成套设备开发与制造；特种气象观测及分析设备制造；地震台站、台网和流动地震观测技术系统开发及仪器设备制造；四鼓及以上子午线轮胎成型机制造；滚动阻力试验机、轮胎噪音试验室制造；供热计量、温控装置新技术设备制造；氢能制备与储运设备及检查系统制造；新型重渣油气化雾化喷嘴、漏气率 0.5% 及以下高效蒸汽疏水阀、1000℃ 及以上高温陶瓷换热器制造；海上溢油回收装置制造；低浓度煤矿瓦斯和乏风利用设备制造；洁净煤技术产品的开发利用及设备制造（煤炭气化、液化、水煤浆、工业型煤）；大型公共建筑、高层建筑、石油化工设施、森林、山岳、水域和地下设施消防灭火救援技术开发与设备制造。

第十九，汽车制造业，包括 汽车发动机制造及发动机研发机构建设：升功率不低于 70 千瓦的汽油发动机、升功率不低于 50 千瓦的排量 3 升以下柴油发动机、升功率不低于 40 千瓦的排量 3 升以上柴油发动机、燃料电池和混合燃料等新能源发动机；汽车关键零部件制造及关键技术研发：双离合器变速器（DCT）、无级自动变速器（CVT）、电控机械变速器（AMT）、汽油发动机涡轮增压器、黏性联轴器（四轮驱动用）、自动变速器执行器（电磁阀）、液力缓速器、电涡流缓速器、汽车安全气囊用气体发生器、燃油共轨喷射技术（最大喷射压力大于 2000 帕）、可变截面涡轮增压技术（VGT）、可变喷嘴涡轮增压技术（VNT）、达到中国 V 阶段污染物排放标准的发动机排放控制装置、智能扭矩管理系统（ITM）及耦合器总成、线控转向系统、柴油机颗粒捕捉器、低地板大型客车专用车桥、吸能式转向系统、大中型客车变频空调系统、汽车用特种橡胶配件，以及上述零部件的关键零件、部件；汽车电子装置制造与研发：发动机和底盘电子控制系统及关键零部件，车载电子技术（汽车信息系统和导航系统），汽车电子总线网络技术（限于合资），电子控制系统的输入（传感器和采样系统）输出（执行器）部件，电动助力转向系统电子控制器（限于合资），嵌入式电子集成系统、电控式空气弹簧，电子控制式悬挂系统，电子气门系统装置，电子组合仪表，ABS/TCS/ESP 系统，电路制动系统（BBW），变速器电控单元（TCU），轮胎气压监测系统（TPMS），车载故障诊断仪（OBD），发动机防盗系统，自动避撞系统，汽车、摩托车型试验及维修用检测系统；新能源汽车关键零部件制造：能量型动力电池（能量密度 ≥110Wh/kg，循环寿命 ≥2000 次，外资比例不超过 50%），电池正极材料（比容量 ≥150mAh/g，循环寿命 2000 次不低于初始放电容量的 80%），电池隔膜（厚度 $15 \sim 40\mu m$，孔隙率 $40\% \sim 60\%$）；电池管理系统，电机管理系统，电动汽车电控集成；电动汽车驱动电机（峰值功率密度 ≥2.5kW/kg，高效区：65% 工作区效率 ≥80%），车用 DC/DC（输入电压 $100 \sim 400V$），大功率电子器件（IGBT，电压等级 ≥600V，电流 ≥300A）；插电式混合动力机电耦合驱动系统。

第二十，铁路、船舶、航空航天和其他运输设备制造业，包括达到中国摩托车Ⅲ阶段污染物排放标准的大排量（排量 >250mL）摩托车发动机排放控制装置制造；轨道交通运输设备（限于合资、合作）；民用飞机设计、制造与维修：干线、支线飞机（中方控股），通用飞机（限于合资、合作）；民用飞机零部件制造与维修；民用直升机设计与制造（3 吨级及以上需中方控股）；民用直升机零部件制造；地面、水面效应飞机制造及无人机、浮空器设计与制造（中方控股）；航空发动机及零部件、航空辅助动力系统设计、制造与维修；民用航空机载设备设计与制造；航空地面设备制造：民用机场设施、民用机场运行保障设备、飞行试验地面设备、飞行模拟与训练设备、航空测试与计量设备、航空地面试验设备、机载设备综合测试设备、航空制造专用设备、航空材料试制专用设备、民用航空器地面接收及应用设备、运载火箭地面测试设备、运载火箭力学及环境实验设备；航天器光机电产品、航天器温控产品、星上产品检测设备、航天器结构与机构产品制造；轻型燃气轮机制造；豪华邮轮及深水（3000 米以上）海洋工程装备的设计；海洋工程装备（含模块）的制造与修理（中方控股）；船舶低、中速柴油机及其零部件的设计；船舶低、中速柴油机及曲轴的制造（中方控股）；船舶舱室机械的设计与制造；船舶通信导航设备的设计与制造：船舶通信系统设备、船舶电子导航设备、船用雷达、电罗经自动舵、船舶内部公共广播系统等；游艇的设计与制造。

第二十一，电气机械和器材制造业，包括 100 万千瓦超超临界火电机组用关键辅机设备制造：安全阀、调节阀；燃煤电站、钢铁行业烧结机脱硝技术装备制造；火电设备的密封件设计、制造；燃煤电站、水电站设备用大型铸锻件制造；水电机组用关键辅机设备制造；输变电设备制造；新能源发电成套设备或关键设备制造：光伏发电、地热发电、潮汐发电、波浪发电、垃圾发电、沼气发电、2.5 兆瓦及以上风力发电设备；额定功率 350MW 及以上大型抽水蓄能机组制造：水泵水轮机及调速器、大型变速可逆式水泵水轮机组、发电电动机及励磁、启动装置等附属设备；斯特林发电机组制造；直线和平面电机及其驱动系统开发与制造；高技术绿色电池制造：动力镍氢电池、锌镍蓄电池、锌银蓄电池、锂离子电池、太阳能电池、燃料电池等（新能源汽车能量型动力电池除外）；电动机采用直流调速技术的制冷空调用压缩机、采用 CO_2 自然工质制冷空调压缩机、应用可再生能源（空气源、水源、地源）制冷空调设备制造；太阳能空调、采暖系统、太阳能干燥装置制造；生物质干燥热解系统、生物质气化装置制造；交流调频调压牵引装置制造。

第二十二，计算机、通信和其他电子设备制造业，包括高清数字摄录机、数字放声设备制造；TFT-LCD、PDP、OLED 等平板显示屏、显示屏材料制造（6 代及 6 代以下 TFT-LCD 玻璃基板除外）；大屏幕彩色投影显示器用光学引擎、光源、投影屏、高清晰度投影管和微显投影设备模块等关键件制造；数字音、视频编解码设备，数字广播电视演播室设备，数字有线电视系统设备，数字音频广播发射设备，数字电视上下变换器，数字电视地面广播单频网（SFN）设备，卫星数字电视上行站设备制造；集成电路设计，线宽 28 纳米及以下大规模数字集成电路制造，0.11 微米及以下模拟、数模集成电路制造，MEMS 和化合物半导体集成电路制造及 BGA、PGA、CSP、MCM 等先进封装与测试；大中型电子计算机、万万亿次高性能计算机、便携式微型计算机、大型模拟仿真系统、大型工业控制机及控制器制造；计算机数字信号处理系统及板卡制造；图形图像识别和处理系统制造；大容量光、磁盘驱动器及其部件开发与制造；高速、容量 100TB 及以上存储系统及智能化存储设备制造；计算机辅助设计（三维 CAD）、电子设计自动化（EDA）、辅助测试（CAT）、辅助制造（CAM）、辅助工程（CAE）系统及其他计算机应用系统制造；软件产品开发、生产；电子专用材料开发与制造（光纤预制棒开发与制造除外）；电子专用设备、测试仪器、工模具制造；新型电子元器件制造：片式元器件、敏感元器件及传感器、频率控制与选择元件、混合集成电路、电力电子器件、光电子器件、新型机电元件、高分子固体电容器、超级电容器、无源集成元件、高密度互连积层板、多层挠性板、刚挠印刷电路板及封装载板；触控系统（触控屏幕、触控组件等）制造；发光效率 140lm/W 以上高亮度发光二极管、发光效率 140lm/W 以上发光二极管外延片（蓝光）、发光效率 140lm/W 以上且功率 200mW 以上白色发光管制造；高密度数字光盘机用关键件开发与生产；可录类光盘生产；民用卫星设计与制造、民用卫星有效载荷制造（中方控股）；民用卫星零部件制造；卫星通信系统设备制造；光通信测量仪表、速率 40Gb/s 及以上光收发器制造；超宽带（UWB）通信设备制造；无线局域网（含支持 WAPI）、广域网设备制造；100Gbps 及以上速率时分复用设备（TDM）、密集波分复用设备（DWDM）、宽带无源网络设备（包括 EPON、GPON、WDM-PON 等）、下一代 DSL 芯片及设备、光交叉连接设备（OXC）、自动光交换网络设备（ASON）、40G/s SDH 以上光纤通信传输设备制造；基于 IPv6 的下一代互联网系统设备、终端设备、检测设备、软件、芯片开发与制造；第三代及后续移动通信系统手机、基站、核心网设备以及网络检测设备开发与制造；高端路由器、千兆比以上网络交换机开发与制造；空中交通管制系统设备制造；基于声、光、电、触控等计算机信息技术的中医药电子辅助教学设备，虚拟病理、生理模型人设备的开发与制造。

第二十三，仪器仪表制造业，包括工业过程自动控制系统与装置制造：现场总线控制系统，大型可编程控制器（PLC），两相流量计，固体流量计，新型传感器及现场测量仪表；大型精密仪器开发与制造；高精度数字电压表、电流表制造（显示量程七位半以上）；无功功率自动补偿装置制造；安全生产新仪器设备制造；VXI 总线式自动测试系统（符合 IEEE1155 国际规范）制造；煤矿井下监测及灾害预报系统、煤炭安全检测综合管理系统开发与制造；工程测量和地球物理观测设备制造；环境监测仪器制造；水文数据采集、处理与传输和防洪预警仪器及设备制造；海洋勘探监测仪器和设备制造。

第二十四，废弃资源综合利用业，包括煤炭洗选及粉煤灰（包括脱硫石膏）、煤矸石等综合利用；全生物降解材料的生产；废旧电器电子产品、汽车、机电设备、橡胶、金属、电池回收处理。

（4）电力、热力、燃气及水生产和供应业

包括单机 60 万千瓦及以上超超临界机组电站的建设、经营；采用背压（抽背）型热电联产、热电冷多联产、30 万千瓦及以上热电联产机组电站的建设、经营；缺水地区单机 60 万千瓦及以上大型空冷机组电站的建设、经营；整体煤气化联合循环发电等洁净煤发电项目的建设、经营；单机 30 万千瓦及以上采用流化床锅炉并利用煤矸石、中煤、煤泥等发电项目的建设、经营；发电为主水电站的建设、经营；核电站的建设、经营（中方控股）；新能源电站（包括太阳能、风能、地热能、潮汐能、潮流能、波浪能、生物质能等）建设、经营；电网的建设、经营（中方控股）；海水利用（海水直接利用、海水淡化）；供水厂建设、经营；再生水厂建设、经营；污水处理厂建设、经营；机动车充电站、电池更换站建设、经营。

（5）交通运输、仓储和邮政业

包括路干线路网的建设、经营（中方控股）；城际铁路、市域（郊）铁路、资源型开发铁路和支线铁路及其桥梁、隧道、轮渡和站场设施的建设、经营；高速铁路、铁路客运专线、城际铁路基础设施综合维修；公路、独立桥梁和隧道的建设、经营；公路货物运输公司；港口公用码头设施的建设、经营；民用机场的建设、经营（中方相对控股）；航空运输公司（中方控股，且一家外商及其关联企业投资比例不得超过 25%）；农、林、渔业通用航空公司（限于合资、合作）；定期、不定期国际海上运输业务（限于合资、合作）；国际集装箱多式联运业务；输油（气）管道、油（气）库的建设、经营；煤炭管道运输设施的建设、经营；自动化高架立体仓储设施，包装、加工、配送业务相关的仓储一体化设施建设、经营。

（6）批发和零售业

包括一般商品的共同配送、鲜活农产品和特殊药品低温配送等物流及相关技术服务；农村连锁配送；托盘及集装单元共用系统建设、经营。

（7）租赁和商务服务业

包括会计、审计（首席合伙人需具有中国国籍）；国际经济、科技、环保、物流信息咨询服务；以承接服务外包方式从事系统应用管理和维护、信息技术支持管理、银行后台服务、财务结算、软件开发、离岸呼叫中心、数据处理等信息技术和业务流程外包服务；创业投资企业；知识产权服务；家庭服务业。

（8）科学研究和技术服务业

包括生物工程与生物医学工程技术、生物质能源开发技术；同位素、辐射及激光技术；海洋开发及海洋能开发技术、海洋化学资源综合利用技术、相关产品开发和精深加工技术、海洋医药与生化制品开发技术；海洋监测技术（海洋浪潮、气象、环境监测）、海底探测与大洋资源勘查评价技术；综合利用海水淡化后的浓海水制盐、提取钾、溴、镁、锂及其深加工等海水化学资源高附加值利用技术；海上石油污染清理与生态修复技术及相关产品开发，海水富营养化防治技术，海洋生物爆发性生长灾害防治技术，海岸带生态环境修复技术；节能环保技术开发与服务；资源再生及综合利用技术、企业生产排放物的再利用技术开发及其应用；环境污染治理及监测技术；化纤生产及印染加工的节能降耗、三废治理新技术；防沙漠化及沙漠治理技术；草畜平衡综合管理技术；民用卫星应用技术；研究开发中心；高新技术、新产品开发与企业孵化中心；物联网技术开发与应用；工业设计、建筑设计、服装设计等创意产业。

（9）水利、环境和公共设施管理业

包括综合水利枢纽的建设、经营（中方控股）；城市封闭型道路建设、经营343. 城市地铁、轻轨等轨道交通的建设、经营；垃圾处理厂，危险废物处理处置厂（焚烧厂、填埋场）及环境污染治理设施的建设、经营。

（10）教育

仅限非学制类职业培训机构。

（11）卫生和社会工作

包括老年人、残疾人和儿童服务机构；养老机构。

（12）文化、体育和娱乐业

包括演出场所经营；体育场馆经营、健身、竞赛表演及体育培训和中介服务。

2. 限制外商投资产业目录

细予考察负面清单的作用，主要体现在限制和禁止外商投资产业目录。其中限制包括以下行业：

（1）农、林、牧、渔业

仅限于农作物新品种选育和种子生产（中方控股）。

（2）采矿业

包括特殊和稀缺煤类勘查、开采（中方控股）；贵金属（金、银、铂族）勘查、开采；石墨勘查、开采；锂矿开采、选矿。

（3）制造业

包括豆油、菜籽油、花生油、棉籽油、茶籽油、葵花籽油、棕榈油等食用油脂加工（中方控股），大米、面粉、原糖加工，玉米深加工；生物液体燃料（燃料乙醇、生物柴油）生产（中方控股）；出版物印刷（中方控股）；钨、钼、锡（锡化合物除外）、锑（含氧化锑和硫化锑）等稀有金属冶炼；稀土冶炼、分离（限于合资、合作）；汽车整车、专用汽车和摩托车制造：中方股比不低于50%，同一家外商可在国内建立两家（含两家）以下生产同类（乘用车类、商用车类、摩托车类）整车产品的合资企业，如与中方合资伙伴联合兼并国内其他汽车生产企业可不受两家的限制；船舶（含分段）的修理、设计与制造（中方控股）；卫星电视广播地面接收设施及关键件生产。

（4）电力、热力、燃气及水生产和供应业

限于小电网范围内，单机容量30万千瓦及以下燃煤凝气火电站、单机容量10万千瓦及以下燃煤凝气抽气两用机组热电联产电站的建设、经营；城市人口50万以上的城市燃气、热力和供排水管网的建设、经营（中方控股）。

（5）交通运输、仓储和邮政业

包括铁路旅客运输公司（中方控股）；公路旅客运输公司；水上运输公司（中方控股）；公务飞行、空中游览、摄影、探矿、工业等通用航空公司（中方控股）。

（6）信息传输、软件和信息技术服务业

包括电信公司：增值电信业务（外资比例不超过50%，电子商务除外），基础电信业务（外资比例不超过49%）。

（7）批发和零售业

包括粮食收购，粮食、棉花批发，大型农产品批发市场建设、经营；船舶代理（中方控股）、外轮理货（限于合资、合作）；加油站（同一外国投资者设立超过30家分店，销售来自多个供应商的不同种类和品牌成品油的连锁加油站，由中方控股）建设、经营。

（8）金融业

包括银行（单个境外金融机构及被其控制或共同控制的关联方作为发起人或战略投资者向单个中资商业银行投资入股比例不得超过20%，多个境外金融机构及被其控制或共同控制的关联方作为发起人或战略投资者投资入股比例合计不得超过25%，投资农村中小金融机构的境外金融机构必须是银行类金融机构）；保险公司（寿险公司外资比例不超过50%）；证券公司（设立时限于从事人民币普通股、外资股和政府债券、公司债券的承销与保荐，外资股的经纪，政府债券、公司债券的经纪和自营；设立满2年后符合条件的公司可申请扩大业务范围；外资比例不超过49%）、证券投资基金管理公司（外资比例不超过49%）；期货公司（中方控股）。

（9）租赁和商务服务业

包括市场调查（限于合资、合作，其中广播电视收听、收视调查要求中方控股）；资信调查与评级服务公司。

（10）科学研究和技术服务业

限于测绘公司（中方控股）。

（11）教育

包括高等教育机构（限于合作、中方主导）；普通高中教育机构（限于合作、中方主导）；学前教育机构（限于合作、中方主导）。

（12）卫生和社会工作

限于医疗机构（限于合资、合作）。

（13）文化、体育和娱乐业

包括中方主导是指校长或者主要行政负责人应当具有中国国籍，中外合作办学机构的理事会、董事会或者联合管理委员会的中方组成人员不得少于1/2（下同）；广播电视节目、电影的制作业务（限于合作）；电影院的建设、经营（中方控股）；大型主题公园的建设、经营；演出经纪机构（中方控股）。

除上述目录外，还包括国家法律法规和我国缔结或者参加的国际条约规定限制的其他产业。

3. 禁止外商投资产业目录

禁止外商投资产业目录则进一步瘦身。

（1）农、林、牧、渔业

包括我国稀有和特有的珍贵优良品种的研发、养殖、种植以及相关繁殖材料的生产（包括种植业、畜牧业、水产业的优良基因）；农作物、种畜禽、水产苗种转基因品种选育及其转基因种子（苗）生产；我国管辖海域及内陆水域水产品捕捞。

（2）采矿业

包括钨、钼、锡、锑、萤石勘查、开采；稀土勘查、开采、选矿；放射性矿产的勘查、开采、选矿。

（3）制造业

其一，医药制造业，包括列入《野生药材资源保护管理条例》和《中国稀有濒危保护植物名录》的中药材加工；中药饮片的蒸、炒、炙、煅等炮制技术的应用及中成药保密处方产品的生产。其二，石油加工、炼焦和核燃料加工业，仅限放射性矿产冶炼、加工，核燃料生产。其三，专用设备制造业，限于武器弹药制造。其四，其他制造业，包括象牙雕刻，虎骨加工，宣纸、墨锭生产。

（4）电力、热力、燃气及水生产和供应业

限于大电网范围内，单机容量30万千瓦及以下燃煤凝气火电站、单机容量20万千瓦及以下燃煤凝气抽气两用热电联产电站的建设、经营。

（5）交通运输、仓储和邮政业

包括空中交通管制；邮政公司、信件的国内快递业务。

（6）批发和零售业

限于烟叶、卷烟、复烤烟叶及其他烟草制品的批发、零售。

（7）租赁和商务服务业

包括社会调查；中国法律事务咨询（提供有关中国法律环境影响的信息除外）。

（8）科学研究和技术服务业

包括人体干细胞、基因诊断与治疗技术开发和应用；大地测量、海洋测绘、测绘航空摄影、行政区域界线测绘、地形图、世界政区地图、全国政区地图、省级及以下政区地图、全国性教学地图、地方性教学地图和真三维地图编制、导航电子地图编制，区域性的地质填图、矿产地质、地球物理、地球化学、水文地质、环境地质、地质灾害、遥感地质等调查。

（9）水利、环境和公共设施管理业

包括自然保护区和国际重要湿地的建设、经营；国家保护的原产于我国的野生动、植物资源开发。

（10）教育

包括义务教育机构，军事、警察、政治和党校等特殊领域教育机构。

（11）文化、体育和娱乐业

包括新闻机构；图书、报纸、期刊的出版业务；音像制品和电子出版物的出版、制作业务；各级广播电台（站）、电视台（站）、广播电视频道（率）、广播电视；传输覆盖网（发射台、转播台、广播电视卫星、卫星上行站、卫星收转站、微波站、监测台、有线广播电视传输覆盖网）；广播电视节目制作经营公司；电影制作公司、发行公司、院线公司；新闻网站、网络出版服务、网络视听节目服务、互联网上网服务营业场所、互联网文化经营（音乐除外）；经营文物拍卖的拍卖企业、文物商店；高尔夫球场、别墅的建设。

（11）其他行业

包括危害军事设施安全和使用效能的项目；博彩业（含赌博类跑马场）；色情业。

除上述限制目录外，还包括国家法律法规和我国缔结或者参加的国际条约规定禁止的其他产业。《内地与香港关于建立更紧密经贸关系的安排》及其补充协议、《内地与澳门关于建立更紧密经贸关系的安排》及其补充协议、《海峡两岸经济合作框架协议》及其后续协议、我国与有关国家签订的自由贸易区协议、投资协定另有规定的，从其规定。

尽管有上述规定，依从互利互惠的原则，我国与相关国家签署多边协议时应与本目录尽量地衔接、保持一致。

第二节　应对"外国政府控制的交易"审查的对策

三一集团诉奥巴马案是"里程碑式"案件。之前的中国企业大多知难而退，而三一集团敢于运用法律武器海外维权可谓勇气可嘉，其经验和教训值得借鉴。

一、主动报备和减缓协议的权宜之计

近代著名思想家魏源在其所著、中国认知海外的第一部书《海国图志》中有句至理哲言"师夷长技以制夷"已被世人所熟知。由此及彼，中国企业若要

顺利进军海外市场，除了表达合作共赢的意愿，证明纯属商业性投资之外，还须了解、运用外资并购的报备程序。2008 年澳大利亚《外国政府在澳大利亚投资的指导原则》不分新设成立还是吸收成立，所有的外国政府及其相关实体的直接投资均须向外资审查委员会（Foreign Investment Review Board，FIRB）强制申报。而美国 2007 年的《外国投资与国家安全法》实行主动报备与强制调查两种方式。主动报备的审查程序相对温和，通常由交易一方或多方提交的主动报备通知而启动；CFIUS 鼓励在提交正式的报备通知之前提交非正式的"预先通知"。提交预先通知后，交易各方可以同 CFIUS 进行非正式的会面，在正式审查程序前了解 CFIUS 对交易的各种疑问和担心。在交易各方从 CFIUS 获得了非正式的指引后，交易各方可以提交正式的通知启动审查程序。CFIUS 的初步审查通常需要 30 天，但如果交易涉及外国政府或外国政府控制的实体获取对于美国企业的"控制权"或收购"关键基础设施"，则该等交易还需要经过另外 45 天的审查。如果通过审查，则 CFIUS 在审查结束后将出具"无异议"函，从而消除交易可能遭受总统禁止或撤销的风险。如果 CFIUS 经过 45 天的审查后仍不能确定是否批准该交易则应将该交易提交至总统，由总统在 15 天内进行审查并作出决定。对于外国投资者而言，强制调查比较被动，是美国总统或 CFIUS 单方面启动对某项交易的审查。如果审查结果被认定影响到美国的国家安全，可在任何时候责令取消该交易，即使交易已经达成。令人遗憾的是，三一集团未能主动报备，因此陷入被强制调查的困境。其损失的不仅是数百万美元的诉讼费，以及收购的四家风力发电项目公司，还涉及其在美国已投资的风电计划，各项投入已接近 1 亿美元。一位接近 CFIUS 的律师认为："CFIUS 并不是故意刁难中国企业，三一集团可能存在侥幸心理，并没有在投资前预先申报 CFIUS，事后造成的各种损失只能由三一集团自行承担，美国政府不会作出任何赔偿。"❶ 这种看法虽然站在 CFIUS 一方的立场显得狭隘和极端，但折射出主动报备和强制调查表象下中国投资者的两种不同态度——主动和被动。被动是消极的反应，听天由命，凭借外力的推动而行动，无法掌控事物按照自己的意图演变，最终导致不利局面。主动是勇者主动地出击，善于把握机遇，不会留下遗憾。

二、"越权无效原则"

显而易见，三一集团所属罗尔斯公司起诉美国总统奥巴马和 CFIUS 一案即

---

❶ 闫蓓. 三一与 CFIUS 对簿公堂近 1 亿美元投资计划失败［N］. 证券市场周刊，2012 - 09 - 29.

属于此类"民告官"的诉讼。之所以将美国总统和 CFIUS 列为共同被告，究其根源，来自 FINSA 授予总统的特权：决定权、宣布权和执行权。只有总统才有权阻止外资并购，CFIUS 只有建议权。与侵权、违法之类的诉讼不同，准入之诉所发生的损失通常是外国投资者在准入前或准入时已经发生的先期投入和预期利益，其诉求不应限于取消禁令，甚至可以主张赔偿损失。考察大陆法系的行政诉讼，有越权诉讼和损害赔偿诉讼之分；起源于英国、英美法系实行司法审查制度，即普通法院根据利益关系人的申请，对行政机关不法行为进行合法性审查。审查的主要依据是"越权无效原则"。❶ 其内容有四项：程序上的越权、实质上越权、不履行法定义务和记录中所表现的法律错误（案卷表面错误）。将这一原则移植中国后，其含义被归纳为：行政机关必须在法定权限范围内行为，一切超越法定权限的行为无效，不具有公定力、确定力、约束力和执行力。❷ 三一集团关联公司罗尔斯公司恰到好处地打出了"越权无效原则"这张牌。

2012 年 11 月 29 日，罗尔斯公司起诉美国总统奥巴马和美国国家安全委员会一案，在美国哥伦比亚特区联邦地方分区法院结束了第一次庭审。罗尔斯公司诉求主要的法理依据是英美法的越权无效原则。美国法院行使司法管辖权需要两个要件：一是对个人或法人有司法管辖权，二是对涉案的事项有实质上的司法管辖权。罗尔斯公司提出诉讼后，法院已经接受审理，意味着其承认第一种管辖权。在第一次庭审中，杰克逊法官听取了原被告律师关于法院是否有管辖权所展开的激烈辩论，但庭审结束后他并未及时作出裁定，足见此案的复杂性令法官不得不谨慎从事。如果美国总统严格依照《外国投资与国家安全法》授权行事，毫无疑义其免受司法审查；反之，一旦超越授权，其任何决定仍须接受司法审查和监管。进而言之，法律授予总统的权力限于暂停、限制或取消外资并购，并未触及进一步的征收或征用。

三、间接征收索赔

与赤裸裸的所有权剥夺——直接征收相比，间接征收则相对隐晦。尽管国际社会尚未就这个问题达成共识，显然采用导致财产的管理、使用、控制的丧

---

❶ 何海波. "越权无效"是行政法的基本原则吗？英国学界一场未息的争论［J］. 中外法学，2005
（4）：489.

❷ 姜明安. 行政法与行政诉讼法［M］. 第 5 版. 北京：北京大学出版社，2011.

失或财产价值的明显减少等后果的行为均可列为间接征收。❶ 至于规制间接征收的法律渊源，美国的专家最推崇双边投资协定。他们认为：双边投资协定的重要功能之一就是防范国有化征收。美国和中国的双边投资协定均包含针对投资的直接征收依照法律给予迅速、可转让和公平市场赔偿条款。然而，中美两国对这些征收条款的理解并非没有争议。最大的分歧来自可能发生的间接征收。也就是说，如果某一行为与直接征收相符，即使并未转移物权或直接捕获，是否构成间接征收。美国 BIT 范本对此已有明确规定，如美国—卢旺达 BIT 的附件 B。但中国的 BIT 并未明确此类条款，尽管中国—印度 BIT（2006 年签署）偶尔提到间接征收，也是借鉴了美国的范本。典型的中国 BIT 属于准入后、并非准入前的投资范本。❷ 美国一向"只许州官放火，不许百姓点灯"。对于间接征收这一问题，曾指责中国的反垄断法规定知识产权的强制许可，该法并未阐明合法使用权利与滥用权利之间的界限，美国公司忧虑可能构成间接征收。反观美国总统和 CFIUS 的禁令，令三一集团损失的不仅是数百万美元的诉讼费，以及罗尔斯公司收购的四家风力发电项目、先期投入的 1300 万美元，还涉及其后续将投入约 8000 万美元；累计投资接近 1 亿美元；按计划，项目将于 2012 年 10 月 31 日前竣工验收合格并投入使用，2012 年 12 月 31 日前实现并网发电、商业运营；按照售电协议关于电价的约定及项目预计的发电量，预计项目第一年可实现收入超过 600 万美元，从第二年开始可实现收入超过 800 万美元，具有较为可观的稳定收入；还可以额外享受 2500 万美元的联邦用于奖励可再生能源投资的税收优惠。❸ 毫无疑问，美国总统和 CFIUS 大幅度减损三一集团预期利润和既有财产，已经超越了 FINSA 授权——投资准入责任——对预期利润的剥夺，与准入后的责任混为一体，禁止转让第三方后在风电场安装使用等，应被视为导致财产的管理、使用、控制的丧失或财产价值的明显减少，与间接征收同出一辙。由于中国事先与美国没有签订 BIT，三一集团寻求间接征收的司法救济无异于临渴掘井。中国黑龙江国际技术合作公司、秦皇岛国际工业公司、

❶ 梁咏. 我国海外投资之间接征收风险及对策——基于"平安公司—富通集团案"的解读［J］. 法商研究，2010（1）：13.

❷ Cai Congyuan. China-US BIT negotiations and the future of investment treaty regime：a grand bilateral bargain. with multilateral implications, p22. Country & Economic Research, Evaluating a potential US-China bilateral investment treaty, March 30th 2010 The Economist Intelligence Unit 26 Red Lion Square London WC1R 4HQ, p31, p40.

❸ 闫蓓. 三一与 CFIUS 对簿公堂近 1 亿美元投资计划失败［N］. 证券市场周刊，2012 – 09 – 29.

北京首钢矿业投资有限责任公司三原告起诉蒙古国一案再次印证了如何裁决间接征收这一难题。2009 年，三公司的矿业开采许可证被蒙古国政府吊销，根据1976 年联合国贸易委员会仲裁规则于 2010 年提交常设仲裁法院（PCA）仲裁。在这起案件中，原告指责蒙古国政府违反关于外资保护法的规定，以及中蒙两国于 1991 年订立的《中华人民共和国政府和蒙古人民共和国政府关于鼓励和相互保护投资协定》（以下简称"中蒙 BIT"），但迄今此案仍悬而未决，亦未能提供公众更多的资讯。❶ 以己之见，仲裁庭对蒙古国政府行为是否构成"中蒙BIT"所规制的征收存有疑虑。一般而论，"中蒙 BIT"第 4 条的征收仅限针对国有化的直接征收，即"除非为了社会公共利益的需要，缔约国一方投资者在缔约国另一方领土内的投资不得被国有化、征收或采取其效果相当于国有化或征收的措施（以下称征收）……"；而第 8 条第 3 款又规定"如涉及征收补偿款额的争议，在诉诸本条第一款的程序后六个月内仍未能解决，可应任何一方的要求，将争议提交专设仲裁庭。如有关的投资者诉诸了本条第 2 款所规定的程序，本款规定不应适用"，由此看来，中国投资者因许可证被吊销，导致财产的管理、使用、控制的丧失或财产价值的明显减少等后果，与蒙古国政府有着直接的因果关系，其管制措施更贴近间接征收的特征。

四、启动专门针对国有企业的谈判

依据美国 2012 年范本第 2 条"范围和内容"及其脚注，国有企业无异于政治党派或政府实体的法律地位，显然有悖 BIT 不歧视的原则，这是中国政府无论如何不能接受的。鉴于主权财富基金（Sovereign wealth Funds，SWFs）由一国政府创设并所有，通过特定的税收与预算分配、可再生自然资源收入和国际收支盈余等途径从事外汇投资，为消除投资东道国对其政治意图或倾向的担忧，加强投资母国与东道国的监管合作，国际货币基金组织（IMF）于 2008 年 10月在圣地亚哥通过了一项"普遍接受的原则与做法"（GAPP），亦称"圣地亚哥原则"（Santiago Principles）。包括中国投资有限责任公司在内的 26 个 SWFs签署了该项原则。原则要求 SWFs 建立完善的治理结构与问责机制，履行明确

❶ Luke E. Peterson, Chinese Interests Sue over Iron Ore License Termination, 3 (10) INVESTMENT ARBI-TRATION REPORTER, 27 June 2010, at 17 – 18. Manjiao Chi, From Ownership-Orientation to Govern-ance-Orientation An International Economic Law Perspective of China's Shifting Attitudes towards Resource Sovereignty, Working Paper 2013/02 www.uni-siegen.de/fokos.

而具体的信息披露义务，制定明确的投资政策与风险管理体系。❶ 基于"圣地亚哥原则"大大缓解了主权财富基金备受质疑的压力，而中国又积极参与起草并签署了原则，笔者赞同这一建议：创建一轮谈判，专门解决国有企业的问题；谈判的模式可以仿照 IMF 主办的主权财富基金的谈判。尽管如此，启动此类谈判尚存障碍：首先，由哪个国际组织牵头这项谈判，是 WTO 主持还是 IMF 启动的争论尚未平息。其次，围绕国有企业展开的谈判远比主权财富基金更为复杂，并非社会主义国家存在国有企业，资本主义国家亦不例外。参与谈判的成员远远超过 26 个，其数量之多，分布之广泛，乃至所有国家参与谈判并达成协议的概率少之又少。最后，最大的阻碍来自中国国内，认为这种谈判会有歧视性，从某种程度上讲，反映出对来自中国的竞争的恐惧。❷ 合则共赢、斗则俱损，正因为国有企业问题的全球化，谈判协议方可兼收并蓄、消除歧视性，突破针对中国国有企业形成的包围圈。

特别值得注意的是，我国一方面应当吸收美国 2012 年范本第 1 条"条约用语"对"经营实体"的解释，明确国有企业享有普通商主体的法律地位；另一方面，应当排除任何潜在或明显的歧视性条款，力阻美国 2012 年范本第 2 条"范围和内容"及其脚注被采纳，将国有企业与政治党派或政府实体相提并论的做法显然有悖双边投资条约的非歧视原则。❸

五、修订《企业国有资产法》

我国目前的商主体立法散见于不同的商事单行法律法规之中，即分别对公司、合伙企业、个人独资企业等形态的商主体资格取得作出规制，毋庸讳言，国有企业亦具有商主体的法律地位，有关国有企业的立法，理所当然地纳入我国商事立法中的体系范畴，但作为迄今全世界唯一的一部国有资产法——《企业国有资产法》，自其颁布实施以来，却疏于提高国有企业商主体地位的认知度。为此笔者建议：

其一，将发展混合所有制企业写入立法宗旨。即"为了维护国家基本经济制度，巩固和发展国有经济，加强对国有资产的保护，加快发展混合所有制经

---

❶ 解正山. 主权财富基金投资法律环境新变化——评 IMF "圣地亚哥原则" [J]. 江西财经大学学报，2009 (3)：109 - 110.
❷ BOB DAVIS, The Struggle to Get Grip on China's Investments, the Wall Street Journal January 7th 2013.
❸ 王淑敏. 国际投资中"外国政府控制的交易"之法律问题研究——由"三一集团诉奥巴马案"引发的思考 [J]. 法商研究，2013 (5)：110.

济，发挥国有经济在国民经济中的主导作用，促进社会主义市场经济发展，制定本法。"十八届三中全会《中共中央关于全面深化改革若干重大问题的决定》提出"国有资本、集体资本、非公有资本等交叉持股、相互融合的混合所有制经济，是基本经济制度的重要实现形式""鼓励发展非公有资本控股的混合所有制企业"。2014 年《国务院政府工作报告》进一步提出"加快发展混合所有制经济"。据此，增补促进混合所有制经济发展的立法宗旨具有重大的现实意义。

其二，补缀混合所有制经济的内涵和外延。有学者指出："混合所有制经济有广义和狭义的不同理解。广义的混合所有制经济指的是两种或两种以上的所有制经济成分通过股份制、联营等形式，成立有限责任公司或股份有限公司，共同从事生产经营活动的所有制形式。广义的混合所有制经济混合产权中不一定包含国有经济成分，而狭义的混合所有制经济的混合产权中一定包含国有经济成分""拥有两种所有制类别以上的企业类型主要是：联营企业中的国有之间联营以外的其他经济成分间联营企业；国有控股的股份有限公司；两种以上所有制经济成分参与组建的有限责任公司；港澳台企业中的合资经营企业、合作经营企业、股份有限公司；私人控股但有其他经济成分参股的股份有限公司；外商投资企业中的中外合资、中外合作、股份有限公司等企业""这几种类型企业至少由两种以上所有制成分的资本投资形成，因此，根据广义的理解，它们都属于混合所有制经济。而按照狭义的理解，以上类型中有国有经济成分参与的才属于混合所有制经济""从国家出资人机构看，混合所有制是从狭义上的须有国有经济成分，并且国有资本总量一定要占主导或控制地位。股份制是混合所有制的主要实现形式。改制上市或提高国有资产证券化率是最佳路径"。❶

为此建议《企业国有资产法》第 2 条"本法所称企业国有资产（以下称国有资产），是指国家对企业各种形式的出资所形成的权益"，修订为"本法所称企业国有资产（以下称国有资产），是指国有资本总量一定要占主导或控制地位所形成的权益"。

此外，建议修订第 5 条"本法所称国家出资企业，是指国家出资的国有独资企业、国有独资公司，以及国有资本控股公司、国有资本参股公司"，此种外延过于狭窄，建议增加股份制的公司、海外红筹公司等形式。后者注册在境外，

---

❶ 宋文阁．准确理解混合所有制改革［N］．第一财经日报，2014－09－26．

选择在避税基地注册——百慕大群岛、巴哈马、瓦努阿图、开曼群岛、列支敦士登、英属维尔京群岛、荷属安的列斯群岛、香港特别行政区、澳门特别行政区、爱尔兰的香农、菲律宾的巴丹、新加坡的裕廊等地区，适用当地法律和会计制度，但公司主要资产和经营活动均在中国内地，对投资者发行股票且在香港联交所上市。

其三，统一出资人机构。《企业国有资产法》界定了国有资产监督管理委员会（国资委）作为出资人的法律地位，国务院国有资产监督管理机构和地方人民政府按照国务院的规定设立的国有资产监督管理机构，根据本级人民政府的授权，代表本级人民政府对国家出资企业履行出资人职责，保障出资人权益，防止国有资产流失。不可小觑的是，除国务院国资委监管的约 120 家中央国有企业外，尚有 20 多个中央部委的 6000 多家国有企业及行政事业单位企业化经营的国有资产，以及中央所属的金融类资产不在国务院国资委监管之内❶，为此《企业国有资产法》规定国务院和地方人民政府在授权国资委履行出资人职责的同时，还授权其他有关部门、机构对某些领域的国家出资企业履行出资人职责。❷ 笔者并不完全认同这种主张：《企业国有资产法》存在将公益性国有企业和营利性国有企业混同监管的误区。❸ 昭然若知，由财政部门管理的公益性企业，多采取国有独资形态的组织形式，不以营利为目的，但这不意味着无须由国资委作为出资人并且履行其监管职责，相反，国资委在防止高管贪污腐败和国有资产流失方面的有效制衡和监督方面的作用有目共睹。而营利性企业与一般现代公司无异，多采取国资控股或参股形态，以追求营利为目的，主要受民商事法律调整，绝大多数的国有企业属于此类范畴，主要分三类：非金融企业国有资产、金融企业国有资产和事业单位经营性国有资产。目前，非金融企业国有资产主要由地方国资委监管，金融企业国有资产多由地方银监局监管，而事业单位国有资产则由地方主管部门监管。包括大型商业银行、证券公司、保险公司、资产管理公司等在内的金融类国有企业多数已在证券交易交易所挂牌上市。建议将上述国有企业统一监管，而不应"各自为政"、区别对待地监管。

---

❶ 刘纪鹏. 建立监管统一出资多元的国资体系［N］. 证券时报，2013 - 02 - 21.
❷ 《企业国有资产法》第 11 条第 2 款规定："国务院和地方人民政府根据需要，可以授权其他部门、机构代表本级人民政府对国家出资企业履行出资人职责"。
❸ 刘纪鹏. 建立监管统一出资多元的国资体系［N］. 证券时报，2013 - 02 - 21.

六、加快摆脱北极地缘政治的法制进程

（一）完善国内法律体系

全球气候变暖正在迅速改变北极地区的自然与社会环境，北极地区已经成为一个新的国际地缘政治区域，对中国的能源安全具有重要意义，中国在北极地区的战略利益显著上升，制定《中华人民共和国海外投资法》和《中华人民共和国能源法》已迫在眉睫。中国至今还缺少一部能源领域的基本法——《中华人民共和国能源法》，作为调整我国能源开发利用和安全诸多法律关系的"龙头法"和"小宪法"。目前能源领域已经出台的《中华人民共和国电力法》《中华人民共和国煤炭法》《中华人民共和国节约能源法》和《中华人民共和国可再生能源法》四部单行法，抓紧制定这部法律已成为中国立法的一项迫切的任务。此外，《中华人民共和国海外投资法》的立法工作亦长期停滞不前，如何体现其域外效力是最大的瓶颈。

（二）引入《斯瓦尔巴德条约》的投资准入模式

现有北极能源合作框架也是从一系列无法律约束力的"软法"协议发展而来的，其治理成效差强人意。已有的北极地区关于能源开发的国际法制包括1925 年中国、苏联、德国、芬兰、西班牙等 33 个国家参加的《斯瓦尔巴德条约》，以及 20 世纪 90 年代以来的宣言、指南等软法，如《北极油气活动指南》（2003 年）、《应对北极海域石油泄露的油田指导》（2004 年）等，但这是远远不够的，还应充实这一地区的多边化法制。追本溯源，北极地区最早生效、超越地缘政治羁绊的国际条约是由国际联盟主导，英国、美国、丹麦、挪威、瑞典、法国、意大利、荷兰及日本等国于 1920 年 2 月 9 日在巴黎签署的《关于斯瓦尔巴德群岛行政状态条约》（简称《斯瓦尔巴德条约》）。1925 年，中国、苏联、德国、芬兰、西班牙等 33 个国家也参加了该条约，成为条约的协约国，最终缔约国为 42 国。按照该条约规定，"挪威政府对该岛有充分的自主权，但该地区为永久非军事区域，该地区与该地区民众安全由挪威政府全权提供、处理。所有缔约国公民均可自由进出该地区，并在该地区内进行任何不违反挪威政府法律的任何行为，不需得到挪威政府签证许可，但进入该地区则需接受挪威政府的法律管制。"笔者略陈管见，《斯瓦尔巴德条约》是一份十分宝贵的国际法资源，代表着超越地缘政治纠葛的国际法形象，值得未来北极地区的国际法所

借鉴。这份条约赋予所有缔约国公民享有与挪威公民同等的国民待遇，无须申请和签证可自由进出，从事投资、科考等一切活动。毫无疑义，在1925年段祺瑞临时政府签署《斯瓦尔巴德条约》并由中华人民共和国政府继承这一条约之后，中国公民享有与其他缔约国同等的权利。令人遗憾的是，鉴于斯瓦尔巴德群岛隶属于挪威的主权地位，位于北冰洋巴伦支海和格陵兰海之间，由斯瓦尔巴德岛、东北地岛、埃季岛、巴伦支岛等组成，尽管是最接近北极的可居住地区之一，《斯瓦尔巴德条约》并非全面规划北极地区法律地位的国际法，其适用的领土范围十分有限。加之该条约始于20世纪20年代，当时的历史背景与时至今日地球的能源濒临枯竭大相径庭，当人们不得不将目光转向全球最后一块"聚宝盆"，各种地缘政治集团愈趋"剑拔弩张"之际，《斯瓦尔巴德群岛条约》模式下的国民待遇能否维系，还是以一个新的、更加公平合理的国际条约取而代之值得研究。

（三）扩大中国在北极地区话语权

毋庸赘言，中国的地理位置决定了在北极地区缺乏话语权，克服这一地区地缘政治横亘的唯一路径就是北极理事会（Arctic Council，AC）。通过这一捷径，中国投资者的意图可被正面理解和吸收。1991年，8个邻近北极的国家签署了《北极环境保护策略》，为成立理事会奠定了基础。北极理事会于1996年9月在加拿大渥太华成立，致力于北极地区的环境、社会与经济的可持续发展。下设5个工作小组"北极监督和评估计划（AMAP）""北极动植物保育（CAFF）""紧急、预防、准备和反应（EPPR）""保护北极海洋环境（PAME）"和"永续发展工作组（SDWG）"。该理事会实施4项规划和行动计划："北极气候冲击评估""北极人类发展报告""北极议会对于减少北极污染的行动计划（ACAP）"和"防止陆地活动污染北极海洋环境的地区性规划"。难能可贵的是，第七届北极理事会外长会议2011年5月12日在丹麦格陵兰岛首府努克举行，与会国家外长签署了北极理事会成立15年以来的首份正式协议《北极搜救协定》，亦是理事会第一个具有法律约束力的协议，对于发挥该机构的国际法立法功能难能可贵。该理事会成员有加拿大、俄罗斯、挪威、丹麦、冰岛、美国、瑞典和芬兰8国。目前已经接受法国、德国、荷兰、波兰、西班牙、英国为永久观察员国，接受中国、欧盟、意大利、日本和韩国为特别观察员国。

北极理事会于2013年5月15日在瑞典北部城市基律纳召开的第八次部长

级会议上，批准中国和其他 5 个国家成为该组织正式观察员国。来自 5 个北欧国家、美国、加拿大及俄罗斯的部长级官员一致同意，中国等 6 个国家获得北极理事会正式观察员国身份。瑞典外交大臣比尔特宣布了北极理事会这一决定，并表示，北极理事会欢迎中国、日本、韩国、新加坡、印度、意大利成为正式观察员国。与会的中国外交部气候变化谈判特别代表高风在接受新华社记者专访时说："中国 2006 年就提出了申请，今天北极理事会决定吸纳中国为正式观察员国是正确的选择。目前，中国对北极的了解还很有限，中国需要先对北极进行深入了解，才能更好地参与到北极事务的国际合作当中。"此外，与会部长级官员还共同签署了《基律纳宣言》，宣言不仅强调了维护北极地区的和平稳定及建设性合作的重要性，还强调了可持续利用资源、经济发展及环境保护的重要性，并再次重申通过国际合作应对气候变化的紧迫性。这是瑞典作为北极理事会轮值主席国召开的最后一次会议，加拿大将成为新轮值主席国。俄罗斯外交部部长谢尔盖·拉夫罗夫当日表示，俄罗斯欢迎中国等 6 个国家成为北极理事会正式观察员国。北极理事会 1996 年 9 月在加拿大渥太华成立，其宗旨是保护北极地区的环境，促进这一地区在经济、社会和福利方面的持续发展。其成员国包括芬兰、瑞典、挪威、丹麦、冰岛、加拿大、美国和俄罗斯。❶

扩大中国在北极地区话语权的另一体现是积极参与并切实履行国际海事组织（IMO）的极地规则。2014 年 11 月 21 日，在伦敦总部举行的国际海事组织海事安全委员会第 94 届会议上，国际海事组织通过了具有强制性的《极地水域船舶航行国际准则》，即极地航行规则。标志着国际社会在保护船舶及船员极地水域航行安全方面进入了一个历史性的新阶段。该准则将于 2017 年 1 月 1 日生效，适用对象为生效后建造的新船舶。2017 年 1 月 1 日之前建造的船舶将被要求在 2018 年 1 月 1 日之后，通过首次中期检验或换证检验来满足极地规则有关要求。国际海事组织发布的声明显示，该极地规则覆盖了与极地船舶航行相关的众多内容，包括船舶设计、建造、设备、操作、培训、搜救和环保等。极地规则在对与极地航行安全及防污染有关的法规、公约和指南进行整合的基础上，针对南北两极水域冰、低温、偏远、高纬度等特殊风险，提出了极地水域船舶操作安全和环保附加要求。❷

---

❶ 和苗，付一鸣. 中国成为北极理事会正式观察员国 [EB/OL] [2015 - 07 - 26]. http：//news. xinhua-net. com/world/2013 - 05/15/c_115782682. htm.

❷ 陈君怡. 国际海事组织通过极地航行新规则 [N]. 中国海洋报，2014 - 11 - 25.

（四）修订与北极国家签署的 BIT

1994 年 3 月 31 日，中国政府代表石广生和冰岛政府代表汉尼巴尔松在北京签订了《中华人民共和国政府和冰岛共和国政府关于促进和相互保护投资协定》，协定一式两份，每份都用中文、冰岛文和英文写成，三种文本同等作准。其中第 3 条"投资待遇"包含三个层次的含义。其一，明确指出在投资准入前环节上适用最惠国待遇："缔约任何一方在其领土内给予缔约另一方投资者的投资或收益的待遇不应低于其给予任何第三国投资者的投资或收益的待遇。"其二，投资准入后的待遇依然适用最惠国待遇："缔约任何一方在其领土内给予缔约另一方投资者在管理、使用、享有或处置他们的投资的待遇，不应低于其给予第三国投资者的待遇。"其三，作为补充规定，尽可能地赋予外资在准入前和准入后的国民待遇："本条第一、二款的规定外，缔约任何一方应尽量根据其法律和法规的规定给予缔约另一方的投资者的投资与其给予本国投资者以相同的待遇。"类似"尽可能"或"尽量"的表述还出现在《中华人民共和国政府和大不列颠及北爱尔兰联合王国政府关于促进和相互保护投资协定》等文本中，尽管语言含混不清，但与最惠国待遇相比，仍不失为一种进步。显而易见，此类弹性条款遗患无穷，为出现诸如"中坤"之类的投资争端埋下了隐患。如果这份协定取而代之以更加直接、清晰的外资准入国民待遇条款，辅以安全例外机制，既可避免"中坤"式的案件发生，亦可有效地维护双方的核心战略利益。

第三节　海外投资反制裁的博弈对策

借鉴英国、加拿大等国反"次级制裁"法的经验，限定我国签署的双边投资协定以《联合国宪章》框架下的安全例外为准绳，以及更多地依赖 WTO 争端解决机制的审查机制或许峰回路转、柳暗花明。

一、外国反"次级制裁"立法的借鉴

为了保护本国的主权和经济利益，受美国域外经济制裁不利影响的各国，在外交协调和抗议无效的情况之下，往往通过阻止性行政法令或立法阻止来自

美国的司法管辖，禁止在本国经营的公司（包括美国子公司）遵守其制裁法律，否则将受到本国法律的惩罚。

（一）英国反"次级制裁"立法

美国根据《出口管制法》禁止美国在海外的分公司和子公司向苏联提供建设西伯利亚天然气输送管道的技术和设备，此举引起了西欧各国的强烈反对，如英国政府根据 1980 年的《贸易利益保护法》，命令本国受影响的四家公司不得执行美国的禁令。鉴于美国肆无忌惮地行使域外司法管辖权，诱发了于 20 世纪 50 年代暴发的与欧洲之间的贸易摩擦，借此英国议会于 1980 年通过了《保护贸易利益法》（PTIA）予以反击。该部法律的初衷在于，英国的能源公司承受了因参与国际铀矿卡特尔被美国反垄断法处罚后的 3 倍以上的损失。《保护贸易利益法》不仅抑制反垄断的域外管辖权，而且对抗美国关于再出口的禁令，那些制裁针对非美国公司使用泛跨西伯利亚（Trans-Siberian）铁路运输其货物的行为。美国试图制裁任何装运港来自美国，或使用美国技术，或以美国子公司名义从事的运输。依据《保护贸易利益法》，英国有权禁止实施针对海外的英国公司或国民限制其贸易自由而使英国贸易利益遭受侵害或有侵害危险可能性的外国法律；阻止英国公司或国民向外国法院或行政机关提供损害英国利益的相关信息或文件；拒绝英国法院在有损于英国司法管辖权前提下接受外国法院收集证据的司法协助请求；禁止英国法院执行外国法院的相关判决；确保英国公民和公司在英国的经营，拯救因外国法院的判决的经济逼仄。综上所述，《保护贸易利益法》通过扩展式的法律救济手段，确立了外国制裁司法判决的不可执行性（Non Enforcement of Judgments），以达到有效地抗衡域外司法管辖权攻击的目的。该法律还赋予被告行使抗辩外国主权下的强制性规范权利。

（二）加拿大英国反"次级制裁"立法

加拿大立法一向注重保护其处于海外的资产。基于美国的"次级制裁"招致了其利益严重受损，1975 年，加拿大修订了自 1889 年以来实行的《联合调查法》（Canada's Combines Investigation Act），授予加拿大竞争委员会和管理局（The Canadian Commissioner of Competition and the Bureau）抵制外国法院判决的执行、外国法律的适用等权力。1984 年，加拿大再次修订《联合调查法》，并通过了《外国域外管辖措施法》（the Foreign Extraterritorial Measures Act），该法禁止加拿大公司执行有损加拿大主权、竞争力、效益和贸易的外国判决、法律或指令，违者将被处以高达 1 万美元罚款或 5 年有期徒刑。该法亦可冻结外国法院提起的诉讼。1996 年 6 月 17 日，针对美国《赫尔姆斯－伯顿法》，加拿大修订了《外国域外管辖措施法》，保证加拿大人在加拿大法院进行反诉的权利，以补偿因美国法院根据《赫尔姆斯－伯顿法》所作判决而受到的损失。为了有效地实施反制裁法律，1995 年，加拿大与美国签署了覆盖竞争与欺诈市场的双边协议；1999 年，又与欧盟签署了类似协议。2001 年，与澳大利亚和新西兰签署了三方合作协议；同年与智利竞争局签订了合作安排；2002 年与墨西哥竞争委员会签署了合作安排；2003 年与英国签订合作安排，之后又与日本进行了谈判。依据与美国、澳大利亚和英国签订的协议，加拿大竞争管理局与美国联邦委员会、英国公平贸易代表处、澳大利亚竞争与消费者管理局签署了信息共享备忘录。2002 年加拿大《竞争法》第三章引入一个多方司法协助机制（Mutual Legal Assistance）。

（三）叙利亚立法草案

针对美国的经济制裁，叙利亚 250 名议员中的 130 名联合起草了一份名为《美国责任法》的法律草案，以抵制美国的商品，作为对美国的反制裁。当然一个中东小国对一个世界超级大国的经济制裁所能起到的影响是微乎其微的，对此，叙利亚议员哈巴什表示："我们还没有思想简单到认为我们可以影响美国的经济，但是我们将以此维护我们的尊严，让美国知道，如果继续推行其傲慢的政策，将遭到世界各地人们的唾弃。"❶

（四）英、加两国法律对我国的启示

两国法律抵制域外管辖权的前提是，外国制裁有悖于本国国家主权、利益或贸易自由和投资便利化。不同之处在于，英国的法律囿于贸易制裁，而加拿大的法律不涉猎贸易制裁，还相互承接外资并购引起的反托拉斯、反垄断制裁。此外，加拿大签署的诸多边协定亦起到了为稀释争端拾遗补阙的作用。上述经验值得我国吸取。既然由商务部、国家发改委联合起草的《海外投资法》定位于规范企业的海外投资行为，反对不正当竞争，以及保护中国企业的对外投资

---

❶ 王辉. 叙利亚起草法案制裁美国［N］. 京华时报，2004－06－21.

权益这样一部专门法律，顾名思义，其规则应当尽可能地涵盖以下内容：禁止实施针对中国公司或公民海外投资的任何初级和次级制裁，致使中国公司或公民损益的外国法律；禁止中国公司或公民向外国法院或行政机关提供损害中国利益的相关信息或文件；拒绝中国法院在有损于中国司法管辖权前提下接受外国法院收集证据的司法协助请求；禁止中国法院执行外国法院针对中国公司或公民有关初级制裁和次级制裁的判决；保证中国法人和公民的诉权，以维护他们的合法利益。

二、修订我国双边投资条约范本的立场

通过拟定具有中国特色的自裁决条款和有条件地吸收利益否定条款，提高自我防御能力。

（一）拟定具有中国特色的自裁决条款

2008 年 8 月 15 日在泰国曼谷签订，我国与东盟之间缔结的《中国—东盟投资协议》首次移植了自裁决条款，而其他的双边投资协定则鲜有此类条款。以己之见，不仅从经济利益出发，更应从政治层面考虑在我国参加的双边或多边投资协定中吸收自裁决条款。原因在于，地缘政治是"次级制裁"罪恶的渊薮。换言之，虽然自裁决条款具有相对的前瞻性和复杂性，但其总体上与我国作为云蒸霞蔚的海外投资大国的现实相适应。归根结底，美国制裁俄罗斯的背后，与美国重返亚太，围堵中国，扼制中国，甚至剑指中国息息相关，身处这一地区的中国实力迅速增长，并通过上合组织与俄罗斯形成战略协作关系，令美国的忧虑空前爆发。为此所设计的"根本安全"条款应当体现以下内容："本协定任何内容不得被解释为：（1）要求缔约一方提供或者允许使用任何其认为披露将违背其根本安全利益的信息；或（2）阻止缔约一方为履行其所承担的《联合国宪章》下维持和恢复国际和平与安全的义务，或者为保护本国根本安全利益，采取其认为必需的措施。"由此可见，我国修订的双边或多边投资协定范本不是简单地复制和模仿美国范本，而是昭示《联合国宪章》下的安全例外的立法理念，由此抵制霸权主义的自由裁量权。

（二）有条件地吸收利益否定条款

值得庆幸的是，我国分别于 2008 年与墨西哥签订的 BIT 第 31 条 "拒绝授予利益"条款，以及于 2009 年东盟之间签订的《中国—东盟投资协定》第 15 条"利益的拒绝"虽然援引了上述美国范本第 17 条"利益否定"的该第 1 款第 1 项规定，但并未引入第 2 项内容。例如，《中华人民共和国政府和墨西哥合众国政府关于促进和相互保护投资的协定》第 31 条"拒绝授予利益"："缔约双方可以共同磋商决定拒绝将本协定之利益授予缔约另一方之企业及其投资，如果该企业系由非缔约方之自然人或企业拥有或控制。"《中国—东盟投资协议》第 15 条"利益的拒绝"："一、经事先通知及磋商，一方可拒绝将本协议的利益给予：（一）另一方投资者，如果该投资是由非缔约方的人拥有或控制的法人进行的，且该法人在另一方境内未从事实质性商业经营；或者（二）另一方投资者，如果该投资是由拒绝给予利益一方的人拥有或控制的法人进行的。二、尽管有第一款规定，对于泰国，根据其适用的法律和/或法规，可以拒绝将与投资准入、设立、收购和扩大相关的本协议利益给予作为另一方法人的投资者或此类投资者的投资，如果泰国确定该法人 10 被一非缔约方或拒绝给予利益方的自然人或法人所控制或拥有。三、在不影响第一款的前提下，菲律宾可拒绝将本协议利益给予另一方的投资者和该投资者的投资，如果其确定该投资者所设投资违反了名为'惩治规避某些权利、特权或优先权的国有化法行为的法案'的《第 108 号联邦法案》，该法案由第 715 号总统令修订，并可经修订称作《反欺诈法》。"

为了自我救赎，尽可能地剥离"次级制裁"的蒺藜，建议我国今后所签订的双边投资条约采取以下范本："1. 缔约一方可以拒绝按照本条约的规定赋予非缔约国国民拥有或控制的经营实体或合格投资相关权利，如果拒绝方与非缔约国没有外交关系。2. 缔约一方可以拒绝赋予在缔约另一方境内没有实际经营活动的、非缔约国国民或是本国国民所拥有和控制的合格投资或经营实体本条约所规定的权利。"

第四节　制定平衡利益的环境规则的可行性

制定平衡东道国和投资者利益的 BIT 环境规则不仅具有重要的理论价值，同时具有较强的现实意义，即在序言、一般例外条款、根本安全例外条款、环境专门条款中均可涉及和完善有关环境的内容。

一、修订序言条款的建议

序言是投资条约的总领，体现出缔约国的缔约目的，是缔约国真实意思的直接表现。《维也纳条约法公约》第 31 条明确了"序言"和"附件"同属于条款解释的依据。而通过观察近年来东道国与外国投资者争议的处理也不难发现，"'序言'通常也扮演着解释投资条款权利与义务的指导性标准。"❶ 因此，在序言中明确环境内容有着无可替代的宣示意义。

毕竟，我国进入了吸收外资的新阶段，为了吸收外资而付出环境代价并不完全符合当下我国的根本利益。在中国 2010 年范本中，我国的选择与印度相似，使用了"可持续发展"一词表达对东道国社会和公共利益的保护要求，并未具体提及环境及安全、健康的内容。这一表达较为宽泛，虽然有助于东道国与投资者利益平衡的解释却难以体现强调保护环境的理念。2012 年《中日韩三边投资协定》的序言明确规定："共同认识到下列目的应可以使用采取不放松符合一般价值观念的不具有歧视性的健康、安全以及环境措施的方法达成；共同认识到投资者遵守在其从事投资活动的领域内的缔约方的法律和法规的重要性，此举将对于经济，社会和环境发展产生有益的影响。"❷ 上述表述可以视为更为详细的说明，符合当前全球经济可持续发展的现实要求，显而易见，此种规定是十分必要的。

二、增加"一般例外条款"的建议

随着人类经济活动的越发肆无忌惮，地球的自然环境正遭遇前所未有的损毁，基于此，环境保护的水平取决于"一般例外条款"的保护力度。"一般例外条款"的意义在于，确定东道国为了道德、健康、环境资源等目的对外国投资者采取措施的合法性。除此之外，可以防止东道国因保护公共利益（包括环境保护）而采取必要措施承担因间接征收的国际法责任。由此可知，"一般例外条款"的缺失危害极大，增加了执法机关行政行为合法性的判断难度，招致东道国政府难以及时、高效地消除环境污染的恶果。

---

❶ 温先涛.《中国投资保护协定范本》（草案）讨论稿（一）[J]. 国际经济法学刊，2012（4）：173.

❷ 商务部条约法律司. 中华人民共和国政府、日本国政府及大韩民国政府关于促进、便利及保护投资的协定 [EB/OL]［2015-04-15］. http://tfs.mofcom.gov.cn/article/Nocategory/201405/20140500584797.shtml.

对于同为发展中国家的印度而言，其双边投资条约范本的环境条款模式优于我国，不仅规定了"一般例外""安全例外"，而且大幅度地规定了例外的判断标准，提升了公共政策领域的确定性，并为法庭的审理提供了政策导向。符合"一般例外条款"要件的东道国，无疑应当豁免违反国际条约的法律责任。目前我国正试图实行"负面清单"模式，探寻鼓励投资和保护本国利益的平衡点。在 2012 年《中加双边投资协定》中，我国以加拿大范本为基础，在其第33 条规定了"一般例外条款"的内容，赋予缔约一方为保护人类、动植物健康和可用竭自然资源可采取谨慎合理的措施。综上所述，有必要在双边投资条约范本中加入"一般例外条款"，以明确环境保护措施属于其中的范畴。

三、增设"根本安全例外条款"的建议

尽管学界尚未形成统一的"根本安全例外条款"的定义，但从维护东道国利益的角度看，在中国制定的投资条约范本中审慎度势、加入适当的"根本安全例外条款"仍是十分必要的举措。

值得关注的是，在 2012 年《中日韩投资协定》中第 18 条加入了"根本安全例外条款"。该条规定："各方如果某行为可以被其认为是为了在该方或国际关系出现战争或武装冲突等其他紧急情况时保护其根本安全利益，或是涉及落实关于不扩散武器的国家政策或国际协定，该行为就可以采取行动。并且受约束各方均有依据《联合国宪章》维护国际和平与安全的义务。"在该条第 2 款中又规定："若缔约方依前款采取与损失或毁坏补偿（第 12 条）义务不符的任何措施，该缔约方就没有理由用该措施作为逃避其义务的手段。"❶ 不难看出，这是一条完整的"根本安全例外条款"。

尽管如此，"根本安全例外条款"作为东道国的"安全阀"，存在被东道国滥用的可能性。毕竟，在以往的对外投资实践中，我国投资者，特别是国有企业，曾遭遇过此类地缘政治风险。例如，2011 年 9 月缅甸政府宣告搁置密松大坝的事件，拉动了保卫伊洛瓦底江运动的导火索。此事导致中国南方电网公司退出了柬埔寨几座争议很大的水坝项目，以及中国进出口银行推迟了对埃塞俄比亚境内尼罗河上齐莫哥耶达水电站项目的投资。

---

❶ 商务部条约法律司. 中华人民共和国政府、日本国政府及大韩民国政府关于促进、便利及保护投资的协定 [EB/OL]［2015 - 04 - 15］. http://tfs.mofcom.gov.cn/article/Nocategory/201405/20140500584797.shtml.

综上所述，如果在我国签署的双边投资条约范本中加入"根本安全例外条款"的内容，必须明确政府采取的措施公平、公正，保证与环境遭遇损害的程度相辅相成。否则的话，"根本安全例外条款"的负面效应将极大地挫伤国际贸易自由化和投资便利化的进程。

四、体现公众参与原则的建议

公众参与原则是双边投资条约和国内环境立法的重要原则，毕竟，在关系到自己生存和发展切身利益的环境问题出现时，一国的公民的确有权"参与到环境立法、决策、执法、司法等活动"❶ 之中。随着环境问题的大量出现，公众对于和环境相关事务的参与积极性愈发高涨、对环境事务的参与程度越来越深入。各地的环境保护协会和公益环保组织在一些重大环境问题的参与中扮演着重要的角色。随着新《中华人民共和国环境保护法》的出台，"信息公开和公众参与"专章的出现体现了政府对环保重视程度的加强。在国内立法日趋完善的情况下，在"健康与环境"条款中引入公众参与的原则，有利于对东道国利益的维护，且具有可行性。

五、总体框架建议

综上所述，为制定 BIT 范本中符合我国利益的平衡环境规则，提出以下建议。

第一，序言条款中，应明确环境保护的内容。建议采纳《中日韩投资协定》序言的做法，即"应可以通过不放松普适观念下的非歧视性健康、安全以及环境措施的方法达成目标"的表述，强调东道国对环境的要求和保护力度。

第二，关于"一般例外条款"中的环境内容，我国有必要尽快在范本中写入这一内容。其设置可参考《中坦投资保护协定》的模式，授予东道国为保护人、动植物生命健康和可用竭自然资源等采取合理范围内必要措施的权力。

第三，关于"根本安全例外条款"，我国可以参考印度的做法，一方面，列举"核材料及裂变聚变材""战争行动""武器流通""重要基础设施建设"等足以影响国家根本安全的因素。另一方面，为了保护我国的投资者，笔者赞同在该条加入以下内容："缔约一方采取的措施与所维护的根本安全利益之间应

---

❶ 徐治雄，马慧．浅论我国环境保护法中的公众参与原则［C］．2007 年全国环境资源法学研讨会论文集：318.

符合一般价值标准下的合理比例，除非当缔约方采取的措施超过一般价值认定标准时，缔约方不应为其给投资者带来的损失负责。"❶

第四，关于环境专门条款，建议不盲目效仿现行的美国范本，可以参考加拿大"健康、安全和环境措施"和《中坦双边投资协定》的模式，用宣示性的条款表达出我国对环保和可持续发展的态度。此外，还可考虑增加一款关于"公众参与原则"的规定："缔约双边应确认，缔约各方可在本条项下采取措施前为公众参与提供机会。"

第五节　恶债的法律适用对策

借款人为国家的贷款协议中匮乏管辖条款，更鲜有双方约定的法律适用条款，为恶债寻求正确的司法或仲裁方法预留了隐患。单纯依赖《涉外民事关系法律适用法》选择贷款人住所地法的做法可能令我国海外投资者遭遇灭顶之灾，而选择借款人住所地法更利于维护国家的主权和经济安全。尽管公共秩序保留可以成为中国政府亡羊补牢的措施，同时滥用此项制度无疑将在很大程度上降低冲突规范的价值；但瑕不掩瑜，充分昭示《关于国家对国家财产、档案和债务的继承的维也纳公约》作为国际统一实体法的功能，可为国际司法实践探索统一解决恶债纠纷的新路径。

一、意思自治原则的缺失及解决路径

无须赘述，我国《涉外民事关系法律适用法》意思自治的原则贯穿于合同的法律适用，第41条亦赋予恶债合同纠纷的当事人享有充分的自由，协议选择所适用的法律。由此及彼，国际法院、各国法院、国际仲裁院、国际投资争端解决中心、纽约仲裁院和英国仲裁院等亦可作为协议管辖选择的目标。但令人担忧的是，国家债务协议中鲜有管辖条款。究其根源，司法和仲裁判例匮乏是重要的诱因之一。事实上，争议双方更倾向于通过双边谈判以解决纷争。❷ 从1985—1995年，即使是在南方债务危机的顶点，亦未显现任何乐意接受仲裁裁

---

❶　温先涛.《中国投资保护协定范本》（草案）论稿（二）[J]. 国际经济法学刊, 2012（1）: 160.

❷　A. Reinisch, State Responsibility for Debts: International Law Aspects of External Debt and Debt Restructuring, (Koln: Bohlau, 1995), p17 and 41.

决的征兆。国内法院更鲜有因双边或多边管辖协议而提起的诉讼。❶ 更不用说，借贷协议中约定法律适用的条款亦不多见。

阻碍债务协议之中使用意思自治的法律适用的另一大桎梏是新兴独立国家广泛签订的重建协议（Restructuring Agreement）。这种协议通常以联合贷款形式订立，部分协议基于远期交易的展期贷款，贷款方既有公共财政又有私人企业等多个债权人，并且协议之中附有"交叉违约条款"（Cross-default Clauses）与"责任分摊条款"（Sharing Clauses），令债权人"一损皆损、一荣皆荣"。孰重孰轻，几经权衡，单独诉讼往往被迫放弃。❷ 在联合贷款（Syndicated Lending）协议中，亦通常载有一格式条款：任何一方债权人有权向其他连带方追偿。❸ 与银团贷款有所不同，联合贷款简单易行，由两家或数家银行联合提供贷款，并无牵头银行与辅助银行之分，一般只有一家银行担任代理行，负责与其他银行的联系，并对贷款实施管理。简而言之，上述贷款协议涉及多家债权人，有关法律适用的约定并非真正体现每一债权人的意思表示。细予考察，解决上述恶债法律适用难题的对策在于，将意思自治的原则贯穿于债务协议或承包工程等协议之中，约定适用债权国或债务国甚至第三国等联结点指引下的准据法。

二、"特征履行说" 视角下联结点的选择路径

前已所述，绝大多数主权国家之间的债务协议，或国际组织、公司、法人充当贷款人的协议并无管辖权条款，亦缺乏法律适用的约定。一旦债务演变为恶债，当事人选择何种法律的立场可能大相径庭。在以行为履行合同的双务合同情形下，通常将履行义务的一方确定为特征性履行方，按照这一做法大多数合同可合理地找到与合同有最密切联系的法律，而且简单明确、易于操作。相比之下，贷款协议属于双方当事人均金钱履行的双务合同，贷款人将借款即货币交给借款人后，货币的所有权移转给了借款人，借款人可以处分所得的货币，并返还本金和利息。依据我国《涉外民事关系法律适用法》第41条，当事人可以充分协商选择他们信赖地点的法律作为合同适用的法律。如果当事人缺乏选

---

❶ F. Feliciano, "Report of the Director of Studies of the English-speaking Section of the Centre" in D. Carreau & M. Shaw eds. The External Debt/La dette extérieure (Doredrecht: Martinus Nijhoff, 1995), p47.

❷ F. Feliciano, "Report of the Director of Studies of the English-speaking Section of the Centre" in D. Carreau & M. Shaw eds. The External Debt/La dette extérieure (Doredrecht: Martinus Nijhoff, 1995), p47.

❸ K. Clark & M. Hughes "Approaches to the restructuring of sovereign debt" in M. Gruson & R. Reisner Sovereign Lending: Managing Sovereign Risk (London: Euromoney Publications, 1984), p136.

择的经验，则适用履行义务最能体现该合同特征的一方当事人的属人法——经常居所地法律，或者类推其他与该合同有最密切联系的法律。借款合同适用贷款人住所地法、建设工程合同适用建设工程所在地法比较符合"特征履行说"的标准。

各国的立法与实践多支持贷款人作为特征性履行人，以其住所地或者惯常居所地或者特征性履行人营业所在地作为确定特征性履行的场所。这是基于此类合同的特征性义务在于贷款人的履行而非借款人。而且，适用贷款人的法律能够更好地实现和维护贷款人的合法权益。但也有某些国家，如美国的判例法更接受债务支付地作为联结点。毋庸置疑，债务支付地、贷款人住所地均与恶债之间有着最密切的联系，以债务支付地为联结点导出债务人准据法的做法无可厚非，而且对于大多数发展中国家而言，借款人所在地可视为最佳的联结点。

三、公共秩序保留问题与对策

假如恶债履行地处于法院地之外的地点，随之而来的问题是该地的法律是否存在或承认"恶债不予继承"这项国际法原则，尽管债权人或债务人地点的国内法律或许认同可以适用。这一问题关系到当事人协议选择的法律是否有效。著名的英国国际法学者伊恩·布朗利（Ian Brownlie）曾指出："如果贷款协议被认为是恶债协议，那么法律适用的选择条款也是无效的。"[1] 而某些国家的立法大相径庭，赋予当事人绝对的自由以选择他们认可的法律，无论协议本身是否有效。以英国法为例，法律适用的选择条款在英国通常被认定为有效，即使所选择的法律与英国之间并无最密切联系。英国的冲突规范显然受其学者戴西的"合同自体法"影响。如果当事人没有明示选择，且不能推断当事人的意图，合同受与其有最密切、最真实联系的法律支配。[2] 除非在两种情形下作出选择，可能被宣布无效：一是选择的法律违反英国公共政策；二是选择的意图背离了与贷款协议有着实质联系的强制法律体系。[3] 而世界银行拟定的借贷协议范本显然并不考虑当事国的法律与公共政策，其规定：基于协议产生的权利与义

---

[1] Ian Brownlie, Principles of Public International Law, 5th ed. (Oxford: Oxford University Press, 1998), p40.

[2] A Cates, S Isern-Feliu. "Choice of Law and Site of Litigation in England" in Sovereign Lending: Managing Legal Risk. London: Euromonoy, 1984, p71.

[3] A Cates, S Isern-Feliu. "Choice of Law and Site of Litigation in England" in Sovereign Lending: Managing Legal Risk. London: Euromonoy, 1984, p66 – 68.

务均是可强制执行的，无论它们是否与当事国法律相悖。❶

迫于债权国在交易关系之中的强大地位，借贷协议通常选择其所在国的法律。试想，在选择选择债权国法律情形下，债务国则有理由辩称，依据他国法律订立的契约并非为了债务国人民利益，属于"恶债不予继承"的范畴。果真如此，站在国际法院的立场，将面临优先适用国内法还是国际法，抑或两者平等适用的艰难抉择。通常国际法院针对国家之间的借贷协议优先适用国际法，挪威公债案（Norwegian Loans Case）间接印证了这一结论；在另外一些案例中，国际法院允许使用国内私法干预外国人的权利。❷

毋庸讳言，国内法院行使管辖权的必要前提基于两项事由：其一，"恶债不予继承"被并入该国法律；其二，法院适用国际习惯法。根据美国《第二次外国法与美国关系法重述》，国际习惯法的地位甚至优于联邦法律。派斯特（Paust）主张：如果强行法与习惯法相悖，"最后时刻的习惯法"胜出；因为国际习惯法处于不断更新之中，理应高于国内强行法的地位。❸ 但美国学院派则反驳说："法院不能推翻国会颁布的法律，即使它与国际习惯法相逆。"❹ 布朗利（Brownlie）指出，"英国盛行的规则是：习惯法仅在不与国会法律或终审判决相抵触时具有国内法上的效力。除非此种判决是建立在某些被废弃的国际法规则之上作出的。"❺

我国的新司法解释原则上亦允许当事人自由选择法律，依据第7条规定，若一方当事人反悔，以双方协议选择的法律与涉案之间缺乏实际联系为由声称选择无效的，人民法院不予支持。尽管如此，我国《涉外民事关系法律适用法》第5条的公共保留条款为意思自治预留了很好的"安全阀"："外国法律的适用将损害中华人民共和国社会公共利益的，适用中华人民共和国法律。"新司法解释第10条将其解释为有下列情形之一，涉及中华人民共和国社会公共利

---

❶ International Bank for Reconstruction and Development, "General Conditions Applicable to Loan and Guarantee Agreements," in D. Bradlow, ed. International Borrowing: Negotiating and Structuring International Debt Transactions, 2nd ed. (Washington, D. C.: International Law Institute, 1986), p77 (section 10.01), A. Reinisch, State Responsibility for Debts: International Law Aspects of External Debt and Debt Restructuring (Koln: Bohlau, 1995), p52.

❷ Certain Norwegian Loans (France v. Norway) [1957] ICJ Rep. 37, p77.

❸ Certain Norwegian Loans (France v. Norway) [1957] ICJ Rep. 37, p89 and 96.

❹ Certain Norwegian Loans (France v. Norway) [1957] ICJ Rep. 37, p90 – 94.

❺ Ian Brownlie, Principles of Public International Law, 5th ed. (Oxford: Oxford University Press, 1998), p42 – 46.

益、当事人不能通过约定排除适用、无须通过冲突规范指引而直接适用于涉外民事关系的法律、行政法规的规定，人民法院应当认定为涉外民事关系法律适用法第 5 条规定的强制性规定：涉及劳动者权益保护的；涉及食品或公共卫生安全的；涉及环境安全的；涉及外汇管制等金融安全的；涉及反垄断、反倾销的；以及兜底条款"应当认定为强制性规定的其他情形"。言之凿凿，如果适用外国法违反我国宪法的基本精神，有损我国主权和安全，违背我国缔结或参加的国际条约所承担的义务，或违反国际法上公认的公平正义原则，应予排除外国法的适用、而适用我国的法律。进而言之，此类协议选择的法律将因违背我国"公共秩序保留"（Reservation of Public Order）原则，被刻上非正义或非公平的烙印，由法院地法所取代亦不足为奇。

四、国际统一实体法作为准据法的质疑与回应

早在 20 世纪 80 年代末，"大国际私法说"开始流行，一部分国际私法学者认为，统一实体法的目的和任务在于消除国际商事活动中的法律冲突，与解决法律冲突的冲突法同属国际私法的范畴。❶ 但亦有学者反对上述理论，指出"目前，统一实体国际条约可以成为涉外民事关系准据法的观点在国际私法学界盛行，但统一实体国际条约并不满足准据法的两大构成要件，它的适用既无须冲突规范的指引，也不能无须缔约国的转化或纳入行为而直接赋予涉外民事主体以权利和义务。"❷ 以己之见，国际公约作为准据法之说是切实可行的，依据冲突规范所选择的外国法律，既包括其国内法，亦包括其缔结、参加的国际公约。如果债务协议基于条约的形式订立，尤其是送交联合国秘书处登记、存档及记录并予以公布之后，通常意味着此项条约自动适用国际法，缺乏上述程序，则只能视签订条约时的具体情形加以判断。

自 20 世纪 70 年代以来，世界银行越来越意识到保护人权、打击腐败的重要意义并付诸实施国际金融实践，从而极大地推动了联合国国际法委员会（International Law Commission of the United Nations，ILC）起草的 1983 年《关于国家对国家财产、档案和债务的继承的维也纳公约》（1983 Vienna Convention on Succession of States in Respect of State Property，Archives and Debts）的立法日程。杰夫·金（Jeff King）在阐释公约之所以仅涉及国家债务继承，未涉猎政府继

---

❶ 韩德培. 国际私法 [M]. 武汉：武汉大学出版社，1989：8.
❷ 张晓东，董金鑫. 论统一实体国际条约不宜作为准据法 [J]. 海峡法学，2011（1）：67.

承问题的原因缘于两种情形："一是公约集中解决的是国家继承问题；二是若以法律的形式承认政府继承，将有悖某些国家的自我利益。"❶ 马蒂·科斯肯涅米（Martti Koskenniemi）则评论说"该公约并不立即生效的原因在于还在试图修改，是一个并不成功的联合国国际法编纂范例。"❷ 马蒂·科斯肯涅米的观点绝非个例，归咎于公约尚未有效地解决国家债务继承的问题，其不被国际社会广泛接受在所难免。尽管如此，公约还是为国际社会传达了某种有益的源自国际司法、而非外交层面的共识，特别是公约草案曾拟定了有关恶债的定义："作为水分很大的术语，可解释为当被继承国遗留的债务违背了继承国的利益或背离了国际法，将不予以考虑继承的债务系恶债。"❸ 但令人难以置信的是，公约草案曾处心积虑安排的恶债定义，最终却被正式文本排除了。这表明虽然国际社会能够接受恶债不予继承这一原则，但另一方面，无论是委员会还是缔约国尚需明确地界定恶债的内涵与外延。以公约第38条"新独立国家"为例："1. 继承国为新独立国家时，被继承国的任何国家债务均不应转属新独立国家，但新独立国家和被继承国鉴于与被继承国在国家继承所涉领土内的活动有关的被继承国国家债务同转属新独立国家的财产、权力和利益之间的联系而另有协议者除外""2. 第1款所述协议不应违反各国人民对其财富和自然资源享有永久主权的原则，其执行亦不应危及新独立国家经济上的基本均衡。"也就是说，如果新兴独立国家所欠殖民统治债务通常有悖殖民地国家人民的真实意志，可以作为恶债不予继承。尽管公约至今仍未生效，但第38条第2款"不妨碍条约所载规则成为对第三国有拘束力之公认国际法习惯规则"意味着公约仍可以国际习惯法名义付诸实施。时至今日，循势而变的恶债令中国企业有惊悚失控之虞，但这不应成为推动公约早日生效的障碍；同时，敦促国际社会丰富公约关于恶债的内涵与外延，使之边缘廓然，借此消弭国际统一实体法作为准据法的疑虑。

第六节 推进上合组织的贸易投资便利化进程

通过扩员和践行自由贸易区理念，扩大上合组织的影响，契应"一带一

---

❶ Ian Brownlie, Principles of Public International Law, 5th ed. (Oxford: Oxford University Press, 1998), p11－12.

❷ The text is cited in (1983) 20 Int. Leg. Mat. 306. International Legal Materials (Washington, D. C.: American Society of International Law: Bimonthly).

❸ P. Wood, The Law and Practice of International Finance (London: Sweet & Maxwell, 1980), p120－21.

路"倡议被广泛地植入人心。

一、审时度势地发展上合组织新成员

以丝绸之路经济带为契机的上合组织可以避免过于内部化，不囿于成员国和观察员国，更多地参与亚太、欧洲和中东国际贸易和投资便利进程之中。特别是如果印度、巴基斯坦和蒙古加入上合组织，"丝绸之路经济带"与其他区域经济一体化机制的对接将更具可操作性：东南向与东盟及未来的"区域综合伙伴关系"（RCEP）计划对接；西向与中东、非洲对接；西北向与欧洲对接；东向与东亚及未来的"中日韩自贸区"对接。这样，"丝绸之路经济带"位于欧亚大陆中心得天独厚的地理优势将进一步凸显，而作为"丝绸之路经济带"和上海合作组织经济合作的主导国，我国将大大增强在世界经济体系中的地位。[1] 2015 年 7 月 10 日，上海合作组织成员国元首理事会第十五次会议在俄罗斯乌法举行。中国国家主席习近平同俄罗斯总统普京、哈萨克斯坦总统纳扎尔巴耶夫、吉尔吉斯斯坦总统阿坦巴耶夫、塔吉克斯坦总统拉赫蒙、乌兹别克斯坦总统卡里莫夫出席会议。本次上合峰会启动印度和巴基斯坦加入程序，这是上合组织成立 14 年以来首次扩员。此外，会议同意白俄罗斯成为上合组织观察员国，阿塞拜疆、亚美尼亚、柬埔寨、尼泊尔成为对话伙伴国。除能源因素外，打击恐怖主义以及维护阿富汗地区局势稳定、防止其国内的极端形势外溢，也是印巴渴望成为上合成员国的另一个重要原因。[2]

二、尽快签署自由贸易区协定

为了克服以单一软法为主的法律渊源诟病，建议上合组织加快自由贸易区协定的签署步伐。早在 2003 年 9 月 23 日，在北京举行的第二次上合组织总理会议批准了《上海合作组织成员国多边经贸合作纲要》，当时的中国总理温家宝对上合组织的区域经济合作提出三点倡议：推进贸易和投资便利化，为实现在上合组织框架内的货畅其流，减少直至消除通关口岸、检验检疫、统一标准、交通运输等环节的非关税壁垒。确定若干大的经济技术合作项目，把交通、能源、电信、农业以及家电、轻工、纺织等领域作为优先方向。确立长远的区域经济合作目标，逐步建立上合组织自由贸易区。基于此，在 2020 年前实现远期

---

❶ 王晓泉. 建设"丝绸之路经济带"的战略思考 [J]. 经济导刊, 2014 (3)：44.
❷ 邹松, 杨讯, 柳玉鹏. 上合组织成立 14 年来首次扩员 印巴将加入 [N]. 环球时报, 2015 – 07 – 07.

目标——建立自由贸易区。❶ 中方这一前瞻性和良好发展前景的倡议曾遭到某些成员国反对，一度被搁置。随着上合组织区域一体化的纵深发展，国际法意义的区域组织架构和运行体系日趋完善，某些成员在参与区域贸易安排方面已经积累了丰富经验，例如，中国参与东盟自由贸易区的实践，中亚各国作为独联体海关同盟和中亚经济共同体的缔约国，实行一系列贸易优惠政策，部分成员之间已经展开了建立自由贸易区的研究和磋商，霍尔果斯口岸中哈自由贸易区便是成功的范例。❷ 未来的自由贸易区协定应立足于减少贸易壁垒，促进商品和劳务在缔约国间的流通，改善自由贸易区内公平竞争的环境，增加各成员国境内的投资机会，在各成员国境内有效保护知识产权，建立健全贸易和投资争端的解决机制。

三、应对美国丝绸之路战略法案和俄罗斯欧亚共同体挑战

迄今上合组织的两大核心成员国——中俄的合作取得了令人鼓舞的进展，尽管两国存在某些矛盾和分歧，但中国与俄罗斯在制衡美国在全球，特别是在中亚影响方面有共同的愿望，中俄全面战略伙伴关系是牢固的，不会轻易受到外部势力的挑拨和干扰。❸ 在上合组织建设进程中首先处理好中俄在上合组织的协作，以及上合组织与欧亚共同体之间的关系，借此消弭上合组织等于"中国加中亚国家一体化"的质疑。更重要的是，以丝绸之路经济带为契机的上合组织需要应对美国丝绸之路战略法案的挑战。"上海合作组织与美国之间的合作将是谨慎的、渐进的和有限的，任何过高的期望都是不现实的。"❹ 美国丝绸之路战略法案的最大优势是其以国会通过的法律昭示效力，而丝绸之路经济带最大的劣势在于是一个相对宽泛和形式松散的"经济带"，上合组织的组织机制或许可以弥补这种缺陷，建议通过上合组织的组织机制推动签署有关丝绸之路经济带的协议，以达到牵制美国丝绸之路战略法案的目的。

2015年7月8日至10日，位于亚欧大陆分界处的俄罗斯重镇乌法举行了金砖国家和上海合作组织"双峰会"，推进了金砖国家和上海合作组织成员国进一步在经贸方面的合作。金砖国家领导人制定了以贸易投资为核心内容的《金

---

❶ 上海合作组织成员国总理会晤举行 [N]. 人民日报，2003 – 09 – 24.
❷ 李立凡. 论上海合作组织经济与贸易合作——兼论中国对推动上合组织经贸一体化的设想 [J]. 世界经济研究，2007（4）：82.
❸ 赵伟明. 上海合作组织与美国关系评析 [J]. 和平与发展，2013（4）：101.
❹ 赵伟明. 上海合作组织与美国关系评析 [J]. 和平与发展，2013（4）：102.

砖国家经济伙伴战略》，明确了贸易投资、制造业、能源、金融等 8 大重点合作领域及合作举措，是会议的主要经贸成果；承诺加强多边协调，坚定支持多边贸易体制，反对保护主义；通过了《金砖国家电子商务合作框架》，全面启动金砖国家电子商务合作，促进实现金砖国家一体化大市场；支持中小微企业，增强贸易促进合作。上合组织峰会取得以下主要成果：一是共建丝绸之路经济带成为区域合作的重要主题，二是启动扩员进程进一步拓展合作空间，三是上合组织的开放性和包容性进一步增强，显示当前形势下本地区各种发展战略、制度安排、合作领域全面对接和融合发展。此外，各国元首还批准了《上合组织至 2025 年发展战略》，为未来合作规划了蓝图；决定启动商谈未来 5 年经贸、能源、高科技、通关便利化等领域项目和合作措施清单；启动贸易投资便利化制度安排；加强投融资平台建设，推动成立上合组织发展基金（专门账户）和开发银行。商务部部长高虎城特别指出，习近平主席在峰会上提出四点经贸合作倡议，得到各方积极响应。一是促进区域内互联互通，愿与各方加强合作，优先实施已达成共识的互联互通项目，为项目可研和规划提供资金支持，参与设计和建设的投融资合作。在未来几年，力争建成 4000 公里铁路、10000 公里公路，基本形成区域内互联互通格局。二是加强产能合作。中方将根据市场运作原则，推动在每个成员国建立合作园区，不断深化在石油化工、冶金、装备制造、运输物流、农业开发等领域的产能合作，促进各国提高经济发展水平。三是为区域重点项目提供投融资支持。愿通过丝路基金、中国—欧亚经济合作基金等金融平台，解决上合组织成员国投资需求，优先在基础设施、资源开发、产业和金融等领域开展投资合作。四是能力建设合作。中方正积极落实 3 年内（2015—2017 年）为上合组织成员国培训 2000 名人才的计划，同时还将在产业规划、重大基础设施项目可研、咨询等领域提供技术援助，不断提高各国能力建设水平。关于丝绸之路经济带和欧亚经济联盟对接问题，高虎城指出，中俄两国已签署《关于丝绸之路经济带建设和欧亚经济联盟建设对接合作的联合声明》，下一步双方将尽快启动中国与欧亚经济联盟经贸合作伙伴协定谈判工作，做好规则对接、机制对接和领域对接。同时，在推进丝绸之路经济带与欧亚经济联盟对接过程中，进一步发挥上合组织的纽带和平台作用，为区域经济合作及各国经济发展带来乘数效益。❶

---

❶ 周良，金学耕. 高虎城谈金砖国家峰会和上合组织峰会取得的经贸成果 [EB/OL] [2015 – 07 – 26]. http://world. people. com. cn/n/2015/0711/c157278 – 27288840. html.

第七节　争端解决机制的趋臻

国际投资领域中的地缘政治纠纷解决机制可分为私力救济、公力救济和社会型救济，旨在事后化解争议，利于各方当事人的合法利益的维护。

一、反国际知识产权壁垒的行政救济

通过反知识产权壁垒的调查制度和加快起草《滥用知识产权反垄断规制指南》，有效地提供反知识产权壁垒的行政救济。

（一）反知识产权壁垒的调查制度

借鉴美国、欧盟等先进的经验，我国已初步建立起针对国外贸易壁垒的调查制度，并于 2002 年 11 月 1 日施行《对外贸易壁垒调查暂行规则》，针对贸易壁垒的申请、审查、立案、裁决和相关措施作出了规定，赋予了国内企业申诉的权利。在《对外贸易壁垒调查暂行规则》的基础上，2005 年 1 月 1 日，中国正式施行了《对外贸易壁垒调查规则》。《对外贸易壁垒调查规则》对"贸易壁垒"的界定在《对外贸易壁垒调查暂行规则》的基础上进行了拓展，使其覆盖的范围更加宽泛，开展对国外贸易和投资壁垒的调查工作是商务部的一项重要职能，具体工作由商务部进出口公平贸易局承担。

（二）加快起草《滥用知识产权反垄断规制指南》

各国执法机关制定的为指导执法活动和便于当事人遵守的指南，例如，美国的《滥用知识产权反垄断规制指南》中对不同性质的行为分别适用合理原则和本身违法原则，欧盟、日本和我国台湾地区的反垄断执法机构所规定的指南中将知识产权领域的垄断行为划分为三类性质不同的清单或类别，体现规则的可操作性，便于当事人的遵守，对我国建立知识产权领域的反垄断法律制度具有重要的借鉴价值。

2015 年 6 月 3 日，国家发展改革委员会价格监督检查与反垄断局组织召开筹备会议，正式启动《滥用知识产权反垄断规制指南》的研究起草工作。指南将针对与知识产权有关的垄断协议、滥用市场支配地位和经营者集中等行为，细化《中华人民共和国反垄断法》（以下简称《反垄断法》）相关条款，特别是对于何种情形可以主张豁免给出具体指引。指南的起草和颁布，对信息与通信、医药等领域的知识产权行使行为以及产品和服务销售行为将产生实质影响。技术密集型产业如信息与通信、医药、医疗器械、汽车、农机、种业等是知识产权领域垄断行为高发区，国家发改委主办的"IDC 案"和"高通案"以及国家工商总局对微软反垄断调查均属于关注知识产权滥用行为，对这些行业实施更强势的反垄断执法已成趋势。国家发改委价格司官员指出，"虽然专利权对技术的繁荣与发展有巨大的促进作用，但是，如果放任其成为权利人攫取垄断利益的工具，那么就会使所谓的'专利蟑螂'或'专利流氓'横行于世，成为技术进步和产业发展的绊脚石。与此同时，不当或过度的反垄断执法也可能打击创新、导致研发不足。"❶

为了保护市场公平竞争和激励创新，制止经营者滥用知识产权排除、限制竞争的行为，根据我国《反垄断法》，2015 年 4 月 7 日，国家工商总局颁布了《关于禁止滥用知识产权排除、限制竞争行为的规定》，对行使知识产权构成的非价格垄断协议和滥用市场支配地位行为作出规定。至于如何规制与知识产权有关的价格垄断协议，以及滥用市场支配地位行为、经营者集中等垄断行为，需要《滥用知识产权反垄断规制指南》加以指导。此外，《反垄断法》第 15 条主张的七种豁免需要指南给予详尽解释：为改进技术、研究开发新产品的；为提高产品质量、降低成本、增进效率，统一产品规格、标准或者实行专业化分工的；为提高中小经营者经营效率，增强中小经营者竞争力的；为实现节约能源、保护环境、救灾救助等社会公共利益的；因经济不景气，为缓解销售量严重下降或者生产明显过剩的；为保障对外贸易和对外经济合作中的正当利益的；法律和国务院规定的其他情形。至于第 17 条 "禁止具有市场支配地位的经营者从事下列滥用市场支配地位的行为"，涉及以不公平的高价销售商品或者以不公平的低价购买商品；没有正当理由，以低于成本的价格销售商品；没有正当理由，拒绝与交易相对人进行交易；没有正当理由，限定交易相对人只能与其进行交易或者只能与其指定的经营者进行交易；没有正当理由搭售商品，或者在交易时附加其他不合理的交易条件；没有正当理由，对条件相同的交易相对人在交易价格等交易条件上实行差别待遇；国务院反垄断执法机构认定的其他滥

---

❶ 林远. 中国正式起草《滥用知识产权反垄断规制指南》[N]. 经济参考报，2015 – 06 – 04.

用市场支配地位的行为，均需要掌握"没有正当化理由"的具体尺度，从而让企业疑惑冰释，提高反垄断执法的透明度。

二、申请投资壁垒调查行政救济

根据《中华人民共和国对外贸易法》，商务部 2005 年第 4 号令发布了《对外贸易壁垒调查规则》。据此，商务部有权开展针对中国企业在海外遭遇的国外贸易和投资壁垒的调查，具体工作由商务部进出口公平贸易局承担。此外商务部每年定期发表年度的《国别贸易投资环境报告》。《对外贸易壁垒调查规则》未对投资壁垒作出定义。《国别贸易投资环境报告》将投资壁垒分为以下三类，具有下列情形之一的视为投资壁垒：其一，违反该国（或地区）与我国共同参加的与投资有关的多边条约或与我国签订的双边投资保护协定；或未履行与我国共同参加的多边投资条约或与我国签订的双边投资协定规定义务；其二，对来自于我国的投资进入或退出该国（或地区）造成或可能造成不合理的阻碍或限制；其三，对我国在该国投资所设经营实体的经营活动造成或可能造成不合理的损害。未雨绸缪，"中坤"一案的当事人可对照第二种情形启动《对外贸易壁垒调查规则》规定的行政调查程序。一旦壁垒成立，商务部根据《对外贸易壁垒调查规则》第 33 条视情况采取以下措施：双边磋商、启动多边争端解决机制和采取其他适当的措施。如果上述救济仍然不能奏效，当事人仍可启动司法程序。

三、运用 ICSID 仲裁程序的可行性——用尽当地司法救济

如果上述救济仍然不能奏效，当事人是否可以启动 ICSID 仲裁程序呢？用尽当地司法救济与启动 ICSID 仲裁两者之间的关联性早已众所周知。近日坊间对于"平安诉比利时投资仲裁案"——未尽当地司法救济——导致败诉的传闻甚嚣尘上：总部设在美国华盛顿特区的解决投资争端国际中心（IC-SID）在 2012 年 9 月 19 日受理了中国平安保险（集团）股份有限公司、中国平安人寿保险股份有限公司诉比利时王国投资条约仲裁案（ICSID 案件编号为 ARB/12/29）。这宗案件，自始至终为世界所瞩目，它不仅是中国企业因为国有化和征收争端而起诉东道国政府的第一案，也是比利时在国际投资条约仲裁中作为被申请人的第一案。对于中国企业来说，此案试水于国际投资条约仲裁，具有标杆意义，国人也曾寄予厚望。大道争锋，始于仲裁管辖权

之争。19 个月过后，ICSID 仲裁庭于 2015 年 4 月 30 日作出裁决，以仲裁庭缺乏管辖权为由裁决驳回平安的诉求，终结仲裁程序。平安未能将较量拖入实体审理，铩羽而归。此战失利，为中国企业在海外仲裁败多胜少的悲情似又增添了浓重的色彩。❶

自 1965 年世界银行通过《华盛顿公约》以来，在公约指导下设立的 ICSID 审理和裁决了 336 起国际直接投资案件。❷根据公约第 25 条第 1 款，"中心的管辖适用于缔约国（或缔约国向中心指定的该国的任何组成部分或机构）和另一缔约国国民之间直接因投资而产生并经双方书面同意提交给中心的任何法律争端。当双方表示同意后，任何一方不得单方面撤销其同意。"诠释公约这段含义，昭然若揭，公约对于直接投资争端并无任何限定，无论是准入之前、还是准入之后的纠纷，均理所当然地被划入管辖范围。既然如此，肇始于地缘政治的投资准入案件向 ICSID 提交仲裁申请亦在情理之中，但碍于公约在序言中的"逐案同意权"，签署公约并不意味着缔约国无条件地将所有争端交由中心管辖，投资者仍需与东道国达成管辖协议。除非 BIT 中有类似的管辖权条款。

令人深思的是，《中冰 BIT》第 9 条排除了 ICSID 对类似"中坤"案的管辖权。该项条款明确规定："投资者和缔约一方之间的争议，一、缔约一方的投资者与缔约另一方之间就在缔约另一方领土内的投资产生的任何争议应尽量由当事方友好协商解决。二、如争议在六个月内未能协商解决，当事任何一方有权将争议提交接受投资的缔约一方有管辖权的法院。三、如涉及征收补偿款额的争议，在诉诸本条第一款的程序后六个月内仍未能解决，可应任何一方的要求，将争议提交'解决投资争端国际中心'或专设仲裁庭。"由此推断，两国提交 ICSID 裁决的投资争端仅限于投资准入后的纠纷——国有化的征收案件。笔者认为这种条款已严重过时、亟待修改，否则无益于中国海外投资寻求多层次的救济渠道。

有学者指出：就目前中国参与的 BIT 和中国批准《华盛顿公约》的情况看，存在几种冲突：一是中国批准书中文版中的"征收和国有化赔偿数额"和

---

❶ 王生长，彭禧雯. 从败诉中汲取教训：平安诉比利时投资仲裁案评析 [EB/OL] [2015 - 06 - 16]. http://www.acla.org.cn/html/lvshiwushi/20150616/21458.html.

❷ ICSID, Search ICSID Cases, at: http://icsid.worldbank.org/ICSID/FrontServlet? requestType = CasesRH&reqFrom = Main&actionVal = ViewAllCases. html, 2011 - 10 - 15.

提交给 ICSID 的英文版 "征收和国有化赔偿" 之间的冲突。二是中国在 BIT 中与其他国家约定的 "征收和国有化赔偿数额，投资者可以单方面提交" 和中国根据《华盛顿公约》第 25（4）条所作出的 "征收和国有化赔偿" 声明之间的冲突；三是中国在 1998 年之后签订的 BIT 中约定了 "任何投资争议可以提交 ICSID" 与 "征收和国有化赔偿可以提交 ICSID" 之间的冲突。❶ 为此建议尽快平息上述冲突，撤回保留，统一采取 "任何投资争议可以提交 ICSID" 的立场。

四、充分利用 DSB 的争端解决机制

1996 年 DSB 审理的《赫尔姆斯－伯顿法》与美国入世承诺之间的兼容性一案，原告欧共体和被告美国的争议聚焦在于 GATT 和 GATS 的安全例外条款。这反映出 WTO 成员方以商业存在为主要形式的服务贸易有望通过 DSB 的裁决对安全例外规则的适用达成共识。由此及彼，对中国昆仑银行等投资者而言，该案的结局无疑亦是一个开拓性的启迪。

目前，尚无运用世贸组织争端解决机制调查金融次级制裁的案例。但是，美国 1996 制裁古巴，颁布《赫尔姆斯－伯顿法》引起全球范围的次级制裁，欧盟就明确向 WTO 起诉《赫尔姆斯－伯顿法》，而世贸组织专家组也于 1996 年 11 月接受了这一起诉，审议该法同美国入世承诺之间的兼容性。欧共体认为美国的这一立法行为违反了其在《关税和贸易总协定》和《服务贸易总协定》之下的义务，而美国则援引《关税和贸易总协定》第 21 条作为抗辩，认为世贸组织无权审查美国的国家安全问题，应排除在世贸组织的管辖范围之外。虽然此案最终以双方私下和解结束，世贸组织争端解决机制并未此次作出明确的判决。可能，在 GATS 本身规定不够清晰的情况下会引发专家组决策的不确定性，造成制裁方的胜诉。但是，运用世贸组织争端解决机制仍然不失为一个重要的维权途径。❷

欧洲共同体（欧共体）曾于 1996 年向世界组织就《赫尔姆斯－伯顿法》违反美国在世界组织内的义务对美国起诉。以此为鉴，昆仑银行的投资者可以寻求世贸组织争端解决机制解决美国金融次级制裁造成的损失。通过向中国政

---

❶ 沈虹．论 ICSID 对涉中国投资条约仲裁的管辖权［EB/OL］［2018－08－01］．http：//www.china-arbi-tration.com/news.php？id＝2567.

❷ 王淑敏．国际投资中的次级制裁问题研究［J］．法商研究，2015（1）：172.

府请求，由中国政府出面向世贸组织提出申诉，以美国阻止昆仑银行进入美国金融市场的行为已明显构成对中国根据《服务贸易总协定》所享有的权利的侵害为诉由。法律依据是美国的次级制裁践踏了世贸组织的无条件最惠国待遇原则，亦不符合《服务贸易总协定》的安全例外条款的规定。

结 束 语

充斥了地理要素的地缘政治与法律之间的关系更加紧密和微妙。政治与法律的关系本来就息息相关，前者是后者的基础，而后者是前者规范化的外在形式。既然平衡国际社会各种地缘政治集团的利益是国际法的终极目标，协调各种投资法律关系冲突便是国际投资法责无旁贷的已任。中国的独特地理位置无法避免自身亦面临着三大地缘政治风险：领土争端、岛链封锁、区域竞争和能源危机。克服上述危机刻不容缓。

自 1921 年中国共产党的光荣诞生，至今经历了九十六年的风雨洗礼，不仅亲手缔造了自由、平等的新中国，在推进国家迈向民主与法制化的进程之中付出了艰苦卓绝的努力，而且致力于国际社会在条约、领土、海洋、环保等方面建立公平合理的法律制度，关注联合国与当代国际法发展的新动态，以及联合国国际法院等司法机关的改革，支持中国融入 WTO 确立的世界贸易规则，为加强国际关系民主化和法制化的建设，维护世界和平和促进共同发展积累了丰富的历史经验。

经济主权与外资准入国民待遇双方既统一又对立，推动着国际投资自由化的向前发展。今日的中国在平衡吸引外商和支持"走出去"战略两者的关系方面显得步履艰难，究其原因，超越还是不超越地缘政治的严峻挑战不容忽视。中国经济仍以出口导向型经济为主，因此具有高度的对外依赖性，中国亦无法控制国际石油价格。大国行思，取则行远，上下求索，行思不止，突破地缘政治封锁势在必行。美式的国家安全审查制度逼迫中国海外投资者们兵戎相见，以子之矛、攻子之盾，BIT 中的投资准入前或准入时的国民待遇则是最善征战的利矛。

BIT 中的根本安全例外条款的重要性值得给予巨大的关注。BIT 作为相互保护和促进投资的重要工具，在统一多边投资协定缺位的背景下，是我国"引进来"与"走出去"战略全面贯彻的重要法律依据。近年来，越来越多的发达国家意识到根本安全例外条款的重要性，从而在 BIT 中全面纳入该条款。我国有必要考虑在 BIT 中全面纳入根本安全例外条款，既要保证作为东道国对外资的管辖权力，又要对我国日益增加的海外投资的保护引起足够的重视和关注。

如果说国际习惯法的"危难时刻"是"次级制裁"最上位的法源，无论是《联合国宪章》第七章，抑或是 WTO 和多（双）边投资条约协定下的根本安全例外条款，均在法理上有据可查。尽管如此，极度苛霸的美国单边立法，无论如何其依赖的管辖权理论是难以服众的。事实确凿，单边的域外法权已严重侵蚀了国际投资便利化的根基，中国海外投资亦难逃其网。通过拟定具有中国特色的自裁决条款和有条件地吸收利益否定条款，完善相关的防御性立法，充分利用世贸组织争端解决机制的运用，方可筑起阻击"次级制裁"的长城。

在结合我国实际国情的前提下，学习和借鉴美加印等国关于双边投资条约范本中的环境规则，有助于完善我国双边投资条约范本中的环境规则体系。既可以加强对东道国自然资源和公共环境保护的力度，开启我国吸引外资的新阶段，又致力于保护我国投资者特别是致力于投资制造业，以及工程项目开发等基础设施建设的我国海外投资者的利益。

鉴于国家债务协议中鲜有法律适用或管辖条款，唯有全面移植意思自治这一原则方可峰回路转；此外针对如何践行"特征履行说"视角下的连接点问题，建议发展中国家将借款人所在地法作为最佳准据法的遴选。通盘致思，如果适用的外国法律将中国正当的海外投资项目视为恶债处理，根据国际法上公认的公平正义原则，我国可凭借公共秩序保留原则排除该外国法的适用。

上合组织扩员为"一带一路"战略的实施的进一步敞开了大门，通过扩充国际投资合作，借此传承丝绸之路精神，推动签署区域性自由贸易区协定，加速区域贸易和投资便利化的法律进程。

"亡羊补牢，未为晚也。"通过反知识产权壁垒的调查制度和加快起草《滥用知识产权反垄断规制指南》，可以有效地反击知识产权壁垒的行政救济。重视《对外贸易壁垒调查规则》的功能亦十分必要，建议穷尽行政救济手段，切实地为中国企业保驾护航。此外撤回有关仲裁事项的任何保留，允许"任何投资争议可以提交 ICSID"已成为大势所趋，多年来学者的呼吁应当尽快付诸现实。基于美国禁止昆仑银行进入美国市场的制裁措施已严重损害了中国依据《服务贸易总协定》所享有的权利，违反了《服务贸易总协定》的无条件最惠国待遇原则，中国政府应主动或应昆仑银行要求向世贸组织提出申诉。

后 记

　　人生有酸甜苦三种味道，百般熟悉，百感交集。

　　第一种味道是酸楚。出生在蕴含着千年古老文明的皇城根儿，曾经金碧辉煌的帝国宫殿今天看来有些空濛遥远。正是这片广袤的土地，养育了平凡然而不甘寂寞的你。放学途中天边的绚丽晚霞至今魂牵梦绕。曾经走过的"高粱桥"有多曲折，每一步脚印，留下多少艰辛和泪水；成长的信念，究竟要付出多少代价，外人无法知晓。命运的掖折，在灯火阑珊处，寻觅着最初的执着……曾经，在辛酸的学海里打拼。曾经，盼望投我以桃报之以李，结满硕果。斗转星移，日子一天天如此平淡地滑过，也许幸福就是一个过程。新的一年来临了，辛酸，已经渐渐远离了，走过一个学期漫漫的酸楚，寻找下一个学期更多阳光灿烂的日子，继续事业的另一种升华，诠释"知天命"的真谛，实现下一阶段人生的价值。

　　第二种味道名曰辛苦。多指辛勤劳苦。《左传·昭公三十年》："吴光新得国，而亲其民，视民如子，辛苦同之，将用之也。"曾经不止一次地眺望窗外的大海，炽热的风迎面吹皱海面，仿佛在感叹为谁辛苦为谁忙？辛勤劳苦对于一个强者来说算不了什么，但对弱者来说是极大的挑战。人生最大的痛苦，不在于身体，莫过于心苦。经常羡慕别人的放平心态，淡中求乐。期望，很多人的辛苦是痛苦的，而你的辛苦却是快乐的。当你辛苦荡桨的时候，已经看见了彼岸的快乐和幸福。当有人被你保护，被你照顾的时候，心情一定是快乐的，当然也是有那么点辛苦的。

　　第三种味道，是诱人的甜蜜。甜蜜与酸楚和辛苦的回忆在现实中纠结一起。当果实累累的秋天悄然逝去的时候，你十分平静地接收了大自然的变迁；当北方城市的雪花纷至沓来时，你也没有一丝失落。你如此冷静，也不知道是为了什么。在大学的课堂里，传授的多是积极、向上的感悟；没有记录下来那些思考，也将随着时间的流逝，留下如蜜甜般的回忆。

甜蜜与辛苦其实只是一念之差而已，懂得换个角度思考很重要。尽管人生如梦，岁月无情，时间却让人品味三种味道，空间让友情撞击出美丽的火花。人与人之间的祝福，不受生日和节日的约束，事过境迁的祝福，依然纯朴，依然真诚；友谊无须挂齿，却能穿越时空，令人心领神会。

三种味道，不在于品酸楚、品辛苦和品甜蜜。而在于品一个人、品友情、品一种感恩！需要感恩的人很多。从辽宁省教育厅马哲伟处长，到大连海事大学科技处李肇昆处长和李天镇老师，再到法学院的谷云义老师和副院长韩立新教授，如此不吝赐教于我们，给予了极大的支持。今天她将返回自己的故乡，在此遥祝她今后的生活幸福安康！万分感谢辽宁师范大学于沛霖教授和大连舰艇学院宋云霞教授，他们赐予我的建议不亚于宝贵的心灵鸡汤。黑格尔说：一个民族有一些仰望星空的人，他们才有希望。最后诚挚感谢知识产权出版社运营中心陆彩云副总监、许波编辑和本书的责任编辑彭喜英的倾力支持和辛苦工作，她们就是我们仰望星星的守护神。这是我们与知识产权出版社之间的第三次合作。希望我们永久地合作下去。

王淑敏

于大连海事大学法学楼